房 地 产 营 改 增 培 训 指 定 用 书

房地产开发企业 营改增操作实务

政策解析 | 纳税申报 | 会计核算 | 纳税筹划 | 风险控制

李建军 ⊙ 编著

第2版

立信会计出版社
LIXIN ACCOUNTING PUBLISHING HOUSE

图书在版编目(CIP)数据

房地产开发企业营改增操作实务 / 李建军编著. —2版. —上海：立信会计出版社，2018.1

ISBN 978-7-5429-5586-9

Ⅰ. ①房… Ⅱ. ①李… Ⅲ. ①房地产企业－增值税－税收管理－中国 Ⅳ. ①F812.423

中国版本图书馆CIP数据核字（2017）第247008号

责任编辑 何颖颖

房地产开发企业营改增操作实务（第二版）

出版发行 立信会计出版社

地　　址 上海市中山西路2230号　　邮政编码 200235

电　　话（021）64411389　　传　　真（021）64411325

网　　址 www.lixinaph.com　　电子邮箱 lxaph@sh163.net

网上书店 www.shlx.net　　电　　话（021）64411071

经　　销 各地新华书店

印　　刷 北京鑫海金澳胶印有限公司

开　　本 710毫米×1000毫米　1/16

印　　张 25.75

字　　数 476千字

版　　次 2018年1月第2版

印　　次 2018年1月第1次

书　　号 ISBN 978-7-5429-5586-9/F

定　　价 68.00元

前言

自2016年5月1日起，中国将全面实施营业税改征增值税，营业税将退出历史舞台，增值税制度将更加规范。这是自1994年分税制改革以来，财税体制的又一次深刻变革。

2016年3月24日，财政部及国家税务总局联合发布《关于全面推开营业税改征增值税试点的通知》（财税〔2016〕36号，以下简称“36号文”），明确从5月1日起，将试点范围扩大到建筑业、房地产业、金融业、生活服务业，并将所有企业新增不动产所含增值税纳入抵扣范围，确保所有行业税负只减不增。

李克强总理在《政府工作报告》中提出全面实施营改增，承诺“确保所有行业税负只减不增”之后，又在2016年3月18日主持召开国务院常务会议，部署全面推开营改增试点工作，进一步减轻企业税负。李克强说，全面实施营改增，是深化财税体制改革、推进经济结构调整和产业转型的“重头戏”。他在多个场合表示，营改增不只是简单的税制转换，它有利于消除重复征税，减轻企业负担，促进工业转型、服务业发展和商业模式创新，是一项“牵一发而动全身”的改革。

营改增的全面推广，不仅是涉及这四个行业，其实所有的企业，包括早已纳入增值税体系的企业，都被波及，因为这些行业可能就是其他企业的上游或下游企业，而且销售或购买无形资产和不动产的业务，几乎所有的企业都会涉及。

针对房地产业营改增，将进一步改善房地产行业运行环境，并有效调节房地产企业税负水平、提升企业积极投资开发的信心，同时也将给房地产企业带来不同的机遇与挑战。

其实，对于营改增企业而言，首先必须对税收政策有充分的了解，接下来要办理相关的税务手续，了解营改增后会计处理方面的变化，才能够避免在税务方面的风险，但就我们目前辅导的企业来看，许多企业并不具备这方面的能力，许多企业的税务会计对税收政策一知半解，对所要办理的事务更是云里雾里，因而，往往跑了许多次税务局，还办不成功一项业务。基于此，我们根据最新的《营业税改征增值税试点实施办法》《营业税改征增值税试点有关事项的规定》《营业税改征增值税试点过渡政策的规定》和《不动产进项税额分期抵扣暂行办法》《房地产开发企业销售自行开发的房地产项目增值税征收管理暂行办法》《纳税人跨县（市、区）提供建筑服务增值税征收管理暂行办法》《纳税人提供不动产经营租赁服务增值税征收管理暂行办法》《纳税人转让不动产增值税征收管理暂行办法》等相关政策编撰了《房地产开发企业营改增操作实务》一书，以期能为全国范围内的实施企业答疑解惑，并提供一些实操性的指导。

《房地产开发企业营改增操作实务》一书分成八个部分来讲述：

◇导读：房地产开发企业营改增概览

◇房地产开发企业营改增政策解析

◇房地产开发企业增值税纳税申报表填写

◇房地产开发企业增值税发票开具与管理

◇房地产开发企业营改增后的会计核算

◇营改增后房地产开发企业纳税筹划与风险控制

◇防伪税控系统及软件操作

◇附录

本书首先对试点实施办法进行详细的讲解，以帮助房地产开发企业更好地了解政策，不在政策上违规，接下来从房地产开发企业操作的角度来解读各项税务事务的办理，着重突出可操作性，帮助房地产开发企业迅速地厘清营改增后的税务事项并高效地办理好各项业务。

目录

导读　房地产开发企业营改增概览……1

一、什么是房地产开发……1
二、房地产开发与房地产开发经营的区别……1
三、房地产开发企业营改增政策……2

第一章　房地产开发企业营改增政策解析……5

第一节　房地产开发企业纳税人和扣缴义务人……6

一、纳税人义务人的确定……6
二、纳税人的类型及认定条件……6
相关链接　一般纳税人资格登记……8
三、增值税扣缴义务人……12
四、合并纳税的规定……12

第二节　房地产开发企业增值税的应税范围及税率……13

一、应税范围……13
二、税率和征收率……21

第三节　房地产开发企业增值税的计税方法和应纳税额的计算……30

一、一般计税方法……30

二、简易计税方法 37

第四节　房地产开发企业应税销售额的确定 39

一、基本规定 39
二、特殊规定 42
三、房地产开发企业的具体规定 49
相关链接　房地产开发企业扣除土地价款时的台账管理要求 52

第五节　房地产开发企业增值税进项税额抵扣 60

一、可抵扣进项税额范围和扣除凭证 60
二、不得抵扣的进项税额 67
三、进项税额转出的规定 73

第六节　房地产开发企业纳税地点与纳税义务发生时间 77

一、房地产开发企业纳税地点 77
二、房地产开发企业纳税义务发生时间 78
三、房地产开发企业纳税期限 78

第七节　房地产开发企业营改增政策的过渡与衔接 79

一、新老项目的界定标准 79
二、新老项目的政策衔接 80
三、试点前发生业务的政策衔接 90
四、销售使用过的固定资产的政策衔接 90
五、原一般纳税人增值税期末留抵税额的处理 90

第二章　房地产开发企业增值税纳税申报表填写 91

第一节　房地产开发企业增值税纳税申报表（一般纳税人适用）的填写 92

一、一般纳税人增值税纳税申报表的填写顺序 92

二、名词解释 93
三、《增值税纳税申报表（一般纳税人适用）》主表的填写 93
四、《增值税纳税申报表附列资料（一）》（本期销售情况明细）填写说明 103
五、《增值税纳税申报表附列资料（二）》（本期进项税额明细）填写说明 110
六、附表三（服务、不动产和无形资产扣除项目明细）填写说明 116
七、附表四（税额抵减情况表）填写说明 119
八、附五（不动产分期抵扣计算表）填表要求 120
九、《固定资产（不含不动产）进项税额抵扣情况表》填写要求 122
十、《本期抵扣进项税额结构明细表》填写要求 123
十一、《增值税减免税申报明细表》填写要求 123
附1　增值税纳税申报表（一般纳税人适用） 136
附2　增值税纳税申报表附列资料（一）（本期销售情况明细） 139
附3　增值税纳税申报表附列资料（二）（本期进项税额明细） 142
附4　增值税纳税申报表附列资料（三）（服务、不动产和无形资产扣除项目明细） 144
附5　增值税纳税申报表附列资料（四）（税额抵减情况表） 144
附6　增值税纳税申报表附列资料（五）（不动产分期抵扣计算表） 145
附7　固定资产（不含不动产）进项税额抵扣情况表 145
附8　本期抵扣进项税额结构明细表 146
附9　增值税减免税申报明细表 147

第二节　房地产开发企业增值税纳税申报表（小规模纳税人适用）填写说明 148

一、名词解释 148
二、《增值税纳税申报表（小规模纳税人适用）》填写要求 148
三、《增值税纳税申报表（小规模纳税人适用）附列资料》填写说明 151
附1　增值税纳税申报表（适用小规模纳税人） 153

附2　增值税纳税申报表（小规模纳税人适用）附列资料 154

第三节　房地产开发企业增值税预缴税款表的填写 155

一、《增值税预缴税款表》的适用情形 155
二、基础信息填写说明 155
三、具体栏次填表说明 156
附　增值税预缴税款表 162

第三章　房地产开发企业增值税发票开具与管理 163

第一节　房地产开发企业发票的开具管理规定 164

一、开具发票的一般规定 164
相关链接　如何代开增值税专用发票 165
二、增值税发票开具的具体规定 168
三、房地产开发企业开具发票的规定 168

第二节　房地产开发企业专用发票与增值税防伪税控系统 170

一、专用发票的构成 170
二、增值税防伪税控系统 171
相关链接　税控系统开票业务流程 172

第三节　房地产开发企业增值税专用发票的限额 173

一、专用发票限额管理的基本要求 173
二、最高开票限额的审批机关 174
三、最高开票限额的实地勘察机关 175

第四节　房地产开发企业增值税专用发票的初始发行与领购 175

一、增值税专用发票的初始发行 175
二、专用发票的领购 176

第五节　房地产开发企业专用发票的使用管理 181
一、专用发票的开具 181
二、发票作废 182
三、开具红字增值税专用发票 182
相关链接　红字发票开具实操流程 187
四、丢失专用发票的处理 188
相关链接　增值税专用发票的稽核比对 190
第六节　房地产开发企业“营改增”后不能抵扣的发票及补救办法 191
一、不能抵扣的发票 191
二、无法抵扣发票的补救办法 198
附　营改增后发票管理与开具常见问题解答 200
第四章　房地产开发企业营改增后的会计核算 207
第一节　会计科目设置 208
一、营业税会计核算和增值税会计核算的区别 208
二、核算增值税需要设置的二级科目 209
三、核算增值税需要设置的三级科目 210
相关链接　增值税会计核算主要文件依据 211
第二节　一般纳税人的会计核算 216
一、购进货物或接受应税劳务和服务的会计处理 216
二、销售无形资产及不动产的会计处理 221
三、购入税控设备及发生技术维护费的会计处理 223
四、享受限额扣减增值税优惠政策的会计处理 225
五、可以视为一个纳税人合并纳税情形的会计处理 225

六、增值税检查后的会计处理 226
七、纳税人销售已使用固定资产应交增值税 226
八、适用差额征税的会计处理方法 227
九、取得过渡性财政扶持资金的会计处理 231
十、当月缴纳本月增值税的会计处理 232
十一、月末的会计处理 232

第三节　营改增后小规模纳税人的会计核算 233

一、会计科目的设置 233
二、会计账务的处理要求 233
三、差额征税的账务处理 234
四、税控设备和技术维护费用抵减的会计处理 235

第四节　关于老项目采用一般与简易计税方法会计分录对比 237

一、采用一般计税方法 237
二、采用简易计税方法 238

第五章　营改增后房地产开发企业纳税筹划与风险控制 241

第一节　营改增的纳税筹划要点 242

一、纳税人身份选择的税务筹划 242
二、业务流程再造 243
三、经营模式规划 244
四、在业务合同中的税收筹划 245
五、保证三证统一 245
六、保证“三流合一” 250
七、三价统一原理 256

第二节　房地产开发企业营改增后节税与筹划 258

一、简易征收老项目备案规划 259
二、土地成本及不动产进项抵扣规划 261
三、合同拟定与筹划 263
四、财务人员加强税收管控 265
五、企业各部门做好“营改增”的衔接和准备 267
六、税收优惠享受规划 270

第六章　防伪税控系统及软件操作 271

第一节　增值税税控系统的认知 272

一、防伪税控系统工作原理 272
二、防伪税控系统的组成 273
相关链接　失控发票快速反应系统 276

第二节　增值税专用发票税控系统操作 277

一、用户常见业务操作流程 277
二、开票子系统基本操作流程 279
三、开票前的准备工作 280
四、发票填开操作 281
五、抄报税操作 288
六、主分机结构 291

第三节　网上抄报税系统操作 293

一、使用前配置 293
二、在线抄报税 295
三、脱机抄报税 300
四、网上申报 306
五、联机更新注册码 308
六、密码与配置的更改 310

附1　增值税一般纳税人网上报税方式备案表 313
附2　注销增值税一般纳税人网上报税方式登记表 314

第四节　增值税专用发票网上认证操作 315

一、认证前的准备工作 316
二、采集票面信息 318
三、在线认证 322
四、认证结果查询 327
五、认证结果下载 330

附　录 335

附录一　营业税改征增值税试点实施办法 336
附录二　营业税改征增值税试点有关事项的规定 357
附录三　营业税改征增值税试点过渡政策的规定 368
附录四　纳税人转让不动产增值税征收管理暂行办法 383
附录五　纳税人提供不动产经营租赁服务增值税征收管理暂行办法 385
附录六　房地产开发企业销售自行开发的房地产项目增值税征收管理暂行办法 388
附录七　纳税人跨县（市、区）提供建筑服务增值税征收管理暂行办法 392
附录八　关于营业税改征增值税委托地税机关代征税款和代开增值税发票的公告 394
附录九　不动产进项税额分期抵扣暂行办法 395
附录十　营业税改征增值税试点有关企业会计处理规定 397

导读　房地产开发企业营改增概览

经国务院批准，自2016年5月1日起，在全国范围内全面推开营业税改征增值税（以下称营改增）试点，金融、建筑、房地产和生活服务业等全部纳入营改增试点行业范围。

一、什么是房地产开发

房地产开发是指从事房地产开发的企业为了实现城市规划和城市建设（包括城市新区开发和旧区改建）而从事的土地开发和房屋建设等行为的总称。

对于房地产的概念，应该从两个方面来理解：房地产既是一种客观存在的物质形态，同时也是一项法律权利。作为一种客观存在的物质形态，房地产是指房产和地产的总称，包括土地和土地上永久建筑物及其所衍生的权利。

房产是指建筑在土地上的各种房屋，包括住宅、厂房、仓库和商业、服务、文化、教育、卫生、体育以及办公用房等。地产是指土地及其上下一定的空间，包括地下的各种基础设施、地面道路等。房地产由于其自身的特点，即位置的固定性和不可移动性，在经济学上又被称为不动产。随着个人财产所有权的发展，房地产已经成为商业交易的主要组成部分。

房地产开发包括土地开发和房屋开发。土地开发主要是指房屋建设的前期工作，主要有两种情形：

（1）新区土地开发，即把农业或者其他非城市用地改造为适合工商业、居民住宅、商品房以及其他城市用途的城市用地；

（2）旧城区改造或二次开发，即对已经是城市土地，但因土地用途的改变、城市规划的改变以及其他原因，需要拆除原来的建筑物，并对土地进行重新改造，投入新的劳动。

二、房地产开发与房地产开发经营的区别

房地产开发与房地产开发经营是有区别的，房地产开发是指依《中华人民

共和国城市房地产管理法》的规定，在取得国有土地使用权的土地上进行基础设施、房屋建设的行为。这是《中华人民共和国城市房地产管理法》第二条第三款明确的定义。房地产开发是房地产活动中一项重要制度，属于房地产生产、流通、消费诸环节中的首要环节。而房地产开发经营是指房地产开发企业在城市规划区内国有土地上进行基础设施建设、房屋建设，并转让房地产开发项目或者销售、出租商品房的行为。这是国务院《城市房地产开发经营管理条例》第二条明确定义的。

因此房地产开发和房地产开发经营是有区别的，两者对主体的资质要求是不同的，前者不一定要求具有房地产开发经营资格，而后者就要求具有房地产开发经营资格。最高人民法院在《民事案件案由规定》中把合资、合作开发房地产合同纠纷归属于房地产开发经营合同纠纷中，所以合资、合作开发经营房地产合同中对主体的资格是有要求的，至少要求一方当事人具有房地产开发资格，但实践经营中有将具有房屋预租性质的自建房（非商品房）合建合同纠纷当作房地产开发经营合同纠纷，而要求自建房合建合同的一方当事人具有房地产开发经营资格，就是因为没有将房地产开发与房地产开发经营区别开来。由于合资、合作房地产开发经营合同是属于房地产经营性质的合同关系，必然涉及转让房地产开发项目或销售、出租商品房的行为。

我国房地产法律、法规对开发经营房地产是有主体资格要求的，因而合资、合作开发经营房地产合同的当事人一方必须具有房地产开发经营资格，这是对此类合同的主体资格要求。房地产开发经营涉及国家的重要产业，对国民经济有重要影响，资金投入量很大，最重要的是涉及土地资源的利用，所以国家对房地产开发经营的资格是有严格的要求，不具有房地产开发经营资格的企业不能从事房地产开发经营。

与其他商品的开发相比，房地产开发具有投资大、耗力多、周期长、高收益、高风险的特点，这也使得房地产开发活动在人们的生活中占据越来越重要的地位，经济越发达，时代越进步，房地产开发的范围越广，程度越深，内容越丰富。

三、房地产开发企业营改增政策

在我国，房地产市场比较敏感，社会各界对房价的关注度很高，对其实施营改增，需要区分不同情况，研究出台有针对性的过渡政策措施。

（一）“36号文件”中房地产业的政策

《财政部 国家税务总局关于全面推开营业税改征增值税试点的通知》（财税〔2016〕36号，以下简称“36号文件”）中关于“房地产开发企业销售自行开发的房地产项目”，增值税政策的要点如图0-1。

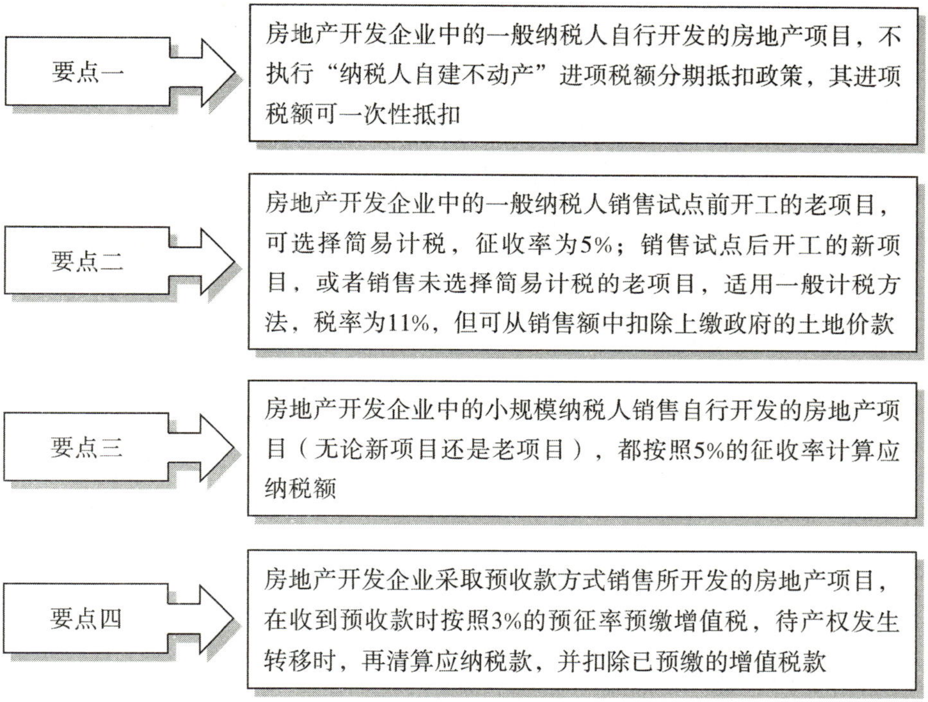

图0-1 增值税政策的要点

（二）2016年第18号文件中房地产营改增的政策

在36号文件中关于这部分内容，表述是比较简单的。但在税收征管实践中，可能出现的情况就比较复杂了，税企双方在面对某种情形时，如何把握政策尺度，较好体现政策设计的初衷，很有必要出台配套管理办法，对政策条款进一步细化。因此，总局在36号文件基础上，又发布《房地产开发企业销售自行开发的房地产项目增值税征收管理暂行办法》（国家税务总局公告2016年第18号，以下简称“《办法》”），进一步明确了以下问题：

（1）房地产开发企业销售自行开发的房地产增值税政策的适用范围。

（2）计税方法的运用。

（3）扣除土地价款的时机。

（4）预缴税款的计算。

（5）纳税申报。

（6）发票开具。

第一章

房地产开发企业营改增政策解析

“营改增”对房地产企业的账务处理提出了新要求，企业财务人员将面临新旧税制的衔接、税收政策的变化、具体业务的处理和财务核算的转变等难题。为了有效应对“营改增”带来的难题，房地产企业的财务人员应充分学习相关的税收政策。

第一节　房地产开发企业纳税人和扣缴义务人

一、纳税人义务人的确定

根据《营业税改征增值税试点实施办法》（以下简称《试点实施办法》）第一条规定："在中华人民共和国境内（以下称境内）销售服务、无形资产或者不动产（以下称应税行为）的单位和个人，为增值税纳税人，应当按照本办法缴纳增值税，不缴纳营业税。

单位，是指企业、行政单位、事业单位、军事单位、社会团体及其他单位。

个人，是指个体工商户和其他个人。"

也就是说，纳税人是指在中华人民共和国境内销售服务、无形资产或者不动产的单位和个人。

（1）"单位"包括所有单位，即企业、行政单位、事业单位、军事单位、社会团体及其他单位。

（2）"个人"包括个体工商户和其他个人，其中的"其他个人"是指自然人。

（3）上述单位、个人包括境内、境外的单位和个人。

"境内""境外"是指单位和个体工商户的机构所在地在境内、境外；其他个人的居住地在境内、境外。

在中华人民共和国境内销售自己开发的房地产项目的企业，为增值税纳税人。

二、纳税人的类型及认定条件

按照我国现行增值税的管理模式，对增值税纳税人实行分类管理，在本次增值税改革试点中仍予以沿用，将纳税人分为一般纳税人和小规模纳税人。小规模纳税人与一般纳税人的划分，以年应税销售额及会计核算是否健全，能否提供准确税务资料为主要标准。其计税方法、凭证管理、核算要求等方面都不同，需作区别对待。

（一）一般纳税人的认定

1. 一般纳税人的认定条件

（1）销售额认定标准。

一般纳税人条件，是指纳税人应税行为年销售额超过500万元，且不属于《试点实施办法》第三条规定的不认定为一般纳税人情况的。

试点实施之日（含）以后，年应税销售额是以试点实施之日（含）为首个起始月份，连续不超过12个月的经营期内，销售服务、无形资产或者不动产的累计销售额，含免税销售额、跨境销售额，以及按规定已从销售额中差额扣除的部分等。

根据《营业税改征增值税试点有关事项的规定》（以下简称《有关事项的规定》）第一条第五款规定，试点实施之日（含）以后，年应税销售额标准为500万元（含），财政部和国家税务总局可以对年应税销售额标准进行调整。同时该销售额应为不含税销售额，如果含税，应按照应税行为的适用征收率换算为不含税销售额。

（2）会计核算是否健全的标准。

判断会计核算健全的主要标准是：纳税人是否能够按照会计制度和税务机关的要求准确核算增值税进项税额、销项税额和应纳税额，能否为税务机关提供核算上述数据的会计资料。

《试点实施办法》第四条规定："年应税销售额未超过规定标准的纳税人，会计核算健全，能够提供准确税务资料的，可以向主管税务机关办理一般纳税人资格登记，成为一般纳税人。

会计核算健全，是指能够按照国家统一的会计制度规定设置账簿，根据合法、有效凭证核算。"

实践中，很多小规模纳税人建立健全了财务会计核算制度，能够提供准确的税务资料，满足了凭发票注明税款抵扣的管理需要。这时如小规模纳税人向主管税务机关提出申请，可登记为一般纳税人。

会计核算健全，是指能够按照国家统一的会计制度规定设置账簿，根据合法、有效凭证核算。例如，有专业财务会计人员，能按照财务会计制度规定，设置总账和有关明细账进行会计核算；能准确核算增值税销售额、销项税额、进项税额和应纳税额等；能按规定编制会计报表，真实反映企业的生产、经营状况。

能够准确提供税务资料，是指能够按照增值税规定如实填报增值税纳税申报表及其他税务资料，按期申报纳税。是否做到“会计核算健全”和“能够准确提供税务资料”，由小规模纳税人的主管税务机关来认定。

根据《国家税务总局关于调整增值税一般纳税人管理有关事项的公告》（国家税务总局公告2015年第18号）规定，自2015年4月1日起，增值税一般纳税人实行登记制，纳税人只需要向主管税务机关填报《增值税一般纳税人资格登记表》，符合条件的即可登记为一般纳税人。我局已开通了网上登记一般纳税人资格的功能，纳税人只需要登录上海市国家税务局网上办税服务厅，填报《增值税一般纳税人资格登记表》即可成为一般纳税人，不需要再到办税服务前台办理。

2. 应当办理一般纳税人资格登记的情形

年应税销售额超过500万元（不含），除特殊规定外，应到主管国税税务机关办理一般纳税人资格登记。

同时，对试点实施前已取得一般纳税人资格并兼有应税行为的纳税人不需再到主管国税税务机关办理资格登记手续。

相关链接

一般纳税人资格登记

1. 办理应提交的资料

（1）税务登记证副本。

（2）财务负责人和办税人员的身份证明及其复印件。

（3）会计人员的从业资格证明或者与中介机构签订的代理记账协议及其复印件。

（4）经营场所产权证明或者租赁协议，或者其他可使用场地证明及其复印件。

（5）国家税务总局规定的其他有关资料。

2. 办理的基本流程

办理的基本流程如图1-1所示。

（续上）

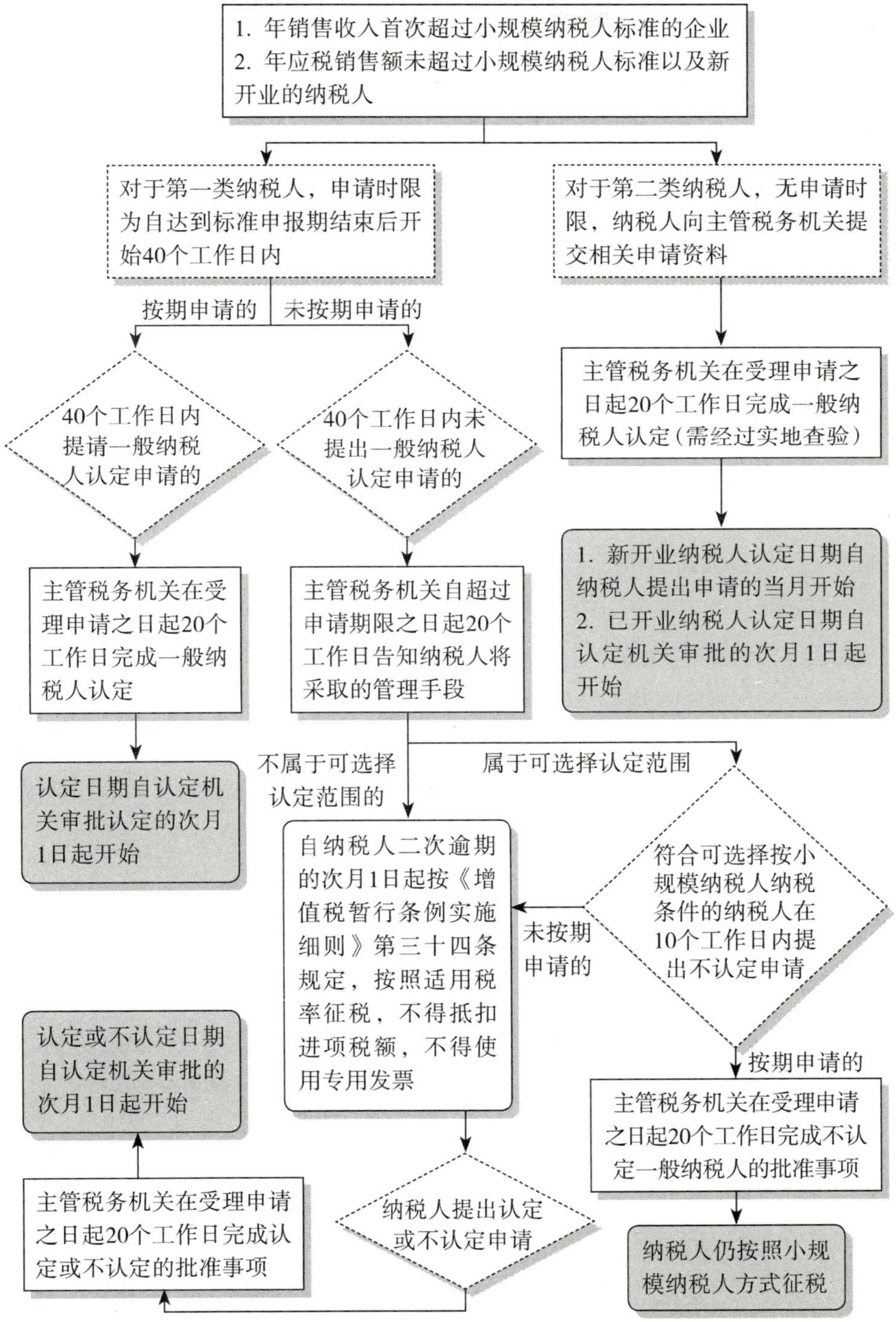

图1-1　办理的基本流程

（续上）

（1）办税服务厅接收资料，核对资料是否齐全、是否符合法定形式、填写内容是否完整，符合录入的相关信息，并在税务登记证件上加盖“增值税一般纳税人”戳记。不符合的当场一次性提示应补正资料或不予受理原因。

（2）提示纳税人申请增值税税控系统的流程等事项。

3. 温馨提示

（1）本业务为国税业务。

（2）办理地点：各地办税服务厅。

（3）办理时间：各地办税服务厅工作时间。

3. 注意事项

（1）符合一般纳税人条件的纳税人应当向主管税务机关申请资格认定，未申请办理一般纳税人认定手续的，应按销售额依照增值税税率计算应纳税额，不得抵扣进项税额，也不得使用增值税专用发票（包括：税控机动车销售统一发票）。

（2）除国家税务总局另有规定外，一经认定为一般纳税人后，不得转为小规模纳税人。这项规定与现行增值税一般纳税人管理模式相一致。

（3）原增值税一般纳税人兼有应税行为，按照规定应当申请认定一般纳税人的，不需要重新办理一般纳税人认定手续。由主管税务机关制作、送达“税务事项通知书”，告知纳税人。

提醒您

如果达到一般纳税人应税销售额的认定标准时，就应该认定为一般纳税人，或者已经认定为一般纳税人的，就要会计核算健全或者提供准确的税务资料，未申请办理一般纳税人认定手续的，应当按照销售额和增值税税率计算应纳税额，不得抵扣进项税额，也不得使用增值税专用发票。

（二）小规模纳税人的认定标准

营改增小规模纳税人，即应税行为的年应征增值税销售额（以下称应税服务年销售额）未超过500万元（≤500万元）的纳税人。相关政策规定，应税行为年销售额超过规定标准的其他个人不属于一般纳税人；非企业性单位、不经常提供应税服务的企业和个体工商户，应税行为年销售额超过一般纳税人标准可选择按照小规模纳税人纳税。

根据以上规定，房地产开发企业的纳税人年应税销售额外负担在500万元（含500万元）以下的，为小规模纳税人。

根据《试点实施办法》第三条规定，年应税销售额超过规定标准但不经常发生应税行为的单位和个体工商户，在生产经营过程中，取得增值税的专用发票是有限的，所以，如果按照一般纳税人纳税的话，则年应税销售额超过规定标准但不经常发生应税行为的单位和个体工商户的增值税税负就会增加。所以，无论是年应税销售额外负担超过规定标准但不经常发生应税行为的单位，还是个体工商户，在实务操作中，更多的都是选择按照小规模纳税人纳税。

一般纳税人和小规模纳税人的认定标准如表1-1所示。

表1-1 一般纳税人和小规模纳税人的认定标准

企业类型	小规模纳税人	一般纳税人
1. 从事货物生产或者提供应税劳务（加工、修理修配企业）的纳税人，以及以从事货物生产或者提供应税劳务为主，并兼营货物批发或者零售的纳税人	年应税销售额50万元以下（含50万元）	50万元以上
2. 批发或零售货物的纳税人（流通企业）	年应税销售额80万元以下（含80万元）	80万元以上
3. 提供应税服务（营改增）（包含销售服务、无形资产或者不动产）	年应税销售额500万元以下（含500万元）	500万元以上
4. 年应税销售额超过小规模纳税人标准的个体工商户以外的其他个人（自然人）	按小规模纳税人纳税	—
5. ①非企业性单位 ②不经常发生应税行为的单位和个体工商户	可选择按小规模纳税人纳税	—
注意：根据《试点实施办法》第四条的规定，年应税销售额未超过规定标准的纳税人，会计核算健全，能够提供准确税务资料的，可以向主管税务机关办理一般纳税人资格登记，成为一般纳税人。 会计核算健全，是指能够按照国家统一的会计制度规定设置账簿，根据合法、有效凭证核算。		

三、增值税扣缴义务人

《试点实施办法》第六条规定："中华人民共和国境外（以下称境外）单位或者个人在境内发生应税行为，在境内未设有经营机构的，以购买方为增值税扣缴义务人。财政部和国家税务总局另有规定的除外。"

与现行增值税的征收原则不同，在境内发生应税行为，是指应税行为销售方或者购买方在境内。而且因现行海关管理对象的限制，即仅对进、出口货物进行管理，各类劳务尚未纳入海关管理范畴，对涉及跨境提供劳务的行为，将仍由税务机关进行管理。

理解本条规定应从以下两个方面来把握：

（1）境外单位或者个人在境内发生应税行为，在境内未设有经营机构的，以购买方为增值税扣缴义务人。

本条与原来政策最大的不同，是取消了代理人扣缴增值税的规定。

（2）理解本条规定的扣缴义务人时需要注意，其前提是境外单位或者个人在境内没有设立经营机构，如果设立了经营机构，应以其经营机构为增值税纳税人，就不存在扣缴义务人的问题。

在此要特别注意的是，作为扣缴义务人，如果没有履行扣缴义务是有风险的。例如，某房地产开发公司聘请在我国境内未设有经营机构的境外单位或者个人进行一项设计服务，针对此项设计服务，该房地产开发公司在支付设计服务款项时，要履行代扣代缴义务，如果没有履行代扣代缴义务，则会有被税务机关处罚的风险。所以，作为增值税的扣缴义务人，在签订合同的时候说明是税前还是税后，在支付款项时，一定要履行扣缴义务。

四、合并纳税的规定

《试点实施办法》第七条规定："两个或者两个以上的纳税人，经财政部和国家税务总局批准可以视为一个纳税人合并纳税。具体办法由财政部和国家税务总局另行制定。"

此条规定，两个或者两个以上的纳税人，可以视为一个纳税人合并纳税的规定。合并纳税的批准主体是财政部和国家税务总局，意在借鉴国际上通行的增值税集团纳税制度，完善我国现行增值税体系。

所谓集团纳税制度，是指在增值税制度安排上，允许具有共同控制性质的多个独立纳税人合并纳税。集团纳税制度可以减少税务机关直接管理的增值税纳税主体，降低税务机关的征收成本，也可以降低企业集团直接或间接的增值税遵从成本，有利于企业集团增加现金流，提高资金使用效率，优化企业架构。

依据该条规定，财政部和国家税务总局下发了《财政部　国家税务总局关于重新印发〈总分机构试点纳税人增值税计算缴纳暂行办法〉的通知》（财税〔2013〕74号），该办法主要是解决营业税改征增值税试点期间总、分支机构试点纳税人缴纳增值税问题。主要按以下步骤进行计算：

（1）公司的各分公司、子公司均按照现行规定在所在地预缴增值税。

（2）公司总部将全部收入汇总后计算销项税额，减除汇总的全部进项税额后形成总的增值税应纳税额，再将各分公司、子公司汇总的增值税应纳税额作为已交税金予以扣减后，形成总部的增值税应纳税额。

第二节　房地产开发企业增值税的应税范围及税率

一、应税范围

（一）一般规定

根据《试点实施办法》第一条的规定，在中华人民共和国境内（以下简称境内）销售服务、无形资产或者不动产（以下称应税行为）的单位和个人，为增值税纳税人，应当按照本办法缴纳增值税，不缴纳营业税。

由此可知，在中华人民共和国境内销售服务、无形资产或者不动产（以下称应税行为）为增值税的应税范围。但是根据《试点实施办法》第十条规定："第十条销售服务、无形资产或者不动产，是指有偿提供服务、有偿转让无形资产或者不动产，但属于下列非经营活动的情形除外：（一）行政单位收取的同时满足以下条件的政府性基金或者行政事业性收费。1. 由国务院或者财政部批准设立的政府性基金，由国务院或者省级人民政府及其财政、价格主管部门批准设立的行政事业性收费；2. 收取时开具省级以上（含省级）财政部门监（印）制的财政票据；3. 所收款项全额上缴财政。（二）单位或者个体工商户聘用的员工为本单位或者雇主提供取得工资的服务。（三）单位或者个体工商户为聘用的员工提供服务。（四）财政部和国家税务总局规定的其他情形。”

本条是有关应税行为成立的规定，并明确非经营活动不属于应税行为。

（1）行政单位收取的同时满足以下条件的政府性基金或者行政事业性收费此条款明确行政单位收取的符合规定条件的政府性基金或者行政事业性收费不征收增值税，和原试点实施办法相比，收费主体由原先“非企业性单位”调整为“行政单位”。

不征收增值税必须同时符合如图1-2所列四个条件。

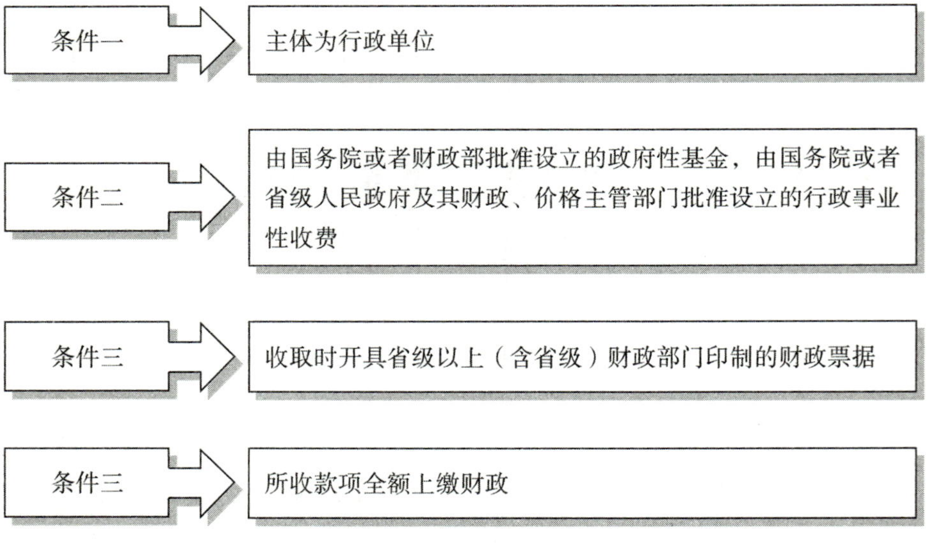

图1-2　不征收增值税必须同时符合的四个条件

除第一条有所调整外，其余三个条件仍延续原政策规定。

（2）单位或者个体工商户聘用的员工为本单位或者雇主提供取得工资的服务单位或个体工商户聘用的员工为本单位或雇主提供服务，虽然发生有偿行为但不属于增值税征收范围，即自我服务不征收增值税。此条必须同时符合如图1-3所列三个条件。

条件一

只有单位或个体工商户聘用的员工为本单位或者雇主提供服务才不缴纳增值税

该条件在于员工身份的确立，即如何划分员工和非员工。《中华人民共和国劳动合同法》第十条规定，“建立劳动关系，应当订立书面劳动合同。已建立劳动关系，未同时订立书面劳动合同的，应当自用工之日起1个月内订立书面劳动合同。用人单位与劳动者在用工前订立劳动合同的，劳动关系自用工之日起建立。”因此，划分员工和非员工的主要依据是与用人单位建立劳动关系并依法签订书面劳动合同

条件二

仅限于应税服务，即员工向雇佣的单位或者个体工商户销售无形资产、不动产的应税行为，由于是自然人与单位或者个体工商户之间的经济行为，不再是雇佣与被雇佣关系，因此仍应按规定征收增值税

条件三

提供的应税服务不征收增值税限定为提供的职务性服务，即取得工资的服务

“条件一”中介绍了员工应当具备哪些条件，但并不是说只要具备了员工的条件，对员工为本单位或者雇主提供的所有服务都不征税。员工为本单位或者雇主提供的服务不征税，应仅限于员工为本单位或雇主提供职务性服务，即取得工资的服务。员工向用人单位或雇主提供与工作（职务）无关的服务，凡属于应税服务征收范围的均应按规定征收增值税

某公司行政人员利用自己的交通工具为本单位运输货物收取运费等应按规定缴纳增值税

图1-3　自我服务不征收增值税的条件

（3）单位或者个体工商户为聘用的员工提供服务。

单位或者个体工商户为聘用的员工提供应税服务，即使发生有偿行为。如向员工提供班车接送服务，不动产租赁服务，餐饮服务等，无论是否收费，均不属于应税行为，不征收增值税。

要注意其属于集体福利或个人消费情形，相应购买或支付的进项税额不得抵扣或需做转出。

（4）财政部和国家税务总局规定的其他情形。

《营改增试点有关事项的通知》还另外明确了五条不征收增值税项目，如图1-4所示。

项目一	根据国家指令无偿提供的铁路运输服务、航空运输服务，属于《试点实施办法》第十三条规定的用于公益事业的服务
项目二	存款利息
项目三	被保险人获得的保险赔付
项目四	房地产主管部门或者其指定机构、公积金管理中心、开发企业以及物业管理单位代收的住房专项维修基金
项目四	在资产重组过程中，通过合并、分立、出售、置换等方式，将全部或者部分实物资产以及与其相关联的债权、负债和劳动力一并转让给其他单位和个人，其中涉及的不动产、土地使用权转让行为

图1-4　五条不征收增值税项目

要准确地把握增值税的征税范围，还应当清楚哪些属于境内销售服务、无形资产或者不动产，哪些不属于在境内销售服务或者无形资产，所以，要把握好以下两条规定：

（1）《试点实施办法》第十二条规定：“在境内销售服务、无形资产或者不动产，是指：（一）服务（租赁不动产除外）或者无形资产（自然资源使用权除外）的销售方或者购买方在境内；（二）所销售或者租赁的不动产在境内；（三）所销售自然资源使用权的自然资源在境内；（四）财政部和国家税务总局规定的其他情形。”

《试点实施办法》第十二条规定是对在境内销售服务、无形资产或者不动产的具体规定，可从以下两个方面把握，如图1-5所示。

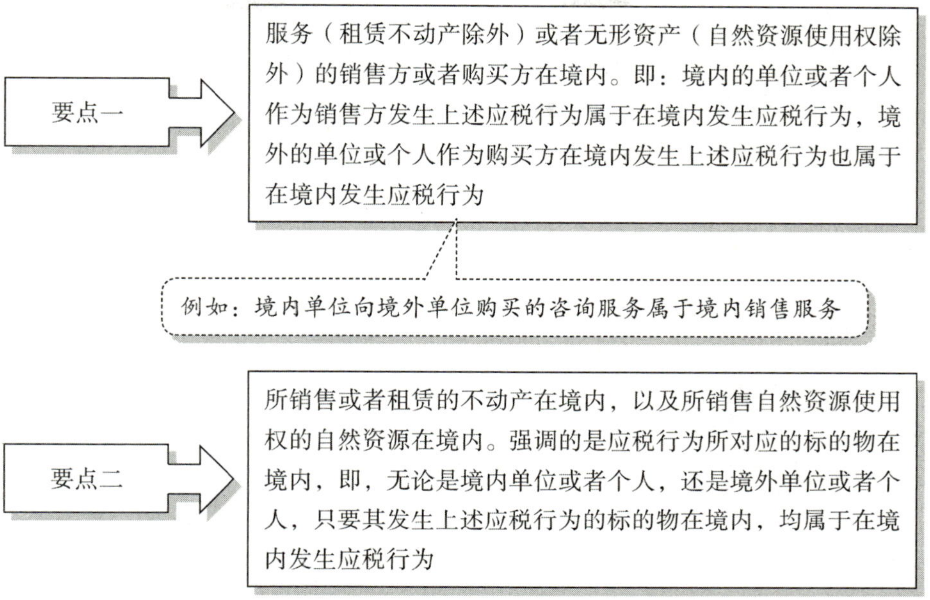

图1-5　对《试点实施办法》第十二条的把握要点

（2）《试点实施办法》第十三条规定："下列情形不属于在境内销售服务或者无形资产：（一）境外单位或者个人向境内单位或者个人销售完全在境外发生的服务。（二）境外单位或者个人向境内单位或者个人销售完全在境外使用的无形资产。（三）境外单位或者个人向境内单位或者个人出租完全在境外使用的有形动产。（四）财政部和国家税务总局规定的其他情形。

《试点实施办法》第十三条是对不属于在境内销售服务或者无形资产的具体规定，采取排除法明确了不属于在境内提供应税服务的三种情形，具体如图1–6所示。

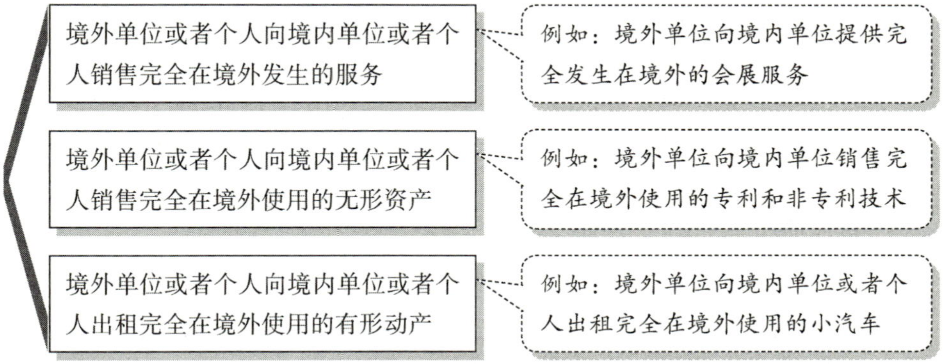

图1-6　在境内提供应税服务的三种情形

对上述三项规定的理解需把握三个要点：一是应税行为的销售方为境外单位或者个人；二是境内单位或者个人在境外购买；三是所购买的应税行为必须完全在境外使用或消费。

（二）视同销售

视同销售分为两类：一类是视同销售货物；另一类是视同销售服务、无形资产或者不动产。后者是针对此次营改增的范围，《试点实施办法》新增加的一类。

1. 视同销售货物

根据《关于修改〈中华人民共和国增值税暂行条例实施细则〉和〈中华人民共和国营业税暂行条例实施细则〉的决定》（财务部令2011年第65号）的规定，单位或者个体工商户的下列行为（如图1-7），视同销售货物，征收增值税。

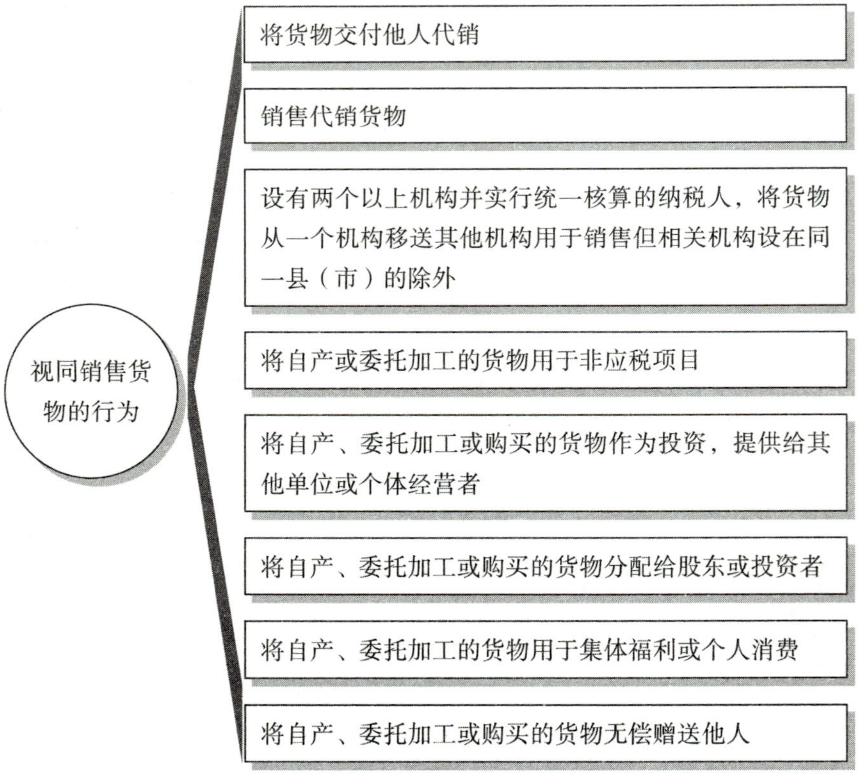

图1-7　视同销售货物的行为

2. 视同销售服务、无形资产或者不动产

根据《试点实施办法》第十四条规定："下列情形视同销售服务、无形资产或者不动产：（一）单位或者个体工商户向其他单位或者个人无偿提供服务，但用于公益事业或者以社会公众为对象的除外。（二）单位或者个人向其他单位或者个人无偿转让无形资产或者不动产，但用于公益事业或者以社会公众为对象的除外。（三）财政部和国家税务总局规定的其他情形。”

在此需要特别注意的是，是否视同销售的重要依据是，无偿提供服务、转让无形资产或者不动产是否用于公益事业或以社会公众为对象。例如：A公司向B公司无偿转让自己的办公楼，就要视同销售；如果A公司以符合法律、法规的要求，无偿向某大学转让自己的办公楼，就不视同销售。所以，纳税人应该注意，无论是无偿提供服务还是转让无形资产或者不动产，如果是用于公益事业或者以社会大众为对象的，就应该取得符合要求的票据及形式上的要求，这样就可以不视同销售。

（三）房地产业涉及的税目

根据《销售服务、无形资产或者不动产注释》规定，房地产业主要涉及以下税目：

（1）房地产企业销售自己开发的房地产项目适用销售不动产税目。

（2）房地产企业出租自己开发的房地产项目（包括如商铺、写字楼、公寓等），适用租赁服务税目中的不动产经营租赁服务税目和不动产融资租赁服务税目（不含不动产售后回租融资租赁）。

提醒您

下列情形不属于在境内销售服务或者无形资产：

（1）境外单位或者个人向境内单位或者个人销售完全在境外发生的服务。

（2）境外单位或者个人向境内单位或者个人销售完全在境外使用的无形资产。

（3）境外单位或者个人向境内单位或者个人出租完全在境外使用的有形动产。

（4）财政部和国家税务总局规定的其他情形。

1. 销售不动产

销售不动产，是指转让不动产所有权的业务活动。不动产，是指不能移动或者移动后会引起性质、形状改变的财产，包括建筑物、构筑物等。

建筑物，包括住宅、商业营业用房、办公楼等可供居住、工作或者进行其他活动的建造物。

构筑物，包括道路、桥梁、隧道、水坝等建造物。

转让建筑物有限产权或者永久使用权的，转让在建的建筑物或者构筑物所有权的，以及在转让建筑物或者构筑物时一并转让其所占土地的使用权的，按照销售不动产缴纳增值税。

在资产重组过程中，通过合并、分立、出售、置换等方式，将全部或者部分实物资产以及与其相关联的债权、负债和劳动力一并转让给其他单位和个人，其中涉及的不动产转让行为不征收增值税。

2. 不动产租赁服务

租赁服务，包括融资租赁服务和经营租赁服务。

（1）融资租赁服务，是指具有融资性质和所有权转移特点的租赁活动。即出租人根据承租人所要求的规格、型号、性能等条件购入不动产租赁给承租人，合同期内租赁物所有权属于出租人，承租人只拥有使用权，合同期满付清租金后，承租人有权按照残值购入租赁物，以拥有其所有权。不论出租人是否将租赁物销售给承租人，均属于融资租赁。

融资性售后回租不按照融资租赁服务缴纳增值税。

（2）经营租赁服务，是指在约定时间内将不动产转让他人使用且租赁物所有权不变更的业务活动。

将建筑物、构筑物等不动产的广告位出租给其他单位或者个人用于发布广告，按照经营租赁服务缴纳增值税。

车辆停放服务、道路通行服务（包括过路费、过桥费、过闸费）等按照不动产经营租赁服务缴纳增值税。

（四）不征收增值税的项目

根据《营业税改征增值税试点有关事项的规定》，不征收增值税项目有五个方面，如图1-8所示。

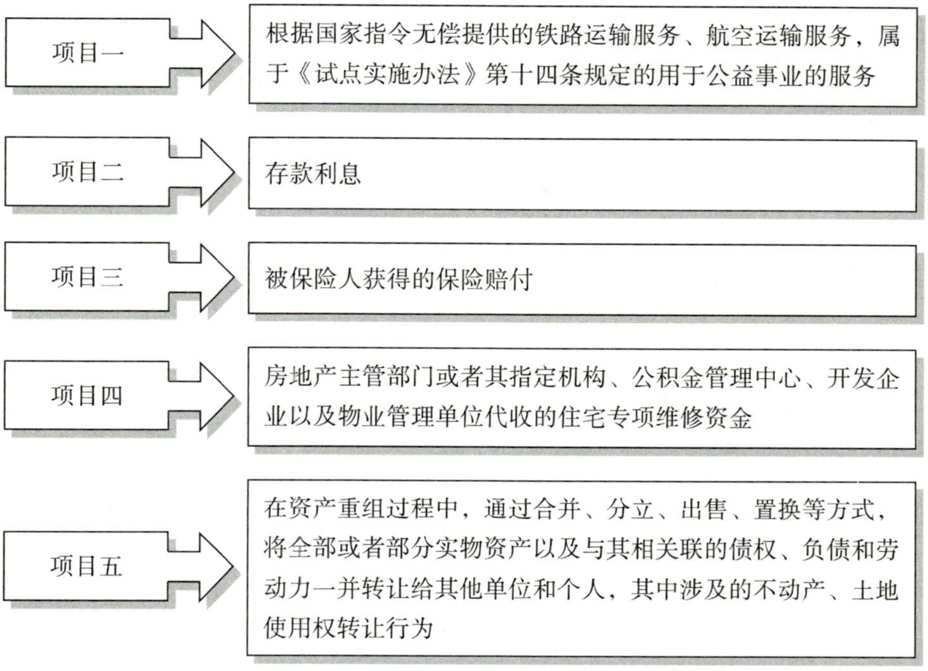

图1-8　不征收增值税的项目

二、税率和征收率

（一）关于税率的规定

《试点实施办法》第十五条对增值税税率作出了明确规定：

（1）纳税人发生应税行为，除以下所列（2）～（4）项规定外，税率为6%。

（2）提供交通运输、邮政、基础电信、建筑、不动产租赁服务，销售不动产，转让土地使用权，税率为11%。

（3）提供有形动产租赁服务，税率为17%。

（4）境内单位和个人发生的跨境应税行为，税率为零。具体范围由财政部和国家税务总局另行规定。

（二）关于征收率的规定

《试点实施办法》第十六条规定："增值税征收率为3%，财政部和国家税务总局另有规定的除外。”

即除部分不动产销售和租赁行为的征收率为5%以外，小规模纳税人发生的应税行为以及一般纳税人发生特定应税行为，增值税征收率为3%。

本条是对增值税征收率的规定，主要从以下几方面把握：

（1）除目前财政部和国家税务总局规定的销售及出租不动产适用5%征收率外，小规模纳税人征收率一般为3%。具体如图1-9所示。

范围一　不动产销售

（1）小规模纳税人销售其取得（不含自建）的不动产（不含个体工商户销售购买的住房和其他个人销售不动产）

（2）小规模纳税人销售其自建的不动产

（3）其他个人销售其取得（不含自建）的不动产（不含其购买的住房）

（4）个人将购买的住房对外销售

（5）房地产开发企业中的小规模纳税人，销售自行开发的房地产项目

范围二　不动产经营租赁

（1）小规模纳税人出租其取得的不动产（不含个人出租住房）

（2）其他个人出租其取得的不动产（不含住房）

（3）个人出租住房（减按1.5%计算应纳税额）

图1-9　不动产销售与出租的范围

（2）一般纳税人如从事符合规定的特定项目，可以选择适用简易计税方法。特定项目在原先项目基础上，新增建筑服务、销售不动产、租赁不动产等。征收率目前除财政部和国家税务总局规定的销售及出租不动产适用5%征收率外，其余为3%。政策适用时间为“营改增试点期间”。目前共有八种情形，具体如图1-10所示。

情形一	公共交通运输服务
情形二	经认定的动漫企业为开发动漫产品提供的动漫脚本编撰、形象设计、背景设计、动画设计、分镜、动画制作、摄制、描线、上色、画面合成、配音、配乐、音效合成、剪辑、字幕制作、压缩转码（面向网络动漫、手机动漫格式适配）服务，以及在境内转让动漫版权（包括动漫品牌、形象或者内容的授权及再授权）。要注意此条款执行期间由原先”自本地区试点实施之日起至2017年12月31日”调整为“营改增试点期间”
情形三	电影放映服务、仓储服务、装卸搬运服务、收派服务和文化体育服务。其中文化体育服务包括文化服务、体育服务
情形四	以纳入营改增试点之日前取得的有形动产为标的物提供的经营租赁服务。要注意此条款由“购进或者自制”调整为“取得”，即纳税人以本地区营改增实施之日前取得的有形动产为标的物，包括购进或者自制之外的其他取得方式提供的经营租赁服务，可以选择简易计税方法
情形五	在纳入营改增试点之日前签订的尚未执行完毕的有形动产租赁合同
情形六	建筑服务 （1）以清包工方式提供的建筑服务 （2）为甲供工程提供的建筑服务 （3）为建筑工程老项目提供的建筑服务
情形七	销售不动产 （1）一般纳税人销售其2016年4月30日前取得（不含自建）的不动产 （2）一般纳税人销售其2016年4月30日前自建的不动产 （3）房地产开发企业中的一般纳税人，销售自行开发的房地产老项目

（续图）

情形八

租赁不动产
（1）一般纳税人出租其2016年4月30日前取得的不动产
其中，对公路经营企业中一般纳税人对老高速公路收取的高速公路车辆通行费收入，可以选择适用简易计税方法，减按3%的征收率计税

图1-10　符合规定的特定项目的八种情形

（3）一般纳税人销售自己使用过的、纳入营改增试点之日前取得的固定资产，按照现行旧货相关增值税政策执行。

使用过的固定资产，是指纳税人符合《试点实施办法》第二十八条规定并根据财务会计制度已经计提折旧的固定资产。

（三）税率和征收税的特殊适用

1. 混合销售

《试点实施办法》第四十条规定：“一项销售行为如果既涉及服务又涉及货物，为混合销售。从事货物的生产、批发或者零售的单位和个体工商户的混合销售行为，按照销售货物缴纳增值税；其他单位和个体工商户的混合销售行为，按照销售服务缴纳增值税。本条所称从事货物的生产、批发或者零售的单位和个体工商户，包括以从事货物的生产、批发或者零售为主，并兼营销售服务的单位和个体工商户在内。”

本条是对混合销售行为的规定。

沿用了增值税和营业税有关混合销售的管理，即只有当一项销售行为既涉及服务又涉及货物时，才认定为混合销售行为。从事货物的生产、批发或者零售的单位和个体工商户的混合销售行为，按照销售货物缴纳增值税；其他单位和个体工商户的混合销售行为，按照销售服务缴纳增值税。

混合销售行为成立的行为标准有两点，如图1-11所示。

标准一 → 其销售行为必须是一项

标准二 → 该项行为必须既涉及服务又涉及货物，其“货物”是指增值税税法中规定的有形动产，包括电力、热力和气体；服务是指属于改征范围的交通运输服务、建筑服务、金融保险服务、邮政服务、电信服务、现代服务、生活服务等

图1-11 混合销售行为成立的行为标准

我们在确定混合销售是否成立时，其行为标准中的上述两点必须是同时存在，如果一项销售行为只涉及销售服务，不涉及货物，这种行为就不是混合销售行为；反之，如果涉及销售服务和涉及货物的行为，不是存在一项销售行为之中，这种行为也不是混合销售行为。

如：生产货物的单位，在销售货物的同时附带运输，其销售货物及提供运输的行为属于混合销售行为，所收取的货物款项及运输费用应一律按销售货物计算缴纳增值税。

2. 兼营

《试点实施办法》第三十九条规定：“纳税人兼营销售货物、劳务、服务、无形资产或者不动产，适用不同税率或者征收率的，应当分别核算适用不同税率或者征收率的销售额；未分别核算的，从高适用税率。”

本条规定了纳税人提供适用不同税率或者征税率的销售货物、劳务、服务、无形资产或者不动产（即：兼营行为）的税收处理原则。即：应当分别核算销售额；未分别核算的，从高适用税率。

（1）兼有不同税率的销售货物、加工修理修配劳务、服务、无形资产或者不动产，从高适用税率。

（2）兼有不同征收率的销售货物、加工修理修配劳务、服务、无形资产或者不动产，从高适用征收率。

（3）兼有不同税率和征收率的销售货物、加工修理修配劳务、服务、无形资产或者不动产，从高适用税率。

在此，要特别注意的是，当兼营不同税率或者征收率的应税行为时，一定要分别核算适用不同税率或者征收率的销售额外负担，否则将从高适用税率，进而导致税额的增加。例如，某房地产开发企业为一般纳税人，当某个楼盘开发完成

后，部分出售，部分出租，部分从事餐饮服务，这三项应税行为的对应税率有所不同，如果分别核算，销售自己开发楼盘取得的销售额，按销售不动产的11%税率，计算缴纳增值税；出租自己开发的楼盘取得的销售额，按不动产的租赁服务的11%税率，计算缴纳增值税；部分楼盘从事餐饮服务，取得的餐饮服务销售额外负担，按6%的税率，计算缴纳增值税。如果不能分开核算，则这三项应税行为都应该按11%的税率，计算缴纳增值税。所以，当纳税人有兼营不同税率或者征收率的应税行为时，一定要分别核算适用不同税率或者征收率的销售额。

（四）过渡政策税率和征收率的适用

根据《有关事项的规定》的过渡政策和征收率的适用如下。

1. 销售不动产

（1）一般纳税人。

一般纳税人过渡政策税率和征收率的适用如图1-12所示。

情况一　**销售其2016年4月30日前取得（不含自建）的不动产**

可以选择适用简易计税方法，以取得的全部价款和价外费用减去该项不动产购置原价或者取得不动产时的作价后的余额为销售额，按照5%的征收率计算应纳税额。纳税人应按照上述计税方法在不动产所在地预缴税款后，向机构所在地主管税务机关进行纳税申报

情况二　**销售其2016年4月30日前自建的不动产**

可以选择适用简易计税方法，以取得的全部价款和价外费用为销售额，按照5%的征收率计算应纳税额。纳税人应按照上述计税方法在不动产所在地预缴税款后，向机构所在地主管税务机关进行纳税申报

情况三　**销售其2016年5月1日后取得（不含自建）的不动产**

应适用一般计税方法，以取得的全部价款和价外费用为销售额计算应纳税额。纳税人应以取得的全部价款和价外费用减去该项不动产购置原价或者取得不动产时的作价后的余额，按照5%的预征率在不动产所在地预缴税款后，向机构所在地主管税务机关进行纳税申报

（续图）

情况四　**销售其2016年5月1日后自建的不动产**

应适用一般计税方法，以取得的全部价款和价外费用为销售额计算应纳税额。纳税人应以取得的全部价款和价外费用，按照5%的预征率在不动产所在地预缴税款后，向机构所在地主管税务机关进行纳税申报

情况五　**销售自行开发的房地产老项目**

可以选择适用简易计税方法按照5%的征收率计税

图1-12　一般纳税人过渡政策税率和征收率的适用情况

（2）小规模纳税人。

小规模纳税人过渡政策税率和征收率的适用如图1-13所示。

情况一　**销售其取得（不含自建）的不动产（不含个体工商户销售购买的住房和其他个人销售不动产）**

应以取得的全部价款和价外费用减去该项不动产购置原价或者取得不动产时的作价后的余额为销售额，按照5%的征收率计算应纳税额。纳税人应按照上述计税方法在不动产所在地预缴税款后，向机构所在地主管税务机关进行纳税申报

情况二　**销售其自建的不动产**

应以取得的全部价款和价外费用为销售额，按照5%的征收率计算应纳税额。纳税人应按照上述计税方法在不动产所在地预缴税款后，向机构所在地主管税务机关进行纳税申报

情况三　**销售自行开发的房地产项目**

按照5%的征收率计税

图1-13　小规模纳税人过渡政策税率和征收率的适用情况

提醒您

房地产开发企业采取预收款方式销售所开发的房地产项目，在收到预收款时按照3%的预征率预缴增值税。

（3）个体工商户。

个体工商户销售购买的住房，应按照附件3《营业税改征增值税试点过渡政策的规定》第五条的规定征免增值税。纳税人应按照上述计税方法在不动产所在地预缴税款后，向机构所在地主管税务机关进行纳税申报。

（4）其他个人。

其他个人销售其取得（不含自建）的不动产（不含其购买的住房），应以取得的全部价款和价外费用减去该项不动产购置原价或者取得不动产时的作价后的余额为销售额，按照5%的征收率计算应纳税额。

2. 不动产经营租赁服务

（1）一般纳税人。

一般纳税人不动产经营租赁服务税率和征收率的适用如图1-14所示。

情况一　**出租其2016年4月30日前取得的不动产**

可以选择适用简易计税方法，按照5%的征收率计算应纳税额。纳税人出租其2016年4月30日前取得的与机构所在地不在同一县（市）的不动产，应按照上述计税方法在不动产所在地预缴税款后，向机构所在地主管税务机关进行纳税申报

情况二　**公路经营企业中的一般纳税人收取试点前开工的高速公路的车辆通行费**

可以选择适用简易计税方法，减按3%的征收率计算应纳税额。试点前开工的高速公路，是指相关施工许可证明上注明的合同开工日期在2016年4月30日前的高速公路

（续图）

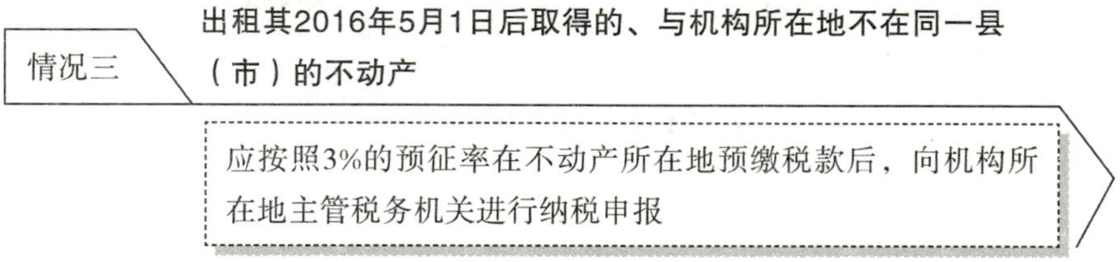

图1-14 一般纳税人不动产经营租赁服务税率和征收率的适用

（2）小规模纳税人。

小规模纳税人出租其取得的不动产（不含个人出租住房），应按照5%的征收率计算应纳税额。纳税人出租与机构所在地不在同一县（市）的不动产，应按照上述计税方法在不动产所在地预缴税款后，向机构所在地主管税务机关进行纳税申报。

（3）其他个人。

其他个人出租其取得的不动产（不含住房），应按照5%的征收率计算应纳税额。

个人出租住房，应按照5%的征收率减按1.5%计算应纳税额。

3. 扣缴增值税适用税率

境内的购买方为境外单位和个人扣缴增值税的，按照适用税率扣缴增值税。

（五）房地产企业的税率和征收率

房地产企业销售、出租不动产适用的税率均为11%。

小规模纳税人销售、出租不动产，以及一般纳税人提供的可选择简易计税方法的销售、出租不动产业务，征收率为5%。

境内的购买方为境外单位和个人扣缴增值税的，按照适用税率扣缴增值税。

从税制适用而言，一般纳税人适用增值税税率，其进项税额可以抵扣，而小规模纳税人适用增值税征收率，其进项税额不可以抵扣。

第三节　房地产开发企业增值税的计税方法和应纳税额的计算

增值税的计税方法，包括一般计税方法和简易计税方法。

一、一般计税方法

（一）什么是一般计税方法

一般计税方法，即按照销项税额减去进项税额的差额作为应纳税额。小规模纳税人适用简易计税方法，即按照销售额与征收率的乘积作为应纳税额。

应纳税额的计算公式为：

应纳税额=当期销项税额－当期进项税额

（二）一般计税方法的适用

一般纳税人发生应税行为适用一般计税方法计税，按税法规定可以选择简易计税方法的除外。

房地产开发企业的增值税一般纳税人销售、出租不动产等应税行为按一般计税方法计算缴纳增值税（选择简易计税方法的房地产老项目除外）。

（三）销售额

1. 一般规定

销售额，是指纳税人发生应税行为取得的全部价款和价外费用，财政部和国家税务总局另有规定的除外。

价外费用，是指价外收取的各种性质的收费，但不包括以下项目：

（1）代为收取并符合实施办法第十条规定的政府性基金或者行政事业性收费。

（2）以委托方名义开具发票代委托方收取的款项。

一般计税方法的销售额不包括销项税额，纳税人采用销售额和销项税额合并定价方法的，按照下列公式计算销售额：

销售额=含税销售额÷（1+税率）

2. 特别规定

房地产开发企业中的一般纳税人销售其开发的房地产项目（选择简易计税方法的房地产老项目除外），以取得的全部价款和价外费用，扣除受让土地时向政府部门支付的土地价款后的余额为销售额。

房地产老项目，是指《建筑工程施工许可证》注明的合同开工日期在2016年4月30日前的房地产项目。

（四）销项税额与进项税额

1. 销项税额

销项税额，是指纳税人发生应税行为按照销售额和增值税税率计算并收取的增值税额。销项税额计算公式为：

销项税额=销售额×税率

房地产开发企业销售、出租不动产应按适用税率11%计算销项税额。

2. 进项税额

房地产开发企业在销售、出租不动产时购进货物、加工修理修配劳务、服务、无形资产或者不动产时，允许按增值税扣税凭证上注明的税额申报抵扣进项税额。可抵扣的进项税额的主要种类如图1–15所示。

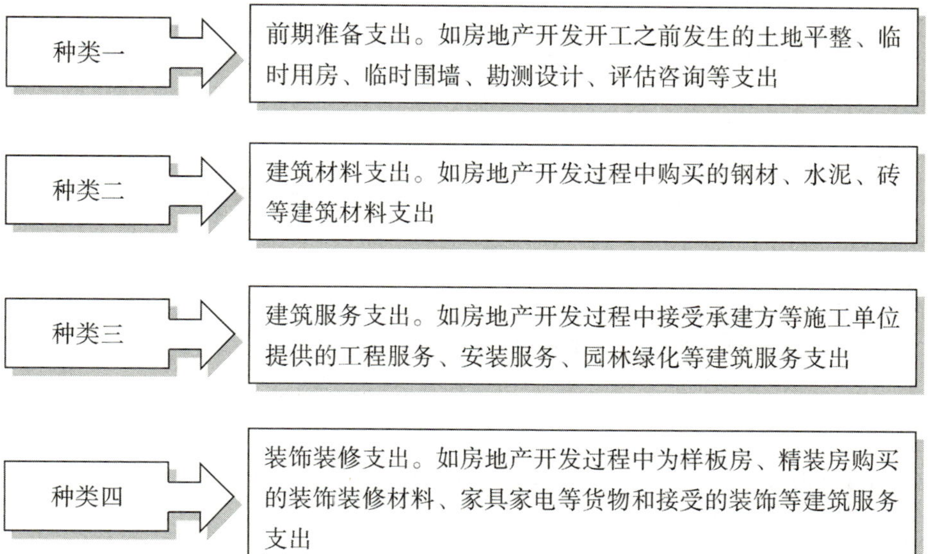

（续图）

种类五	市场营销支出。如房地产开发企业销售所开发项目过程中接受的创意策划、广告宣传、用于接待看房人员的租赁车辆或者接受交通运输服务，装饰售展中心等营销场所的建筑服务等服务支出
种类六	管理耗用支出。如房地产开发企业管理部门和现场工程部门发生的购进办公设备、办公用品、办公家具、公用车辆等货物，以及接受会展服务、住宿服务、物业管理服务等支出
种类七	购进的固定资产、无形资产的支出
种类八	其他允许抵扣的项目

图1-15　可抵扣的进项税额的主要种类

3. 增值税扣税凭证

《试点实施办法》第二十五条规定：下列进项税额准予从销项税额中抵扣：（一）从销售方取得的增值税专用发票（含税控机动车销售统一发票，下同）上注明的增值税额。（二）从海关取得的海关进口增值税专用缴款书上注明的增值税额。（三）购进农产品，除取得增值税专用发票或者海关进口增值税专用缴款书外，按照农产品收购发票或者销售发票上注明的农产品买价和13%的扣除率计算的进项税额。计算公式为：进项税额=买价×扣除率。买价，是指纳税人购进农产品在农产品收购发票或者销售发票上注明的价款和按照规定缴纳的烟叶税。购进农产品，按照《农产品增值税进项税额核定扣除试点实施办法》抵扣进项税额的除外。（四）从境外单位或者个人购进服务、无形资产或者不动产，自税务机关或者扣缴义务人取得的解缴税款的完税凭证上注明的增值税额。”

本条规定了纳税人可抵扣增值税进项税额的情况。

（1）从销售方取得的增值税专用发票（含税控机动车销售统一发票，下同）上注明的增值税额。

增值税专用发票是为加强增值税抵扣管理，根据增值税的特点设计的，专供一般纳税人使用的一种发票。增值税专用发票是一般纳税人从销项税额中抵扣进项税额的扣税凭证，且是目前最主要的一种扣税凭证。增值税专用发票目前申报抵扣的期限是自开票之日起180日内进行认证，并在认证通过的次月申报期内申报抵扣进项税额。同时需要注意的是：

①货物运输业增值税专用发票也属增值税专用发票，其要求与增值税专用发票一致。但按照《国家税务总局关于停止使用货物运输业增值税专用发票有关问题的公告》（国家税务总局公告2015年第99号）的规定，货物运输业增值税专用发票自7月1日起停止使用。

②按照《国家税务总局关于纳税信用A级纳税人取消增值税发票认证有关问题的公告》（国家税务总局公告2016年第7号）的规定：对纳税信用A级增值税一般纳税人取消增值税发票认证，A级纳税人取得销售方使用增值税发票管理新系统开具的增值税专用发票可以不再进行扫描认证，通过增值税发票税控开票软件登录本省增值税发票查询平台，查询、选择用于申报抵扣或者出口退税的增值税发票信息。

抵扣时限是，按月申报纳税人为本月1日的前180日，按季度申报纳税人为本季度首月1日的前180日。

（2）从海关取得的海关进口增值税专用缴款书上注明的增值税额。

根据当前税法规定，进口环节的增值税是由海关代征的，纳税人在进口货物办理报关进口手续时，需向海关申报缴纳进口增值税并从海关取得完税证明，其取得的海关进口专用缴款书可申报抵扣。

纳税人进口货物取得的属于增值税扣税范围的海关缴款书，应自开具之日起180天内向主管税务机关报送《海关完税凭证抵扣清单》（电子数据），申请稽核比对，逾期未申请的其进项税额不予抵扣。对稽核比对结果为相符的海关缴款书，纳税人应在税务机关提供稽核比对结果的当月纳税申报期内申报抵扣，逾期的其进项税额不予抵扣。

（3）购进农产品，除取得增值税专用发票或者海关进口增值税专用缴款书外，按照农产品收购发票或者销售发票上注明的农产品买价和13%的扣除率计算的进项税额。计算公式为：

进项税额=买价×扣除率

买价，是指纳税人购进农产品在农产品收购发票或者销售发票上注明的价款和按照规定缴纳的烟叶税。

购进农产品，按照《农产品增值税进项税额核定扣除试点实施办法》抵扣进项税额的除外。

提醒您

购进农产品，除取得增值税专用发票或者海关进口增值税专用缴款书外，还可以根据农产品收购发票或者销售发票上注明的农产品买价和13%的扣除率计算进项税额进行抵扣。

对一般纳税人购进农产品按照《农产品增值税进项税额核定扣除试点实施办法》抵扣进项税额的，进项税额抵扣不按本条规定执行。

（4）从境外单位或者个人购进服务、无形资产或者不动产，自税务机关或者扣缴义务人取得的解缴税款的完税凭证上注明的增值税额。

此条款是试点中的一个突破，从本地区试点实施之日起新增代扣代缴税款的税收缴款凭证可作为进项税额抵扣凭证的规定。

从境外单位或者个人购进服务、无形资产或者不动产，代扣代缴增值税是取得的中华人民共和国税收缴款凭证上注明的增值税额。扣缴义务人按照本实施办法扣缴应税服务税款后，向主管税务机关申报缴纳相应税款，并由主管税务机关出具中华人民共和国税收缴款凭证。

4. 不动产抵扣的特别规定

（1）新增不动产的抵扣。2016年5月1日后（以下简称“试点后”）取得并在会计制度上按固定资产核算的不动产或者试点后取得的不动产在建工程，其进项税额应自取得之日起分2年从销项税额中抵扣，第一年抵扣比例为60%，第二年抵扣比例为40%（融资租入的不动产以及在施工现场修建的临时建筑物、构筑物，其进项税额不适用上述分2年抵扣的规定）。

（2）已抵扣进项税额的不动产，发生《试点实施办法》规定不得抵扣进项税额情形的，按照下列公式计算不得抵扣的进项税额：

不得抵扣的进项税额=不动产净值×适用税率

固定资产、无形资产或者不动产净值，是指纳税人根据财务会计制度计提折旧或摊销后的余额。

（3）按照《增值税暂行条例》第十条和《试点实施办法》第二十七条规定不得抵扣且未抵扣进项税额的不动产，发生用途改变，用于允许抵扣进项税额的应税项目，可在用途改变的次月按照下列公式，依据合法有效的增值税扣税凭证，计算可以抵扣的进项税额：

$$可以抵扣的进项税额=\frac{不动产净值}{1+适用税率}\times 适用税率$$

法规链接

《增值税暂行条例》第十条的规定

第十条　下列项目的进项税额不得从销项税额中抵扣：

（一）用于非增值税应税项目、免征增值税项目、集体福利或者个人消费的购进货物或者应税劳务；

（二）非正常损失的购进货物及相关的应税劳务；

（三）非正常损失的在产品、产成品所耗用的购进货物或者应税劳务；

（四）国务院财政、税务主管部门规定的纳税人自用消费品；

（五）本条第（一）项至第（四）项规定的货物的运输费用和销售免税货物的运输费用。

法规链接

《试点实施办法》第二十七条的规定

第二十七条　下列项目的进项税额不得从销项税额中抵扣：

（一）用于简易计税方法计税项目、免征增值税项目、集体福利或者个人消费的购进货物、加工修理修配劳务、服务、无形资产和不动产。其中涉及的固定资产、无形资产、不动产，仅指专用于上述项目的固定资产、无形资产（不包括其他权益性无形资产）、不动产。

纳税人的交际应酬消费属于个人消费。

（二）非正常损失的购进货物，以及相关的加工修理修配劳务和交通运输服务。

（三）非正常损失的在产品、产成品所耗用的购进货物（不包括固定资产）、加工修理修配劳务和交通运输服务。

（四）非正常损失的不动产，以及该不动产所耗用的购进货物、设计服务和建筑服务。

（五）非正常损失的不动产在建工程所耗用的购进货物、设计服务和建筑服务、纳税人新建、改建、扩建、修缮、装饰不动产，均属于不动产在建工程。

（六）购进的旅客运输服务、贷款服务、餐饮服务、居民日常服务和娱乐服务。

（七）财政部和国家税务总局规定的其他情形。

本条第（四）项、第（五）项所称货物，是指构成不动产实体的材料和设备，包括建筑装饰材料和给排水、采暖、卫生、通风、照明、通讯、煤气、消防、中央空调、电梯、电气、智能化楼宇设备及配套设施。

关于第二十七条的解释如下：

1. 一般原则

对纳税人用于适用简易计税方法计税项目、免征增值税（以下简称免税）项目、集体福利或者个人消费的购进货物、加工修理修配劳务、服务、无形资产和不动产的进项税额不得从销项税额中抵扣。

2. 固定资产、无形资产、不动产进项税额的处理原则

对纳税人涉及的固定资产、无形资产（不包括其他权益性无形资产）、不动产项目的进项税额，凡发生专用于简易计税方法计税项目、免征增值税项目、集体福利或者个人消费项目的，该进项税额不得予以抵扣；发生兼用于增值税应税项目和上述项目情况的，该进项税额准予全部抵扣。

3. 其他权益性无形资产的处理原则

纳税人购进其他权益性无形资产无论是专用于简易计税方法计税项目、免征增值税项目、集体福利或者个人消费，还是兼用于上述项目，均可以抵扣进项税额。

4. 关于非正常损失

虽然取得合法的扣税凭证，但非正常损失的购进货物，以及相关的加工修理修配劳务和交通运输服务；非正常损失的在产品、产成品所耗用的购进货物（不

包括固定资产）、加工修理修配劳务和交通运输服务；非正常损失的不动产（包括不动产在建工程），以及该不动产（包括不动产在建工程）所耗用的购进货物、设计服务和建筑服务，上述所涉及的购进的进项税额不得抵扣。

非正常损失按第二十八条执行。

5. 其他项目

一般意义上，旅客运输服务、餐饮服务、居民日常服务和娱乐服务主要接受对象是个人。对于一般纳税人购买的旅客运输服务、餐饮服务、居民日常服务和娱乐服务，难以准确的界定接受劳务的对象是企业还是个人，因此，一般纳税人购进的旅客运输服务、餐饮服务、居民日常服务和娱乐服务的进项税额不得从销项税额中抵扣。

纳税人购买应征消费税的摩托车、汽车、游艇取得的进项税额允许按规定抵扣。

纳税人购买住宿服务取得的进项税额允许按规定抵扣。

（五）应纳税额的计算

一般计税方法的应纳税额，是指当期销项税额抵扣当期进项税额后的余额。应纳税额计算公式为：

应纳税额=当期销项税额－当期进项税额

当期销项税额小于当期进项税额不足抵扣时，其不足部分可以结转下期继续抵扣。

二、简易计税方法

（一）什么是简易计税方法

简易计税方法，是指按照销售额和增值税征收率计算缴纳增值税，且不得抵扣进项税额，应纳税额计算公式为：

应纳税额=销售额×征收率。

纳税人采用销售额和应纳税额合并定价方法的，按照下列公式计算销售额：

销售额=含税销售额÷（1+征收率）。

小规模纳税人的征收率为3%。

（二）房地产开发企业适用简易计税法的范围

（1）小规模纳税人发生应税行为适用简易计税方法。

（2）一般纳税人特定情况下可选择简易计税方法。

一般纳税人应该按照一般计税方法计算缴纳增值税，但是考虑到建筑服务承包方式的多样，在过渡期，房地产业新、老项目交替过渡，提供服务的纳税人可能无法取得增值税专用发票进行抵扣，为保证公平，在《营业税改征增值税试点有关事项的规定》中专门明确了下列应税行为，纳税人可以根据各项目情况自行选择适用一般计税方法或者简易计税方法。具体包括四种情况，如图1-16所示。

情况一　销售其2016年4月30日前取得（不含自建）的不动产

可以选择适用简易计税方法，以取得的全部价款和价外费用减去该项不动产购置原价或者取得不动产时的作价后的余额为销售额，按照5%的征收率计算应纳税额。纳税人应按照上述计税方法在不动产所在地预缴税款后，向机构所在地主管税务机关进行纳税申报

情况二　销售其2016年4月30日前自建的不动产

可以选择适用简易计税方法，以取得的全部价款和价外费用为销售额，按照5%的征收率计算应纳税额。纳税人应按照上述计税方法在不动产所在地预缴税款后，向机构所在地主管税务机关进行纳税申报

情况三　销售自行开发的房地产老项目

可以选择适用简易计税方法按照5%的征收率计税

情况四　出租其2016年4月30日前取得的不动产

可以选择适用简易计税方法，按照5%的征收率计算应纳税额。纳税人出租其2016年4月30日前取得的与机构所在地不在同一县（市）的不动产，应按照上述计税方法在不动产所在地预缴税款后，向机构所在地主管税务机关进行纳税申报

图1-16　一般纳税人可选择简易计税方法的特定情况

（三）销售额

简易计税方法的销售额不包括其应纳税额，纳税人采用销售额和应纳税额合并定价方法的，按照下列公式计算销售额：

销售额=含税销售额÷（1+征收率）

某试点纳税人提供餐饮服务共收取103元，在计算时应先换算为不含税销售额，即：不含税销售额=103÷（1+3%）=100（元），则增值税应纳税额=100×3%=3（元）。

和原营业税计税方法的区别：原营业税应纳税额=103×5%=5.15（元）

（四）应纳税额

简易计税方法的应纳税额，是指按照销售额和增值税征收率计算的增值税额，不得抵扣进项税额。应纳税额计算公式为：

应纳税额=销售额×征收率

第四节　房地产开发企业应税销售额的确定

一、基本规定

《试点实施办法》第三十七条规定："销售额，是指纳税人发生应税行为取得的全部价款和价外费用，财政部和国家税务总局另有规定的除外。价外费用，是指价外收取的各种性质的收费，但不包括以下项目：（一）代为收取并符合本办法第十条规定的政府性基金或者行政事业性收费。（二）以委托方名义开具发票代委托方收取的款项。"

本条规定销售额是指纳税人发生应税行为取得的全部价款和价外费用。财政部和国家税务总局另有规定的除外。

（一）全部价款的规定

关于全部价款，《试点实施办法》第十条和第十一条中通过“有偿”规定，即与所售货物、服务、无形资产或不动产有关的全部经济利益的流入，包括货币、货物或者其他经济利益。

法规链接

《营业税改征增值税实施办法》第十条、第十一条的规定

《营业税改征增值税试点实施办法》第十条对政府性基金或者行政事业性收费作出了规定：

第十条　销售服务、无形资产或者不动产，是指有偿提供服务、有偿转让无形资产或者不动产，但属于下列非经营活动的情形除外：

（一）行政单位收取的同时满足以下条件的政府性基金或者行政事业性收费。

1. 由国务院或者财政部批准设立的政府性基金，由国务院或者省级人民政府及其财政、价格主管部门批准设立的行政事业性收费；

2. 收取时开具省级以上（含省级）财政部门监（印）制的财政票据；

3. 所收款项全额上缴财政。

（二）单位或者个体工商户聘用的员工为本单位或者雇主提供取得工资的服务。

（三）单位或者个体工商户为聘用的员工提供服务。

（四）财政部和国家税务总局规定的其他情形。

第十一条　有偿，是指取得货币、货物或者其他经济利益。

（二）价外费用的规定

价外费用，是指价外收取的各种性质的收费。关于价外费用的具体范围，增值税暂行条例实施细则作了较详尽的列举，但是由于纳税人实际业务的复杂性，仍然会存在列举不尽的情况。因此，本条规定只对价外费用进行了概括性描述，没有进行逐一列举。同时，本条明确了以下项目不包括在内：

（1）代为收取并符合《营业税改征增值税实施办法》第十条规定的政府性基金或者行政事业性收费。

（2）以委托方名义开具发票代委托方收取的款项。

法规链接

关于价外费用的法规

《中华人民共和国增值税暂行条例实施细则》第十二条对价外费用作出了明确的规定，具体摘录如下：

第十二条　条例第六条第一款所称价外费用，包括价外向购买方收取的手续费、补贴、基金、集资费、返还利润、奖励费、违约金、滞纳金、延期付款利息、赔偿金、代收款项、代垫款项、包装费、包装物租金、储备费、优质费、运输装卸费以及其他各种性质的价外收费。但下列项目不包括在内：

（一）受托加工应征消费税的消费品所代收代缴的消费税。

（二）同时符合以下条件的代垫运输费用：

1. 承运部门的运输费用发票开具给购买方的；

2. 纳税人将该项发票转交给购买方的。

（三）同时符合以下条件代为收取的政府性基金或者行政事业性收费：

1. 由国务院或者财政部批准设立的政府性基金，由国务院或者省级人民政府及其财政、价格主管部门批准设立的行政事业性收费；

2. 收取时开具省级以上财政部门印制的财政票据；

3. 所收款项全额上缴财政。

（四）销售货物的同时代办保险等而向购买方收取的保险费，以及向购买方收取的代购买方缴纳的车辆购置税、车辆牌照费。

（三）销售额以人民币计算

《试点实施办法》第三十八条规定："销售额以人民币计算。纳税人按照人民币以外的货币结算销售额的，应当折合成人民币计算，折合率可以选择销售额发生的当天或者当月1日的人民币汇率中间价。纳税人应当在事先确定采用何种折合率，确定后12个月内不得变更。"

这里要特别注意的是：在涉及支付境外设计费时，需要代扣代缴增值税，这时要将外币折合成人民币计算。

二、特殊规定

（一）混合销售行为销售额的规定

1. 什么是混合销售行为

《试点实施办法》第四十条规定："一项销售行为如果既涉及服务又涉及货物，为混合销售。从事货物的生产、批发或者零售的单位和个体工商户的混合销售行为，按照销售货物缴纳增值税；其他单位和个体工商户的混合销售行为，按照销售服务缴纳增值税。

本条所称从事货物的生产、批发或者零售的单位和个体工商户，包括以从事货物的生产、批发或者零售为主，并兼营销售服务的单位和个体工商户在内。"

本条是对混合销售行为的规定。

沿用了增值税和营业税有关混合销售的管理，即只有当一项销售行为既涉及服务又涉及货物时，才认定为混合销售行为。从事货物的生产、批发或者零售的单位和个体工商户的混合销售行为，按照销售货物缴纳增值税；其他单位和个体工商户的混合销售行为，按照销售服务缴纳增值税。

混合销售行为成立的行为标准有两点，如图1-17所示。

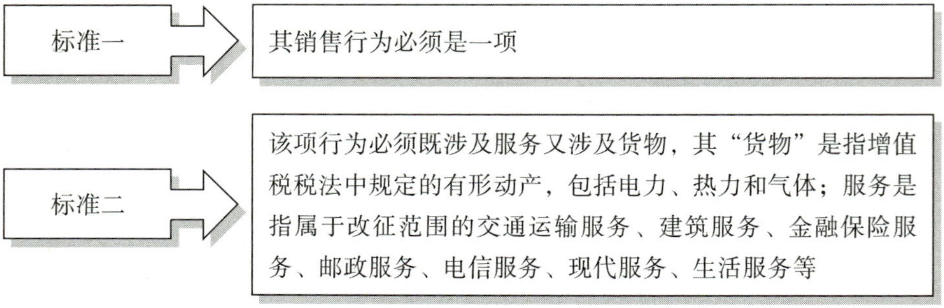

图1-17　混合销售行为成立的行为标准

我们在确定混合销售是否成立时，其行为标准中的上述两点必须是同时存在，如果一项销售行为只涉及销售服务，不涉及货物，这种行为就不是混合销售行为；反之，如果涉及销售服务和涉及货物的行为，不是存在于一项销售行为之中，这种行为也不是混合销售行为。

如：生产货物的单位，在销售货物的同时附带运输，其销售货物及提供运输的行为属于混合销售行为，所收取的货物款项及运输费用应一律按销售货物计算缴纳增值税。

2. 混合销售额

在混合销售行为中，也是以收取的全部价款和价外费用来计算缴纳增值税的。

（二）兼营业务销售额

《试点实施办法》第三十九条规定："纳税人兼营销售货物、劳务、服务、无形资产或者不动产，适用不同税率或者征收率的，应当分别核算适用不同税率或者征收率的销售额；未分别核算的，从高适用税率。"

1. 核算要求

本条规定了纳税人提供适用不同税率或者征税率的销售货物、劳务、服务、无形资产或者不动产（即：兼营行为）的税收处理原则。即：应当分别核算销售额；未分别核算的，从高适用税率。

（1）兼有不同税率的销售货物、加工修理修配劳务、服务、无形资产或者不动产，从高适用税率。

（2）兼有不同征收率的销售货物、加工修理修配劳务、服务、无形资产或者不动产，从高适用征收率。

（3）兼有不同税率和征收率的销售货物、加工修理修配劳务、服务、无形资产或者不动产，从高适用税率。

实例 1

某试点一般纳税人既有不动产销售业务，又有经纪代理业务（两项业务不属于混合销售），如果该纳税人能够分别核算上述两项应税行为的销售额，则销售不动产适用11%的增值税税率，提供经纪代理服务适用6%的增值税税率；如果该纳税人没有分别核算上述两项应税行为的销售额，则销售不动产和提供经纪代理服务均从高适用11%的增值税税率。

2. 应注意的问题

（1）兼营行为是销售货物或应税服务不同时发生在同一业务上的行为，且人事的服务与某一项销售货物并无直接的联系和从属关系。

（2）对于纳税人的兼营行为，应分别核算各自业务的销售额。未分别核算的，不得享受免税和减税。

（3）兼营行为适用不同的税率。应分别核算适用不同税率或者征收率的销售额；未分别核算的，从高适用税率。

（4）兼营行为同混合销售的区别。

兼营行为同混合销售的区别在于：混合销售行为强调的是一项销售行为既涉及服务又涉及货物的行为；兼营行为则是指纳税人兼营销售货物、劳务、服务、无形资产或者不动产的行为，各应税项目不在同一项销售行为中同时发生。

（三）按差额确认销售额的行为

（1）金融商品转让，按照卖出价扣除买入价后的余额为销售额。

（2）经纪代理服务，以取得的全部价款和价外费用，扣除向委托方收取并代为支付的政府性基金或者行政事业性收费后的余额为销售额。

（3）融资租赁和融资性售后回租业务。

（4）航空运输企业的销售额，不包括代收的机场建设费和代售其他航空运输企业客票而代收转付的价款。

（5）一般纳税人提供客运场站服务台，以其取得的全部价款和价外费用，扣除支付给承运方运费后的余额为销售额。

（6）提供旅游服务，可以选择以取得的全部价款和价外费用，扣除向旅游服务购买方收取并支付给其他单位或者个人的住宿费、餐饮费、交通费、签证费、门票费和支付给其他接团旅游企业的旅游费用后的余额为销售额。

（7）提供建筑服务适用简易计税方法，以取得的全部价款和价外费用扣除支付的分包款后的余额为销售额。

（8）房地产开发企业中的一般纳税人销售其开发的房地产项目（选择简易计税方法的房地产老项目除外），以取得的全部价款和价外费用，扣除受让土地时向政府部门支付的土地价款后的余额为销售额。

上述销售额的确认提醒纳税人注意的是：从全部价款和价外费用中扣除的价款，应当取得符合法律、行政法规和国家税务总局规定的有效凭证，否则，不得扣除。

（四）销售折扣销售额的确定

针对销售折让、中止、退回等业务情形，《试点实施办法》进行了相关规定，其中第三十二条规定：纳税人适用一般计税方法计税的，因销售折让、中止或者退回而退还给购买方的增值税额，应当从当期的销项税额中扣减；因销售折让、中止或者退回而收回的增值税额，应当从当期的进项税额中扣减。

1. 商业折扣

折扣销售又称商业折扣，是指企业为促进商品销售而在商品价格上给予的价格扣除属于商业折扣。

2. 销售折扣票据管理

（1）《试点实施办法》第四十二条规定：纳税人发生销售折让、中止、退回等情形的，应当按照国家税务总局的规定开具红字增值税专用发票。

（2）《试点实施办法》第四十三条规定：纳税人发生应税行为，将价款和折扣额在同一张发票上分别注明的，以折扣后的价款为销售额；未在同一张发票上分别注明的，以价款为销售额，不得扣减折扣额。

3. 应注意的问题

（1）在销售折让、中止、退回等业务情形下，《试点实施办法》强调了发票管理的要求，一种情形是开具红字发票，另一种情形是将价款和折扣额在同一张发票上分别注明。在这里提醒纳税人注意以下两种情况：

①开具红字增值税专用发票情况。按照《国家税务总局关于纳税人折扣折让行为开具红字增值税专用发票问题的通知》（国税函〔2006〕1279号），纳税人在销售货物并向购买方开具增值税专用发票后，由于购货方在一定时间内累计购买货物达到一定数量，或者由于市场价格下降等原因，给予购货方相应的价格优惠或补偿等折扣、折让，销货方可按现行《增值税专用发票使用规定》开具红字增值税专用发票。

②将价款和折扣额在同一张发票上分别注明情况。按照《国家税务总局关于印发〈增值税若干具体问题的规定〉的通知》（国税发〔1993〕154号）规定，如果销售额和折扣额是在同一张发票上分别注明的可以按折扣后的余额作为销售额计算增值税；如果将折扣额另开发票，不论其在财务上如何处理，均不得从销售额中减扣折扣额。并在《国家税务总局关于折扣额抵减增值税应税销售额问题通知》（国税函〔2010〕56号）明确上述“销售额和折扣额在同一张发票上分别注

明”是指销售额和折扣额在同一张发票上的“金额”栏分别注明的，可按折扣后的销售额征收增值税。未在同一张发票“金额”栏明的，可按折扣后的销售额征收增值税。未在同一张发票“金额”栏注明折扣额，而仅在发票的“备注”栏注明折扣额的，折扣额不得从销售额中减除。

（2）按《试点实施办法》规定，未按照规定开具红字增值税专用发票的，不得按照《试点实施办法》第三十二条和第三十六条规定扣减销项税额或者销售额。说明如果纳税人没有按照规定开具红字增值税专用发票，其退还给购买方的增值税额，就不允许从当期的销项税额中扣减。如果适用简易计税方法计税的，也不允许从当期的销项税额中扣减。

（五）视同销售销售额的确定

1. 视同销售

根据《试点实施办法》第十四条规定，下列情形视同销售服务、无形资产或者不动产：

（1）单位或者个体工商户向其他单位或者个人无偿提供服务，但用于公益事业或者以社会公众为对象的除外。

（2）单位或者个人向其他单位或者个人无偿转让无形资产或者不动产，但用于公益事业或者以社会公众为对象的除外。

（3）财政部和国家税务总局规定的其他情形。

2. 视同销售销售额

根据《试点实施办法》第四十四条规定，纳税人发生规定的无销售额的行为，主管税务机关有权按照下列顺序确定销售额：

（1）按照纳税人最近时期销售同类服务、无形资产或者不动产的平均价格确定。

（2）按照其他纳税人最近时期销售同类服务、无形资产或者不动产的平均价格确定。

（3）按照组成计税价格确定。组成计税价格的公式为：

$$组成计税价格=成本\times(1+成本利润率)$$

成本利润率由国家税务总局确定。

（六）价格不具有合理性时销售额的确定

《试点实施办法》第四十四条规定：纳税人发生应税行为价格明显偏低或者偏高且不具有合理商业目的的，主管税务机关有权按照下列顺序确定销售额：

（1）按照纳税人最近时期销售同类服务、无形资产或者不动产的平均价格确定。

（2）按照其他纳税人最近时期销售同类服务、无形资产或者不动产的平均价格确定。

（3）按照组成计税价格确定。组成计税价格的公式为：

$$组成计税价格=成本\times(1+成本利润率)$$

成本利润率由国家税务总局确定。

这里就把裁定权归属于税务机关，首先是对价格的判断，其次是对商业目的的判定。所以，纳税人应该注意商业目的的确定，并根据此目的确定销售价格。并且要注意税务机关确定销售额时是按照顺序来的，即第一种价格没有参考时，再考虑第二种规定，所以，纳税人不要人为地认为可以选择顺序，以免出现税务风险。

根据《试点实施办法》第四十四条规定，纳税人发生应税行为价格明显偏低或者偏高且不具有合理商业目的的，销售额由主管税务机关按照视同销售规定的方法处理。

提醒纳税人注意的是：不具有合理商业目的，是指以谋取税收利益为主要目的，通过人为安排，减少、免除、推迟缴纳增值税税款，或者增加退还增值税税款。所以，建议纳税人在发生经营业务时要注意考虑定价以合理的商业目的为前提。

（七）融资租赁和融资性售后回租业务销售额的确定

（1）经人民银行、银监会或者商务部批准从事融资租赁业务的试点纳税人，提供融资租赁服务，以取得的全部价款和价外费用，扣除支付的借款利息（包括外汇借款和人民币借款利息）、发行债券利息和车辆购置税后的余额为销售额。

（2）经人民银行、银监会或者商务部批准从事融资租赁业务的试点纳税人，提供融资性售后回租服务，以取得的全部价款和价外费用（不含本金），扣除对外支付的借款利息（包括外汇借款和人民币借款利息），发行债券利息后的余额作为销售额。

现在有些企业会发生类似的业务，有售后回租、售后回购的业务，是否符合上述规定，请纳税人参考执行。

（八）试点前发生的业务

（1）试点纳税人发生应税行为，按照国家有关营业税政策规定差额征收营业税的，因取得的全部价款和价外费用不足以抵减允许扣除项目金额，截至纳入营改增试点之日前尚未扣除的部分，不得在计算试点纳税人增值税应税销售额时抵减，应当向原主管地税机关申请退还营业税。

（2）试点纳税人发生应税行为，在纳入营改增试点之日前已缴纳营业税，营改增试点后因发生退款减除营业额的，应当向原主管地税机关申请退还已缴纳的营业税。

（3）试点纳税人纳入营改增试点之日前发生的应税行为，因税收检查等原因需要补缴税款的，应按照营业税政策规定补缴营业税。

（九）销售使用过的固定资产

一般纳税人销售自己使用过的、纳入营改增试点之日前取得的固定资产，按照现行旧货相关增值税政策执行。

使用过的固定资产，是指纳税人符合《试点实施办法》第二十八条规定并根据财务会计制度已经计提折旧的固定资产。

法规链接

《试点实施办法》第二十八条的规定

《试点实施办法》第二十八条的规定如下：

第二十八条　不动产、无形资产的具体范围，按照本办法所附的《销售服务、无形资产或者不动产注释》执行。

固定资产，是指使用期限超过12个月的机器、机械、运输工具以及其他与生产经营有关的设备、工具、器具等有形动产。

非正常损失，是指因管理不善造成货物被盗、丢失、霉烂变质，以及因违反法律、法规造成货物或者不动产被依法没收、销毁、拆除的情形。

三、房地产开发企业的具体规定

（一）不动产

《试点实施办法》中明确了销售不动产，是指转让不动产所有权的业务活动。不动产，是指不能移动或者移动后会引起性质、形状改变的财产，包括建筑物、构筑物等。其中：

（1）建筑物，包括住宅、商业营业用房、办公楼等可供居住、工作或者进行其他活动的建造物。

（2）构筑物，包括道路、桥梁、隧道、水坝等建造物。

（3）转让建筑物有限产权或者永久使用权的，转让在建的建筑物或者构筑物所有权的，以及在转让建筑物或者构筑物时一并转让其所占土地的使用权的，按照销售不动产缴纳增值税。

国家税务总局2016年第18号公告明确了“房地产开发企业销售自行开发的房地产项目”范围：

自行开发，是指在依法取得土地使用权的土地上进行基础设计和房屋建设。另房地产开发企业以接盘等形式购入未完工的房地产项目继续开发后，以自己的名义立项销售的，也属于销售自行开发的房地产项目。

（二）房地产项目销售额

1. 一般计税方法

房地产开发企业中的一般纳税人销售其开发的房地产项目（选择简易计税方法的房地产老项目除外），以取得的全部价款和价外费用，扣除受让土地时向政府部门支付的土地价款后的余额为销售额。

（1）销售额的计算公式。

国家税务总局2016年第18号公告《房地产开发企业销售自行开发的房地产项目增值税征收管理暂行办法》第四条进一步明确：

房地产开发企业中的一般纳税人（以下简称一般纳税人）销售自行开发的房地产项目，适用一般计税方法计税，按照取得的全部价款和价外费用，扣除当期销售房地产项目对应的土地价款后的余额计算销售额。销售额的计算公式为：

$$销售额=\frac{全部价款和价外费用-当期允许扣除的土地价款}{1+11\%}$$

土地价款并非一次性从销售额中全扣，而是要随着销售额的确认，逐步扣除。简单地说，就是要把土地价款按照销售进度，在不同的纳税期分期扣除，是“卖一套房，扣一笔与之相应的土地出让金”。

允许扣除的土地价款包括新项目和选择一般计税方法的老项目。对于房地产老项目，如果选择适用一般计税方法，其5月1日后确认的增值税销售额，也可以扣除对应的土地出让价款。

当期允许扣除的土地价款按照以下公式计算：

$$\text{当期允许扣除的土地价款}=\frac{\text{当期销售房地产项目建筑面积}}{\text{房地产项目可供销售建筑面积}}\times\text{支付的土地价款}$$

其中：

①当期销售房地产项目建筑面积，是指当期进行纳税申报的增值税销售额对应的建筑面积。

②房地产项目可供销售建筑面积，是指房地产项目可以出售的总建筑面积，不包括销售房地产项目时未单独作价结算的配套公共设施的建筑面积。

③支付的土地价款，是指向政府、土地管理部门或受政府委托收取土地价款的单位直接支付的土地价款。

房地产企业在开发房产项目时，还会在小区配套建设道路、花园、绿地、雕塑，或者物业用房、幼儿园、诊所等。这些项目不单独作价出售给业主，但也都包含在了业主所支付的房款之中。对这些建筑物、构筑物的面积，本条规定并未将其包含在“可供出售的建筑面积”中，也就是在计算“当期允许扣除的土地价款”时，并未将这部分面积包含在分母当中。这样可以使开发商将所有“可供”销售的面积卖完后，土地出让金全部扣除完，实际上是有利于房地产开发企业的。

（2）扣除凭证。

《房地产开发企业销售自行开发的房地产项目增值税征收管理暂行办法》第六条规定：“在计算销售额时从全部价款和价外费用中扣除土地价款，应当取得省级以上（含省级）财政部门监（印）制的财政票据。”

财政票据是指由财政部门统一印制和发放，由国家机关、事业单位、或经法律法规授权的具有管理公共事务职能的机构、代行政府职能的社会团体以及其他组织（以下简称执收单位），依据有关法律、法规和政府部门的有关规定，征收或者收取政府非税收入，政府举办的非营利性医疗机构从事医疗服务取得的收入，社会团体收取会费，以及上述单位进行财务往来结算活动时，应当使用财政票据。

财政票据是单位财务收支的法定凭证和会计核算的原始凭证，也是银行代理政府非税收入业务的重要凭证，是财政、审计、监察等部门进行监督检查的重要依据。

①按票面资金性质，财政票据可分为行政事业性收费票据、政府性基金票据、罚没票据、政府非税收入票据。

各类票据的适用范围如表1-2所示。

表1-2 各类票据的适用范围

序号	类别	适 用 范 围
1	行政事业性收费票据	适用于经国务院省级人民政府及其财政、价格主管部门批准的，由国家机关、事业单位、代行政府职能的社会团体及其他组织，向特定服务对象收取行政事业性收费时开具的收款凭证
2	政府性基金票据	适用于国务院或按财政部批准的政府性基金管理规定，向公民、法人和其他组织无偿征收相关政府性基金时开具的收款凭证
3	罚没票据	适用于执法机关，或者执法机关依法委托的代收机构向公民、法人或者其他组织收取罚没财物时开具的凭证
4	政府非税收入票据	（1）适用于各级国家机关和事业单位，以及代行政府职能的社会团体及其他组织依法利用行政权力，政府信誉、国家资源、国有资产或者提供特定公共服务，准公共服务取得政府非税收入时开具的收款凭证 （2）土地出让金票据属于政府非税收入票据

②按票据用途特点，财政票据可分为通用票据和专用票据。

前者是指能够满足一般政府非税收入征收管理需要，具有通用性质的票据。后者是指通用票据不能满足政府非税收入征收和管理需要，根据非税收入特点而设计的，具有特定式样的专用票据。

土地出让金票据即属于专用票据。

③按票面设置特点，财政票据可分为定额票据和非定额票据。

前者是指票面设置有固定数额、金额、使用时不需填写的财政票据。后者是指没有固定数额、金额、使用时需用票人人工填写或用计算机打印的财政票据。

④按财政票据的填开方式分类可以分为手写票据和机打票据两类。

前者是指使用时由用票人根据有关规定用手工填写的财政票据。后者是指使用时由用票人根据有关规定按事先在计算机中设定的项目、标准，用计算机打印的财政票据。

⑤其他财政票据。其他财政票据主要包括往来结算票据、社会团体会费收据、医疗票据、捐赠收据等财政票据。

表1-3　其他财政票据的说明

序号	类别	适　用　范　围
1	往来结算票据	是指国家机关、事业单位、社会团体、政府举办的非营利性医疗机构在发生暂收暂付、代收代付及单位内部往来结算业务时开具的凭证。往来结算票据不得作为报销凭证
2	社会团体会费收据	是指经依法登记成立的向其个人和单位会员收取会费时开具的收款凭证
3	医疗票据	适用于政府举办的非营利性医疗机构从事医疗服务取得收入时开具的收款凭证
4	捐赠收据	是指依据《中华人民共和国公益事业捐赠法》规定，由各级国家机关、事业单位、社会团体及其他团体接受捐赠时开具的凭证。其中，以政府名义接受的非定向的货币捐赠收入，纳入政府非税收入票据管理范畴

相关链接

房地产开发企业扣除土地价款时的台账管理要求

《房地产开发企业销售自行开发的房地产项目增值税征收管理暂行办法》第七条规定："一般纳税人应建立台账登记土地价款的扣除情况，扣除

（续上）

的土地价款不得超过纳税人实际支付的土地价款。”

本条主要是明确了房地产开发企业扣除土地价款时的台账管理要求。

台账原本是指摆放在台上供人翻阅的账簿，故名台账，后来，经过不断地演化，现代企业管理中又把一些资料也称之为台账，如固定资产管理台账、企业安全生产台账、人事管理台账、商品购销台账等，这些台账不单是一些统计数字，还包括一些文件、工作计划、工作汇报、工作总结以及有关资料，分门别类，整理成册，便于平时日常查阅及上级检查。对企业来说，比较重要的台账有：财务管理台账、客户管理台账、生产管理台账、人事管理台账、行政管理台账等。

台账在企业管理过程中可发挥重要作用：

第一，台账是企业规范管理的重要工具；

第二，台账是企业管理的得力助手；

第三，台账是企业创新的有效依据；

第四，台账是提高企业工作执行力的实用工具；

第五，台账是制度的积累，是规范的源头。

一套台账管理系统，可以帮助企业及员工提高工作效率、厘清事务头绪、及时查出问题、掌握工作大局，可以说，台账是一套全员增效的系统工具。

《办法》中规定，房地产开发企业中的一般纳税人应建立台账，登记土地价款的扣除情况，扣除的土地价款不得超过纳税人实际支付的土地价款。由于现行政策规定，土地价款并非一次性从销售额中全扣，而是要随着销售额的确认，逐步扣除。因此通过台账对各期土地价款扣除的具体情况进行记载，是非常必要的。

2. 简易计税方法

根据《试点实施办法》第三十七条规定，销售额是指纳税人发生应税行为取得的全部价款和价外费用，财政部和国家税务总局另有规定的除外。

一般纳税人销售自行开发的房地产老项目，可以选择适用简易计税方法按照5%的征收率计税。同时，根据国家税务总局2016年第18号公告第九条规定，一般纳税人销售自行开发的房地产老项目适用简易计税方法计税的，以取得的全部价款和价外费用为销售额，不得扣除对应的土地价款。

其中，房地产老项目，是指：

（1）《建筑工程施工许可证》注明的合同开工日期在2016年4月30日前的房地产项目；

（2）《建筑工程施工许可证》未注明合同开工日期或者未取得《建筑工程施工许可证》但建筑工程承包合同注明的开工日期在2016年4月30日前的建筑工程项目。

简易计算方法主要包括以下情形，见表1-4。

表1-4　房地产企业提供销售不动产服务

方式	纳税人身份	简易计税方法	一般计税方法	销售额	比例	纳税地点
销售自行开发老项目	一般纳税人	√		全部价款（含价外费用）	5%征收率	
销售房地产老项目	一般纳税人		√	全部价款（含价外费用）－土地价款	3%征收率	在不动产所在地预缴税款后，向机构所在地主管税务机关进行纳税申报
销售自行开发的房地产项目	小规模纳税人	√		全部价款（含价外费用）	5%征收率	
预收款方式销售所开发的房地产项目					3%征收率	预缴增值税

①房地产开发企业中的一般纳税人，销售自行开发的房地产老项目，可以选择适用简易计税方法按照5%的征收率计税。

②房地产开发企业中的一般纳税人销售房地产老项目，适用一般计税方法计税的，应以取得的全部价款和价外费用，按照3%的预算率在不动产所在地预缴税款后，向机构所在地主管税务机关进行纳税申报。

③房地产开发企业中的小规模纳税人，销售自行开发的房地产项目，按照《试点实施办法》第四十五条规定的纳税义务发生时间，以当期销售额和5%的征收率计算当期应纳税额，抵减已预缴税款后，向主管国税机关申报纳税。未抵减完的预缴税款可以结转下期继续抵减。

小规模纳税人采取预收款方式销售自行开发的房地产项目，应在收到预收款时按照3%的预征率预缴增值税。

应预缴税款按照以下公式计算：

$$应预缴税款=预收款\div(1+5\%)\times3\%$$

④房地产开发企业采取预收款方式销售所开发的房地产项目，在收到预收款时按照3%的预征率预缴增值税。

3. 特殊规定

（1）代收款项。

“代收款项”是指房地产开发企业代为收取的，且不构成所售产品销售价格的款项，不论该笔款项收取后是否代缴、代付，均需要并入房地产开发企业的增值税应税销售额中。例如：代委托方收取的物业费、手续费、采暖费、有线电视费等。

（2）住房专项维修基金。

根据《有关事项的规定》规定，房地产主管部门或者其指定机构公积金管理中心、开发企业以及物业管理单位代收的住房专项维修基金不征收增值税。

（3）定金。

在实务操作中，定金如何进行纳税处理，各地有不同的规定，根据《中华人民共和国合同法》第一百一十五条规定，当事人可以依照《中华人民共和国担保法》约定一方向对方给付定金作为债权的担保。债务人履行债务后，定金应当抵作价款或者收回。给付定金的一方不履行约定的债务的，无权要求返还定金；收受定金的一方不履行约定的债务的，应当双倍返还定金。说明定金是已经签订合同后收取的款项。

①营改增前，按照《国家税务总局关于印发〈营业税问题解答（之一）的通知〉》第十八条规定，纳税人转让土地使用权或销售不动产，采用预收款方式的，其纳税义务发生时间为收到预收款的当天。此项规定所称预收款，包括预收定金。因此，预收定金的营业税纳税义务发生时间为收到预收定金的当天。

②营改增后，根据《实施办法》中关于“有偿”的规定则不难分析，定金带来的现金流量是完全可以可靠地流入企业的，所以是一种有偿的行为，应该被认定为价款。

因此，针对特殊规定，除定金外，房地产开发企业应注意避免向购房人收取除房款、住房专项维修基金以外的其他代收款项。

（三）销售不动产销售额的规定

纳税人销售不动产是指销售房地产项目之外的不动产，销售额的确定情况比较复杂，根据国家税务总局2016年第14号公告规定，归纳如下。

1. 一般纳税人转让营改增前自建不动产

（1）一般纳税人转让其2016年4月30日前自建的不动产，可以选择适用简易计税方法，以取得的全部价款和价外费用为销售额，按照5%的征收率计算应纳税额。纳税人应按照上述计税方法在不动产所在地预缴税款后，向机构所在地主管税务机关进行纳税申报。

（2）一般纳税人转让其2016年4月30日前自建的不动产，选择一般计税方法计税的，应以取得的全部价款和价外费用为销售额计算应纳税额。纳税人应以取得的全部价款和价外费用，按照5%的预征率在不动产所在地预缴税款后，向机构所在地主管税务机关进行纳税申报。

2. 一般纳税人转让营改增后自建不动产

一般纳税人转让其2016年5月1日后自建的不动产，应适用一般计税方法，以取得的全部价款和价外费用为销售额计算应纳税额。纳税人应以取得的全部价款和价外费用，按照5%的预征率在不动产所在地预缴税款后，向机构所在地主管税务机关进行纳税申报。

3. 一般纳税人转让营改增前非自建不动产

（1）一般纳税人转让其2016年4月30日前取得（不含自建）的不动产，可以选择适用简易计税方法，以取得的全部价款和价外费用扣除该项不动产购置原价或者取得不动产时的作价后的余额为销售额，按照5%的征收率计算应纳税额。纳税人应按照上述计税方法在不动产所在地预缴税款后，向机构所在地主管税务机关进行纳税申报。

（2）一般纳税人转让其2016年4月30日前取得的不动产（不含自建），选择一般计税方法计税的，以取得的全部价款和价外费用为销售额计算应纳税额。上述纳税人应以取得的全部价款和价外费用扣除该项不动产购置原价或者取得不动产时的作价后的余额，按照5%的预征率在不动产所在地预缴税款后，向机构所在地主管税务机关进行纳税申报。

4. 一般纳税人转让营改增后非自建不动产

一般 纳税人转让其2016年5月1日取得（不含自建）的不动产应适用一般计税方法，以取得的全部价款和价外费用为销售额计算应纳税额。纳税人应以取得的全部价款和价上费用扣除该项不动产购置原价或者取得不动产时作价后的余额，按照5%的预征率在不动产所在地预缴税款后，向机构所在地主管税务机关进行纳税申报。

5. 小规模纳税人转让不动产

（1）小规模纳税人转让其取得（不含自建）的不动产（除其他个人之外的小规模纳税人），应以取得的全部价款和价外费用扣除该项不动产购置原价或者取得不动产时的作价后的余额为销售额，按照5%的征收率计算应纳税额。纳税人应按照上述计税方法在不动产所在地预缴税额后，向机构所在地主管税务机关进行纳税申报。

（2）小规模纳税人转让其自建的不动产，应以取得的全部价款和价外费用为销售额，按照5%的征收率计算应纳税额。纳税人应按照上述计税方法在不动产所在地预缴税额后，向机构所在地主管税务机关进行纳税申报。

6. 个人转让其购买的不动产

（1）个人转让其购买的住房，按照有关规定全额缴纳增值税的，以取得的全部价款和价外费用为销售额，按照5%的征收率计算应纳税额。

（2）个人转让其购买的住房，按照有关规定差额缴纳增值税的，以取得的全部价款和价外费用扣除购买住房价款后的余额为销售额，按照5%的征收率计算应纳税额。

个体工商户应按照本条规定的计税方法向住房所在地主管地税机关预缴税款，向机构所在地主管国税机关申报纳税；其他个人应按照本条规定的计税方法向住房所在地主管地税机关申报纳税。

特别提醒纳税人注意的是：

（1）应向不动产所在地主管地税机关预缴的税款计算公式：

①以转让不动产取得的全部价款和价外费用作为预缴税款计算依据的，计算公式为：

应预缴税款=全部价款和价外费用÷（1+5%）×3%

②以转让不动产取得的全部价款和价外费用扣除不动产购置原价或者取得不动产时的作价后的余额作为预缴税款计算依据的，计算公式为：

应预缴税款=（全部价款和价外费用应预缴税款－不动产购置原价或者取得不动产时的作价）÷（1+5%）×3%

（2）扣除不动产购置原价或者取得不动产时的作价的，应当取得符合法律、行政法规和国家税务总局规定的合法有效凭证。否则，不得扣除。

上述凭证是指：

①税务部门监制的发票。

②法院判决书、裁定书、调解书，以及仲裁裁决书、公证债权文书。

③国家税务总局规定的其他凭证。

（四）不动产经营租赁销售额的确定

根据国家税务总局2016年第16号公告规定，政策如下。

1. 一般纳税人出租营改增前取得的不动产

（1）一般纳税人出租其2016年4月30日前取得的不动产，可以选择适用简易计税方法，按照5%的征收率计算应纳税额。纳税人出租其2016年4月30日前取得的与机构所在地不在同一县（市）的不动产应按照上述计税方法在不动产所在地预缴税款后，向机构所在地主管税务机关进行纳税申报。不动产所在地与机构所在地在同一县（市、区）的，纳税人向机构所在地主管国税机关申报纳税。

（2）一般纳税人出租其2016年4月30日前取得的不动产，适用一般计税方法计税的，不动产所在地与机构所在地不在同一县（市、区）的，纳税人应按照3%的预征率向不动产所在地主管国税机关预缴税款，向机构所在地主管国税机关申报纳税。不动产所在地与机构所在地在同一县（市、区）的，纳税人应向机构所在地主管国税机关申报纳税。

（3）一般纳税人出租其2016年5月1日后取得的不动产，适用一般计税方法计税。不动产所在地与机构所在地不在同一县（市、区）的，纳税人应按照3%的预征率向不动产所在地主管国税机关预缴税款，向机构所在地主管国税机关申报纳税。不动产所在地与机构所在地在同一县（市、区）的，纳税人应向机构所在地主管国税机关申报纳税。

2. 小规模纳税人出租不动产

（1）单位和个体工商户出租不动产（不含个体工商户出租住房）按照5%的征收率计算应纳税额。

（2）个体工商户出租住房，按照5%的征收率减按1.5%计算应纳税额。

①不动产所在地与机构所在地不在同一县（市、区）的，纳税人应按照上述计税方法向不动产所在地主管国税机关预缴税款，向机构所在地主管国税机关申报纳税。

②不动产所在地与机构所在地在同一县（市、区）的，纳税人应向机构所在地主管国税机关申报纳税。

（3）其他个人出租不动产（不含住房），按照5%的征收率计算应纳税额，向不动产所在地主管地税机关申报纳税。

（4）其他个人出租住房，按照5%的征收率减按1.5%计算应纳税额，向不动产所在地主管地税机关申报纳税。

3. 纳税地点特殊规定

纳税人出租的不动产所在地与其机构所在地在同一直辖市或计划单列市但不在同一县（市、区）的，由直辖市或计划单列市国家税务局决定是否在不动产所在地预缴税额

4. 出租不动产预缴税款规定

（1）纳税人出租不动产适用一般计税方法计税的，按照以下公式计算应预缴税款：

$$应预缴税款=含税销售额\div(1+11\%)\times 3\%$$

（2）纳税人出租不动产适用简易计税方法计税的（除个人出租住房外），按照以下公式计算应预缴税款：

$$应预缴税款=含税销售额\div(1+5\%)\times 5\%$$

（3）个体工商户出租住房，按照以下公式计算应预缴税款：

$$应预缴税款=含税销售额\div(1+5\%)\times 1.5\%$$

5. 其他个人出租不动产

（1）出租住房，按照以下公式计算应纳税额：

$$应纳税额=含税销售额\div(1+5\%)\times 1.5\%$$

（2）出租非住房，按照以下公式计算应纳税额：

应纳税额=含税销售额÷（1+5%）×5%

第五节　房地产开发企业增值税进项税额抵扣

一、可抵扣进项税额范围和扣除凭证

进项税额是指纳税人购进货物、加工修理修配劳务、服务、无形资产或者不动产，支付或者负担的增值税额。

（一）可抵扣进项税额范围一般规定

1.《试点实施办法》第二十五条规定

《试点实施办法》第二十五条规定："下列进项税额准予从销项税额中抵扣：（一）从销售方取得的增值税专用发票（含税控机动车销售统一发票，下同）上注明的增值税额。

（二）从海关取得的海关进口增值税专用缴款书上注明的增值税额。

（三）购进农产品，除取得增值税专用发票或者海关进口增值税专用缴款书外，按照农产品收购发票或者销售发票上注明的农产品买价和13%的扣除率计算的进项税额。计算公式为：

进项税额=买价×扣除率

买价，是指纳税人购进农产品在农产品收购发票或者销售发票上注明的价款和按照规定缴纳的烟叶税。

购进农产品，按照《农产品增值税进项税额核定扣除试点实施办法》抵扣进项税额的除外。

（四）从境外单位或者个人购进服务、无形资产或者不动产，自税务机关或者扣缴义务人取得的解缴税款的完税凭证上注明的增值税额。"

第二十五条规定了纳税人可抵扣增值税进项税额的情况。

（1）从销售方取得的增值税专用发票（含税控机动车销售统一发票，下同）

上注明的增值税额。

增值税专用发票是为加强增值税抵扣管理，根据增值税的特点设计的，专供一般纳税人使用的一种发票。增值税专用发票是一般纳税人从销项税额中抵扣进项税额的扣税凭证，且是目前最主要的一种扣税凭证。增值税专用发票目前申报抵扣的期限是自开票之日起180日内进行认证，并在认证通过的次月申报期内申报抵扣进项税额。同时需要注意的是：

①货物运输业增值税专用发票也属增值税专用发票，其要求与增值税专用发票一致。但按照《国家税务总局关于停止使用货物运输业增值税专用发票有关问题的公告》（国家税务总局公告2015年第99号）的规定，货物运输业增值税专用发票从7月1日起停止使用。

②按照《国家税务总局关于纳税信用A级纳税人取消增值税发票认证有关问题的公告》（国家税务总局公告2016年第7号）的规定：对纳税信用A级增值税一般纳税人取消增值税发票认证，A级纳税人取得销售方使用增值税发票管理新系统开具的增值税专用发票可以不再进行扫描认证，通过增值税发票税控开票软件登录本省增值税发票查询平台，查询、选择用于申报抵扣或者出口退税的增值税发票信息。

抵扣时限是，按月申报纳税人为本月1日的前180日，按季度申报纳税人为本季度首月1日的前180日。

（2）从海关取得的海关进口增值税专用缴款书上注明的增值税额。

根据当前税法规定，进口环节的增值税是由海关代征的，纳税人在进口货物办理报关进口手续时，需向海关申报缴纳进口增值税并从海关取得完税证明，其取得的海关进口专用缴款书可申报抵扣。

纳税人进口货物取得的属于增值税扣税范围的海关缴款书，应自开具之日起180天内向主管税务机关报送《海关完税凭证抵扣清单》（电子数据），申请稽核比对，逾期未申请的其进项税额不予抵扣。对稽核比对结果为相符的海关缴款书，纳税人应在税务机关提供稽核比对结果的当月纳税申报期内申报抵扣，逾期的其进项税额不予抵扣。

（3）购进农产品，除取得增值税专用发票或者海关进口增值税专用缴款书外，按照农产品收购发票或者销售发票上注明的农产品买价和13%的扣除率计算的进项税额。计算公式为：

$$进项税额=买价\times 扣除率$$

买价，是指纳税人购进农产品在农产品收购发票或者销售发票上注明的价款和按照规定缴纳的烟叶税。

购进农产品，按照《农产品增值税进项税额核定扣除试点实施办法》抵扣进项税额的除外。

提醒您

购进农产品，除取得增值税专用发票或者海关进口增值税专用缴款书外，还可以根据农产品收购发票或者销售发票上注明的农产品买价和13%的扣除率计算进项税额进行抵扣。

对一般纳税人购进农产品按照《农产品增值税进项税额核定扣除试点实施办法》抵扣进项税额的，进项税额抵扣不按本条规定执行。

（4）从境外单位或者个人购进服务、无形资产或者不动产，自税务机关或者扣缴义务人取得的解缴税款的完税凭证上注明的增值税额。

2. 注意事项

这个基本的规定是，能取得扣税凭证的进项税额可以抵扣，因而，作为纳税人来说，首先要具备一般纳税人资格且采用一般计税方法，其次是取得了增值税专用发票获得进项税额，最后是符合税法的相关规定。

（二）原增值税纳税人进项税额的相关规定

《有关事项的规定》对原增值税纳税人进项税额作出了以下规定：

（1）原增值税一般纳税人购进服务、无形资产或者不动产，取得的增值税专用发票上注明的增值税额为进项税额，准予从销项税额中抵扣。

2016年5月1日后取得并在会计制度上按固定资产核算的不动产或者2016年5月1日后取得的不动产在建工程，其进项税额应自取得之日起分2年从销项税额中抵扣，第一年抵扣比例为60%，第二年抵扣比例为40%。

融资租入的不动产以及在施工现场修建的临时建筑物、构筑物，其进项税额不适用上述分2年抵扣的规定。

（2）原增值税一般纳税人自用的应征消费税的摩托车、汽车、游艇，其进项税额准予从销项税额中抵扣。

（3）原增值税一般纳税人从境外单位或者个人购进服务、无形资产或者不动产，按照规定应当扣缴增值税的，准予从销项税额中抵扣的进项税额为自税务机关或者扣缴义务人取得的解缴税款的完税凭证上注明的增值税额。

纳税人凭完税凭证抵扣进项税额的，应当具备书面合同、付款证明和境外单位的对账单或者发票。资料不全的，其进项税额不得从销项税额中抵扣。

（4）原增值税一般纳税人购进货物或者接受加工修理修配劳务，用于《销售服务、无形资产或者不动产注释》所列项目的，不属于《增值税暂行条例》第十条所称的用于非增值税应税项目，其进项税额准予从销项税额中抵扣。

（三）可抵扣进项税额范围的特殊规定

1. 新购不动产

（1）增值税一般纳税人（以下称纳税人）于2016年5月1日后取得并在会计制度上按固定资产核算的不动产，以及2016年5月1日后发生的不动产在建工程，自取得之日起分2年从销项税额中抵扣，第一年抵扣比例为60%，第二年抵扣比例为40%。

（2）取得的不动产，包括以直接购买、接受捐赠、接受投资入股以及抵债等各种形式取得的不动产。

提醒您

纳税人新建、改建、扩建、修缮、装饰不动产，属于不动产在建工程。

2. 房地产开发企业自行开发的房地产项目，融资租入的不动产，以及在施工现场修建的临时建筑物、构筑物

房地产开发企业自行开发的房地产项目，融资租入的不动产，以及在施工现场修建的临时建筑物、构筑物，其进项税额不适用上述分2年抵扣的规定。只要取得符合规定的进项税额可以一次性抵扣，则无须分2年扣除。

3. 与不动产相关的进项税额

纳税人于2016年5月1日后购进货物和设计服务、建筑服务，用于新建不动

产，或者用于改建、扩建、修缮、装饰不动产并增加不动产原值超过50%的，其进项税额依照本办法有关规定分2年从销项税额中抵扣。

不动产原值，是指取得不动产时的购置原价或作价。

上述分2年从销项税额中抵扣的购进货物，是指构成不动产实体的材料和设备，包括建筑装饰材料和给排水、采暖、卫生、通风、照明、通讯、煤气、消防、中央空调、电梯、电气、智能化楼宇设备及配套设施。

提醒您

上述进项税额中，60%的部分于取得扣税凭证的当期从销项税额中抵扣；40%的部分为待抵扣进项税额，于取得扣税凭证的当月起第13个月从销项税额中抵扣。

同时，从销项税额中抵扣进项税额，应取得2016年5月1日后开具的合法有效的增值税扣税凭证。

4. 已抵扣进项税额转用于不动产在建工程的

购进时已全额抵扣进项税额的货物和服务，转用于不动产在建工程的，其已抵扣进项税额的40%部分，应于转用的当期从进项税额中扣减，计入待抵扣进项税额，并于转用的当月起第13个月从销项税额中抵扣。

5. 销售其取得的不动产或者不动产在建工程

纳税人销售其取得的不动产或者不动产在建工程时，尚未抵扣完毕的待抵扣进项税额，允许于销售的当期从销项税额中抵扣。

6. 按规定不得抵扣，但改变用途可以抵扣的不动产

按照规定不得抵扣进项税额的不动产，发生用途改变，用于允许抵扣进项税额项目的，按照下列公式在改变用途的次月计算可抵扣进项税额。

可抵扣进项税额=增值税扣税凭证注明或计算的进项税额×不动产净值率

$$\text{不动产净值率}=\frac{\text{不动产净值}}{\text{不动产原值}}\times 100\%$$

依照规定计算的可抵扣进项税额，应取得2016年5月1日后开具的合法有效的增值税扣税凭证。

按照规定计算的可抵扣进项税额，60%的部分于改变用途的次月从销项税额中抵扣，40%的部分为待抵扣进项税额，于改变用途的次月起第13个月从销项税额中抵扣。

7. 待抵扣进项税额

（1）待抵扣进项税额记入“应交税费——待抵扣进项税额”科目核算，并于可抵扣当期转入“应交税费——应交增值税（进项税额）”科目。

（2）对不同的不动产和不动产在建工程，纳税人应分别核算其待抵扣进项税额。

（3）纳税人注销税务登记时，其尚未抵扣完毕的待抵扣进项税额于注销清算的当期从销项税额中抵扣。

（四）进项税额扣抵凭证

1. 一般规定

《试点实施办法》第二十六条规定：增值税扣税凭证，是指增值税专用发票、海关进口增值税专用缴款书、农产品收购发票、农产品销售发票和完税凭证。纳税人凭完税凭证抵扣进项税额的，应当具备书面合同、付款证明和境外单位的对账单或者发票。资料不全的，其进项税额不得从销项税额中抵扣。

《增值税专用发票使用规定》是增值税一般纳税人如何领购、开具、缴销、报税、认证、抵扣增值税专用发票等有关问题的具体规定。

2015年4月1日起，全国范围内开始分步全面推行增值税发票升级版，纳税人将通过升级版开具发票。

2016年1月1日起，货物运输业增值税专用发票停止发售。为方便纳税人发票使用的衔接，货物运输业增值税专用发票最迟可以使用至2016年6月30日，从7月1日起停止使用。

关于增值税扣税凭证抵扣期限有关规定如下。

（1）增值税专用发票。

增值税一般纳税人取得的增值税专用发票（包括：《增值税专用发票》、税控《机动车销售统一发票》），应在开具之日起180日内办理认证，并在认证通过的次月申报期内，向主管税务机关申报抵扣进项税额（当月认证当月抵扣）。自2016年3月1日起，对纳税信用A级增值税一般纳税人取消增值税专用发票扫描认证，通过增值税发票查询平台，查询、选择用于申报抵扣或者出口退税的增值税发票信息。

（2）海关进口增值税专用缴款书。

自2013年7月1日起，增值税一般纳税人进口货物取得的属于增值税扣税范围的海关缴款书，需经税务机关稽核比对相符后，其增值税额方能作为进项税额在销项税额中抵扣。增值税纳税人进口货物取得的属于增值税扣税范围的海关缴款书，应自开具之日起180天内向主管税务机关报送《海关完税凭证抵扣清单》（电子数据），申请稽核比对。

（3）未在规定期限内认证或者申报抵扣的情况。

增值税一般纳税人取得的增值税专用发票（包括：《增值税专用发票》、税控《机动车销售统一发票》）以及海关缴款书，未在规定期限内到税务机关办理认证或者申报抵扣的，不得作为合法的增值税扣税凭证，不得计算进项税额抵扣。国家税务总局另有规定的除外。

提醒您

我国现行增值税管理实行的是购进扣税法，凭发票抵扣。纳税人必须注重对相关抵扣凭证的管理，特别是在外购货物和劳务时，要及时向销售方索取符合规定的扣税凭证，并按规定的要求和时限，做好抵扣凭证的保管、认证、抵扣工作。如果纳税人不索取增值税专用发票等扣税凭证，进项税额不得抵扣，将增加纳税人的税收负担。纳税人提供的应税服务适用销售额特别规定的，购买应税服务，不索取增值税专用发票等扣税凭证，不得适用销售额特别处理规定。

2. 特殊规定

《有关事项的规定》第一条第三款第11项规定：试点纳税人按照法律规定从全部价款和价外费用中扣除的价款，应当取得符合法律、行政法规和国家税务总局规定的有效凭证。否则，不得扣除。这些凭证是指：

（1）支付给境内单位或者个人的款项，以发票为合法有效凭证。

（2）支付给境外单位或者个人的款项，以该单位或者个人的签收单据为合法有效凭证，税务机关对签收单据有疑义的，可以要求其提供境外公证机构的确认证明。

（3）缴纳的税款，以完税凭证为合法有效凭证。

（4）扣除的政府性基金、行政事业性收费或者向政府支付的土地价款，以省级以上（含省级）财政部门监（印）制的财政票据为合法有效凭证。

（5）国家税务总局规定的其他凭证。

（6）纳税人取得的上述凭证属于增值税扣税凭证的，其进项税额不得从销项税额中抵扣。这包括以下两项业务：

第一，试点纳税人提供建筑服务适用简易计税方法，扣除支付分包款的业务。

第二，房地产开发企业中的一般纳税人，销售其开发的房地产项目业务中扣除受让土地时向政府部门支付的土地价款的业务。

二、不得抵扣的进项税额

（一）进项税额不得抵扣的一般规定

《试点实施办法》第二十七条对进项税额不得抵扣作出了明确的规定。

1. 一般原则

对纳税人用于适用简易计税方法计税项目、免征增值税（以下简称免税）项目、集体福利或者个人消费的购进货物、加工修理修配劳务、服务、无形资产和不动产的进项税额不得从销项税额中抵扣。

2. 固定资产、无形资产、不动产进项税额的处理原则

对纳税人涉及的固定资产、无形资产（不包括其他权益性无形资产）、不动产项目的进项税额，凡发生专用于简易计税方法计税项目、免征增值税项目、集体福利或者个人消费项目的，该进项税额不得予以抵扣；发生兼用于增值税应税项目和上述项目情况的，该进项税额准予全部抵扣。

3. 其他权益性无形资产的处理原则

纳税人购进其他权益性无形资产无论是专用于简易计税方法计税项目、免征增值税项目、集体福利或者个人消费，还是兼用于上述项目，均可以抵扣进项税额。

4. 关于非正常损失

虽然取得合法的扣税凭证，但非正常损失的购进货物，以及相关的加工修理修配劳务和交通运输服务；非正常损失的在产品、产成品所耗用的购进货物（不

包括固定资产）、加工修理修配劳务和交通运输服务；非正常损失的不动产（包括不动产在建工程），以及该不动产（包括不动产在建工程）所耗用的购进货物、设计服务和建筑服务，上述所涉及的购进进项税额不得抵扣。

非正常损失是指因管理不善造成货物被盗、丢失、霉烂变质，以及因违反法律、法规造成货物或者不动产被依法没收、销毁、拆除的情形。这些非正常损失是由纳税人自身原因造成导致征税对象实体的灭失，其损失应由纳税人自行承担。

非正常损失的不动产所耗用的购进货物、非正常损失的不动产在建工程所耗用的购进货物是指构成不动产实体的材料和设备，包括建筑装饰材料和给排水、采暖、卫生、通风、照明、通信、煤气、消防、中央空调、电梯、电气、智能化楼宇设备及配套设施。

5. 其他项目

一般意义上，旅客运输服务、餐饮服务、居民日常服务和娱乐服务主要接受对象是个人。对于一般纳税人购买的旅客运输服务、餐饮服务、居民日常服务和娱乐服务，难以准确地界定接受劳务的对象是企业还是个人，因此，一般纳税人购进的旅客运输服务、餐饮服务、居民日常服务和娱乐服务的进项税额不得从销项税额中抵扣。

纳税人购买应征消费税的摩托车、汽车、游艇取得的进项税额允许按规定抵扣。

纳税人购买住宿服务取得的进项税额允许按规定抵扣。

房地产企业以取得的贷款服务的进项税额是不能抵扣的，如贷款利息；而且纳税人接受贷款服务向贷款方支付的与该笔贷款直接相关的投融资顾问费、手续费、咨询费等费用，其进项税额也不得从销项税额中抵扣。

提醒您

专用增值税发票逾期未认证、未申报抵扣的，不能抵扣进项税额。

（二）原增值税纳税人不得从销项税额中抵扣的相关规定

1. 《有关事项的规定》

《营业税改征增值税试点有关事项的规定》第二条第（一）款第5项规定，原增值税一般纳税人购进服务、无形资产或者不动产，下列项目的进项税额不得从销项税额中抵扣：

（1）用于简易计税方法计税项目、免征增值税项目、集体福利或者个人消费。其中涉及的无形资产、不动产，仅指专用于上述项目的无形资产（不包括其他权益性无形资产）、不动产。

纳税人的交际应酬消费属于个人消费。

（2）非正常损失的购进货物，以及相关的加工修理修配、劳务和交通运输服务。

（3）非正常损失的在产品、产成品所耗用的购进货物（不包括固定资产）、加工修理修配、劳务和交通运输服务。

（4）非正常损失的不动产，以及该不动产所耗用的购进货物、设计服务和建筑服务。

（5）非正常损失的不动产在建工程所耗用的购进货物、设计服务和建筑服务。

纳税人新建、改建、扩建、修缮、装饰不动产，均属于不动产在建工程。其在建工程所耗用的购进货物，发生非常损失的不能作进项税额抵扣。

国家税务总局2016年第15号公告《不动产进项税额分期抵扣暂行办法》第八条规定：不动产在建工程发生非正常损失的，其所耗用的购进货物、设计服务和建筑服务已抵扣的进项税额应于当期全部转出；其待抵扣进项税额不得抵扣。

（6）购进的旅客运输服务、贷款服务、餐饮服务、居民日常服务和娱乐服务。

（7）财政部和国家税务总局规定的其他情形。

上述第（4）点、第（5）点所称货物，是指构成不动产实体的材料和设备，包括建筑装饰材料和给排水、采暖、卫生、通风、照明、通讯、煤气、消防、中央空调、电梯、电气、智能化楼宇设备及配套设施。

纳税人接受贷款服务向贷款方支付的与该笔贷款直接相关的投融资顾问费、手续费、咨询费等费用，其进项税额不得从销项税额中抵扣。

2. 注意的事项

（1）对于不动产进项税额不得抵扣的规定。

《不动产进项税额分期抵扣暂行办法》第七条规定：已抵扣进项税额的不动产，发生非正常损失，或者改变用途，专用于简易计税方法计税项目、免征增值税项目、集体福利或者个人消费的，按照下列公式计算不得抵扣的进项税额：

$$\text{不得抵扣的进项税额}=(\text{已抵扣进项税额}+\text{待抵扣进项税额})\times\text{不动产净值率}$$

$$\text{不动产净值率}=\frac{\text{不动产净值}}{\text{不动产原值}}\times 100\%$$

不得抵扣的进项税额小于或等于该不动产已抵扣进项税额的，应于该不动产改变用途的当期，将不得抵扣的进项税额从进项税额中扣减。

不得抵扣的进项税额大于该不动产已抵扣进项税额的，应于该不动产改变用途的当期，将已抵扣进项税额从进项税额中扣减，并从该不动产待抵扣进项税额中扣减不得抵扣进项税额与已抵扣进项税额的差额。

（2）销售自行开发的房地产项目不得抵扣进项税额。

《房地产开发企业销售自行开发的房地产项目增值税征收管理暂行办法》第十三条规定：一般纳税人销售自行开发的房地产项目，兼有一般计税方法计税、简易计税方法计税、免征增值税的房地产项目而无法划分不得抵扣的进项税额的，应以《建筑工程施工许可证》注明的“建设规模”为依据进行划分。

$$\text{不得抵扣的进项税额}=\text{当期无法划分的全部进项税额}\times\frac{\text{简易计税、免税房地产项目建设规模}}{\text{房地产项目总建设规模}}$$

这一条说明，在计算简易计税方法和免税房地产项目对应的“不得抵扣的进项税额”时，应以面积为计算单位，而不能以套、层、单元、栋等作为计算依据。

（三）进项税额不得抵扣的特殊规定

1. 《试点实施办法》的规定

（1）《试点实施办法》第二十九条规定了兼营简易计税方法计税项目、免税项目而无法划分的进项税额的划分公式。主要有以下情况：

①在纳税人现实生产经营活动中，兼营行为是很常见的，经常出现进项税额不能准确划分的情形。比较典型的就是耗用的水和电力。但同时也有很多进项税额可以划分清楚用途的，比如：纳税人购进的一些原材料，用途是确定的，所对应的进项税额也就可以准确划分。因此，本条的公式只是对不能准确划分的进项

税额进行划分计算的方法，对于能够准确划分的进项税额，直接按照归属进行区分。因此，纳税人全部不得抵扣的进项税额应按照下列公式计算：

$$\text{纳税人全部不得抵扣的进项税额}=\text{当期可以直接划分的不得抵扣的进项税额}+\text{当期无法划分的全部进项税额}\times\left(\text{当期简易计税方法计税项目销售额}+\text{免税增值税项目销售额}\right)\div\text{当期全部销售额}$$

实例2

某房地产开发企业2016年6月取得进项税额100万元，其中可以抵扣的进项税额为70万元，分不清楚是否可抵扣的进项税额为30万元。本期全部增值税销售额为1 000万元（其中简易计税办法100万元、免税额200万元），其本期不得抵扣的进项税额为：

本期不得抵扣的进项税额=30×（100＋200）÷1 000=9（万元）

②纳税人计算进项税额转出应按月进行，但由于月度间取得进项税额的不均衡性，有可能会造成按月计算的进项转出数失真，因此，主管税务机关可在年度终了时对纳税人进项转出进行清算，对相应差异进行调整。

（2）《试点实施办法》第三十二条规定：纳税人适用一般计税方法计税的，因销售折让、中止或者退回而退还给购买方的增值税额，应当从当期的销项税额中扣减；因销售折让、中止或者退回而收回的增值税额，应当从当期的进项税额中扣减。

其中：涉及已开具的增值税专用发票，如发生销货退回、开票有误、应税行为中止以及发票抵扣联、发票联均无法认证等情形但不符合作废条件，或者因销货部分退回及发生销售折让，需要开具红字专用发票的，必须按国家税务总局公告2015年第19号规定的以下方法处理，具体如图1–18所示。

情况一　专用发票已交付购买方的

（1）购买方可在增值税专用发票系统升级版中填开并上传《开具红字增值税专用发票信息表》（以下统称《信息表》）

（2）《信息表》所对应的蓝字专用发票应经税务机关认证（所购货物或服务等不属于增值税扣税项目范围的除外）

（3）经认证结果为“认证相符”并且已经抵扣增值税进项税额的，购买方在填开《信息表》时不填写相对应的蓝字专用发票信息，应暂依《信息表》所列增值税税额从当期进项税额中转出，未抵扣增值税进项税额的可列入当期进项税额，待取得销售方开具的红字专用发票后，与《信息表》一并作为记账凭证

（4）经认证后，结果“无法认证”“纳税人识别号认证不符”“专用发票代码、号码认证不符”，以及所购货物或服务不属于增值税扣税项目范围的，购买方不列入进项税额，不作进项税额转出，填开《信息表》时应填写相对应的蓝字

情况二　专用发票尚未交付购买方或者购买方拒收的

（1）销售方应于专用发票认证期限内在增值税发票系统升级版中填开并上传《信息表》

（2）主管税务机关通过网络接收纳税人上传的《信息表》，系统自动校验通过后，生成带有“红字发票信息表编号”的《信息表》，并将信息同步至纳税人端系统中

（3）销售方凭税务机关校验通过的《信息表》开具红字专用发票，在增值税发票系统升级版中以销项负数开具。红字专用发票应与《信息表》一一对应

（4）纳税人也可凭《信息表》电子信息或纸质资料到税务机关对《信息表》内容进行系统校验

（5）纳税人需要开具红字增值税普通发票的，可以在所对应的蓝字发票金额范围内开具多份红字发票。红字机动车销售统一发票需与原蓝字机动车销售统一发票一一对应

图1-18　需要开具红字专用发票的处理方法与程序

（3）《试点实施办法》第三十三条规定：有下列情形之一者，应当按照销售额和增值税税率计算应纳税额，不得抵扣进项税额，也不得使用增值税专用发票：

①一般纳税人会计核算不健全，或者不能够提供准确税务资料的。

②应当办理一般纳税人资格登记而未办理的。

在此要特别注意：如未办理一般纳税人资格认定，按照规定将按销售额依照增值税税率计算应纳税额，不得抵扣进项税额。

2. 其他特殊规定

（1）一般纳税人取得允许抵扣的进项税额，自开票之日起180日内未到税务机关办理认证、认证不符或者虽认证通过但未在认证通过的次月申报期内申报抵扣的，其进项税额不允许抵扣。

（2）取得虚开的增值税专用发票，不得作为增值税合法有效的扣税凭证抵扣其进项税额。

（3）实行海关进口增值税专用缴款书“先比对后抵扣”管理办法的一般纳税人取得进口增值税专用缴款书稽核比对不符的，其进项税额不允许抵扣。

三、进项税额转出的规定

（一）什么是增值税进项税额转出

所谓增值税进项税额转出是将那些按税法规定不能抵扣，但购进时已作抵扣的进项税额如数转出，在数额上是一进一出，进出相等。

《增值税暂行条例》第十条规定，当纳税人购进的货物或接受的应税劳务不是用于增值税应税项目，而是用于非应税项目、免税项目或用于集体福利，个人消费等情况时，其支付的进项税就不能从销项税额中抵扣。实际工作中，经常存在纳税人当期购进的货物或应税劳务事先并未确定将用于生产或非生产经营，但其进项税税额已在当期销项税额中进行了抵扣，当已抵扣进项税税额的购进货物或应税劳务改变用途，用于非应税项目、免税项目、集体福利或个人消费等，购进货物发生非正常损失，在产品和产成品发生非正常损失时，应将购进货物或应税劳务的进项税税额从当期发生的进项税额中扣除，在会计处理中记入“进项税额转出”科目。

（二）进项税额转出的相关规定

（1）《试点实施办法》第三十条规定了纳税人购进货物（不含固定资产）、劳务、服务已抵扣进项税额的扣减问题，并确定了扣减进项税额应按当期实际成本的原则。

①对于能够确定的进项税额，如：购进后直接发生非正常损失的，应将相应的进项税额直接从当期进项税额中扣减；

②对于无法确定的进项税额，如：非正常损失的在产品，应按照该在产品成本计算对应的各类进项税额从当期进项税额中扣减。

（2）《试点实施办法》第三十一条规定了已抵扣进项税额的固定资产、无形资产或者不动产，发生《试点实施办法》第二十七条规定情形的，按照下列公式计算不得抵扣的进项税额：

不得抵扣的进项税额=固定资产、无形资产或者不动产净值×适用税率

固定资产、无形资产或者不动产净值，是指纳税人根据财务会计制度计提折旧或摊销后的余额。

实例3

某纳税人购进一台搅拌机为100万元，增值税专用发票上进项税额为17万元，按5年计提折旧（无残值），使用12个月后用于跨境建筑服务，属于免征增值税项目。35个月后跨境建筑业务完成，搅拌机又用于国内建筑业务中，按照下列方法做进项税额的核算：

解析

（1）购进时进项税额为17万元。

（2）使用12个月后用于跨境业务：

不得抵扣的进项税额=（100－100÷5）×17%=13.6（万元）

（3）35个月后又用于国内建筑业务（发生用途改变，用于允许抵扣进项税额的应税项目）在用途改变的次月计算：

$$可以抵扣的进项税额=\frac{固定资产、无形资产、不动产净值}{1+适用税率}\times 适用税率$$

此时固定资产的账面价值=100－20＋13.6=93.6（万元）

$$可以抵扣的进项税额=\frac{93.6-93.6\div4\times3}{1+17\%}\times17\%=3.4（万元）$$

（三）正确理解进项税额转出

非应税项目、免税项目、集体福利或个人消费等，购进货物发生非正常损失，在产品和产成品发生非正常损失等都不能抵扣的项目，这些项目一旦发生应将购进货物或应税劳务的进项税税额从当期发生的进项税税额中扣除，在会计处理中记入“进项税额转出”科目（证明一点：只有外购才有进项税额转出）。

1. 进项税额转出主要是针对已经作进项税额抵扣的情况而言的

企业在实际经营过程中，由于经营情况的复杂，纳税人有时会先抵扣进项税额，然后又发生不得抵扣进项税额的情形，例如将购进货物申报抵扣后又将其分配给本单位员工作为福利，为了保证扣税一致，就必须规定相应的进项税额应当从已申报的进项税额中予以扣减。无法确定的进项税额，则统一按照当期实际成本扣减。

2. 特定情况下已抵扣的进项税额必须转出

（1）纳税人购进的货物及在产品、产成品发生非正常损失。

（2）纳税人购进的货物或应税劳务改变用途，如用于非应税项目、免税项目或集体福利与个人利益。

上述两种情况已经抵扣的进项税额之所以要转出，是因为原购进货物或应税劳务不能产生增值税销项税额外负担，已抵扣的进项税额失去了抵扣的来源。《试点实施办法》中又强调了已抵扣进项税额的固定资产、无形资产或者不动产要按比例计算不得抵扣的进项税额。

3. 进项税额要不要转出要看有没有抵扣

进项税额不得抵扣，不一定就要转出，是否要转出，是看进项税额有没有抵扣，主要是涉及一个时间差导致用途改变的问题。

比如，企业购进一批材料，当时在符合各种抵扣条件下作了进项税额抵扣，但在月末盘点的时候，发现该批材料因为管理不善丢失了，那么这笔材料就变成了不得抵扣进项税额的材料，但是当初购买的时候，并不知道会发生这个意外，这个属于非正常损失，因此要把这笔进项税额转出。

4. 进项税额转出与视同销售的区别

进项税额转出与视同销售的区别主要在于：进项税额转出仅仅是将原计入进项税额中不能抵扣的部分转出去，不考虑购进货物的增值情况；视同销售销项税额是根据货物增值后的价值计算的，其与该项货物的进项税额的差额，为应交增值税。

企业的货物按其来源可分为购入的货物及自产和委托加工的货物两大类。购入的货物未再加工，从理论上讲，其价值没有变化，但价格会随着市场的变化围绕着价值上下波动；而自产和委托加工的货物由于经过加工，其价值已经发生变化。按其用途可以分为对内和对外两大类。对内是指用于非应税项目、用于免税项目、用于集体福利或者个人消费等；对外是指用于对外投资、提供给其他单位和个体经营者、分配给股东和投资者、无偿赠送他人等。对内不需要考虑价值变动，而对外需要考虑价值变动。

就是说购进货物在没有弄清是否能抵扣进项税额之前，先做了进项抵扣处理，等到弄清楚是不能抵扣的，就从已经抵扣的进项税额中转出来，减少进项税额抵扣。

按照《中华人民共和国增值税暂行条例》第十条规定：

下列项目的进项税额不得从销项税额中抵扣：

（1）购进固定资产；

（2）用于非应税项目的购进货物或者应税劳务；

（3）用于免税项目的购进货物或者应税劳务；

（4）用于集体福利或者个人消费的购进货物或者应税劳务；

（5）非正常损失的购进货物；

（6）非正常损失的在产品、产成品所耗用的购进货物或者应税劳务。

《中华人民共和国增值税暂行条例实施细则》第二十二条规定：已抵扣进项税额的购进货物或应税劳务发生条例第十条第（2）至第（6）项所列情况的，应将该项购进货物或应税劳务的进项税额从当期发生的进项税额中扣减。无法准确确定该项进项税额的，按当期实际成本计算应扣减的进项税额。

第六节 房地产开发企业纳税地点与纳税义务发生时间

一、房地产开发企业纳税地点

（一）基本规定

（1）属于固定业户的纳税人销售、出租不动产应当向其机构所在地或者居住地的主管税务机关申报纳税。总机构和分支机构不在同一县（市）的，应当分别向各自所在地的主管税务机关申报纳税；经财政部和国家税务总局或者其授权的财政和税务机关批准，可以由总机构汇总向总机构所在地的主管税务机关申报纳税。

（2）属于固定业户的试点纳税人，总分支机构不在同一县（市），但在同一省（自治区、直辖市、计划单列市）范围内的，经省（自治区、直辖市、计划单列市）财政厅（局）和国家税务局批准，可以由总机构汇总向总机构所在地的主管税务机关申报缴纳增值税。

（3）扣缴义务人应当向其机构所在地或者居住地主管税务机关申报缴纳扣缴的税款。

（二）销售、出租不动产异地预缴税款规定

（1）房地产开发企业中的一般纳税人销售房地产老项目，以及一般纳税人出租其2016年4月30日前取得的不动产，适用一般计税方法计税的，应以取得的全部价款和价外费用，按照3%的预征率在不动产所在地预缴税款后，向机构所在地主管税务机关进行纳税申报。

（2）房地产开发企业中的一般纳税人跨省（自治区、直辖市或者计划单列市）销售、出租取得的与机构所在地不在同一省（自治区、直辖市或者计划单列市）的不动产，在机构所在地申报纳税时，计算的应纳税额小于已预缴税额，且

差额较大的，由国家税务总局通知不动产所在地省级税务机关，在一定时期内暂停预缴增值税。

二、房地产开发企业纳税义务发生时间

（1）房地产开发企业销售、出租不动产的纳税义务发生时间为收讫销售款项或者取得索取销售款项凭据的当天；先开具发票的，为开具发票的当天。

收讫销售款项，是指纳税人销售、出租不动产过程中或者完成后收到款项。

取得索取销售款项凭据的当天，是指书面合同确定的付款日期；未签订书面合同或者书面合同未确定付款日期的，为建筑服务完成的当天。

（2）纳税人出租不动产采取预收款方式的，其纳税义务发生时间为收到预收款的当天。

（3）房地产开发企业采取预收款方式销售所开发的房地产项目，在收到预收款时按照3%的预征率预缴增值税。

（4）增值税扣缴义务发生时间为纳税人增值税纳税义务发生的当天。

三、房地产开发企业纳税期限

《试点实施办法》第四十七条对纳税人的纳税期限作出了具体的规定。

增值税的纳税期限分别为1日、3日、5日、10日、15日、1个月或者1个季度。纳税人的具体纳税期限，由主管税务机关根据纳税人应纳税额的大小分别核定。以1个季度为纳税期限的规定适用于小规模纳税人、银行、财务公司、信托投资公司、信用社，以及财政部和国家税务总局规定的其他纳税人。不能按照固定期限纳税的，可以按次纳税。

纳税人以1个月或者1个季度为一个纳税期的，自期满之日起15日内申报纳税；以1日、3日、5日、10日或者15日为一个纳税期的，自期满之日起5日内预缴税款，于次月1日起15日内申报纳税并结清上月应纳税款。

扣缴义务人解缴税款的期限，按照前两款规定执行。

第七节　房地产开发企业营改增政策的过渡与衔接

营改增过渡期执行的原则是：新项目新政策，老项目老政策。新项目按增值税处理，老项目继续按照营业税处理。

一、新老项目的界定标准

（一）房地产项目

根据《营业税改征增值税试点有关事项的规定》房地产企业新老项目的划分标准为：

（1）《建筑工程施工许可证》注明的合同开工日期在2016年4月30日前的房地产项目为老项目。

（2）《建筑工程施工许可证》注明的合同开工日期在2016年5月1日后的房地产项目为新项目。

（二）销售不动产

销售不动产与房地产项目是有区分的。房地产项目是指房地产企业销售开发产品的行为，而销售不动产则是企业销售取得的已作为固定资产使用过的不动产，而这业务可能发生在任何企业。

根据《营业税改征增值税试点有关事项的规定》，销售不动产的业务，新老项目的判断标准就是看取得该不动产的日期，2016年4月30日及以前取得的不动产是老项目，2016年5月1日及以后取得的不动产的销售属于新项目，因为2016年5月1日及以后取得的不动产可以取得增值税进项发票，可以正常核算进项税额，而之前的拿不到增值税进项发票。

（三）不动产经营租赁

不动产经营租赁，新老项目的判断标准也是看取得该不动产的日期，2016年

4月30日及以前取得的不动产是老项目，2015年5月1日及以后取得的不动产的属于新项目。

二、新老项目的政策衔接

对于不动产的新项目，《营业税改征增值税试点有关事项的规定》比较一致，除特殊规定外，一般纳税人都采用一般计税方法计税。但对于老项目，文件则给予了纳税人充分的自由选择权。

（一）房地产老项目

1. 一般纳税人销售房地产老项目可选择简易计税方法

一般纳税人销售其2016年4月30日前取得（不含自建）的不动产，可以选择适用简易计税方法，以取得的全部价款和价外费用减去该项不动产购置原价或者取得不动产时的作价后的余额为销售额，按照5%的征收率计算应纳税额。

一般纳税人销售其2016年4月30日前自建的不动产，可以选择适用简易计税方法，以取得的全部价款和价外费用为销售额，按照5%的征收率计算应纳税额。

纳税人应按照上述计税方法在不动产所在地预缴税款后，向机构所在地主管税务机关进行纳税申报。

提醒您

一经选择简易计税方法计税的，36个月内不得变更为一般计税方法计税。

实例4

某房地产开发企业2016年8月销售老项目住宅取得含税收入4 000万元，该企业选择了按简易办法征收，计算本月应交增值税为：

不含税价=4 000÷1.05=3 809.52（万元）

应纳增值税=3 809.52×5%=190.48（万元）

另外，根据《房地产开发企业销售自行开发的房地产项目增值税征收管理暂行办法》第十五条规定：一般纳税人销售自行开发的房地产项目适用简易计税方法计税的，应按照《试点实施办法》第四十五条规定的纳税义务发生时间，以当期销售额和5%的征收率计算当期应纳税额，抵减已预缴税款后，向主管国税机关申报纳税。未抵减完的预缴税款可以结转下期继续抵减。

2. 一般纳税人销售房地产老项目也可选用一般计税方法

《营业税改征增值税试点有关事项的规定》：房地产开发企业中的一般纳税人销售房地产老项目，适用一般计税方法计税的，应以取得的全部价款和价外费用，按照3%的预征率在不动产所在地预缴税款后，向机构所在地主管税务机关申报。

根据以上规定，一般纳税人如果选择了一般计税方法，则需要先按3%的预征率在不动产所在地预缴税款，然后再向机构所在地主管税务机关纳税申报。如果需要补缴税款的则在机构所在地税务机关补缴。

3. 小规模纳税人销售新老房地产项目均适用简易计税法

《房地产开发企业销售自行开发的房地产项目增值税征收管理暂行办法》规定：

（1）小规模纳税人销售其取得（不含自建）的不动产（不含个体工商户销售购买的住房和其他个人销售不动产），应以取得的全部价款和价外费用减去该项不动产购置原价或者取得不动产时的作价后的余额为销售额，按照5%的征收率计算应纳税额。

（2）小规模纳税人销售其自建的不动产，应以取得的全部价款和价外费用为销售额，按照5%的征收率计算应纳税额。

（3）房地产开发企业中的小规模纳税人，销售自行开发的房地产项目，按照5%的征收率计税。

也就是说，对于小规模纳税人而言，无论销售的是老项目，还是新项目，其计税方法都是简易计税方法，而且征收率都是5%。该征收率与原来的营业税一样。但在计算税额时，需要注意把含税价换算为不含税价再计算增值税，按照相关规定进行纳税申报。

根据《房地产开发企业销售自行开发的房地产项目增值税征收管理暂行办法》规定：房地产开发企业中的小规模纳税人（以下简称小规模纳税人）采取预收款方式销售自行开发的房地产项目，应在收到预收款时按照3%的预征率预缴增值税。

应预缴税款按照以下公式计算：

$$应预缴税款=\frac{预收款}{1+5\%}\times 3\%$$

小规模纳税人应在取得预收款的次月纳税申报期或主管国税机关核定的纳税期限向主管国税机关预缴税款。

小规模纳税人销售自行开发的房地产项目，应按照《试点实施办法》第四十五条规定的纳税义务发生时间，以当期销售额和5%的征收率计算当期应纳税额，抵减已预缴税款后，向主管国税机关申报纳税。未抵减完的预缴税款可以结转下期继续抵减。

（二）销售不动产

《纳税人转让不动产增值税征收管理暂行办法》所取得的不动产，包括以直接购买、接受捐赠、接受投资入股、自建以及抵债等各种形式取得的不动产。而不包括房地产开发企业销售自行开发的房地产项目。

举例说明如下：

如果一个房地产开发企业，开发一批商铺，销售出90%，剩余有10套商铺尚未售出。房地产开发企业办理权属登记，将该10套商铺登记在自己企业名下，以自己名义对外出租。3年后，该商区房产价格上涨，有买家提出要购买商铺。房地产开发企业决定将该10套商铺再出售，此时，该10套商铺已经登记在不动产企业名下，再次销售时，属于“二手”，不是尚未办理权属登记的、房地产开发项目的房产，因此，房地产企业应适用本《办法》，而不是《房地产开发企业销售自行开发的房地产项目增值税征收管理暂行办法》办理相关税务事项。

对于转让不动产，《纳税人转让不动产增值税征收管理暂行办法》第三条和第四条作出了明确的规定如下：

第三条　一般纳税人转让其取得的不动产，按照以下规定缴纳增值税：

（一）一般纳税人转让其2016年4月30日前取得（不含自建）的不动产，可以选择适用简易计税方法计税，以取得的全部价款和价外费用扣除不动产购置原价或者取得不动产时的作价后的余额为销售额，按照5%的征收率计算

（续上）

应纳税额。纳税人应按照上述计税方法向不动产所在地主管地税机关预缴税款，向机构所在地主管国税机关申报纳税。

（二）一般纳税人转让其2016年4月30日前自建的不动产，可以选择适用简易计税方法计税，以取得的全部价款和价外费用为销售额，按照5%的征收率计算应纳税额。纳税人应按照上述计税方法向不动产所在地主管地税机关预缴税款，向机构所在地主管国税机关申报纳税。

（三）一般纳税人转让其2016年4月30日前取得（不含自建）的不动产，选择适用一般计税方法计税的，以取得的全部价款和价外费用为销售额计算应纳税额。纳税人应以取得的全部价款和价外费用扣除不动产购置原价或者取得不动产时的作价后的余额，按照5%的预征率向不动产所在地主管地税机关预缴税款，向机构所在地主管国税机关申报纳税。

（四）一般纳税人转让其2016年4月30日前自建的不动产，选择适用一般计税方法计税的，以取得的全部价款和价外费用为销售额计算应纳税额。纳税人应以取得的全部价款和价外费用，按照5%的预征率向不动产所在地主管地税机关预缴税款，向机构所在地主管国税机关申报纳税。

（五）一般纳税人转让其2016年5月1日后取得（不含自建）的不动产，适用一般计税方法，以取得的全部价款和价外费用为销售额计算应纳税额。纳税人应以取得的全部价款和价外费用扣除不动产购置原价或者取得不动产时的作价后的余额，按照5%的预征率向不动产所在地主管地税机关预缴税款，向机构所在地主管国税机关申报纳税。

（六）一般纳税人转让其2016年5月1日后自建的不动产，适用一般计税方法，以取得的全部价款和价外费用为销售额计算应纳税额。纳税人应以取得的全部价款和价外费用，按照5%的预征率向不动产所在地主管地税机关预缴税款，向机构所在地主管国税机关申报纳税。

第四条小规模纳税人转让其取得的不动产，除个人转让其购买的住房外，按照以下规定缴纳增值税：

（一）小规模纳税人转让其取得（不含自建）的不动产，以取得的全部价款和价外费用扣除不动产购置原价或者取得不动产时的作价后的余额为销售额，按照5%的征收率计算应纳税额。

（续上）

（二）小规模纳税人转让其自建的不动产，以取得的全部价款和价外费用为销售额，按照5%的征收率计算应纳税额。 除其他个人之外的小规模纳税人，应按照本条规定的计税方法向不动产所在地主管地税机关预缴税款，向机构所在地主管国税机关申报纳税；其他个人按照本条规定的计税方法向不动产所在地主管地税机关申报纳税。

上述均为政策规定。纳税人是一般纳税人还是小规模纳税人，不动产是自建还是外购，不动产是改革前取得的，还是改革后取得的，增值税一般纳税人对于老房产是选择简易计税方法，还是一般计税方法，在各种情况下，预缴税款的计算，应纳税额的计算，纳税地点等，均存在差异。

这里，区分地方税务部门和国家税务部门两块来分别介绍，以便于大家理解。

1. 地税机关

地税机关征收的对象是：所有纳税人，包括单位和个人。

征收的范围是：转让取得的不动产，包括二手房、住房、路、桥等。也就是说，纳税人只要销售不动产，全部需要在不动产所在地主管地税机关预缴或者缴纳税款。

根据上面的条款总结，所有纳税人，不论是增值税一般纳税人还是小规模纳税人，不论是单位还是个人，不论是5月1日前取得的不动产还是5月1日以后取得的不动产，统一按照以下政策执行。

（1）非自建不动产。

对于纳税人销售非自建的不动产，应以取得的全部价款和价外费用扣除不动产购置原价或者取得不动产时的作价后的余额，按照5%的预征率（或者征收率）向不动产所在地主管地税机关预缴（或者缴纳）税款。

这也就是说，纳税人应按照差价和5%的征收率计算预缴（或者缴纳）增值税款。

实例5

某纳税人（非自然人），2016年6月30日转让其2013年购买的写字楼一层，取得转让收入1 000万元（含税，下同）。纳税人2013年购买时的价格为700万元，保留有合法有效凭证。请问，如果该纳税人为增值税一般纳税人，应如何在不动产所在地地税机关计算预缴税额，如该纳税人为小规模纳税人又如何缴税呢？

解析

在地税机关预缴税款时，不需要区分纳税人性质，也不需要区分房产取得的时间是改革前还是改革后，只需要知道所销售的不动产，是属于自建的不动产，还是非自建的不动产。

在该题中，纳税人转让的不动产为2013年外购的，因此属于非自建，应以取得的全部价款和价外费用扣除不动产购置原价或者取得不动产时的作价后的余额，即1 000－700=300（万元），此为含税价，换算为不含税价后，按照5%的预征率（或者征收率）向不动产所在地主管地税机关预缴税款。

（2）自建不动产。

对于纳税人销售自建的不动产，应以取得的全部价款和价外费用，按照5%的预征率向不动产所在地主管地税机关预缴（或者缴纳）税款。

这也就是说，纳税人按照全额和5%征收率计算缴纳增值税。同样举例说明。

实例6

某纳税人（非自然人），2016年6月30日转让其2013年自己建造的厂房一间，取得转让收入1 000万元。纳税人2013年建造厂房的成本为700万元。请问，如果该纳税人为增值税一般纳税人，应如何在不动产所在地地税机关计算预缴税额，如该纳税人为小规模纳税人又如何缴税呢？

解析

同理，在地税机关预缴税款时，不需要区分纳税人性质，也不需要区分房产取得的时间是改革前还是改革后，只需要知道所销售的不动产，是属于自建的不动产，还是非自建的不动产。在该题中，纳税人转让的不动产为2013年自建的，因此应以取得的全部价款和价外费用，即1 000万元，此为含税价，换算为不含税价后，按照5%的预征率（或者征收率）向不动产所在地主管地税机关预缴税款。虽然本题给出了700万元的建造成本价格，但是在自建房产的销售中，地税机关在预缴税款时，不允许扣除成本，这是需要大家注意的地方。

从地税机关的角度而言，政策规定非常简单，基本与原营业税保持一致。此政策设计的初衷是，国地税之间尚未实现信息共享，纳税人身份信息，是一般纳税人还是小规模纳税人，回机构所在地后，纳税人是选择一般计税方法还是简易计税方法，地税机关难以知晓和确认。同时，为避免对地方税务部门的信息化征管系统改造过多，避免因技术开发导致时间延迟，不能按时完成税制转让，从简便原则出发，对于销售不动产业务地方税务部门预征或者征收的税款，仍沿用现有营业税的相关规定，仅将价内税改为价外税后计算。

2. 国税机关

范围：除自然人以外的纳税人发生转让取得的不动产业务，在不动产所在地地税机关预缴增值税款后，回到机构所在地自行申报纳税。前已说明，自然人没有机构所在地，也不需要按期申报纳税，只有在纳税义务发生时，才需要计算缴纳增值税。因此，对于自然人销售不动产，只需在不动产所在地缴纳税款就可以，不需要再回居住地申报缴纳。

（1）纳税人适用简易计税方法。

这包括一般纳税人销售2016年4月30日前取得的不动产，选择简易计税方法计算增值税的；及小规模纳税人转让取得的不动产。当纳税人适用简易计税方法时，需考虑不动产属于自建还是非自建：

①非自建：对于非自建的不动产，纳税人以取得的全部价款和价外费用扣除不动产购置原价或者取得不动产时的作价后的余额为销售额，按照5%的征收率计算应纳税额，并向其机构所在地主管国税机关申报增值税。

实例7

接实例5，某纳税人（非自然人），2016年6月30日转让其2013年购买的写字楼一层，取得转让收入1 000万元。纳税人2013年购买时的价格为700万元。请问，该纳税人在不动产所在地地税机关预缴税款后，回到机构所在地如何计算应纳税额？假设该纳税人为增值税一般纳税人，并对转让该房产选择了简易计税方法。

解析

纳税人转让的不动产为2013年外购的房产，属于非自建的老房产，纳税人为增值税一般纳税人，可以选择简易计税方法或者一般计税方法。题目明确纳税人转让该房产选择简易计税方法，则应按照全部价款和价外费用扣除不动产购置原价或者取得不动产时的作价后的余额为销售额，按照5%的征收率计算应纳税额。即1 000－700=300（万元），此为含税价，换算为不含税价后，按照5%的征收率计算应纳税额。

对照实例1可以看出，纳税人选择简易计税方法后，向不动产所在地主管地税机关预缴的税款，与回机构所在地计算申报的应纳税额，应是一致的。

②自建：对于自建的不动产，纳税人应以取得的全部价款和价外费用为销售额，按照5%的征收率计算应纳税额，并向其机构所在地主管国税机关申报增值税。

实例8

接实例6，某纳税人（非自然人），2016年6月30日转让其2013年自己建造的厂房一间，取得转让收入1 000万元。纳税人2013年建造厂房的成本为700万元。请问，该纳税人在不动产所在地地税机关预缴税款后，回到机构所在地如何计算应纳税额？假设该纳税人为增值税一般纳税人，并对转让该房产选择了简易计税方法。

解析

纳税人转让的不动产为2013年自建的房产，为自建老房产，纳税人为增值税一般纳税人，可以选择简易计税方法或者一般计税方法。题目明确纳税人转让该房产选择简易计税方法，则应按照全部价款和价外费用为销售额，按照5%的征收率计算应纳税额。即1 000万元，此为含税价，换算为不含税价后，按照5%的征收率计算应纳税额。

对照实例2可以看出，纳税人选择简易计税方法后，向不动产所在地主管地税机关预缴的税款，与回机构所在地计算申报的应纳税额，应是一致的。

（2）纳税人适用一般计税方法。

包括一般纳税人销售2016年4月30日前取得的不动产，选择一般计税方法计算增值税的；及一般纳税人销售改革后取得的不动产。当纳税人适用一般计税方法时，非自建不动产和自建不动产的应纳税额计算规定是一致的：即以取得的全部价款和价外费用为销售额，按照适用税率11%计算应纳税额。

实例9

仍接实例5，某纳税人（非自然人），2016年6月30日转让其2013年购买的写字楼一层，取得转让收入1 000万元。纳税人2013年购买时的价格为700万元。请问，该纳税人在不动产所在地地税机关预缴税款后，回到机构所在地如何计算应纳税额？假设该纳税人为增值税一般纳税人，对转让该房产选择了一般计税方法。

解析

纳税人转让的不动产为2013年外购的房产，属于非自建的老房产，纳税人为增值税一般纳税人，可以选择简易计税方法或者一般计税方法。题目明确纳税人转让该房产选择一般计税方法，则应按照全部价款和价外费用为销售额，按照11%的税率计算应纳税额。即1 000万÷（1+11%）×11%－进项税额=应纳税额。需要说明的是，该房产购买于2013年，不能取得合法有效增值税扣税凭证扣除房产的税款，但纳税人可以扣除销售不动产所产生的咨询费等所含的增值税进项税额。当然，进项税额也包括纳税人当期取得的所有符合规定允许抵扣的进项税额。

实例10

仍接实例6，某纳税人（非自然人），2016年6月30日转让其2013年自己建造的厂房一间，取得转让收入1 000万元。纳税人2013年建造厂房的成本为700万元。请问，该纳税人在不动产所在地地税机关预缴税款后，回到机构所在地如何计算应纳税额？假设该纳税人为增值税一般纳税人，对转让该房产选择了一般计税方法。

解析

纳税人转让的不动产为2013年自建的房产，为自建老房产，纳税人为增值税一般纳税人，可以选择简易计税方法或者一般计税方法。题目明确纳税人转让该房产选择一般计税方法，则纳税人应按照全部价款和价外费用为销售额，按照11%的税率计算应纳税额。即1 000÷（1+11%）×11%－进项税额=应纳税额。需要说明的是，该房产建于2013年，自建房产时未能取得合法有效增值税扣税凭证，或者已经取得的增值税扣税凭证按现行规定也不能抵扣房产的税款，但纳税人可以扣除销售不动产所产生的咨询费等所含的增值税进项税额。

可以看出，纳税人选择一般计税方法后，向不动产所在地主管地税机关预缴的税款，与回机构所在地计算申报的应纳税额，可能存在差异。

（三）不动产租赁经营

1）一般纳税人出租营改增以前取得的不动产可选择简易计税法。

《营业税改征增值税试点有关事项的规定》："一般纳税人出租其2016年4月30日前取得的不动产，可以选择适用简易计税方法，按照5%的征收率计算应纳税额。纳税人出租其2016年4月30日前取得的与机构所在地不在同一县（市）的不动产，应按照上述计税方法在不动产所在地预缴税款后，向机构所在地主管税务机关进行纳税申报。"

一般纳税人出租其2016年4月30日前取得的不动产，选择适用简易计税方法的，直接按不含税租金收入的5%的征收率计算应缴纳的增值税额。在不动产所在地的主管税务机关预缴，向机构所在地主管税务机关申报。

选择一般计税方法的则需要先按照3%的预征率向不动产所在地税务机关预缴税款，再向机构所在地主管税务机关申报。

2） 一般纳税人出租营改增以后取得的不动产只可选择一般计税法。

《营业税改征增值税试点有关事项的规定》："一般纳税人出租其2016年5月1日后取得的、与机构所在地不在同一县（市）的不动产，应按照3%的预征率在不动产所在地预缴税款后，向机构所在地主管税务机关进行纳税申报。"

一般纳税人出租其2016年5月1日后取得的不动产，选择适用一般计税方法的，需要先按照3%的预征率向不动产所在地税务机关预缴税款，再向机构所在地主管税务机关申报。

3）小规模纳税人和其他个人出租不动产均适用简易计税法。

《营业税改征增值税试点有关事项的规定》明确了以下事项：

（1）小规模纳税人出租其取得的不动产（不含个人出租住房），应按照5%的征收率计算应纳税额。纳税人出租与机构所在地不在同一县（市）的不动产，应按照上述计税方法在不动产所在地预缴税款后，向机构所在地主管税务机关进行纳税申报。

（2）其他个人出租其取得的不动产（不含住房），应按照5%的征收率计算应纳税额。

（3）个人出租住房，应按照5%的征收率减按1.5%计算应纳税额。

三、试点前发生业务的政策衔接

《营业税改征增值税试点有关事项的规定》明确：

（1）试点纳税人发生应税行为，按照国家有关营业税政策规定差额征收营业税的，因取得的全部价款和价外费用不足以抵减允许扣除项目金额，截至纳入营改增试点之日前尚未扣除的部分，不得在计算试点纳税人增值税应税销售额时抵减，应当向原主管地税机关申请退还营业税。

（2）试点纳税人发生应税行为，在纳入营改增试点之日前已缴纳营业税，营改增试点后因发生退款减除营业额的，应当向原主管地税机关申请退还已缴纳的营业税。

（3）试点纳税人纳入营改增试点之日前发生的应税行为，因税收检查等原因需要补缴税款的，应按照营业税政策规定补缴营业税。

四、销售使用过的固定资产的政策衔接

《营业税改征增值税试点有关事项的规定》明确规定："一般纳税人销售自己使用过的、纳入营改增试点之日前取得的固定资产，按照现行旧货相关增值税政策执行。使用过的固定资产，是指纳税人符合《试点实施办法》第二十八条规定并根据财务会计制度已经计提折旧的固定资产。"

一般纳税人可选择依照3%征收率减按2%缴纳增值税，并且不得开具增值税专用发票，或者依照3%征收率缴纳增值税，可开具增值税专用发票。

五、原一般纳税人增值税期末留抵税额的处理

原增值税一般纳税人兼有销售服务、无形资产或者不动产的，截止到纳入营改增试点之日前的增值税期末留抵税额，不得从销售服务、无形资产或者不动产的销项税额中抵扣。

第二章

房地产开发企业增值税纳税申报表填写

营业税改增值税后，在纳税申报时也有一定的变化，许多企业有点忙乱，对于如何抵扣进项、如何计算应缴增值税等把握不准，对于如何填写增值税纳税申报表也是不太清楚，而这会直接影响增值税的申报工作。本章则重点介绍营改增后增值税申报表的填写。

第一节　房地产开发企业增值税纳税申报表（一般纳税人适用）的填写

一、一般纳税人增值税纳税申报表的填写顺序

一般纳税人按照图2-1所示的顺序填写申报表。

- 销售情况的填写
  - ❶ 填写《增值税纳税申报表附列资料（一）》（本期销售情况明细）第1至第11列
  - ❷ 填写《增值税纳税申报表附列资料（三）》（服务、不动产和无形资产扣除项目明细）（有差额扣除项目的纳税人填写）
  - ❸ 填写《增值税纳税申报表附列资料（一）》（本期销售情况明细）第12至第14列（有差额扣除项目的纳税人填写）
  - ❹ 填写《增值税减免税申报明细表》（有减免税业务的纳税人填写）
- 进项税额的填写
  - ❺ 填写《增值税纳税申报表附列资料（五）》（不动产分期抵扣计算表）（有不动产进项税额分期抵扣业务的纳税人填写）
  - ❻ 填写《固定资产（不含不动产）进项税额抵扣情况表》（有固定资产（不含不动产）进项税额抵扣业务的纳税人填写）
  - ❼ 填写《增值税纳税申报表附列资料（二）》（本期进项税额明细）
  - ❽ 填写《本期抵扣进项税额结构明细表》
- 税额抵减的填写
  - ❾ 填写《增值税纳税申报表附列资料（四）》（税额抵减情况表）（有税额抵减业务的纳税人填写）
- 主表的填写
  - ❿ 填写《增值税纳税申报表（一般纳税人适用）》（根据附表数据填写主表）

图2-1　一般纳税人增值税纳税申报表的填写顺序

二、名词解释

（1）货物，是指增值税的应税货物。

（2）劳务，是指增值税的应税加工、修理修配劳务。

（3）服务、不动产和无形资产，是指销售服务、不动产和无形资产。

（4）“按适用税率计税”“按适用税率计算”和“一般计税方法”，均指按“应纳税额=当期销项税额－当期进项税额”公式计算增值税应纳税额的计税方法。

（5）“按简易办法计税”“按简易征收办法计算”和“简易计税方法”，均指按“应纳税额=销售额×征收率”公式计算增值税应纳税额的计税方法。

（6）“扣除项目”，是指纳税人销售服务、不动产和无形资产，在确定销售额时，按照有关规定允许其从取得的全部价款和价外费用中扣除价款的项目。

三、《增值税纳税申报表（一般纳税人适用）》主表的填写

（一）表头的填写

（1）“税款所属时间”：指纳税人申报的增值税应纳税额的所属时间，应填写具体的起止年、月、日。

（2）“填表日期”：指纳税人填写本表的具体日期。

（3）“纳税人识别号”：填写纳税人的税务登记证件号码。

（4）“所属行业”：按照国民经济行业分类与代码中的小类行业填写。

（5）“纳税人名称”：填写纳税人单位名称全称。

（6）“法定代表人姓名”：填写纳税人法定代表人的姓名。

（7）“注册地址”：填写纳税人税务登记证件所注明的详细地址。

（8）“生产经营地址”：填写纳税人实际生产经营地的详细地址。

（9）“开户银行及账号”：填写纳税人开户银行的名称和纳税人在该银行的结算账户号码。

（10）“登记注册类型”：按纳税人税务登记证件的栏目内容填写。

（11）“电话号码”：填写可联系到纳税人的常用电话号码。

（二）各列的填写说明

各列的填写说明如表2-1所示。

表2-1　各列的填写要求

序号	列名	填　写　要　求
1	即征即退项目	填写纳税人按规定享受增值税即征即退政策的货物、劳务和服务、不动产、无形资产的征（退）税数据
2	一般项目	填写除享受增值税即征即退政策以外的货物、劳务和服务、不动产、无形资产的征（免）税数据
3	本年累计	一般填写本年度内各月“本月数”之和。其中，第13、20、25、32、36、38栏及第18栏“实际抵扣税额”“一般项目”列的“本年累计”分别按表2-2中第13、20、25、32、36、38栏及第18栏的要求填写

（三）各栏的填写要求

各栏的填写要求如表2-2所示。

表2-2　各栏的填写要求

项目	栏次	栏目名称	填　写　要　求
销售额	第1栏	（一）按适用税率计税销售额	（1）填写纳税人本期按一般计税方法计算缴纳增值税的销售额，包含：在财务上不作销售但按税法规定应缴纳增值税的视同销售和价外费用的销售额；外贸企业作价销售进料加工复出口货物的销售额；税务、财政、审计部门检查后按一般计税方法计算调整的销售额 （2）营业税改征增值税的纳税人，服务、不动产和无形资产有扣除项目的，本栏应填写扣除之前的不含税销售额 （3）本栏“一般项目”列“本月数”=《附列资料（一）》第9列第1至第5行之和－第9列第6、第7行之和；本栏“即征即退项目”列“本月数”=《附列资料（一）》第9列第6、第7行之和
	第2栏	其中：应税货物销售额	填写纳税人本期按适用税率计算增值税的应税货物的销售额。包含在财务上不作销售但按税法规定应缴纳增值税的视同销售货物和价外费用销售额，以及外贸企业作价销售进料加工复出口货物的销售额

（续表）

项目	栏次	栏目名称	填　写　要　求
销售额	第3栏	应税劳务销售额	填写纳税人本期按适用税率计算增值税的应税劳务的销售额
	第4栏	纳税检查调整的销售额	（1）填写纳税人因税务、财政、审计部门检查，并按一般计税方法在本期计算调整的销售额。但享受增值税即征即退政策的货物、劳务和服务、不动产、无形资产，经纳税检查属于偷税的，不填入“即征即退项目”列，而应填入“一般项目”列 （2）营业税改征增值税的纳税人，服务、不动产和无形资产有扣除项目的，本栏应填写扣除之前的不含税销售额 （3）本栏“一般项目”列“本月数”=《附列资料（一）》第7列第1至第5行之和
	第5栏	按简易办法计税销售额	（1）填写纳税人本期按简易计税方法计算增值税的销售额。包含纳税检查调整按简易计税方法计算增值税的销售额 （2）营业税改征增值税的纳税人，服务、不动产和无形资产有扣除项目的，本栏应填写扣除之前的不含税销售额；服务、不动产和无形资产按规定汇总计算缴纳增值税的分支机构，其当期按预征率计算缴纳增值税的销售额也填入本栏 （3）本栏“一般项目”列“本月数”≥《附列资料（一）》第9列第8至第13b行之和－第9列第14、第15行之和；本栏“即征即退项目”列“本月数”≥《附列资料（一）》第9列第14、第15行之和
	第6栏	其中：纳税检查调整的销售额	（1）填写纳税人因税务、财政、审计部门检查，并按简易计税方法在本期计算调整的销售额。但享受增值税即征即退政策的货物、劳务和服务、不动产、无形资产，经纳税检查属于偷税的，不填入“即征即退项目”列，而应填入“一般项目”列 （2）营业税改征增值税的纳税人，服务、不动产和无形资产有扣除项目的，本栏应填写扣除之前的不含税销售额

（续表）

项目	栏次	栏目名称	填写要求
销售额	第7栏	免、抵、退办法出口销售额	（1）填写纳税人本期适用免、抵、退税办法的出口货物、劳务和服务、无形资产的销售额 （2）营业税改征增值税的纳税人，服务、无形资产有扣除项目的，本栏应填写扣除之前的销售额 （3）本栏“一般项目”列“本月数”=《附列资料（一）》第9列第16、第17行之和
	第8栏	免税销售额	（1）填写纳税人本期按照税法规定免征增值税的销售额和适用零税率的销售额，但零税率的销售额中不包括适用免、抵、退税办法的销售额 （2）营业税改征增值税的纳税人，服务、不动产和无形资产有扣除项目的，本栏应填写扣除之前的免税销售额 （3）本栏“一般项目”列“本月数”=《附列资料（一）》第9列第18、第19行之和
	第9栏	其中：免税货物销售额	填写纳税人本期按照税法规定免征增值税的货物销售额及适用零税率的货物销售额，但零税率的销售额中不包括适用免、抵、退税办法出口货物的销售额
	第10栏	免税劳务销售额	填写纳税人本期按照税法规定免征增值税的劳务销售额及适用零税率的劳务销售额，但零税率的销售额中不包括适用免、抵、退税办法的劳务的销售额
税款计算	第11栏	销项税额	（1）填写纳税人本期按一般计税方法计税的货物、劳务和服务、不动产、无形资产的销项税额 （2）营业税改征增值税的纳税人，服务、不动产和无形资产有扣除项目的，本栏应填写扣除之后的销项税额 （3）本栏“一般项目”列“本月数”=《附列资料（一）》(第10列第1、第3行之和－第10列第6行)＋(第14列第2、第4、第5行之和－第14列第7行)
	第12栏	进项税额	（1）填写纳税人本期申报抵扣的进项税额 （2）本栏“一般项目”列“本月数”＋“即征即退项目”列“本月数”=《附列资料（二）》第12栏“税额”

（续表）

项目	栏次	栏目名称	填　写　要　求
税款计算	第13栏	上期留抵税额	（1）上期留抵税额按规定须挂账的纳税人，按以下要求填写本栏的“本月数”和“本年累计” 上期留抵税额按规定须挂账的纳税人是指试点实施之日前一个税款所属期的申报表第20栏“期末留抵税额”“一般货物、劳务和应税服务”列“本月数”大于零，且兼有营业税改征增值税服务、不动产和无形资产的纳税人（下同）。其试点实施之日前一个税款所属期的申报表第20栏“期末留抵税额”“一般货物、劳务和应税服务”列“本月数”，以下称为货物和劳务挂账留抵税额 ①本栏“一般项目”列“本月数”：试点实施之日的税款所属期填写“0”；以后各期按上期申报表第20栏“期末留抵税额”“一般项目”列“本月数”填写 ②本栏“一般项目”列“本年累计”：反映货物和劳务挂账留抵税额本期期初余额。试点实施之日的税款所属期按试点实施之日前一个税款所属期的申报表第20栏“期末留抵税额”“一般货物、劳务和应税服务”列“本月数”填写；以后各期按上期申报表第20栏“期末留抵税额”“一般项目”列“本年累计”填写。 ③本栏“即征即退项目”列“本月数”：按上期申报表第20栏“期末留抵税额”“即征即退项目”列“本月数”填写 （2）其他纳税人，按以下要求填写本栏“本月数”和“本年累计” 其他纳税人是指除上期留抵税额按规定须挂账的纳税人之外的纳税人（下同） ①本栏“一般项目”列“本月数”：按上期申报表第20栏“期末留抵税额”“一般项目”列“本月数”填写 ②本栏“一般项目”列“本年累计”：填写“0” ③本栏“即征即退项目”列“本月数”：按上期申报表第20栏“期末留抵税额”“即征即退项目”列“本月数”填写

（续表）

项目	栏次	栏目名称	填　写　要　求
税款计算	第14栏	进项税额转出	（1）填写纳税人已经抵扣，但按税法规定本期应转出的进项税额 （2）本栏“一般项目”列“本月数”＋“即征即退项目”列“本月数”=《附列资料（二）》第13栏“税额”
	第15栏	免、抵、退应退税额	反映税务机关退税部门按照出口货物、劳务和服务、无形资产免、抵、退办法审批的增值税应退税额
	第16栏	按适用税率计算的纳税检查应补缴税额	（1）填写税务、财政、审计部门检查，按一般计税方法计算的纳税检查应补缴的增值税税额 （2）本栏“一般项目”列“本月数”≤《附列资料（一）》第8列第1至第5行之和+《附列资料（二）》第19栏
	第17栏	应抵扣税额合计	填写纳税人本期应抵扣进项税额的合计数。按表中所列公式计算填写
	第18栏	实际抵扣税额	1. 上期留抵税额按规定须挂账的纳税人，按以下要求填写本栏的“本月数”和“本年累计” （1）本栏“一般项目”列“本月数”：按表中所列公式计算填写 （2）本栏“一般项目”列“本年累计”：填写货物和劳务挂账留抵税额本期实际抵减一般货物和劳务应纳税额的数额。将“货物和劳务挂账留抵税额本期期初余额”与“一般计税方法的一般货物及劳务应纳税额”两个数据相比较，取两者中小的数据。 其中：货物和劳务挂账留抵税额本期期初余额=第13栏“上期留抵税额”“一般项目”列“本年累计”； 一般计税方法的一般货物及劳务应纳税额=（第11栏“销项税额”“一般项目”列“本月数”－第18栏“实际抵扣税额”“一般项目”列“本月数”）×一般货物及劳务销项税额比例 一般货物及劳务销项税额比例=（《附列资料（一）》第10列第1、第3行之和－第10列第6行）÷第11栏“销项税额”“一般项目”列“本月数”×100%

（续表）

项目	栏次	栏目名称	填 写 要 求
税款计算	第18栏	实际抵扣税额	（3）本栏“即征即退项目”列“本月数”：按表中所列公式计算填写 2．其他纳税人，按以下要求填写本栏的“本月数”和“本年累计” （1）本栏“一般项目”列“本月数”：按表中所列公式计算填写 （2）本栏“一般项目”列“本年累计”：填写“0” （3）本栏“即征即退项目”列“本月数”：按表中所列公式计算填写
	第19栏	应纳税额	反映纳税人本期按一般计税方法计算并应缴纳的增值税额。按以下公式计算填写 1．本栏“一般项目”列“本月数”=第11栏“销项税额”“一般项目”列“本月数”－第18栏“实际抵扣税额”“一般项目”列“本月数”－第18栏“实际抵扣税额”“一般项目”列“本年累计” 2．本栏“即征即退项目”列“本月数”=第11栏“销项税额”“即征即退项目”列“本月数”－第18栏“实际抵扣税额”“即征即退项目”列“本月数”
	第20栏	期末留抵税额	1．上期留抵税额按规定须挂账的纳税人，按以下要求填写本栏的“本月数”和“本年累计” （1）本栏“一般项目”列“本月数”：反映试点实施以后，货物、劳务和服务、不动产、无形资产共同形成的留抵税额。按表中所列公式计算填写 （2）本栏“一般项目”列“本年累计”：反映货物和劳务挂账留抵税额，在试点实施以后抵减一般货物和劳务应纳税额后的余额。按以下公式计算填写 本栏“一般项目”列“本年累计”=第13栏“上期留抵税额”“一般项目”列“本年累计”－第18栏“实际抵扣税额”“一般项目”列“本年累计” （3）本栏“即征即退项目”列“本月数”：按表中所列公式计算填写

（续表）

项目	栏次	栏目名称	填　写　要　求
税款计算	第20栏	期末留抵税额	2. 其他纳税人，按以下要求填写本栏“本月数”和“本年累计” （1）本栏“一般项目”列“本月数”：按表中所列公式计算填写 （2）本栏“一般项目”列“本年累计”：填写“0” （3）本栏“即征即退项目”列“本月数”：按表中所列公式计算填写
	第21栏	简易计税办法计算的应纳税额	反映纳税人本期按简易计税方法计算并应缴纳的增值税额，但不包括按简易计税方法计算的纳税检查应补缴税额。按以下公式计算填写 本栏“一般项目”列“本月数”=《附列资料（一）》（第10列第8、9a、10、11行之和－第10列第14行）+（第14列第9b、12、13a、13b行之和－第14列第15行） 本栏“即征即退项目”列“本月数”=《附列资料（一）》第10列第14行+第14列第15行 营业税改征增值税的纳税人，服务、不动产和无形资产按规定汇总计算缴纳增值税的分支机构，应将预征增值税额填入本栏。预征增值税额=应预征增值税的销售额×预征率
	第22栏	按简易计税办法计算的纳税检查应补缴税额	填写纳税人本期因税务、财政、审计部门检查并按简易计税方法计算的纳税检查应补缴税额
	第23栏	应纳税额减征额	（1）填写纳税人本期按照税法规定减征的增值税应纳税额。包含按照规定可在增值税应纳税额中全额抵减的增值税税控系统专用设备费用以及技术维护费 （2）当本期减征额小于或等于第19栏“应纳税额”与第21栏“简易计税办法计算的应纳税额”之和时，按本期减征额实际填写；当本期减征额大于第19栏“应纳税额”与第21栏“简易计税办法计算的应纳税额”之和时，按本期第19栏与第21栏之和填写。本期减征额不足抵减部分结转下期继续抵减

（续表）

项目	栏次	栏目名称	填　写　要　求
税款计算	第24栏	应纳税额合计	反映纳税人本期应缴增值税的合计数。按表中所列公式计算填写
	第25栏	期初未缴税额（多缴为负数）	（1）“本月数”按上一税款所属期申报表第32栏“期末未缴税额（多缴为负数）”“本月数”填写 （2）“本年累计”按上年度最后一个税款所属期申报表第32栏“期末未缴税额（多缴为负数）”“本年累计”填写
	第26栏	实收出口开具专用缴款书退税额	本栏不填写
	第27栏	本期已缴税额	反映纳税人本期实际缴纳的增值税额，但不包括本期入库的查补税款。按表中所列公式计算填写
	第28栏	①分次预缴税额	（1）填写纳税人本期已缴纳的准予在本期增值税应纳税额中抵减的税额 （2）营业税改征增值税的纳税人，分以下几种情况填写： ①服务、不动产和无形资产按规定汇总计算缴纳增值税的总机构，其可以从本期增值税应纳税额中抵减的分支机构已缴纳的税款，按当期实际可抵减数填入本栏，不足抵减部分结转下期继续抵减 ②销售建筑服务并按规定预缴增值税的纳税人，其可以从本期增值税应纳税额中抵减的已缴纳的税款，按当期实际可抵减数填入本栏，不足抵减部分结转下期继续抵减 ③销售不动产并按规定预缴增值税的纳税人，其可以从本期增值税应纳税额中抵减的已缴纳的税款，按当期实际可抵减数填入本栏，不足抵减部分结转下期继续抵减 ④出租不动产并按规定预缴增值税的纳税人，其可以从本期增值税应纳税额中抵减的已缴纳的税款，按当期实际可抵减数填入本栏，不足抵减部分结转下期继续抵减

（续表）

项目	栏次	栏目名称	填　写　要　求
税款计算	第29栏	②出口开具专用缴款书预缴税额	本栏不填写
	第30栏	③本期缴纳上期应纳税额	填写纳税人本期缴纳上一税款所属期应缴未缴的增值税额
	第31栏	④本期缴纳欠缴税额	反映纳税人本期实际缴纳和留抵税额抵减的增值税欠税额，但不包括缴纳入库的查补增值税额
	第32栏	期末未缴税额（多缴为负数）	（1）“本月数”反映纳税人本期期末应缴未缴的增值税额，但不包括纳税检查应缴未缴的税额。按表中所列公式计算填写。 （2）“本年累计”与“本月数”相同
	第33栏	其中：欠缴税额（≥0）	（1）反映纳税人按照税法规定已形成欠税的增值税额 （2）按表中所列公式计算填写
	第34栏	本期应补（退）税额	（1）反映纳税人本期应纳税额中应补缴或应退回的数额 （2）按表中所列公式计算填写
	第35栏	即征即退实际退税额	反映纳税人本期因符合增值税即征即退政策规定，而实际收到的税务机关退回的增值税额
税款缴纳	第36栏	期初未缴查补税额	（1）“本月数”按上一税款所属期申报表第38栏“期末未缴查补税额”“本月数”填写 （2）“本年累计”按上年度最后一个税款所属期申报表第38栏“期末未缴查补税额”“本年累计”填写
	第37栏	本期入库查补税额	反映纳税人本期因税务、财政、审计部门检查而实际入库的增值税额，包括按一般计税方法计算并实际缴纳的查补增值税额和按简易计税方法计算并实际缴纳的查补增值税额
	第38栏	期末未缴查补税额	“本月数”反映纳税人接受纳税检查后应在本期期末缴纳而未缴纳的查补增值税额。按表中所列公式计算填写，“本年累计”与“本月数”相同

四、《增值税纳税申报表附列资料（一）》（本期销售情况明细）填写说明

（一）表头的填写

“税款所属时间”“纳税人名称”的填写同主表。

（二）各列填写要求

各列填写要求如表2-3所示。

表2-3　各列填写要求

列次	列　名	填　写　要　求
第1至第2列	开具增值税专用发票	反映本期开具增值税专用发票（含税控机动车销售统一发票，下同）的情况
第3至第4列	开具其他发票	反映除增值税专用发票以外本期开具的其他发票的情况
第5至第6列	未开具发票	反映本期未开具发票的销售情况
第7至第8列	纳税检查调整	反映经税务、财政、审计部门检查并在本期调整的销售情况
第9至第11列	合计	按照表中所列公式填写。 营业税改征增值税的纳税人，服务、不动产和无形资产有扣除项目的，第1至第11列应填写扣除之前的征（免）税销售额、销项（应纳）税额和价税合计额
第12列	服务、不动产和无形资产扣除项目本期实际扣除金额	（1）营业税改征增值税的纳税人，服务、不动产和无形资产有扣除项目的，按《附列资料（三）》第5列对应各行次数据填写，其中本列第5栏等于《附列资料（三）》第5列第3行与第4行之和；服务、不动产和无形资产无扣除项目的，本列填写“0”。其他纳税人不填写 （2）营业税改征增值税的纳税人，服务、不动产和无形资产按规定汇总计算缴纳增值税的分支机构，当期服务、不动产和无形资产有扣除项目的，填入本列第13行

（续表）

列次	列 名	填 写 要 求
第13列	“扣除后”“含税（免税）销售额”	营业税改征增值税的纳税人，服务、不动产和无形资产有扣除项目的，本列各行次=第11列对应各行次-第12列对应各行次。其他纳税人不填写
第14列	“扣除后”“销项（应纳）税额”	（1）营业税改征增值税的纳税人，服务、不动产和无形资产有扣除项目的，按以下要求填写本列，其他纳税人不填写 （2）服务、不动产和无形资产按照一般计税方法计税 本列各行次=第13列÷（100%+对应行次税率）×对应行次税率 本列第7行“按一般计税方法计税的即征即退服务、不动产和无形资产”不按本列的说明填写。具体填写要求见“各行说明”第2条第（2）项第③点的说明 （3）服务、不动产和无形资产按照简易计税方法计税 本列各行次=第13列÷（100%+对应行次征收率）×对应行次征收率
第14列	“扣除后”“销项（应纳）税额”	本列第13行“预征率 %”不按本列的说明填写。具体填写要求见“各行说明”第4条第（2）项 （4）服务、不动产和无形资产实行免抵退税或免税的，本列不填写

（三）各行填写要求

各行填写要求如表2-4所示。

表2-4 各行填写要求

行次	行 名	填 写 要 求
第1至第5行	“一、一般计税方法计税”“全部征税项目”各行	按不同税率和项目分别填写按一般计税方法计算增值税的全部征税项目。有即征即退征税项目的纳税人，本部分数据中既包括即征即退征税项目，又包括不享受即征即退政策的一般征税项目

（续表）

行次	行　名	填　写　要　求
第6至第7行	“一、一般计税方法计税”“其中：即征即退项目”各行	只反映按一般计税方法计算增值税的即征即退项目。按照税法规定不享受即征即退政策的纳税人，不填写本行。即征即退项目是全部征税项目的其中数的第6行“即征即退货物及加工修理修配劳务”：反映按一般计税方法计算增值税且享受即征即退政策的货物和加工修理修配劳务。本行不包括服务、不动产和无形资产的内容。 ①本行第9列“合计”“销售额”栏：反映按一般计税方法计算增值税且享受即征即退政策的货物及加工修理修配劳务的不含税销售额。该栏不按第9列所列公式计算，应按照税法规定据实填写。 ②本行第10列“合计”“销项（应纳）税额”栏：反映按一般计税方法计算增值税且享受即征即退政策的货物及加工修理修配劳务的销项税额。该栏不按第10列所列公式计算，应按照税法规定据实填写
第6至第7行	即征即退服务、不动产和无形资产	反映按一般计税方法计算增值税且享受即征即退政策的服务、不动产和无形资产。本行不包括货物及加工修理修配劳务的内容 ①本行第9列“合计”“销售额”栏：反映按一般计税方法计算增值税且享受即征即退政策的服务、不动产和无形资产的不含税销售额。服务、不动产和无形资产有扣除项目的，按扣除之前的不含税销售额填写。该栏不按第9列所列公式计算，应按照税法规定据实填写 ②本行第10列“合计”“销项（应纳）税额”栏：反映按一般计税方法计算增值税且享受即征即退政策的服务、不动产和无形资产的销项税额。服务、不动产和无形资产有扣除项目的，按扣除之前的销项税额填写。该栏不按第10列所列公式计算，应按照税法规定据实填写 ③本行第14列“扣除后”“销项（应纳）税额”栏：反映按一般计税方法征收增值税且享受即征即退政策的服务、不动产和无形资产实际应计提的销项税额。服务、不动产和无形资产有扣除项目的，按扣除之后的销项税额填写；服务、不动产和无形资产无扣除项目的，按本行第10列填写。该栏不按第14列所列公式计算，应按照税法规定据实填写。

（续表）

行次	行　名	填　写　要　求
第8至第12行	“二、简易计税方法计税”“全部征税项目”各行	按不同征收率和项目分别填写，按简易计税方法计算增值税的全部征税项目。有即征即退征税项目的纳税人，本部分数据中既包括即征即退项目，也包括不享受即征即退政策的一般征税项目
第13a至第13c行	“二、简易计税方法计税”“预征率％”	反映营业税改征增值税的纳税人，服务、不动产和无形资产按规定汇总计算缴纳增值税的分支机构，预征增值税销售额、预征增值税应纳税额。其中，第13a行“预征率％”适用于所有实行汇总计算缴纳增值税的分支机构纳税人；第13b、第13c行“预征率％”适用于部分实行汇总计算缴纳增值税的铁路运输纳税人 （1）第13a至第13c行第1至第6列按照销售额和销项税额的实际发生数填写 （2）第13a至第13c行第14列，纳税人按“应预征缴纳的增值税=应预征增值税销售额×预征率”公式计算后据实填写
第14至第15行	“二、简易计税方法计税”“其中：即征即退项目”各行	只反映按简易计税方法计算增值税的即征即退项目。按照税法规定不享受即征即退政策的纳税人，不填写本行。即征即退项目是全部征税项目的其中数 （1）第14行“即征即退货物及加工修理修配劳务”：反映按简易计税方法计算增值税且享受即征即退政策的货物及加工修理修配劳务。本行不包括服务、不动产和无形资产的内容 ①本行第9列“合计”“销售额”栏：反映按简易计税方法计算增值税且享受即征即退政策的货物及加工修理修配劳务的不含税销售额。该栏不按第9列所列公式计算，应按照税法规定据实填写 ②本行第10列“合计”“销项（应纳）税额”栏：反映按简易计税方法计算增值税且享受即征即退政策的货物及加工修理修配劳务的应纳税额。该栏不按第10列所列公式计算，应按照税法规定据实填写
第14至第15行	“即征即退服务、不动产和无形资产”	反映按简易计税方法计算增值税且享受即征即退政策的服务、不动产和无形资产。本行不包括货物及加工修理修配劳务的内容

（续表）

行次	行　名	填　写　要　求
第14至第15行	“即征即退服务、不动产和无形资产”	①本行第9列“合计”“销售额”栏：反映按简易计税方法计算增值税且享受即征即退政策的服务、不动产和无形资产的不含税销售额。服务、不动产和无形资产有扣除项目的，按扣除之前的不含税销售额填写。该栏不按第9列所列公式计算，应按照税法规定据实填写 ②本行第10列“合计”“销项（应纳）税额”栏：反映按简易计税方法计算增值税且享受即征即退政策的服务、不动产和无形资产的应纳税额。服务、不动产和无形资产有扣除项目的，按扣除之前的应纳税额填写。该栏不按第10列所列公式计算，应按照税法规定据实填写 ③本行第14列“扣除后”“销项（应纳）税额”栏：反映按简易计税方法计算增值税且享受即征即退政策的服务、不动产和无形资产实际应计提的应纳税额。服务、不动产和无形资产有扣除项目的，按扣除之后的应纳税额填写；服务、不动产和无形资产无扣除项目的，按本行第10列填写
第16行	“三、免抵退税”“货物及加工修理修配劳务”	反映适用免、抵、退税政策的出口货物、加工修理修配劳务
第17行	“三、免抵退税”“服务、不动产和无形资产”	反映适用免、抵、退税政策的服务、不动产和无形资产
第18行	“四、免税”“货物及加工修理修配劳务”	反映按照税法规定免征增值税的货物及劳务和适用零税率的出口货物及劳务，但零税率的销售额中不包括适用免、抵、退税办法的出口货物及劳务
第19行	“四、免税”“服务、不动产和无形资产”	反映按照税法规定免征增值税的服务、不动产、无形资产和适用零税率的服务、不动产、无形资产，但零税率的销售额中不包括适用免、抵、退税办法的服务、不动产和无形资产

实例1

某市A房地产开发公司为增值税一般纳税人，在2016年5月1日前，仅按照《增值税暂行条例》缴纳增值税，截至2016年4月30日期末留抵税额10万元。2016年5月，销售货物及提供应税劳务产生销项税额20万元，税率为17%，提供应税服务、销售不动产和无形资产产生销项税额30万元，税率为11%，本月发生的进项税额为30万元。

填表解析：

1. 本月主表第13栏“上期留抵税额”，本栏“一般项目”列“本月数”填写“0”：“本年累计”填写“100 000”，即将上期申报表第20栏“期末留抵税额”“本月数”，结转到本栏。

2. 主表第18栏“实际抵扣税额”“一般项目”列“本年累计”在填写时，需要进行计算，具体步骤如下：

第一步：计算出当期一般计税方法的应纳税额。用第11栏“销项税额”“一般项目”列“本月数”−第18栏“实际抵扣税额”“一般项目”列“本月数”。

计算过程：应纳税额=销项税额−进项税额=500 000−300 000=200 000（元）

第二步：计算出当期一般货物及劳务销项税额比例。

计算过程：一般货物及劳务销项税额比例=（《附列资料（一）》第10列第1、第3行之和—第10列第6行）÷主表第11栏“销项税额”“一般项目”列“本月数”×100%=200 000÷500 000×100%=40%。

第三步：计算出当期一般计税方法的一般货物及劳务应纳税额。

计算过程：一般计税方法的一般货物及劳务应纳税额=一般计税方法的应纳税额×一般货物及劳务销项税额比例=200 000×40%=80 000（元）。

第四步：将“货物和劳务挂账留抵税额本期期初余额”与“一般计税方法的一般货物及劳务应纳税额”两个数据相比较，取两者中小的数据。

80 000<100 000，经过上述计算，主表第18栏“实际抵扣税额”“一般项目”列“本年累计”应当填写“80 000”。

3. 主表第19栏“应纳税额”“一般项目”列“本月数”=第11栏“销项税额”“一般项目”列“本月数”−第18栏“实际抵扣税额”“一般项目”列“本月数”−第18栏“实际抵扣税额”“一般项目”列“本年累计”。即：500 000−

300 000－80 000=120 000（元）。

4. 第20栏“期末留抵税额”“一般项目”列“本年累计”本栏“一般项目”列“本年累计”＝第13栏“上期留抵税额”“一般项目”列“本年累计”－第18栏“实际抵扣税额”“一般项目”列“本年累计”。即：100 000－80 000=20 000（元）。这20 000元是期末尚未抵扣完的挂账留抵税额，可以结转至下期继续在货物及劳务的销项税额中抵扣。

表2-5　2016年5月（税款所属期）申报表主表填报方法

项　目		栏次	一般项目		即征即退项目	
			本月数	本年累计	本月数	本年累计
税款计算	销项税额	11	500 000			
	进项税额	12	300 000			
	上期留抵税额	13	0	100 000		—
	进项税额转出	14				
	免、抵、退应退税额	15			—	—
	按适用税率计算的纳税检查应补缴税额	16			—	—
	应抵扣税额合计	17=12＋13−14−15＋16	300 000	—		—
	实际抵扣税额	18（如17<11，则为17，否则为11）	300 000	800 000		
	应纳税额	19=11−18	120 000			
	期末留抵税额	20=17−18		20 000		—
	简易计税办法计算的应纳税额	21				
	按简易计税办法计算的纳税检查应补缴税额	22			—	—
	应纳税额减征额	23				
	应纳税额合计	24=19＋21−23				

五、《增值税纳税申报表附列资料（二）》（本期进项税额明细）填写说明

（一）表头的填写

“税款所属时间”“纳税人名称”的填写同主表。

（二）第1至第12栏“一、申报抵扣的进项税额”的填写

第1至第12栏“一、申报抵扣的进项税额”分别反映纳税人按税法规定符合抵扣条件，在本期申报抵扣的进项税额。其填写要求如表2-6所示。

表2-6　第1至第12栏“一、申报抵扣的进项税额”填写要求

栏次	栏　名	填　写　要　求
第1栏	（一）认证相符的增值税专用发票	反映纳税人取得的认证相符本期申报抵扣的增值税专用发票情况。该栏应等于第2栏“本期认证相符且本期申报抵扣”与第3栏“前期认证相符且本期申报抵扣”数据之和
第2栏	其中：本期认证相符且本期申报抵扣	（1）反映本期认证相符且本期申报抵扣的增值税专用发票的情况。本栏是第1栏的其中数，本栏只填写本期认证相符且本期申报抵扣的部分 （2）适用取消增值税发票认证规定的纳税人，当期申报抵扣的增值税发票数据，也填报在本栏中
第3栏	前期认证相符且本期申报抵扣	（1）反映前期认证相符且本期申报抵扣的增值税专用发票的情况。辅导期纳税人依据税务机关告知的稽核比对结果通知书及明细清单注明的稽核相符的增值税专用发票填写本栏 （2）本栏是第1栏的其中数，只填写前期认证相符且本期申报抵扣的部分
第4栏	（二）其他扣税凭证	反映本期申报抵扣的除增值税专用发票之外的其他扣税凭证的情况。具体包括：海关进口增值税专用缴款书、农产品收购发票或者销售发票（含农产品核定扣除的进项税额）、代扣代缴税收完税凭证和其他符合政策规定的抵扣凭证。该栏应等于第5至第8栏之和

（续表）

栏次	栏 名	填 写 要 求
第5栏	海关进口增值税专用缴款书	反映本期申报抵扣的海关进口增值税专用缴款书的情况。按规定执行海关进口增值税专用缴款书先比对后抵扣的，纳税人需依据税务机关告知的稽核比对结果通知书及明细清单注明的稽核相符的海关进口增值税专用缴款书填写本栏
第6栏	农产品收购发票或者销售发票	反映本期申报抵扣的农产品收购发票和农产品销售普通发票的情况。执行农产品增值税进项税额核定扣除办法的，填写当期允许抵扣的农产品增值税进项税额，不填写“份数”“金额”
第7栏	代扣代缴税收缴款凭证	填写本期按规定准予抵扣的完税凭证上注明的增值税额
第8栏	其他	（1）反映按规定本期可以申报抵扣的其他扣税凭证情况 （2）纳税人按照规定不得抵扣且未抵扣进项税额的固定资产、无形资产、不动产，发生用途改变，用于允许抵扣进项税额的应税项目，可在用途改变的次月将按公式计算出的可以抵扣的进项税额，填入“税额”栏
第9栏	（三）本期用于购建不动产的扣税凭证	反映按规定本期用于购建不动产并适用分2年抵扣规定的扣税凭证上注明的金额和税额。购建不动产是指纳税人2016年5月1日后取得并在会计制度上按固定资产核算的不动产或者2016年5月1日后取得的不动产在建工程 取得不动产，包括以直接购买、接受捐赠、接受投资入股、自建以及抵债等各种形式取得的不动产，不包括房地产开发企业自行开发的房地产项目 本栏次包括第1栏中本期用于购建不动产的增值税专用发票和第4栏中本期用于购建不动产的其他扣税凭证 本栏“金额”“税额”<第1栏＋第4栏且本栏“金额”“税额”≥0 纳税人按照规定不得抵扣且未抵扣进项税额的不动产，发生用途改变，用于允许抵扣进项税额的应税项目，可在用途改变的次月将按公式计算出的可以抵扣的进项税额，填入“税额”栏 本栏“税额”列=《附列资料（五）》第2列“本期不动产进项税额增加额”

（续表）

栏次	栏　名	填　写　要　求
第10栏	（四）本期不动产允许抵扣进项税额	反映按规定本期实际申报抵扣的不动产进项税额。本栏"税额"列=《附列资料（五）》第3列"本期可抵扣不动产进项税额"
第11栏	（五）外贸企业进项税额抵扣证明	填写本期申报抵扣的税务机关出口退税部门开具的《出口货物转内销证明》列明允许抵扣的进项税额
第12栏	当期申报抵扣进项税额合计	反映本期申报抵扣进项税额的合计数。按表中所列公式计算填写

（三）第13至第23栏"二、进项税额转出额"各栏的填写

第13至第23栏"二、进项税额转出额"各栏：分别反映纳税人已经抵扣但按规定应在本期转出的进项税额明细情况。其填写要求如表2-7所示。

表2-7　第13至第23栏"二、进项税额转出额"各栏的填写要求

栏次	栏　名	填　写　要　求
第13栏	本期进项税额转出额	反映已经抵扣但按规定应在本期转出的进项税额合计数。按表中所列公式计算填写
第14栏	免税项目用	反映用于免征增值税项目，按规定应在本期转出的进项税额
第15栏	集体福利、个人消费	反映用于集体福利或者个人消费，按规定应在本期转出的进项税额
第16栏	非正常损失	反映纳税人发生非正常损失，按规定应在本期转出的进项税额
第17栏	简易计税方法征税项目用	（1）反映用于按简易计税方法征税项目，按规定应在本期转出的进项税额 （2）营业税改征增值税的纳税人，服务、不动产和无形资产按规定汇总计算缴纳增值税的分支机构，当期应由总机构汇总的进项税额也填入本栏

（续表）

栏次	栏　名	填　写　要　求
第18栏	免、抵、退税办法不得抵扣的进项税额	反映按照免、抵、退税办法的规定，由于征税税率与退税税率存在税率差，在本期应转出的进项税额
第19栏	纳税检查调减进项税额	反映税务、财政、审计部门检查后而调减的进项税额
第20栏	红字专用发票信息表注明的进项税额	填写主管税务机关开具的《开具红字增值税专用发票信息表》注明的在本期应转出的进项税额
第21栏	上期留抵税额抵减欠税	填写本期经税务机关同意，使用上期留抵税额抵减欠税的数额
第22栏	上期留抵税额退税	填写本期经税务机关批准的上期留抵税额退税额
第23栏	其他应作进项税额转出的情形	反映除上述进项税额转出情形外，其他应在本期转出的进项税额

（四）第24至第34栏“三、待抵扣进项税额”各栏

第24至第34栏“三、待抵扣进项税额”各栏分别反映纳税人已经取得，但按税法规定不符合抵扣条件，暂不予在本期申报抵扣的进项税额情况及按税法规定不允许抵扣的进项税额情况。其填写要求如表2-8所示。

表2-8　第24至第34栏“三、待抵扣进项税额”各栏的填写要求

栏次	栏　名	填　写　要　求
第24栏	（一）认证相符的增值税专用发票	第24至第28栏均为增值税专用发票的情况
第25栏	期初已认证相符但未申报抵扣	反映前期认证相符，但按照税法规定暂不予抵扣及不允许抵扣，结存至本期的增值税专用发票情况。辅导期纳税人填写认证相符但未收到稽核比对结果的增值税专用发票期初情况

（续表）

栏次	栏　名	填　写　要　求
第26栏	本期认证相符且本期未申报抵扣	反映本期认证相符，但按税法规定暂不予抵扣及不允许抵扣，而未申报抵扣的增值税专用发票情况。辅导期纳税人填写本期认证相符但未收到稽核比对结果的增值税专用发票情况
第27栏	期末已认证相符但未申报抵扣	反映截至本期期末，按照税法规定仍暂不予抵扣及不允许抵扣且已认证相符的增值税专用发票情况。辅导期纳税人填写截至本期期末已认证相符但未收到稽核比对结果的增值税专用发票期末情况
第28栏	其中：按照税法规定不允许抵扣	反映截至本期期末已认证相符但未申报抵扣的增值税专用发票中，按照税法规定不允许抵扣的增值税专用发票情况
第29栏	（二）其他扣税凭证	反映截至本期期末仍未申报抵扣的除增值税专用发票之外的其他扣税凭证情况。具体包括：海关进口增值税专用缴款书、农产品收购发票或者销售发票、代扣代缴税收完税凭证和其他符合政策规定的抵扣凭证。该栏应等于第30至第33栏之和
第30栏	海关进口增值税专用缴款书	反映已取得但截至本期期末仍未申报抵扣的海关进口增值税专用缴款书情况，包括纳税人未收到稽核比对结果的海关进口增值税专用缴款书情况
第31栏	农产品收购发票或者销售发票	反映已取得但截至本期期末仍未申报抵扣的农产品收购发票和农产品销售普通发票情况
第32栏	代扣代缴税收缴款凭证	反映已取得但截至本期期末仍未申报抵扣的代扣代缴税收完税凭证情况
第33栏	其他	反映已取得但截至本期期末仍未申报抵扣的其他扣税凭证的情况
第34栏		

（五）第35至第36栏“四、其他”各栏

（1）第35栏“本期认证相符的增值税专用发票”：反映本期认证相符的增值税专用发票的情况。

（2）第36栏“代扣代缴税额”：填写纳税人根据《中华人民共和国增值税暂行条例》第十八条扣缴的应税劳务增值税额与根据营业税改征增值税有关政策规定扣缴的服务、不动产和无形资产增值税额之和。

实例2

2016年9月10日，某市A房地产开发公司纳税人购入一批外墙瓷砖，取得增值税专用发票并认证相符，专用发票注明的增值税税额为30万元；因纳税人购进该批瓷砖时未决定是否用于不动产（可能用于销售），因此在购进的当期全额抵扣进项税额。11月20日，纳税人将该批瓷砖耗用于新建的综合办公大楼在建工程。

业务分析：按照政策规定，该30万元进项税额在购进的当期可全额抵扣，在后期用于不动产在建工程时，该30万元进项税额中的40%应于改变用途的当期，作进项税额转出处理，并于领用当月起第13个月，再重新计入抵扣。当期应转出的进项税额=30×40%=12（万元）。

该项业务在2016年11月（税款所属期），申报表《附列资料（二）》的填报方法如表2-9所示。

表2-9　附列资料（二）

二、进项税额转出额		
项　　　　目	栏次	税额
本期进项税转出额	13=14至23之和	120 000
其中：免税项目用	14	
集体福利、个人消费	15	
非正常损失	16	
简易计税方法征税项目用	17	
免抵退税办法不得抵扣的进项税额	18	
纳税检查调减进项税额	19	
红字专用发票信息表注明的进项税额	20	
上期留抵税额抵减欠税	21	
上期留抵税额退税	22	
其他应作进项税额转出的情形	23	120 000

六、附表三（服务、不动产和无形资产扣除项目明细）填写说明

（一）填写适用范围

本表由服务、不动产和无形资产有扣除项目的营业税改征增值税纳税人填写。其他纳税人不填写。

（二）表头的填写

“税款所属时间”“纳税人名称”的填写同主表。

（三）表格的填写

表格的填写要求如表2-10所示。

表2-10　表格的填写要求

列次	列　名	填　写　要　求
第1列	本期服务、不动产和无形资产价税合计额（免税销售额）	（1）营业税改征增值税的服务、不动产和无形资产属于征税项目的，填写扣除之前的本期服务、不动产和无形资产价税合计额；营业税改征增值税的服务、不动产和无形资产属于免抵退税或免税项目的，填写扣除之前的本期服务、不动产和无形资产免税销售额。本列各行次等于《附列资料（一）》第11列对应行次，其中本列第3行和第4行之和等于《附列资料（一）》第11列第5栏 （2）营业税改征增值税的纳税人，服务、不动产和无形资产按规定汇总计算缴纳增值税的分支机构，本列各行次之和等于《附列资料（一）》第11列第13a、第13b行之和
第2列	“服务、不动产和无形资产扣除项目”“期初余额”	（1）填写服务、不动产和无形资产扣除项目上期期末结存的金额，试点实施之日的税款所属期填写“0”。本列各行次等于上期《附列资料（三）》第6列对应行次 （2）本列第4行“6%税率的金融商品转让项目”“期初余额”年初首期填报时应填“0”

（续表）

列次	列　名	填　写　要　求
第3列	“服务、不动产和无形资产扣除项目”“本期发生额”	填写本期取得的按税法规定准予扣除的服务、不动产和无形资产扣除项目金额
第4列	“服务、不动产和无形资产扣除项目”“本期应扣除金额”	（1）填写服务、不动产和无形资产扣除项目本期应扣除的金额 （2）本列各行次=第2列对应各行次＋第3列对应各行次
第5列	“服务、不动产和无形资产扣除项目”“本期实际扣除金额”	（1）填写服务、不动产和无形资产扣除项目本期实际扣除的金额 （2）本列各行次≤第4列对应各行次且本列各行次≤第1列对应各行次
第6列	“服务、不动产和无形资产扣除项目”“期末余额”	（1）填写服务、不动产和无形资产扣除项目本期期末结存的金额 （2）本列各行次=第4列对应各行次-第5列对应各行次

实例3

某市某房地产开发企业为增值税一般纳税人，2016年12月2日，买入金融商品B，买入价210万元，12月25日将金融商品B卖出，卖出价200万元。该纳税人2016年仅发生了这一笔金融商品转让业务。2017年1月10日，该纳税人买入金融商品C，买入价100万元，1月28日将金融商品C卖出，卖出价110万元。该纳税人在2017年1月仅发生了这一笔金融商品转让业务。

业务分析：按照政策规定，金融商品转让，按照卖出价扣除买入价后的余额为销售额。转让金融商品出现的正负差，按盈亏相抵后的余额为销售额。若相抵后出现负差，可结转下一纳税期与下期转让金融商品销售额相抵，但年末时仍出现负差的，不得转入下一个会计年度。

该房地产开发企业在2016年12月（税款所属期），申报表《附列资料（三）》的填报方法如表2-11所示。

表2-11　增值税纳税申报表附列资料（三）

（服务、不动产和无形资产扣除项目明细）

税款所属时间：自　　年　月　日至　　年　月　日

纳税人名称：（公章）　　　　　　　　　　　　　　　　金额单位：元至角分

项目及栏次		本期服务、不动产和无形资产价税合计额（免税销售额）	服务、不动产和无形资产扣除项目				
			期初余额	本期发生额	本期应扣除金额	本期实际扣除金额	期末余额
		1	2	3	4=2+3	5（5≤1且5≤4）	6=4-5
17%税率的项目	1						
11%税率的项目	2						
6%税率的项目（不含金融商品转让	3						
6%税率的金融商品转让项目	4	2 000 000	0	2 100 000	2 100 000	2 000 000	100 000
5%征收率的项目	5						
3%征收率的项目	6						
免抵退税的项目	7						
免税的项目	8						

该房地产开发企业在2017年1月（税款所属期），申报表《附列资料（三）》的填报方法如表2-12所示。

表2-12　增值税纳税申报表附列资料（三）

（服务、不动产和无形资产扣除项目明细）

税款所属时间：自　　年　月　日至　　年　月　日

纳税人名称：（公章）　　　　　　　　　　　　　　　　金额单位：元至角分

项目及栏次		本期服务、不动产和无形资产价税合计额（免税销售额）	服务、不动产和无形资产扣除项目				
			期初余额	本期发生额	本期应扣除金额	本期实际扣除金额	期末余额
		1	2	3	4=2+3	5（5≤1且5≤4）	6=4-5
17%税率的项目	1						
11%税率的项目	2						

（续表）

项目及栏次		本期服务、不动产和无形资产价税合计额（免税销售额）	服务、不动产和无形资产扣除项目				
			期初余额	本期发生额	本期应扣除金额	本期实际扣除金额	期末余额
		1	2	3	4=2+3	5（5≤1且5≤4）	6=4−5
6%税率的项目（不含金融商品转让	3						
6%税率的金融商品转让项目	4	1 100 000	0	1 000 000	1 000 000	1 000 000	0
5%征收率的项目	5						
3%征收率的项目	6						
免抵退税的项目	7						
免税的项目	8						

金融商品转让的负差不能跨年结转。“期初余额”年初首期填报时应填“0”

七、附表四（税额抵减情况表）填写说明

《增值税纳税申报表附列资料（四）》（税额抵减情况表）的适用范围及填写要求说明如表2-13所示。

表2-13　附表四（税额抵减情况表）填写说明

行次	适用范围	说　　明
第1行	由发生增值税税控系统专用设备费用和技术维护费的纳税人填写	反映纳税人增值税税控系统专用设备费用和技术维护费按规定抵减增值税应纳税额的情况
第2行	由营业税改征增值税纳税人，服务、不动产和无形资产按规定汇总计算缴纳增值税的总机构填写	反映其分支机构预征缴纳税款抵减总机构应纳增值税税额的情况
第3行	由销售建筑服务并按规定预缴增值税的纳税人填写	反映其销售建筑服务预征缴纳税款抵减应纳增值税税额的情况
第4行	由销售不动产并按规定预缴增值税的纳税人填写	反映其销售不动产预征缴纳税款抵减应纳增值税税额的情况

（续表）

行次	适用范围	说　　明
第5行	由出租不动产并按规定预缴增值税的纳税人填写	反映其出租不动产预征缴纳税款抵减应纳增值税税额的情况

未发生上述业务的纳税人不填写本表。

八、附五（不动产分期抵扣计算表）填表要求

《增值税纳税申报表附列资料（五）》（不动产分期抵扣计算表）由分期抵扣不动产进项税额的纳税人填写。

（一）表头的填写

“税款所属时间”“纳税人名称”的填写同主表。

（二）表格的填写

表格的填写要求如表2-14所示。

表2-14　表格的填写要求

列次	列名	填写要求
第1列	期初待抵扣不动产进项税额	填写纳税人上期期末待抵扣不动产进项税额
第2列	本期不动产进项税额增加额	填写本期取得的符合税法规定的不动产进项税额
第3列	本期可抵扣不动产进项税额	填写符合税法规定可以在本期抵扣的不动产进项税额
第4列	本期转入的待抵扣不动产进项税额	（1）填写按照税法规定本期应转入的待抵扣不动产进项税额 （2）本列数≤《附列资料（二）》第23栏“税额”
第5列	本期转出的待抵扣不动产进项税额	填写按照税法规定本期应转出的待抵扣不动产进项税额
第6列	期末待抵扣不动产进项税额	填写本期期末尚未抵扣的不动产进项税额，按表中公式填写

实例4

某市某房地产开发企业为增值税一般纳税人，2016年5月8日，买了一座办公用楼，金额1 000万元，进项税额110万元。2017年4月，该企业就将办公楼改造成员工食堂，用于集体福利，此时不动产的净值为800万元。

业务分析：按照政策规定，正常情况下，该企业购入该项不动产，应在2016年5月抵扣66万元，2017年5月（第13个月）再抵扣剩余的44万元。由于该企业在2017年4月将该项不动产用于集体福利，因此需要按照政策规定进行相应的处理。2017年4月，该不动产的净值为800万元，不动产净值率就是80%，不得抵扣的进项税额为88万元，大于已抵扣的进项税额66万元，按照政策规定，这时应将已抵扣的66万元进项税额转出，并在待抵扣进项税额中扣减不得抵扣进项税额与已抵扣进项税额的差额：88－66=22（万元）。该项业务在2017年4月（税款所属期）的填报方法如表2-15所示。

表2-15　增值税纳税申报表附列资料（一）

（本期销售情况明细）

税款所属时间：自2017年4月1日至2017年4月30日

纳税人名称：（公章）　　　　金额单位：元至角分

二、进项税额转出额		
项　　目	栏次	税额
本期进项税转出额	13=14至23之和	
其中：免税项目	14	
集体福利、个人消费	15	660 000
非正常损失	16	
简易计税方法征税项目	17	
免抵退税办法不得抵扣的进项税额	18	
纳税检查调减进项税额	19	
红字专用发票信息表注明的进项税额	20	
上期留抵税额抵减欠税	21	
上期留抵税额退税	22	
其他应作进项税额转出的情形	23	

表2-16 增值税纳税申报表附列资料（五）

（不动产分期抵扣计算表）

税款所属时间：自　　年　月　日至　　年　月　日

纳税人名称：（公章）　　　　　　　　　　　　　金额单位：元至角分

期初待抵扣不动产进项税额	本期不动产进项税额增加额	本期可抵扣不动产进项税额	本期转入的待抵扣不动产进项税额	本期转出的待抵扣不动产进项税额	期末待抵扣不动产进项税额
1	2	3≤1+2+4	4	5≤1+4	6=1+2-3+4-5
440 000	0	0	0	220 000	220 000

该项业务在2017年5月（税款所属期）的填报方法如表2-17所示。

表2-17 增值税纳税申报表附列资料（五）

（不动产分期抵扣计算表）

税款所属时间：自2017年5月1日至2017年5月31日

纳税人名称：（公章）　　　　　　　　　　　　　金额单位：元至角分

期初待抵扣不动产进项税额	本期不动产进项税额增加额	本期可抵扣不动产进项税额	本期转入的待抵扣不动产进项税额	本期转出的待抵扣不动产进项税额	期末待抵扣不动产进项税额
1	2	3≤1+2+4	4	5≤1+4	6=1+2-3+4-5
220 000	0	220 000	0	0	0

九、《固定资产（不含不动产）进项税额抵扣情况表》填写要求

《固定资产（不含不动产）进项税额抵扣情况表》反映纳税人在《附列资料（二）》“一、申报抵扣的进项税额”中固定资产的进项税额。本表按增值税专用发票、海关进口增值税专用缴款书分别填写。

十、《本期抵扣进项税额结构明细表》填写要求

（一）填写要求

（1）“税款所属时间”“纳税人名称”的填写同主表。

（2）第1栏反映本期申报抵扣进项税额的合计数。按表中所列公式计算填写。

本栏“税额”列=《附列资料（二）》第12栏“税额”列。

（3）第2至第17栏分别反映纳税人按税法规定符合抵扣条件，在本期申报抵扣的不同税率（或征收率）的进项税额。其中，用于购建不动产的进项税额按照本期实际抵扣的进项税额填写。

（4）第18栏反映纳税人按照农产品增值税进项税额核定扣除办法计算抵扣的进项税额。

（5）第19栏反映纳税人按照外贸企业进项税额抵扣证明注明的进项税额。

（二）表内各栏间逻辑关系

《本期抵扣进项税额结构明细表》中各栏间的逻辑关系如下：

第1栏表内公式为1=2＋4＋5＋10＋13＋15＋17＋18＋19；

第2栏≥第3栏；

第5栏≥第6栏＋第7栏＋第8栏＋第9栏；

第10栏≥第11栏＋第12栏；

第13栏≥第14栏；

第15栏≥第16栏。

十一、《增值税减免税申报明细表》填写要求

（一）表格的适用范围

《增值税减免税申报明细表》由享受增值税减免税优惠政策的增值税一般纳税人和小规模纳税人填写。仅享受月销售额不超过3万元（按季纳税9万元）免征增值税政策或未达起征点的增值税小规模纳税人不需填报本表，即小规模纳税人当期增值税纳税申报表主表第12栏“其他免税销售额”“本期数”和第16栏“本期应纳税额减征额”“本期数”均无数据时，不需填报本表。

（二）表头的填写

“税款所属时间”“纳税人名称”的填写同增值税纳税申报表主表（以下简称主表）。

（三）减税项目的填写

“一、减税项目”由本期按照税收法律、法规及国家有关税收规定享受减征（包含税额式减征、税率式减征）增值税优惠的纳税人填写。

其中“减税性质代码及名称”，须根据国家税务总局最新发布的《减免性质及分类表》所列减免性质代码、项目名称填写。同时有多个减征项目的，应分别填写。

各列的填写要求如表2-18所示。

表2-18　减税项目的填写要求

列次	名称	填写要求
第1列	期初余额	填写应纳税额减征项目上期“期末余额”，为对应项目上期应抵减而不足抵减的余额
第2列	本期发生额	填写本期发生的按照规定准予抵减增值税应纳税额的金额
第3列	本期应抵减税额	填写本期应抵减增值税应纳税额的金额。本列按表中所列公式填写
第4列	本期实际抵减税额	（1）填写本期实际抵减增值税应纳税额的金额。本列各行≤第3列对应各行 （2）一般纳税人填写时，第1行“合计”本列数=主表第23行“一般项目”列“本月数” （3）小规模纳税人填写时，第1行“合计”本列数=主表第16行“本期应纳税额减征额”“本期数”
第5列	期末余额	按表中所列公式填写

（四）免税项目的填写

“二、免税项目”由本期按照税收法律、法规及国家有关税收规定免征增值税的纳税人填写。仅享受小微企业免征增值税政策或未达起征点的小规模纳税人不需填写，即小规模纳税人申报表主表第12栏“其他免税销售额”“本期数”无数据时，不需填写本栏。

“免税性质代码及名称”：根据国家税务总局最新发布的《减免性质及分类表》所列减免性质代码、项目名称填写。同时有多个免税项目的，应分别填写。

“出口免税”填写纳税人本期按照税法规定出口免征增值税的销售额，但不包括适用免、抵、退税办法出口的销售额。小规模纳税人不填写本栏。

各列的填写要求如表2-19所示。

表2-19 减税项目的填写要求

列次	名　　称	填　写　要　求
第1列	免征增值税项目销售额	填写纳税人免税项目的销售额。免税销售额按照有关规定允许从取得的全部价款和价外费用中扣除价款的，应填写扣除之前的销售额 一般纳税人填写时，本列“合计”等于主表第8行“一般项目”列“本月数”。 小规模纳税人填写时，本列“合计”等于主表第12行“其他免税销售额”“本期数”
第2列	免税销售额扣除项目本期实际扣除金额	免税销售额按照有关规定允许从取得的全部价款和价外费用中扣除价款的，据实填写扣除金额；无扣除项目的，本列填写“0”
第3列	扣除后免税销售额	按表中所列公式填写
第4列	免税销售额对应的进项税额	本期用于增值税免税项目的进项税额。小规模纳税人不填写本列，一般纳税人按下列情况填写： （1）纳税人兼营应税和免税项目的，按当期免税销售额对应的进项税额填写 （2）纳税人本期销售收入全部为免税项目，且当期取得合法扣税凭证的，按当期取得的合法扣税凭证注明或计算的进项税额填写 （3）当期未取得合法扣税凭证的，纳税人可根据实际情况自行计算免税项目对应的进项税额；无法计算的，本栏次填“0”

（续表）

列次	名　称	填　写　要　求
第5列	免税额	（1）一般纳税人和小规模纳税人分别按下列公式计算填写，且本列各行数应大于或等于0 （2）一般纳税人公式：第5列“免税额”≤第3列“扣除后免税销售额”×适用税率－第4列“免税销售额对应的进项税额” （3）小规模纳税人公式：第5列“免税额”=第3列“扣除后免税销售额”×征收率

实例5

房地产开发企业老项目，选择简易计税方法

一、案例资料

某市一房地产开发企业，增值税一般纳税人，2014年1月通过招拍挂方式取得位于某市某区某地块（地块面积5万平方米），支付土地价款20 000万元，取得合法票据，签订了《国有土地使用权出让合同》。甲、乙建筑公司分别中标承建该地块“××花园”一期、二期商品房建筑工程，一期2016年3月完工，全部商品房建筑面积40万平方米。二期商品房2016年5月取得预售许可证开始销售，预计该期项目2017年2月完工。该企业对该项目选择简易办法征收。2016年5月有关资料如下：5月1日，该房地产公司二期开盘销售，当月取得商品房预售款5亿元，销售商品房500套，建筑面积45 500平方米。5月10日，该房地产开发企业一期商品房3 800套，建筑面积40万平方米，已竣工全部验收交付使用，结转收入40亿元。5月8日，该房地产开发企业支付开盘销售的宣传费用30万元，取得增值税专用发票6份，注明增值税额16 981.13元（6%）。支付该公司财务室办公电脑设备款585 000.00元，取得增值税专用发票2份，注明增值税85 000.00元（17%）。上述8份发票通过“增值税发票查询系统”进行勾选认证通过。企业支付税控设备490元及技术服务费330元，分别取得增值税专用发票和普通发票。

5月22日，该房地产开发企业处置自己使用过的建筑设备，取得收入110万元（含税），该设备2015年1月份购买原值120万元，已提折旧17万元。5月28日，该房地产开发企业将“××花园”二期500平方米商品房“售改租”，整体用于写字楼

出租，预收次年租金50万元（含税），开具增值税专用发票，选择简易征收办法缴纳增值税。

二、填报指引

（一）增值税计算及政策依据

1．业务介绍

该房地产开发企业5月份发生下述几笔业务：

业务一：5月1日，房地产开发企业二期开盘销售，当月取得商品房预售款5亿元，销售商品房500套，建筑面积45 500平方米。

（1）政策依据：

根据财税〔2016〕36号文附件2第一条第八款第九项规定，房地产开发企业采取预收款方式销售所开发的房地产项目，在收到预收款时按照3%的预征率预缴增值税。

（2）增值税计算：

应预缴增值税=500 000 000÷1.05×0.03=47 619 0476.19×0.03

=14 285 714.29（元）（通过《增值税预缴税款表》单独申报）

业务二：5月10日，该房地产开发企业一期商品房3 800套，建筑面积40万平方米，已竣工全部验收交付使用，结转收入40亿元。

（1）政策依据：

根据财税〔2016〕36号文附件2第一条第八款第七项规定，房地产开发企业中的一般纳税人，销售自行开发的房地产老项目，可以选择适用简易计税方法按照5%的征收率计税。

（2）增值税计算：

应纳增值税=4 000 000 000÷1.05×5%=3 809 523 809.52×5%

=190 476 190.48（元）。

业务三：5月8日，该房地产开发企业支付开盘销售的宣传费用30万元，取得增值税专用发票6份，注明增值税额16 981.13元。支付该公司财务室办公电脑设备款58.5万元，取得增值税专用发票2份，注明增值税额8.5万元。上述8份发票通过“增值税发票查询系统”进行勾选认证通过。企业支付税控设备及技术服务费820.00元，分别取得增值税专用发票和普通发票。

（1）政策依据：根据财税〔2016〕36号文附件1第二十七条第一款规定，用于简易计税方法计税项目进项税额不得从销项税额中抵扣。另根据税法规定增值税纳税人初次购买增值税税控系统专用设备（包括分开票机）支付的费用，可凭购买增值税税控系统专用设备取得的增值税专用发票，在增值税应纳税额中全额抵减。故本次购买的税控设备及技术服务费820.00元，可以全额抵减。

（2）进项税额计算：

解析：支付开盘销售的宣传费用明确是用于简易计税的进项税，因此不得抵扣，增值税额16 981.13元应作进项转出处理，当期进项税额为85 000.00元。

业务四：5月22日，该房地产开发企业处置自己使用过的建筑设备，取得收入110万元（含税），该设备2015年1月份购买原值120万元，已提折旧17万元。

（1）政策依据：

根据财税〔2016〕36号文附件2第一条第十四款规定，一般纳税人销售自己使用过的、纳入营改增试点之日前取得的固定资产，按照现行旧货相关增值税政策执行。

（2）增值税计算：

简易计税应纳增值税=1 100 000 ÷ 1.03 ×（3% −1%）=1 067 961.17 × 0.02=21 359.22（元），该项业务优惠=1 100 000 ÷ 1.03 × 0.01=10 679.61（元），需要携带买进卖出发票复印件至税务机关办理增值税优惠备案事项。

业务五：5月28日，该房地产开发企业将“××花园”二期500平方米商品房“售改租”，整体用于写字楼出租，预收次年租金50万元（含税），开具增值税专用发票。

（1）政策依据：

根据财税〔2016〕36号文附件2第一条第九款第一项规定，一般纳税人出租其2016年4月30日前取得的不动产，可以选择适用简易计税方法，按照5%的征收率计算应纳税额。

（2）增值税计算：

简易计税应交增值税=500 000 ÷ 1.05 × 5%=476 190.48 × 5%=23 809.52（元）。

2．涉税账务处理

涉税账务处理如下：

借：应交税费——未交增值税	14 285 714.29	
贷：银行存款		14 285 714.29
借：银行存款	4 000 000 000.00	
贷：主营业务收入		3 809 523 809.52
应交税费——未交增值税		190 476 190.48

借：固定资产　　490

　　管理费用　　330

　贷：银行存款　　820

借：应交税费——应交增值税（减免税额）　　820

　　贷：递延收益　　490

　　　　管理费用　　330

借：销售费用　　283 018.87

　　应交税费——应交增值税（进项税额）　　16 981.13

　贷：银行存款　　300 000.00

借：销售费用　　16 981.13

　贷：应交税费——应交增值税（进项税额转出）　　16 981.13

借：管理费用　　500 000

　　应交税费——应交增值税（进项税额）　　85 000

　贷：银行存款　　585 000

借：固定资产清理　　21 359.22

　贷：应交税费——未交增值税　　21 359.22

（注：此时会计处理和申报填写有差异，申报要按政策规定先在申报表第21栏“简易征收办法计算的应纳税额”填写按3%计算的税额，再计算出1%税额填写在第23栏“应纳税额减征额”。）

借：银行存款　　500 000.00

　贷：其他业务收入　　476 190.47

　　　应交税费——未交增值税　　23 809.53

借：应交税费——未交增值税　　820

　贷：应交税费——应交增值税（转出多交增值税）　　820

（注：税控设备和技术维护费820元可以抵减当月简易办法应纳税额；当月进项税85 000元不得抵减简易办法应纳税额，而是形成留抵税额。）

申报缴税后：

借：应交税费——未交增值税　　176 234 824.94

　贷：银行存款　　176 234 824.94

（二）《增值税纳税申报表》填写说明

1. 填写《增值税预缴税款表》

表内第2行第1列填入含税价款500 000 000.00元，第2行第3列填入0.03预征率，第2行第4列填入预征税额14 285 714.29元。

2. 填写《增值税纳税申报表附例资料（四）（税额抵减情况表）》

表内第1行第2列至第4列填写本期发生额数额为820.00。

表内第4行第2列至第4列填写本期发生额数额为14 285 714.29。

3. 填写《增值税减免税申报明细表》

表内第1行“减税性质代码及名称”选择“0001129914/购置增值税税控系统专用设备抵减增值税/财税〔2012〕15号”。第2列、第3列、第4列“本期发生额”“本期应抵减税额”“本期实际抵减税额”分别填列820元。

表内第2行“减税性质代码及名称”选择“0001129924/已使用固定资产减征增值税/财税〔2014〕57号”。第2列、第3列、第4列“本期发生额”“本期应抵减税额”“本期实际抵减税额”分别填列10 679.61元。

填写《增值税纳税申报表》第23栏。

表内第23栏填写应纳税减征额：1 100 000÷1.03×1%+820.00=11 499.61（元）。

4. 填写《增值税纳税申报表附件资料（一）（本期销售情况明细）》

表内第9b行第1栏填写5%征收率的不含税销售收入数3 810 000 000.00（3 809 523 809.52+ 476 190.48）；第9b行第2栏填写应纳税额数额190 500 000.00（190 476 190.48 + 23 809.52）。

表内第11行第1栏填写销售设备的不含税收入数额为1 067 961.17；第11行第2栏填写应纳税额数额为32 038.84（1 067 961.17 × 0.03）。

5. 填写《增值税纳税申报表附件资料（三）》

表内第5行第1列填写本期服务、不动产和无形资产价税合计额，第4列填写本期扣除金额（因选择简易征收，所以土地出让金不可扣除，表内不填列）。

6. 填写《本期抵扣进项税额结构明细表》

表内第2行填写金额数500 000.00（585 000.00 ÷ 1.17）；税额数85 000.00（500 000.00 × 0.17）。

表内第14行填写金额数283 018.87（300 000.00 ÷ 1.06）；税额数16 981.13（283 018.87 × 0.17）。

7. 填写《增值税纳税申报表附件资料（二）（本期进项税额明细）》

表内第35行填写金额数783 018.87（500 000.00 + 283 018.87）；税额数101 981.13（85 000.00 + 16 981.13）。第1行、第2行、第12行自动带出金额。

表内第13行及第17行填写进项税额转出金额数16 981.13。

8. 最后填写《增值税纳税申报表》

填写《增值税纳税申报表》的下列行次数额：

第5行，按简易办法计税销售额：381 106 7961.17。

第12行，进项税额：101 981.13。

第14行，进项转出金额：16 981.13。

第17行，应抵扣税额合计：85 000.00。

第18行，实际抵扣税额合计：0.00。

第20行，期末留抵税额合计：85 000.00。

第21行，按简易计税办法计算的应纳税额：190 532 038.84。

第23行，应纳税额减征额：11 499.61。

第24行，应纳税额合计：190 520 539.23。

第27行，本期已缴税额：14 285 714.29。

第28行，分次预缴税额：14 285 714.29。

第34行，本期应补（退）税额：176 234 824.94。

实例6

房地产开发企业新项目，适用一般计税方法

一、案例资料

某市一房地产开发企业增值税一般纳税人，2016年1月通过招拍挂方式取得位于某市某区某地块（地块面积5 000平方米），支付土地价款5 000万元，取得合法票据，签订《国有土地使用权出让合同》。2016年5月18日，甲建筑公司中标承建该地块“××花园”一期、二期商品房建筑工程。2016年9月、11月一期、二期完工全部商品房建筑面积20 000平方米。2016年12月5日取得二期《商品房预售许可证》。2016年12月有关资料如下：12月8日，开盘销售，当月取得商品房预售款9 000万元，销售商品房50套，建筑面积6 000平方米。12月10日，一期商品房100套，建筑面积10 000平方米，已竣工全部验收交付使用，结转收入1.5亿元。12月12日，该公司与甲建筑公司对一期进行了工程完工并结算，支付工程建筑安装款4 500万元（含税），增值税专用发票上注明税额4 459 459.46万元。12月15日，该公司与一期配套供电、通讯等工程结算，支付各类配套工程费用2 000万元（含税），增值税专用发票上注明税额1 981 982.00元，上述发票已认证通过。12月18日，该房地产开发企业经研究将二期1 000平方米自建商品房以出售改出租，整体用于写字楼出租，预收次年租金96万元，开具普通发票。

二、填报指引

（一）增值税计算及政策依据

业务一：12月8日，开盘销售，当月取得商品房预售款9 000万元，销售商品房50套，建筑面积6 000平方米。

（1）政策依据：根据财税〔2016〕36号文附件2第一条第八款第九项规定，房地产开发企业采取预收款方式销售所开发的房地产项目，在收到预收款时按照3%的预征率预缴增值税。

（2）计算预缴增值税=90 000 000÷1.11×0.03=81 081 081.08×0.03=2 432 432.43（元）

业务二：12月10日，一期商品房100套，建筑面积10 000平方米，已竣工全部验收交付使用，结转收入1.5亿元。

（1）政策依据：根据财税〔2016〕36号文附件2第一条第三款第十项规定，房地产开发企业中的一般纳税人销售其开发的房地产项目（选择简易计税方法的房地产老项目除外），以取得的全部价款和价外费用，扣除受让土地时向政府部门支付的土地价款后的余额为销售额。

（2）增值税计算：

不含税销售额=150 000 000÷1.11=135 135 135.14（元）

销项税额=135 135 135.13×11%=14 864 864.86（元）

当期应扣除金额=（100 000 000÷200 000 000）×50 000 000=25 000 000.00（元）（含税）

扣除后不含税销售额=（150 000 000−25 000 000）÷1.11=112 612 612.61（元）

因扣减销售额而减少的销项税额=25 000 000÷1.11×11%=2 477 477.48（元）

扣除后销项税额=112 612 612.61×11%=12 387 387.39（元）

业务三：12月12日，该公司与甲建筑公司对一期进行了工程完工并结算，支付工程建筑安装款4 500万元（含税），增值税专用发票上注明税额4 459 459.46万元。12月15日，该公司与一期配套供电、通讯等工程结算，支付各类配套工程费用2 000万元（含税），增值税专用发票上注明税额1 981 982.00元，上述发票已认证通过。

（1）政策依据：根据财税〔2016〕36号文附件1第二十五条第一款规定 从销售方取得的增值税专用发票准予从销项税额中抵扣。

（2）进项税额计算：

当期进项税额=4 459 459.46＋1 981 982.00=6 441 441.46（元）。

业务四： 12月18日，该房地产开发公司经研究将二期1 000平方米自建商品房出售改出租，整体用于写字楼出租，预收次年租金96万元。

（1）政策依据：根据财税〔2016〕36号文附件1第十五条第二款，提供交通运输、邮政、基础电信、建筑、不动产租赁服务，销售不动产，转让土地使用权，税率为11%。

（2）增值税计算：

不含税销售额=960 000÷1.11=864 864.86（元）

销项税额=864 864.86×11%=95 135.14（元）

涉税账务处理：

借：应交税费——应交增值税（已交税金）　　2 432 432.43

　贷：银行存款　　2 432 432.43

借：银行存款　　150 000 000.00

　贷：主营业务收入　　135 135 135.14

　　应交税费——应交增值税（销项税额）　　14 864 864.86

借：应交税费——应交增值税（营改增抵减的销项税额）　　2 477 477.48

　贷：主营业务成本　　2 477 477.48

借：开发成本　　40 540 540.54

　应交税费——应交增值税（进项税额）　　4 459 459.46

　贷：银行存款　　45 000 000.00

借：开发成本　　18 018 018.00

　应交税费——应交增值税（进项税额）　　1 981 982.00

　贷：银行存款　　20 000 000.00

借：银行存款　　960 000.00

　贷：其他业务收入　　864 864.86

　　应交税费——应交增值税（销项税额）　　95 135.14

借：应交税费——应交增值税（转出未交增值税）　　3 608 648.63

　贷：应交税费——未交增值税　　3 608 648.63

申报缴税后：

借：应交税费——未交增值税　　（注：账表尾差）3 608 648.65

　贷：银行存款　　3 608 648.65

（二）增值税纳税申报表填写说明

（1）填写增值税预缴税款表。

增值税预缴税款表第2行第1列填入含税价款数90 000 000.00，第2行第3列填入0.03预征率，第2行第4列填入预征税额2 432 432.43。

（2）填写增值税纳税申报表附例资料（四）（税额抵减情况表）。

税额抵减情况表第4行第2列至第4列填写本期发生额数2 432 432.43。

（3）填写增值税纳税申报表第28栏。

增值税纳税申报表第28栏填写分次预缴税额数2 432 432.43。

（4）填写增值税纳税申报表附件资料（一）（本期销售情况明细）。

增值税纳税申报表附件资料（一）（本期销售情况明细）。

第4行第1栏填写11%税率的不含税销售收入数135 135 135.14；第4行第2栏填写应纳税额数14 864 864.86。

增值税纳税申报表附件资料（一）（本期销售情况明细）第4行第3栏填写租赁的不含税收入数864 864.86（960 000÷1.11）；第4行第4栏填写应纳税额数95 135.14（864 864.86×11%）。

（5）填写增值税纳税申报表附件资料（三）。

增值税纳税申报表附件资料（三）第2行第1列填写本期服务、不动产和无形资产价税合计额数150 960 000（135 135 135.14＋14 864 864.86＋864 864.86＋95 135.14）。

（6）填写增值税纳税申报表附件资料（一）（本期销售情况明细）。

增值税纳税申报表附件资料（一）（本期销售情况明细）第4行第12栏填写本期实际扣除金额数25 000 000.00；第4行第13栏填写扣除后含税销售额数125 960 000（150 960 000－25 000 000.00）；第4行第14栏填写扣除后销项税额数12 482 522.52（125 960 000÷1.11×11%）。

（7）填写本期抵扣进项税额结构明细表。

本期抵扣进项税额结构明细表第1行、第5行及第8行填写金额数58 558 558.56

[（45 000 000+20 000 000）÷1.11]；税额数6 441 441.44（58 558 558.56×0.11）。

（8）填写增值税纳税申报表附件资料（二）（本期进项税额明细）。

增值税纳税申报表附件资料（二）（本期进项税额明细）先填列第35行，填写金额数58 558 558.56；税额数6 441 441.44。第1行、第2行、第12行自动带出金额。

（9）最后填写增值税纳税申报表。

表内第1行，按适用税率计税销售额：136 000 000.00。

表内第11行，销项税额：12 482 522.52。

表内第12行，进项税额：6 441 441.44。

表内第17行，应抵扣税额合计：6 441 441.44。

表内第18行，实际抵扣税额合计：6 441 441.44。

表内第20行，期末留抵税额合计：0.00。

表内第24行，应纳税额合计：12 482 522.52＋6 441 441.44=6 041 081.08。

表内第27行，本期已缴税额：2 432 432.43。

表内第28行，分次预缴税额：2 432 432.43。

表内第34行，本期应补（退）税额：3 608 648.65。

附1 增值税纳税申报表（一般纳税人适用）

增值税纳税申报表（一般纳税人适用）

根据国家税收法律法规及增值税相关规定制定本表。纳税人不论有无销售额，均应按税务机关核定的纳税期限填写本表，并向当地税务机关申报。

税款所属时间：自____年____月____日至____年____月____日

填表日期：____年____月____日

金额单位：元至角分

纳税人识别号																				所属行业：

纳税人名称	（公章）	法定代表人姓名		注册地址		生产经营地址	
开户银行及账号		登记注册类型				电话号码	

项目		栏次	一般项目		即征即退项目	
			本月数	本年累计	本月数	本年累计
销售额	（一）按适用税率计税销售额	1				
	其中：应税货物销售额	2				
	应税劳务销售额	3				
	纳税检查调整的销售额	4				
	（二）按简易征收办法征税销售额	5				
	其中：纳税检查调整的销售额	6				
	（三）免、抵、退办法出口销售额	7			—	—

（续表）

项目		栏次	一般项目		即征即退项目	
			本月数	本年累计	本月数	本年累计
销售额	（四）免税销售额	8			—	—
	其中：免税货物销售额	9			—	—
	免税劳务销售额	10			—	—
税款计算	销项税额	11				
	进项税额	12				
	上期留抵税额	13				—
	进项税额转出	14				
	免、抵、退应退税额	15			—	—
	按适用税率计算的纳税检查应补缴税额	16			—	—
	应抵扣税额合计	17=12+13−14−15+16		—		—
	实际抵扣税额	18（如17<11，则为17，否则为11）				
	应纳税额	19=11−18				
	期末留抵税额	20=17−18				—
	简易计税办法计算的应纳税额	21				
	按简易计税办法计算的纳税检查应补缴税额	22			—	—
	应纳税额减征额	23				
	应纳税额合计	24=19+21−23				
税款缴纳	期初未缴税额（多缴为负数）	25				
	实收出口开具专用缴款书退税额	26			—	—

（续表）

<table>
<tr><th colspan="2" rowspan="2">项　目</th><th rowspan="2">栏次</th><th colspan="2">一般项目</th><th colspan="2">即征即退项目</th></tr>
<tr><th>本月数</th><th>本年累计</th><th>本月数</th><th>本年累计</th></tr>
<tr><td rowspan="13">税款缴纳</td><td>本期已缴税额</td><td>27=28+29+30+31</td><td></td><td></td><td></td><td></td></tr>
<tr><td>①分次预缴税额</td><td>28</td><td></td><td>—</td><td></td><td>—</td></tr>
<tr><td>②出口开具专用缴款书预缴税额</td><td>29</td><td></td><td>—</td><td>—</td><td>—</td></tr>
<tr><td>③本期缴纳上期应纳税额</td><td>30</td><td></td><td></td><td></td><td></td></tr>
<tr><td>④本期缴纳欠缴税额</td><td>31</td><td></td><td></td><td></td><td></td></tr>
<tr><td>期末未缴税额（多缴为负数）</td><td>32=24+25+26−27</td><td></td><td></td><td></td><td></td></tr>
<tr><td>其中：欠缴税额（≥0）</td><td>33=25+26−27</td><td></td><td>—</td><td></td><td>—</td></tr>
<tr><td>本期应补（退）税额</td><td>34=24−28−29</td><td></td><td>—</td><td></td><td>—</td></tr>
<tr><td>即征即退实际退税额</td><td>35</td><td>—</td><td>—</td><td></td><td></td></tr>
<tr><td>期初未缴查补税额</td><td>36</td><td></td><td></td><td>—</td><td>—</td></tr>
<tr><td>本期入库查补税额</td><td>37</td><td></td><td></td><td>—</td><td>—</td></tr>
<tr><td>期末未缴查补税额</td><td>38=16+22+36−37</td><td></td><td></td><td>—</td><td>—</td></tr>
<tr><td>授权声明</td><td colspan="2">如果你已委托代理人申报，请填写下列资料：
为代理一切税务事宜，现授权（地址）　　　　为本纳税人的代理申报人，任何与本申报表有关的往来文件，都可寄予此人。
授权人签字：</td><td>申报人声明</td><td colspan="3">本纳税申报表是根据国家税收法律法规及相关规定填报的，我确定它是真实的、可靠的、完整的。
声明人签字：</td></tr>
</table>

以下由税务机关填写：

收到日期：　　　　接收人：　　　　主管税务机关盖章：

附2 增值税纳税申报表附列资料（一）（本期销售情况明细）

增值税纳税申报表附列资料（一）（本期销售情况明细）

税款所属时间：自____年____月____日至____年____月____日

填表日期：____年____月____日　　　　　　　　　　金额单位：元至角分

项目及栏次				开具增值税专用发票		开具其他发票		未开具发票		纳税检查调整		合计			服务、不动产和无形资产扣除项目本期实际扣除金额	扣除后	
				销售额	销项（应纳）税额	销售额	销项（应纳）税额	销售额	销项（应纳）税额	销售额	销项（应纳）税额	销售额	销项（应纳）税额	价税合计		含税（免税）销售额	销项（应纳）税额
				1	2	3	4	5	6	7	8	9=1+3+5+7	10=2+4+6+8	11=9+10	12	13=11−12	14=13÷（100%+税率或征收率）×税率或征收率
一、一般计税方法计税	全部征税项目	17%税率的货物及加工修理修配劳务	1											—	—	—	—
		17%税率的服务、不动产和无形资产	2														
		13%税率	3											—	—	—	—
		11%税率	4														
		6%税率	5														
	其中：即征即退项目	即征即退货物及加工修理修配劳务	6	—	—	—	—	—	—	—	—			—	—	—	—
		即征即退服务、不动产和无形资产	7	—	—	—	—	—	—	—	—						

（续表）

项目及栏次				开具增值税专用发票		开具其他发票		未开具发票		纳税检查调整		合计			服务、不动产和无形资产扣除项目本期实际扣除金额	扣除后	
				销售额	销项（应纳）税额	销售额	销项（应纳）税额	销售额	销项（应纳）税额	销售额	销项（应纳）税额	销售额	销项（应纳）税额	价税合计		含税（免税）销售额	销项（应纳）税额
				1	2	3	4	5	6	7	8	9=1+3+5+7	10=2+4+6+8	11=9+10	12	13=11－12	14=13÷（100%+税率或征收率）×税率或征收率
二、简易计税方法计税	全部征税项目	6%征收率	8							—	—			—	—	—	—
		5%征收率的货物及加工修理修配劳务	9a							—	—			—	—	—	—
		5%征收率的服务、不动产和无形资产	9b							—	—						
		4%征收率	10							—	—			—	—	—	—
		3%征收率的货物及加工修理修配劳务	11							—	—			—	—	—	—
		3%征收率的服务、不动产和无形资产	12							—	—						
		预征率　%	13a							—	—						
		预征率　%	13b							—	—						

（续表）

项目及栏次				开具增值税专用发票		开具其他发票		未开具发票		纳税检查调整		合计			服务、不动产和无形资产扣除项目本期实际扣除金额	扣除后	
				销售额	销项（应纳）税额	销售额	销项（应纳）税额	销售额	销项（应纳）税额	销售额	销项（应纳）税额	销售额	销项（应纳）税额	价税合计		含税（免税）销售额	销项（应纳）税额
				1	2	3	4	5	6	7	8	9=1+3+5+7	10=2+4+6+8	11=9+10	12	13=11−12	14=13÷（100%+税率或征收率）×税率或征收率
		预征率　%	13c							—	—						
二、简易计税方法计税	其中：即征即退项目	即征即退货物及加工修理修配劳务	14	—	—	—	—	—	—	—	—			—	—	—	—
		即征即退服务、不动产和无形资产	15	—	—	—	—	—	—	—	—						
三、免抵退税	货物及加工修理修配劳务		16	—	—		—		—	—	—		—	—	—	—	—
	服务、不动产和无形资产		17	—	—		—		—		—		—				—
四、免税	货物及加工修理修配劳务		18				—		—	—	—		—	—	—	—	—
	服务、不动产和无形资产		19	—	—		—		—	—	—		—				—

附3　增值税纳税申报表附列资料（二）（本期进项税额明细）

增值税纳税申报表附列资料（二）（本期进项税额明细）

税款所属时间：自____年____月____日至____年____月____日

填表日期：____年____月____日　　　　　　　　　　　　金额单位：元至角分

一、申报抵扣的进项税额				
项　　　目	栏次	份数	金额	税额
（一）认证相符的增值税专用发票	1=2+3			
其中：本期认证相符且本期申报抵扣	2			
前期认证相符且本期申报抵扣	3			
（二）其他扣税凭证	4=5+6+7+8			
其中：海关进口增值税专用缴款书	5			
农产品收购发票或者销售发票	6			
代扣代缴税收缴款凭证	7		—	
其他	8			
（三）本期用于购建不动产的扣税凭证	9			
（四）本期不动产允许抵扣进项税额	10	—	—	
（五）外贸企业进项税额抵扣证明	11	—	—	
当期申报抵扣进项税额合计	12=1+4+11			

二、进项税额转出额		
项　　　目	栏次	税额
本期进项税转出额	13=14至23之和	
其中：免税项目用	14	
集体福利、个人消费	15	
非正常损失	16	
简易计税方法征税项目用	17	
免抵退税办法不得抵扣的进项税额	18	

（续表）

项　　　目	栏次	税额
纳税检查调减进项税额	19	
红字专用发票信息表注明的进项税额	20	
上期留抵税额抵减欠税	21	
上期留抵税额退税	22	
其他应作进项税额转出的情形	23	

三、待抵扣进项税额

项　　　目	栏次	份数	金额	税额
（一）认证相符的增值税专用发票	24	—	—	—
期初已认证相符但未申报抵扣	25			
本期认证相符且本期未申报抵扣	26			
期末已认证相符但未申报抵扣	27			
其中：按照税法规定不允许抵扣	28			
（二）其他扣税凭证	29=30至33之和			
其中：海关进口增值税专用缴款书	30			
农产品收购发票或者销售发票	31			
代扣代缴税收缴款凭证	32			
其他	33			
	34			

四、其他

项　　　目	栏次	份数	金额	税额
本期认证相符的增值税专用发票	35			
代扣代缴税额	36	—	—	

附4　增值税纳税申报表附列资料（三）（服务、不动产和无形资产扣除项目明细）

增值税纳税申报表附列资料（三）（服务、不动产和无形资产扣除项目明细）

税款所属时间：自____年____月____日至____年____月____日

纳税人名称：（公章）　　　　　　　　　　　　　　　　　金额单位：元至角分

项目及栏次		本期服务、不动产和无形资产价税合计额（免税销售额）	服务、不动产和无形资产扣除项目				
			期初余额	本期发生额	本期应扣除金额	本期实际扣除金额	期末余额
		1	2	3	4=2+3	5（5≤1且5≤4）	6=4-5
17%税率的项目	1						
11%税率的项目	2						
6%税率的项目（不含金融商品转让	3						
6%税率的金融商品转让项目	4						
5%征收率的项目	5						
3%征收率的项目	6						
免抵退税的项目	7						
免税的项目	8						

附5　增值税纳税申报表附列资料（四）（税额抵减情况表）

增值税纳税申报表附列资料（四）（税额抵减情况表）

税款所属时间：自____年____月____日至____年____月____日

纳税人名称：（公章）　　　　　　　　　　　　　　　　　金额单位：元至角分

序号	抵减项目	期初余额	本期发生额	本期应抵减税额	本期实际抵减税额	期末余额
		1	2	3=1+2	4≤3	5=3-4
1	增值税税控系统专用设备费及技术维护费					

（续表）

序号	抵减项目	期初余额	本期发生额	本期应抵减税额	本期实际抵减税额	期末余额
		1	2	3=1+2	4≤3	5=3-4
2	分支机构预征缴纳税款					
3	建筑服务预征缴纳税款					
4	销售不动产预征缴纳税款					
5	出租不动产预征缴纳税款					

附6 增值税纳税申报表附列资料（五）（不动产分期抵扣计算表）

增值税纳税申报表附列资料（五）（不动产分期抵扣计算表）

税款所属时间：自____年____月____日至____年____月____日

纳税人名称：（公章） 金额单位：元至角分

期初待抵扣不动产进项税额	本期不动产进项税额增加额	本期可抵扣不动产进项税额	本期转入的待抵扣不动产进项税额	本期转出的待抵扣不动产进项税额	期末待抵扣不动产进项税额
1	2	3≤1+2+4	4	5≤1+4	6=1+2-3+4-5

附7 固定资产（不含不动产）进项税额抵扣情况表

固定资产（不含不动产）进项税额抵扣情况表

纳税人名称（公章）： 填表日期：____年____月____日 金额单位：元至角分

项 目	当期申报抵扣的固定资产进项税额	申报抵扣的固定资产进项税额累计
增值税专用发票		
海关进口增值税专用缴款书		
合计		

附8　本期抵扣进项税额结构明细表

本期抵扣进项税额结构明细表

纳税人名称（公章）：　　　　　　　　　　　　　　　金额单位：元至角分

项　　目	栏次	金额	税额
合计	1=2+4+5+10+13+15+17+18+19		
17%税率的进项	2		
其中：有形动产租赁的进项	3		
13%税率的进项	4		
11%税率的进项	5		
其中：货物运输服务的进项	6		
建筑安装服务的进项	7		
不动产租赁服务的进项	8		
购入不动产的进项	9		
6%税率的进项	10		
其中：直接收费金融服务的进项	11		
财产保险的进项	12		
5%征收率的进项	13		
其中：购入不动产的进项	14		
3%征收率的进项	15		
其中：建筑安装服务的进项	16		
1.5%征收率的进项	17		
农产品核定扣除进项	18		
外贸企业进项税额抵扣证明注明的进项	19		
	20		
	21		

附9 增值税减免税申报明细表

增值税减免税申报明细表

纳税人名称（公章）： 金额单位：元至角分

一、减税项目						
减税性质代码及名称	栏次	期初余额	本期发生额	本期应抵减税额	本期实际抵减税额	期末余额
		1	2	3=1+2	4≤3	5=3−4
合计	1					
	2					
	3					
	4					
	5					
	6					
二、免税项目						
免税性质代码及名称	栏次	免征增值税项目销售额	免税销售额扣除项目本期实际扣除金额	扣除后免税销售额	免税销售额对应的进项税额	免税额
		1	2	3=1−2	4	5
合计	7					
出口免税	8		—	—	—	—
其中：跨境服务	9		—	—	—	—
	10					
	11					
	12					
	13					
	14					
	15					
	16					

第二节　房地产开发企业增值税纳税申报表（小规模纳税人适用）填写说明

《增值税纳税申报表（小规模纳税人适用）》及其附列资料填写说明（以下简称本表及填写说明）适用于增值税小规模纳税人（以下简称纳税人）。

一、名词解释

（1）货物，是指增值税的应税货物。

（2）劳务，是指增值税的应税加工、修理、修配劳务。

（3）服务、不动产和无形资产，是指销售服务、不动产和无形资产。

（4）扣除项目，是指纳税人销售服务、不动产，在确定销售额时，按照有关规定允许其从取得的全部价款和价外费用中扣除价款的项目。

二、《增值税纳税申报表（小规模纳税人适用）》填写要求

在该表中“货物及劳务”与“服务、不动产和无形资产”各项目应分别填写。

（一）表头部分

（1）“税款所属期”，是指纳税人申报的增值税应纳税额的所属时间，应填写具体的起止年、月、日。

（2）“纳税人识别号”栏，填写纳税人的税务登记证件号码。

（3）“纳税人名称”栏，填写纳税人名称全称。

（二）表格部分

表格部分的填写要求如表2-20所示。

表2-20　表格部分的填写要求

栏目序号	栏目名称	填　写　要　求
第1栏	应征增值税不含税销售额	（1）填写本期销售货物及劳务、服务和无形资产的不含税销售额，不包括销售、出租不动产、销售使用过的固定资产和销售旧货的不含税销售额、免税销售额、出口免税销售额、查补销售额 （2）服务有扣除项目的纳税人，本栏填写扣除后的不含税销售额，与当期《增值税纳税申报表（小规模纳税人适用）附列资料》第8栏数据一致
第2栏	税务机关代开的增值税专用发票不含税销售额	填写税务机关代开的增值税专用发票销售额合计
第3栏	税控器具开具的普通发票不含税销售额	填写税控器具开具的货物及劳务、服务和无形资产的普通发票金额换算的不含税销售额
第4栏	销售、出租不动产不含税销售额	填写销售、出租不动产的不含税销售额，销售额=含税销售额÷（1+5%）。销售不动产有扣除项目的纳税人，本栏填写扣除后的不含税销售额
第5栏	税务机关代开的增值税专用发票不含税销售额	填写税务机关代开的增值税专用发票销售额合计
第6栏	税控器具开具的普通发票不含税销售额	填写税控器具开具的销售、出租不动产的普通发票金额换算的不含税销售额
第7栏	销售使用过的固定资产不含税销售额	填写销售自己使用过的固定资产（不含不动产，下同）和销售旧货的不含税销售额，销售额=含税销售额÷（1+3%）
第8栏	税控器具开具的普通发票不含税销售额	填写税控器具开具的销售自己使用过的固定资产和销售旧货的普通发票金额换算的不含税销售额
第9栏	免税销售额	（1）填写销售免征增值税的货物及劳务、服务、不动产和无形资产的销售额，不包括出口免税销售额 （2）服务、不动产有扣除项目的纳税人，填写扣除之前的销售额

（续表）

栏目序号	栏目名称	填　写　要　求
第10栏	小微企业免税销售额	（1）填写符合小微企业免征增值税政策的免税销售额，不包括符合其他增值税免税政策的销售额 （2）个体工商户和其他个人不填写本栏次
第11栏	未达起征点销售额	（1）填写个体工商户和其他个人未达起征点（含支持小微企业免征增值税政策）的免税销售额，不包括符合其他增值税免税政策的销售额 （2）本栏次由个体工商户和其他个人填写
第12栏	其他免税销售额	填写销售免征增值税的货物及劳务、服务、不动产和无形资产的销售额，不包括符合小微企业免征增值税和未达起征点政策的免税销售额
第13栏	出口免税销售额	填写出口免征增值税货物及劳务、出口免征增值税服务、无形资产的销售额 服务有扣除项目的纳税人，填写扣除之前的销售额
第14栏	税控器具开具的普通发票销售额	填写税控器具开具的出口免征增值税货物及劳务、出口免征增值税服务、无形资产的普通发票销售额
第15栏	本期应纳税额	填写本期按征收率计算缴纳的应纳税额
第16栏	本期应纳税额减征额	（1）填写纳税人本期按照税法规定减征的增值税应纳税额。包含可在增值税应纳税额中全额抵减的增值税税控系统专用设备费用以及技术维护费，可在增值税应纳税额中抵免的购置税控收款机的增值税税额 （2）当本期减征额小于或等于第15栏“本期应纳税额”时，按本期减征额实际填写；当本期减征额大于第15栏“本期应纳税额”时，按本期第15栏填写，本期减征额不足抵减部分结转下期继续抵减

（续表）

栏目序号	栏目名称	填　写　要　求
第17栏	本期免税额	填写纳税人本期增值税免税额，免税额根据第9栏“免税销售额”和征收率计算
第18栏	小微企业免税额	填写符合小微企业免征增值税政策的增值税免税额，免税额根据第10栏“小微企业免税销售额”和征收率计算
第19栏	未达起征点免税额	填写个体工商户和其他个人未达起征点（含支持小微企业免征增值税政策）的增值税免税额，免税额根据第11栏“未达起征点销售额”和征收率计算
第20栏	本期预缴税额	填写纳税人本期预缴的增值税额，但不包括查补缴纳的增值税额

三、《增值税纳税申报表（小规模纳税人适用）附列资料》填写说明

本附列资料由销售服务有扣除项目的纳税人填写，各栏次均不包含免征增值税项目的金额。

（一）表头部分

（1）“税款所属期”，是指纳税人申报的增值税应纳税额的所属时间，应填写具体的起止年、月、日。

（2）“纳税人名称”栏，填写纳税人名称全称。

（二）表格部分

表格部分的填写如表2-21所示。

表2-21　表格部分的填写要求

栏目序号	栏目名称	填写要求
第1栏	期初余额	填写服务扣除项目上期期末结存的金额，试点实施之日的税款所属期填写“0”
第2栏	本期发生额	填写本期取得的按税法规定准予扣除的服务扣除项目金额
第3栏	本期扣除额	（1）填写服务扣除项目本期实际扣除的金额 （2）第3栏“本期扣除额”≤第1栏“期初余额”+第2栏“本期发生额”之和，且第3栏“本期扣除额”≤5栏“全部含税收入”
第4栏	期末余额	填写服务扣除项目本期期末结存的金额
第5栏	全部含税收入	填写纳税人销售服务、无形资产取得的全部价款和价外费用数额
第6栏	本期扣除额	（1）填写本附列资料第3项“本期扣除额”栏数据 （2）第6栏“本期扣除额”=第3栏“本期扣除额”
第7栏	含税销售额	（1）填写服务、无形资产的含税销售额 （2）第7栏“含税销售额”=第5栏“全部含税收入”-第6栏“本期扣除额”
第8栏	不含税销售额	（1）填写服务、无形资产的不含税销售额 （2）第8栏“不含税销售额”=第7栏“含税销售额”÷1.03，与《增值税纳税申报表（小规模纳税人适用）》第1栏“应征增值税不含税销售额”“本期数”“服务、不动产和无形资产”栏数据一致

附1　增值税纳税申报表（适用小规模纳税人）

增值税纳税申报表（适用小规模纳税人）

纳税人识别号：□□□□□□□□□□□□□□□□□□□□

纳税人名称（公章）：　　　　　　　　　　　　　　金额单位：元至角分

税款所属期：____年____月____日至____年____月____日

填表日期：____年____月____日

	项　　目	栏次	本期数		本年累计	
			货物及劳务	服务、不动产和无形资产	货物及劳务	服务、不动产和无形资产
一、计税依据	（一）应征增值税不含税销售额	1				
	税务机关代开的增值税专用发票不含税销售额	2				
	税控器具开具的普通发票不含税销售额	3				
	（二）销售、出租不动产不含税销售额	4	—		—	
	税务机关代开的增值税专用发票不含税销售额	5	—		—	
	税控器具开具的普通发票不含税销售额	6	—		—	
	（三）销售使用过的固定资产不含税销售额	7（7≥8）		—		—
	其中：税控器具开具的普通发票不含税销售额	8		—		—
	（四）免税销售额	9=10+11+12				
	其中：小微企业免税销售额	10				
	未达起征点销售额	11				
	其他免税销售额	12				
	（五）出口免税销售额	13（13≥14）				
	其中：税控器具开具的普通发票销售额	14				
二、税款计算	本期应纳税额	15				
	本期应纳税额减征额	16				
	本期免税额	17				

（续表）

	项目	栏次	本期数		本年累计	
			货物及劳务	服务、不动产和无形资产	货物及劳务	服务、不动产和无形资产
二、税款计算	其中：小微企业免税额	18				
	未达起征点免税额	19				
	应纳税额合计	20=15-16				
	本期预缴税额	21			—	—
	本期应补（退）税额	22=20-21			—	—

纳税人或代理人声明： 本纳税申报表是根据国家税收法律法规及相关规定填报的，我确定它是真实的、可靠的、完整的。	如纳税人填报，由纳税人填写以下各栏： 办税人员（签章）： 财务负责人（签章）： 法定代表人（签章）： 联系电话： 如委托代理人填报，由代理人填写以下各栏： 代理人名称： 经办人（签章）： 联系电话： 代理人（公章）：

主管税务机关： 接收人： 接收日期：

附2 增值税纳税申报表（小规模纳税人适用）附列资料

增值税纳税申报表（小规模纳税人适用）附列资料

税款所属期：____年____月____日至____年____月____日

填表日期：____年____月____日

纳税人名称（公章）： 金额单位：元至角分

服务扣除额计算			
期初余额	本期发生额	本期扣除额	期末余额
1	2	3（3≤1+2之和，且3≤5）	4=1+2-3
计税销售额计算			
全部含税收入	本期扣除额	含税销售额	不含税销售额
5	6=3	7=5-6	8=7÷1.03

第三节　房地产开发企业增值税预缴税款表的填写

一、《增值税预缴税款表》的适用情形

《增值税预缴税款表》适用于纳税人发生以下情形按规定在国税机关预缴增值税时填写。

（1）纳税人（不含其他个人）跨县（市）提供建筑服务。

（2）房地产开发企业预售自行开发的房地产项目。

（3）纳税人（不含其他个人）出租与机构所在地不在同一县（市）的不动产。

二、基础信息填写说明

基础信息填写说明如表2-22所示。

表2-22　基础信息填写说明

序号	栏目	填　写　说　明
1	税款所属时间	指纳税人申报的增值税预缴税额的所属时间，应填写具体的起止年、月、日
2	纳税人识别号	填写纳税人的税务登记证件号码；纳税人为未办理过税务登记证的非企业性单位的，填写其组织机构代码证号码
3	纳税人名称	填写纳税人名称全称
4	是否适用一般计税方法	该项目适用一般计税方法的纳税人在该项目后的“□”中打“√”，适用简易计税方法的纳税人在该项目后的“□”中打“×”
5	项目编号	由异地提供建筑服务的纳税人和房地产开发企业填写《建筑工程施工许可证》上的编号，根据相关规定不需要申请《建筑工程施工许可证》的建筑服务项目或不动产开发项目，不需要填写。出租不动产业务无需填写

（续表）

序号	栏目	填　　写　　说　　明
6	项目名称	填写建筑服务或者房地产项目的名称。出租不动产业务不需要填写
7	项目地址	填写建筑服务项目、房地产项目或出租不动产的具体地址

三、具体栏次填表说明

（一）纳税人异地提供建筑服务

纳税人在“预征项目和栏次”部分的第1栏“建筑服务”行次填写相关信息。

表2-23　纳税人异地提供建筑服务的填写说明

列数	栏目名	填　　写　　说　　明
第1列	销售额	填写纳税人跨县（市）提供建筑服务取得的全部价款和价外费用(含税)
第2列	扣除金额	填写跨县（市）提供建筑服务项目按照规定准予从全部价款和价外费用中扣除的金额(含税)
第3列	预征率	填写跨县（市）提供建筑服务项目对应的预征率或者征收率
第4列	预征税额	填写按照规定计算的应预缴税额

（二）房地产开发企业预售自行开发的房地产项目

纳税人在“预征项目和栏次”部分的第2栏“销售不动产”行次填写相关信息。

表2-24　房地产开发企业预售自行开发的房地产项目的填写说明

列数	栏目名	填　　写　　说　　明
第1列	销售额	填写本期收取的预收款（含税），包括在取得预收款当月或主管国税机关确定的预缴期取得的全部预收价款和价外费用

（续表）

列数	栏目名	填　写　说　明
第2列	扣除金额	房地产开发企业不需填写
第3列	预征率	房地产开发企业预征率为3%
第4列	预征税额	填写按照规定计算的应预缴税额

（三）纳税人出租不动产

纳税人在“预征项目和栏次”部分的第3栏“出租不动产”行次填写相关信息。

表2-25　纳税人出租不动产的填写说明

列数	栏目名	填　写　说　明
第1列	销售额	填写纳税人出租不动产取得全部价款和价外费用(含税)
第2列	扣除金额	无需填写
第3列	预征率	填写纳税人预缴增值税适用的预征率或者征收率
第4列	预征税额	填写按照规定计算的应预缴税额

实例7

某A省建筑公司在B省分别提供了两项建筑服务（适用一般计税方法），2016年5月，项目1当月取得建筑服务收入555万元，支付分包款1 555万元（取得了增值税专用发票），项目2当月取得建筑服务收入1 665万元，支付分包款555万元（取得了增值税专用发票），该项目公司该如何预缴税款？

该建筑公司应当在B省就两项建筑服务分别计算并预缴税款：

（1）项目1由于当月收入555万元扣除当月分包款支出1 555万元后为负数（－1 000万元），因此，项目1当月计算的预缴税款为0，且剩余的1 000万元可结转下次预缴税款时继续扣除。

表2-26　增值税预缴税款表

税款所属时间：自2016年5月1日至2016年5月31日

纳税人识别号：□□□□□□□□□□□□□□□□□□ 是否适用一般计税方法 是□ 否□

纳税人名称（公章）：　　　　　　　　　　　　　　　　　　金额单位：元至角分

<table>
<tr><td colspan="2">项目编号</td><td></td><td>项目名称</td><td colspan="2">项目1</td></tr>
<tr><td colspan="2">项目地址</td><td colspan="4"></td></tr>
<tr><td colspan="2" rowspan="2">预征项目和栏次</td><td>销售额</td><td>扣除金额</td><td>预征率</td><td>预征税额</td></tr>
<tr><td>1</td><td>2</td><td>3</td><td>4</td></tr>
<tr><td>建筑服务</td><td>1</td><td>555</td><td>1 555</td><td>2%</td><td>0</td></tr>
<tr><td>销售不动产</td><td>2</td><td></td><td></td><td></td><td></td></tr>
<tr><td>出租不动产</td><td>3</td><td></td><td></td><td></td><td></td></tr>
<tr><td></td><td>4</td><td></td><td></td><td></td><td></td></tr>
<tr><td></td><td>5</td><td></td><td></td><td></td><td></td></tr>
<tr><td>合计</td><td>6</td><td></td><td></td><td></td><td></td></tr>
</table>

<table>
<tr><td>授权声明</td><td>如果你已委托代理人申报，请填写下列资料：
为代理一切税务事宜，现授权
（地址）　　为本次纳税人的代理填报人，任何与本表有关的往来文件，都可寄予此人。
授权人签字：</td><td>填表人申明</td><td>以上内容是真实的、可靠的、完整的。
纳税人签字：</td></tr>
</table>

（2）项目2当月收入1 665万元扣除分包款支出555万元后剩余1 110万元，因此，应以1 110万元为计算依据计算预缴税款。应预缴税款=（1 665－555）÷（1＋11%）×2%=20（万元）。

表2-27　增值税预缴税款表

税款所属时间：自2016年5月1日至2016年5月31日

纳税人识别号：□□□□□□□□□□□□□□□□□□　是否适用一般计税方法　是□　否□

纳税人名称（公章）：　　　　　　　　　　　　　　　　金额单位：元至角分

项目编号			项目名称	项目2	
项目地址					
预征项目和栏次		销售额	扣除金额	预征率	预征税额
		1	2	3	4
建筑服务	1	1 655	555	2%	20
销售不动产	2				
出租不动产	3				
	4				
	5				
合计	6				
授权声明	如果你已委托代理人申报，请填写下列资料： 为代理一切税务事宜，现授权 （地址）　　为本次纳税人的代理填报人，任何与本表有关的往来文件，都可寄予此人。 授权人签字：	填表人申明	以上内容是真实的、可靠的、完整的。 纳税人签字：		

实例8

某A省建筑公司在B省分别提供了两项建筑服务（适用简易计税方法），2016年5月，项目1当月取得建筑服务收入555万元，支付分包款1 555万元（取得了增值税专用发票），项目2当月取得建筑服务收入1 665万元，支付分包款555万元

（取得了增值税专用发票），该项目公司该如何预缴税款？

该建筑公司应当在B省就两项建筑服务分别计算并预缴税款：

（1）项目1由于当月收入555万元扣除当月分包款支出1 555万元后为负数（－1 000万元），因此，项目1当月计算的预缴税款为0，且剩余的1 000万元可结转下次预缴税款时继续扣除。

表2-28　增值税预缴税款表

税款所属时间：自2016年5月1日至2016年5月31日

纳税人识别号：□□□□□□□□□□□□□□□□□□□□　是否适用一般计税方法　是□　否□

纳税人名称（公章）：　　　　　　　　　　金额单位：元至角分

项目编号			项目名称	项目2	
项目地址					
预征项目和栏次		销售额	扣除金额	预征率	预征税额
		1	2	3	4
建筑服务	1	555	1 555	3%	0.00
销售不动产	2				
出租不动产	3				
	4				
	5				
合计	6				

授权声明	如果你已委托代理人申报，请填写下列资料： 为代理一切税务事宜，现授权 （地址）　　　　为本次纳税人的代理填报人，任何与本表有关的往来文件，都可寄予此人。 授权人签字：	填表人申明	以上内容是真实的、可靠的、完整的。 纳税人签字：

（2）项目2当月收入1665万元扣除分包款支出555万元后剩余1 110万元，因此，应以1 110万元为计算依据计算预缴税款。

应预缴税款=（1 665－555）÷（1＋3%）×3%=32.33（万元）。

表2-29 增值税预缴税款表

税款所属时间：自2016年5月1日至2016年5月31日

纳税人识别号：□□□□□□□□□□□□□□□□□□ 是否适用一般计税方法 是□ 否□

纳税人名称（公章）： 金额单位：元至角分

<table>
<tr><td colspan="3">项目编号</td><td></td><td>项目名称</td><td colspan="2">项目2</td></tr>
<tr><td colspan="3">项目地址</td><td colspan="4"></td></tr>
<tr><td colspan="3" rowspan="2">预征项目和栏次</td><td>销售额</td><td>扣除金额</td><td>预征率</td><td>预征税额</td></tr>
<tr><td>1</td><td>2</td><td>3</td><td>4</td></tr>
<tr><td colspan="2">建筑服务</td><td>1</td><td>1 655</td><td>555</td><td>3%</td><td>32.33</td></tr>
<tr><td colspan="2">销售不动产</td><td>2</td><td></td><td></td><td></td><td></td></tr>
<tr><td colspan="2">出租不动产</td><td>3</td><td></td><td></td><td></td><td></td></tr>
<tr><td colspan="2"></td><td>4</td><td></td><td></td><td></td><td></td></tr>
<tr><td colspan="2"></td><td>5</td><td></td><td></td><td></td><td></td></tr>
<tr><td colspan="2">合计</td><td>6</td><td></td><td></td><td></td><td></td></tr>
<tr><td>授权声明</td><td colspan="2">如果你已委托代理人申报，请填写下列资料：
为代理一切税务事宜，现授权
（地址） 为本次纳税人的代理填报人，任何与本表有关的往来文件，都可寄予此人。
授权人签字：</td><td>填表人申明</td><td colspan="3">以上内容是真实的、可靠的、完整的。
纳税人签字：</td></tr>
</table>

附 增值税预缴税款表

增值税预缴税款表

税款所属时间：自____年____月____日至____年____月____日　　是否适用一般计税方法 是□ 否□

纳税人识别号：□□□□□□□□□□□□□□□□□□

纳税人名称（公章）：　　　　金额单位：元至角分

<table>
<tr><td colspan="2">项目编号</td><td></td><td>项目名称</td><td colspan="2"></td></tr>
<tr><td colspan="2">项目地址</td><td colspan="4"></td></tr>
<tr><td colspan="2" rowspan="2">预征项目和栏次</td><td>销售额</td><td>扣除金额</td><td>预征率</td><td>预征税额</td></tr>
<tr><td>1</td><td>2</td><td>3</td><td>4</td></tr>
<tr><td>建筑服务</td><td>1</td><td></td><td></td><td></td><td></td></tr>
<tr><td>销售不动产</td><td>2</td><td></td><td></td><td></td><td></td></tr>
<tr><td>出租不动产</td><td>3</td><td></td><td></td><td></td><td></td></tr>
<tr><td></td><td>4</td><td></td><td></td><td></td><td></td></tr>
<tr><td></td><td>5</td><td></td><td></td><td></td><td></td></tr>
<tr><td>合计</td><td>6</td><td></td><td></td><td></td><td></td></tr>
<tr><td>授权声明</td><td>如果你已委托代理人申报，请填写下列资料：
为代理一切税务事宜，现授权
（地址）　　为本次纳税人的代理填报人，任何与本表有关的往来文件，都可寄予此人。
授权人签字：</td><td>填表人申明</td><td colspan="3">以上内容是真实的、可靠的、完整的。
纳税人签字：</td></tr>
</table>

第三章

房地产开发企业增值税发票开具与管理

增值税专用发票仅限增值税一般纳税人使用（以下简称一般纳税人），是一般纳税人销售货物或者提供应税劳务、销售不动产、无形资产开具的发票，同时也是购买方支付增值税额并按照增值税有关规定据以抵扣增值税进项税额的凭证。

第一节　房地产开发企业发票的开具管理规定

一、开具发票的一般规定

《试点实施办法》第五十三条规定："纳税人发生应税行为，应当向索取增值税专用发票的购买方开具增值税专用发票，并在增值税专用发票上分别注明销售额和销项税额。属于下列情形之一的，不得开具增值税专用发票：（一）向消费者个人销售服务、无形资产或者不动产。（二）适用免征增值税规定的应税行为。"

《试点实施办法》第五十三条明确了纳税人销售服务、无形资产或者不动产开具增值税专业发票的相关规定。

增值税专用发票，是购买方支付增值税额并可按照增值税有关规定据以抵扣进项税额的凭证，纳税人发生应税行为，应当向索取增值税专用发票的购买方开具增值税专用发票，并在增值税专用发票上分别注明销售额和销项税额。但是，有如下两种情况之一的，纳税人不得开具增值税专用发票，具体如图3-1所示。

情形一　**向消费者个人销售服务、无形资产或者不动产纳税人销售服务、无形资产或者不动产**

消费者个人是应税行为的最终消费者，也是增值税税款的最终负担者，无需取得增值税专用发票据以抵扣进项税额。因此，纳税人向消费者个人销售服务、无形资产或者不动产不得开具增值税专用发票，只能开具增值税普通发票

情形二　**适用免征增值税规定的应税行为**

适用免征增值税规定的，在该环节不缴纳增值税，不存在将本环节已缴纳增值税税款传递给下一环节纳税人抵扣的问题。因此，纳税人销售服务、无形资产或者不动产适用免征增值税规定的，也不得开具增值税专用发票，只能开具增值税普通发票

图3-1　纳税人不得开具增值税专用发票的情形

《试点实施办法》第五十四条规定："小规模纳税人发生应税行为，购买方索取增值税专用发票的，可以向主管税务机关申请代开。"

由于增值税小规模纳税人不能自行开具增值税专用发票，其销售服务、无形资产或者不动产，如果购买方索取增值税专用发票的，可以向主管税务机关申请代开增值税专用发票。但是，对小规模纳税人向消费者个人销售服务、无形资产或者不动产以及应税行为适用免征增值税规定的，不得申请代开增值税专用发票。

相关链接

如何代开增值税专用发票

一、代开增值税专用发票的资料

（1）《税务登记证》（副本）；

（2）《代开增值税专用发票缴纳税款申报单》；

（3）购货方税务登记证复印件或增值税一般纳税人资格证书复印件；

（4）发票专用章；

（5）主管税务机关要求提供的其他资料。

代开增值税专用发票缴纳税款申报表

编号：

代开税务机关名称：

我单位提供的开票资料真实，完整，准确，符号有关法律，法规。否则我单位将承担一切法律责任。现申请代开增值税专用发票。

填开日期：　年　月　日

表3-1 代开增值税专用发票缴纳税款申报表

<table>
<tr><td rowspan="2">购货单位</td><td>名称</td><td colspan="3"></td><td colspan="2">税务登记号</td><td colspan="2"></td></tr>
<tr><td>地址，电话</td><td colspan="3"></td><td colspan="2">开户银行及账号</td><td colspan="2"></td></tr>
<tr><td colspan="2">货物或应税劳务名称</td><td>规格型号</td><td>计量单位</td><td>数量</td><td>单价</td><td>金额</td><td>征收率</td><td>税额</td></tr>
<tr><td colspan="2"></td><td></td><td></td><td></td><td></td><td></td><td></td><td></td></tr>
<tr><td colspan="2"></td><td></td><td></td><td></td><td></td><td></td><td></td><td></td></tr>
<tr><td colspan="2"></td><td></td><td></td><td></td><td></td><td></td><td></td><td></td></tr>
<tr><td colspan="2"></td><td></td><td></td><td></td><td></td><td></td><td></td><td></td></tr>
<tr><td colspan="2"></td><td></td><td></td><td></td><td></td><td></td><td></td><td></td></tr>
<tr><td colspan="2"></td><td></td><td></td><td></td><td></td><td></td><td></td><td></td></tr>
<tr><td colspan="2">价税合计（大写）</td><td colspan="7">（小写）￥</td></tr>
<tr><td colspan="9">备注</td></tr>
<tr><td rowspan="2">销货单位</td><td>名称</td><td colspan="3"></td><td colspan="2">税务登记号</td><td colspan="2"></td></tr>
<tr><td>地址，电话</td><td colspan="3"></td><td colspan="2">开户银行及账号</td><td colspan="2"></td></tr>
<tr><td colspan="2">税务机关税款征收岗位
税收完税凭证号：
（签字）
年　月　日</td><td colspan="3">税务机关代开发票岗位
发票代码：　发票号码：
（签字）：
年　月　日</td><td colspan="4">经核对，所开发票与申报单内容一致。
申请单位经办人（签字）：
年　月　日</td></tr>
</table>

申请代开发票单位：（工章）　　法人代表：（签字）

财务负责人：（签字）　　填写人：（签字）

注：第一联：申请代开发票单位留存。第二联：税务机关代开发票岗位留存。第三联：税务机关税款征收岗位留存。

二、代开增值税专用发票流程

代开增值税专用发票流程如图3-2所示。

（续上）

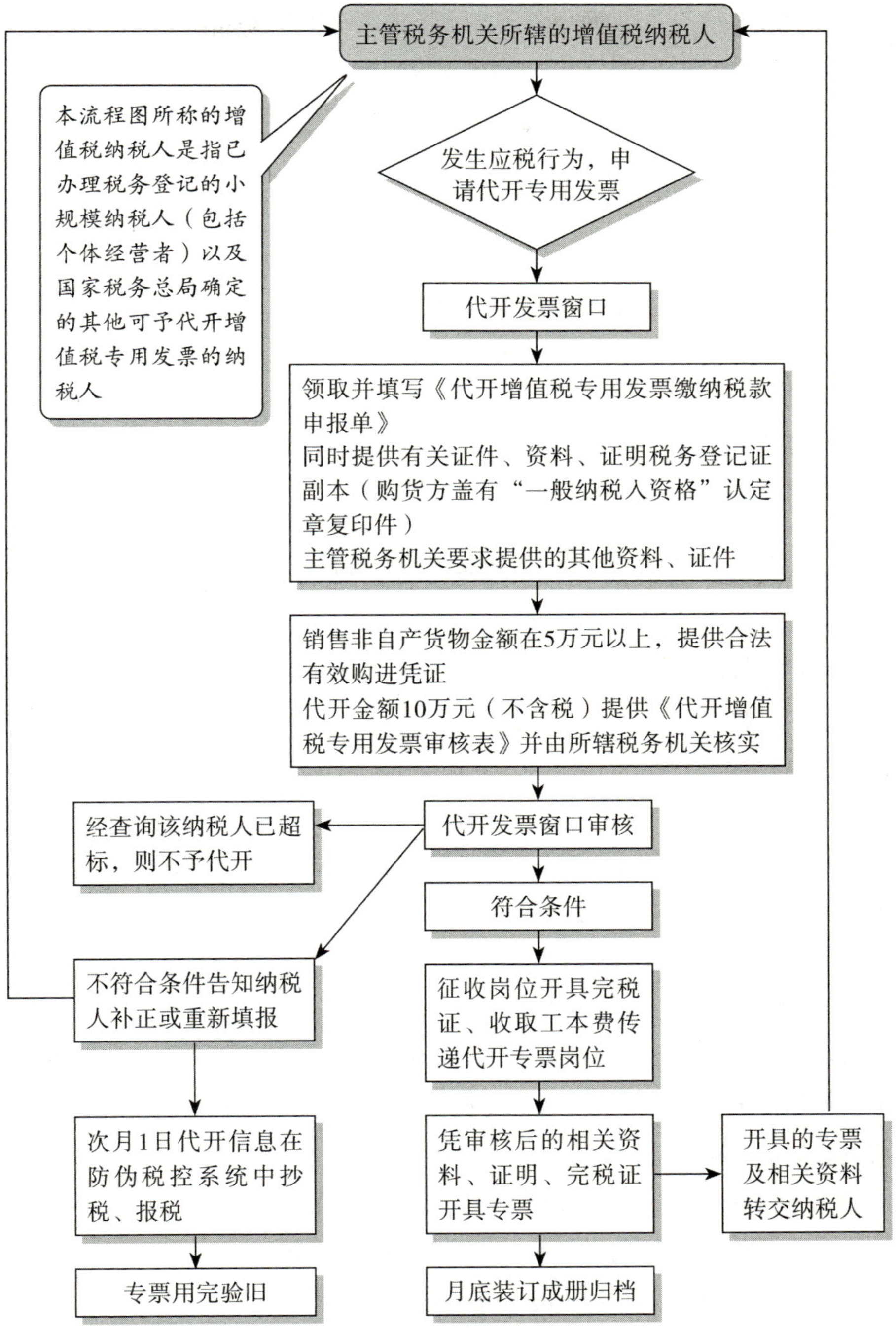

图3-2　代开增值税专用发票流程图

二、增值税发票开具的具体规定

《试点实施办法》第四十五条规定了增值税纳税义务、扣缴义务的发生时间，同时也提醒纳税人注意相关业务开具发票的时点：

（1）纳税人发生应税行为并收讫销售款项或者取得索取销售款项凭据的当天；先开具发票的，为开具发票的当天。

收讫销售款项，是指纳税人销售服务、无形资产、不动产过程中或者完成后收到款项。取得索取销售款项凭据的当天，是指书面合同确定的付款日期；未签订书面合同或者书面合同未确定付款日期的，为服务、无形资产转让完成的当天或者不动产权属变更的当天。

（2）纳税人提供建筑服务、租赁服务采取预收款方式的，其纳税义务发生时间为收到预收款的当天。

三、房地产开发企业开具发票的规定

《房地产开发企业销售自行开发的房地产项目增值税征收管理暂行办法》（以下简称《暂行办法》）明确了销售自行开发的房地产项目发票开具的具体内容。

（1）一般纳税人销售自行开发的房地产项目，自行开具增值税发票（《暂行办法》第十六条）。

（2）一般纳税人销售自行开发的房地产项目，其2016年4月30日前收取并已向主管地税机关申报缴纳营业税的预收款，未开具营业税发票的，可以开具增值税普通发票，不得开具增值税专用发票（《暂行办法》第十七条）。

（3）一般纳税人向其他个人销售自行开发的房地产项目，不得开具增值税专用发票（《暂行办法》第十八条）。

根据《试点实施办法》第五十三条规定：纳税人发生应税行为，应当向索取增值税专用发票的购买方开具增值税专用发票，并在增值税专用发票上分别注明销售额和销项税额。

属于下列情形之一的，不得开具增值税专用发票：

（1）向消费者个人销售服务、无形资产或者不动产。

（2）使用免税增值税规定的应税行为。

因此（《暂行办法》第十八条）规定，一般纳税人向其他个人（即消费者个人）销售自行开发的房地产项目，不得开具增值税专用发票。

实例1

某房地产开发企业（一般纳税人）自行开发了B房地产项目，施工许可证注明的开工日期是2015年3月15日，2016年1月15日开始预售房地产，至2016年4月30日共取得预收款5 250万元，已按照营业税规定申报缴纳营业税。该房地产企业对上述预收款开具收据，未开具营业税发票。该企业2016年5月又收到预收款5 250万元。2016年6月共开具了增值税普通发票10 500万元（含2016年4月30日前取得的未开票预收款5 250万元，和2016年5月收到的5 250万元），同时办理房产产权转移手续。

问：纳税人在7月申报期应申报多少增值税税款？

（1）由于该房地产企业销售了自行开发的房地产老项目，纳税人按照《暂行办法》第八条规定，可选择适用简易计税方法按照5%的征收率计税。

（2）纳税人6月开具增值税普通发票10 500万元，其中包括5 250万元属于《暂行办法》第十七条规定的可以开具增值税普通发票的情形。

（3）纳税人按照《暂行办法》第十一条、第十二条规定，应在6月申报期就取得的预收款5 250万元预缴税款150万元。

应预缴税款 $=5\,250\div(1+5\%)\times 3\%=150$（万元）

（4）纳税人应按照《暂行办法》第十五条规定，在7月申报期应申报的增值税税款为 $5\,250\div(1+5\%)\times 5\%-150=250-150=100$（万元）。

实例2

某房地产开发企业销售自行开发的房地产项目有关情况同实例。2016年6月还取得了建筑服务增值税专用发票价税合计1 110万元（其中：注明的增值税税额为110万元），纳税人选择放弃简易计税方法，按照适用税率计算缴纳增值税。

问：纳税人在7月申报期应申报多少增值税税款？

（1）纳税人按照《暂行办法》第十一条、第十二条规定，应在6月申报期就取得的预收款计算应预缴税款。

应预缴税款 $=5\,250\div(1+11\%)\times 3\%=141.9$（万元）

（2）纳税人6月开具增值税普通发票10 500万元，其中包括5 250万元属于《暂行办法》第十七条规定的可以开具增值税普通发票的情形。

（3）纳税人应在7月申报期按照《暂行办法》第十四条规定确定应纳税额：

销项税额=5 250÷（1+11%）×11%=520.3（万元）

进项税额=110（万元）

应纳税额=520.3－110－141.9=268.4（万元）

纳税人应在7月申报期申报增值税268.4万元。

第二节　房地产开发企业专用发票与增值税防伪税控系统

一、专用发票的构成

专用发票分为三联和六联。

（一）三联票

专用发票由基本联次或者基本联次附加其他联次构成，基本联次为三联：发票联、抵扣联和记账联。各联次的作用分别如下。

1．发票联

发票联是作为购买方核算采购成本和增值税进项税额的记账凭证；这是增值税专用发票和其他发票的不同之处，其他发票仅仅是核算采购成本的记账凭证，而增值税专用发票还是核算增值税进项税额的凭证。

2．抵扣联

抵扣联是作为购买方报送主管税务机关认证和留存备查的凭证。

3．记账联

记账联是作为销售方（开票方）核算销售（营业）收入和增值税销项税额的记账凭证。

（二）六联票

在发票联、抵扣联和记账联三个基本联次上附加其他联次，其他联次的用途由一般纳税人自行确定。如：提货联、随货同行联、出门证等。

提醒您

简单业务只需使用三联票就可以了，避免造成浪费。

二、增值税防伪税控系统

（一）增值税防伪税控系统的组成

一般纳税人应通过增值税防伪税控系统（以下简称防伪税控系统）使用专用发票。

防伪税控系统，是指经国务院同意推行的，使用专用设备和通用设备、运用数字密码和电子存储技术管理专用发票的计算机管理系统。

增值税税控系统包括：增值税防伪税控系统、货物运输业增值税专用发票税控系统、机动车销售统一发票税控系统和公路、内河货物运输业发票税控系统。

增值税防伪税控系统的专用设备包括金税卡、IC卡、读卡器或金税盘和报税盘。

货物运输业增值税专用发票税控系统专用设备包括税控盘和报税盘；机动车销售统一发票税控系统和公路、内河货物运输业发票税控系统专用设备包括税控盘和传输盘。

通用设备，是指计算机、打印机、扫描器具和其他设备。

（二）增值税防伪税控系统

新申请的一般纳税人，应凭主管税务机关填发的“防伪税控开票子系统使用通知书”到税控服务单位参加开票操作培训、购买开票系统专用设备。

提醒您

纳税人购买的增值税税控系统专用设备自购买之日起3年内因质量问题无法正常使用的，由专用设备供应商负责免费维修，无法维修的免费更换。

相关链接

税控系统开票业务流程

税控开票业务流程如图3-3所示。

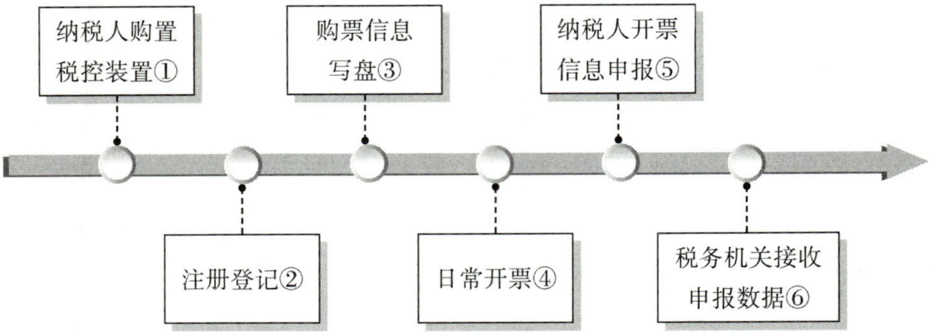

图3-3　税控系统开票业务流程

流程说明

①按税务局要求，纳税人购买税控盘和传输盘。

②税务机关受理纳税人提交的有关文书，对其进行审核、批准，在管理系统中登记其基本信息和税务机关核准信息，并对相应税控盘和传输盘进行初始化。

③用户登记注册后，还需要购买发票并进行购票信息写盘，才能正常开票。购票信息写盘是对纳税人已购税控发票信息进行确认后写入税控盘或传输盘中。

④用户在完成上述流程后，使用本开票系统即可进行正常开票操作。开票周期可以通过税控盘或传输盘回传监控数据来控制。

⑤到税务机关指定报税时间后，纳税人将税控盘中的开票信息形成申报数据，用税控盘或传输盘到税务局申报纳税。

⑥税务机关从税控盘或传输盘中读出申报数据，并将监控数据和新的购票信息写入税控盘或传输盘。

第三节　房地产开发企业增值税专用发票的限额

一、专用发票限额管理的基本要求

专用发票实行最高开票限额管理。最高开票限额，是指单份专用发票开具的销售额合计数不得达到的上限额度。

最高开票限额由一般纳税人申请，税务机关依法审批。一般纳税人申请最高开票限额时，需填报《最高开票限额申请表》。税务机关审批最高开票限额应进行实地核查。

表3-2　增值税防伪税控发票领购及最高开票限额核定申请审批表

申请日期：____年____月____日

<table>
<tr><td rowspan="10">企业填写</td><td>企业名称（盖章）</td><td></td><td>纳税人识别号</td><td></td></tr>
<tr><td>地址</td><td></td><td>联系电话</td><td></td></tr>
<tr><td>法人代表</td><td></td><td>身份证号</td><td></td></tr>
<tr><td>经办人</td><td></td><td>身份证号</td><td></td></tr>
<tr><td>开户银行及账号</td><td colspan="3"></td></tr>
<tr><td>一般纳税人类别</td><td colspan="3">□正式的一般纳税人　□临时认定的一般纳税人　□辅导期一般纳税人</td></tr>
<tr><td>申请领购发票种类</td><td colspan="3">□增值税专用发票联次　□三联　□六联
□增值税普通发票联次　□二联　□五联</td></tr>
<tr><td>月领购发票</td><td colspan="3">□增值税专用发票每次购票最高数量___份；每月购票最高数量___份
□增值税普通发票每次购票最高数量___份；每月购票最高数量___份</td></tr>
<tr><td>申请开票最高限额</td><td colspan="3">□增值税专用发票　□亿元　□千万元　□百万元　□十万元　□万元　□千元
□增值税普通发票　□亿元　□千万元　□百万元　□十万元　□万元　□千元</td></tr>
<tr><td>开票机数量</td><td colspan="3">台</td></tr>
</table>

（续表）

<table>
<tr><td rowspan="4">税务机关填写</td><td colspan="6">核定发票种类及数量：
□增值税专用发票联次　□三联　□六联；____次供应量____份____月供应量____份
□增值税普通发票联次　□二联　□五联；____次供应量____份____月供应量____份</td></tr>
<tr><td colspan="2">核定最高开票限额</td><td colspan="4">□增值税专用发票　□亿元　□千万元　□百万元　□十万元
□万元　□千元
□增值税普通发票　□亿元　□千万元　□百万元　□十万元
□万元　□千元</td></tr>
<tr><td colspan="2">核定开票机数量</td><td colspan="4">主开票机______台；分开票机______台</td></tr>
<tr><td>经办人意见</td><td></td><td>一审意见</td><td></td><td>二审意见</td><td></td></tr>
<tr><td>发行人员填写</td><td colspan="2">金税卡
卡号</td><td colspan="2">IC卡
卡号</td><td colspan="2">IC卡
卡号</td></tr>
</table>

说明：

1. 本表适用于纳税人首次领购增值税发票的申请及防伪税控系统发行。

2. 本表一式四联，第一联税源管理岗留存，用于防伪税控资格的认定；第二联增值税防伪税控系统发行岗留存，用于防伪税控发行系统信息采集；第三联增值税发售岗留存；第四联纳税人留存。

3. 纳税人领取防伪税控专用设备后持本表及《增值税防伪税控系统通知书》《票种核定通知书》到防伪税控发行柜台办理防伪税控系统发行手续。

4. “开票最高限额”指企业开具专用发票票面金额的上限，如设为“十万”，表示企业开具专用发票票面不含税销售额只能在十万以下。

二、最高开票限额的审批机关

最高开票限额不同，其审批机关也不一样，具体为：

（1）最高开票限额为10万元及以下的，由区县级税务机关审批。

（2）最高开票限额为100万元的，由地市级税务机关审批。

（3）最高开票限额为1 000万元及以上的，由省级税务机关审批。

三、最高开票限额的实地勘察机关

最高开票限额不同，其实地勘察机关也不同，具体为：

（1）批准使用最高开票限额为10万元及以下的，由区县级税务机关派人实地核查。

（2）批准使用最高开票限额为100万元的，由地市级税务机关派人实地核查。

（3）批准使用最高开票限额为1 000万元及以上的，由地市级税务机关派人实地核查后将核查资料报省级税务机关审核。

> **提醒您**
>
> 最高开票限额分为一千元、一万元、十万元、百万元、千万元和亿元等，由纳税人根据实际需要填报《最高开票限额申请表》，附送购销合同、财务报表、发票领用存报表等，报主管税务机关依法审批。

第四节 房地产开发企业增值税专用发票的初始发行与领购

一、增值税专用发票的初始发行

（一）什么是初始发行

初始发行是指主管税务机关将一般纳税人的下列信息载入空白金税卡和IC卡的行为。

（1）企业名称。

（2）税务登记代码。

（3）开票限额。

（4）购票限量。

（5）购票人员姓名、密码。

（6）开票机数量。

（7）国家税务总局规定的其他信息。

提醒您

一般纳税人发生上列第（1）（3）（4）（5）（6）（7）项信息变化，应向主管税务机关申请变更发行；发生第（2）项信息变化，应向主管税务机关申请注销发行。

（二）办理初始发行的时机与须准备的资料

一般纳税人领购专用设备后，凭《最高开票限额申请表》《发票领购簿》到主管税务机关办理初始发行。

二、专用发票的领购

（一）专用发票领购的条件

《国家税务总局关于修订〈增值税专用发票使用规定〉的通知》（国税发〔2006〕156号）第八条规定，一般纳税人有下列情形之一的，不得领购开具专用发票：

（1）会计核算不健全，不能向税务机关准确提供增值税销项税额、进项税额、应纳税额数据及其他有关增值税税务资料的。

（2）有《税收征管法》规定的税收违法行为，拒不接受税务机关处理的。

（3）有下列行为之一，经税务机关责令限期改正而仍未改正的：

① 虚开增值税专用发票。

② 私自印制专用发票。

③ 向税务机关以外的单位和个人买取专用发票。

④ 借用他人专用发票。

⑤ 未按《增值税专用发票使用规定》开具专用发票。

⑥ 未按规定保管专用发票和专用设备。

⑦ 未按规定申请办理防伪税控系统变更发行。

⑧ 未按规定接受税务机关检查。

有上列情形的，如已领购的专用发票，主管税务机关应暂扣其结存的专用发票和IC卡。

提醒您

以下情况属于未按规定保管专用发票和专用设备：

（1）未设专人保管专用发票和专用设备。

（2）未按税务机关要求存放专用发票和专用设备。

（3）未将认证相符的专用发票抵扣联、《认证结果通知书》和《认证结果清单》装订成册。

（4）未经税务机关查验，擅自销毁专用发票基本联次。

（二）发票领购所需资料

一般纳税人去领购增值税专用发票时必须准备好以下资料：

（1）《发票核销及领购申请书》（如表3-3）。

表3-3　发票核销及领购申请书

____年____月____日

<table>
<tr><td rowspan="2">纳税人资料</td><td colspan="2">单位名称（公章）</td><td colspan="3"></td><td>纳税人识别号</td><td></td></tr>
<tr><td colspan="2">纳税人姓名</td><td colspan="3"></td><td>联系电话</td><td></td></tr>
<tr><td rowspan="11">已使用发票申报核销情况</td><td colspan="3">发票名称</td><td>发票代码</td><td>份数</td><td>起讫号</td><td>销售额</td></tr>
<tr><td colspan="3">增值税专用发票</td><td></td><td></td><td></td><td></td></tr>
<tr><td colspan="3"></td><td></td><td></td><td></td><td></td></tr>
<tr><td colspan="3"></td><td></td><td></td><td></td><td></td></tr>
<tr><td colspan="3"></td><td></td><td></td><td></td><td></td></tr>
<tr><td rowspan="6">补充资料</td><td>项目</td><td colspan="3">发票名称及代码</td><td>份数</td><td>发票号码</td></tr>
<tr><td>作废</td><td colspan="3"></td><td></td><td></td></tr>
<tr><td>红冲</td><td colspan="3"></td><td></td><td></td></tr>
<tr><td>短少</td><td colspan="3"></td><td></td><td></td></tr>
<tr><td>剪销</td><td colspan="3"></td><td></td><td></td></tr>
<tr><td>收缴</td><td colspan="3"></td><td></td><td></td></tr>
</table>

（续表）

<table>
<tr><td colspan="2" rowspan="5">领购申请</td><td colspan="2">发票名称</td><td>发票代码</td><td>申请数量</td></tr>
<tr><td colspan="2"></td><td></td><td></td></tr>
<tr><td colspan="2"></td><td></td><td></td></tr>
<tr><td colspan="2"></td><td></td><td></td></tr>
<tr><td colspan="2"></td><td></td><td></td></tr>
<tr><td colspan="6">以下由税务机关填写</td></tr>
<tr><td rowspan="6">普通发票</td><td rowspan="6">验旧购新记录</td><td colspan="2">审核项目</td><td>审核结果</td><td rowspan="6">经办人:

年　月　日</td></tr>
<tr><td colspan="2">作废发票联次是否齐全</td><td></td></tr>
<tr><td colspan="2">汇总金额与申报核销金额是否一致</td><td></td></tr>
<tr><td colspan="2">超期空白发票是否剪销</td><td></td></tr>
<tr><td colspan="2">补税、罚款税票号码</td><td></td></tr>
<tr><td colspan="2">其他</td><td></td></tr>
<tr><td colspan="2" rowspan="6">发售记录</td><td>发票名称</td><td>发售数量</td><td>起始号码</td><td rowspan="6">经办人:

年　月　日</td></tr>
<tr><td></td><td></td><td></td></tr>
<tr><td></td><td></td><td></td></tr>
<tr><td></td><td></td><td></td></tr>
<tr><td></td><td></td><td></td></tr>
<tr><td>完税证号</td><td></td><td></td></tr>
</table>

注：本表一式两份，税务机关和纳税人各存一份。

（2）发票领购簿。

（3）税控IC卡。

（4）购票员身份证件。

（5）财务专用章或发票专用章。

（6）税务机关要求的其他资料，如已开具的最后一张增值税专用发票记账联。

（三）日常申请购领发票

专用发票实行验旧购新制度，一般纳税人凭《发票领购簿》、IC卡、开具的最后一张发票的记账联（或复印件）和经办人身份证明到主管税务机关领购专用发票。

（1）纳税人需持《发票核销及领购申请书》到税务分局发票发售窗口，窗口人员查验旧票后在《发票核销及领购申请书》签名。

（2）纳税人持《发票核销及领购申请书》，到税务分局发票发售窗口办理领购发票手续；纳税人购票后，需对纸质发票和《发票领购簿》注明的发票名称、号码、数量进行检查核对，发现异常立即补正。

（四）变更发票种类和数量（在原核准的发票大类内变更）

变更发票种类和数量的办理手续为：

（1）涉及变更发票种类的，由纳税人到主管税务分局综合窗口取得拟申请的发票领购资格并将新增加的发票资格打印在《发票领购簿》上。

（2）涉及变更发票数量的，由纳税人向主管税务分局综合窗口申请，税务机关将新增加的发票资格打印在《发票领购簿》上，纳税人填写《防伪税控企业登记表》（如表3-4所示），税务机关综合窗口人员在表上签字后，纳税人到金税发行窗口办理变更发票数量事项。

表3-4　防伪税控企业登记表

纳税人名称（可盖公章代替）：　　　　　　　　　　　　　　____年____月____日

<table>
<tr><td colspan="2">税号</td><td colspan="4"></td></tr>
<tr><td colspan="2">经办人</td><td></td><td>联系电话</td><td colspan="2"></td></tr>
<tr><td colspan="2">开票人</td><td></td><td>身份证号</td><td colspan="2"></td></tr>
<tr><td colspan="2">开票人</td><td></td><td>身份证号</td><td colspan="2"></td></tr>
<tr><td colspan="3">开票机数量</td><td colspan="3">台</td></tr>
<tr><td rowspan="3">国税机关填写</td><td colspan="2">开票机类型</td><td colspan="3">□一机一卡　□一机多卡</td></tr>
<tr><td>金税卡号码</td><td colspan="2"></td><td>IC卡号码</td><td></td></tr>
<tr><td>受理人</td><td colspan="4"></td></tr>
</table>

（续表）

增值税专用发票和税控设备使用管理责任书
为加强增值税专用发票的管理，确保防伪税控企业税控系统安全正常运行，根据有关文件精神，对增值税专用发票和税控设备的使用和管理提出如下要求，以责任书的形式确立： 1. 增值税一般纳税人必须从国税机关领购使用增值税专用发票，不得非法取得使用增值税专用发票。 2. 增值税专用发票按《中华人民共和国发票管理办法》和《增值税专用发票使用规定》及有关规定填开使用，并及时足额入账纳税。 3. 按国税机关的要求推行增值税防伪税控开票系统，对操作中出现的问题，应及时与服务单位联系，确保税控系统的正常运作。 4. 建立健全增值税专用发票和税控设备管理制度。增值税专用发票、税控IC卡必须由专人、专用保险柜保管，做好防盗、防火、防潮工作，确保增值税专用发票和税控设备的安全。主管国税机关将定期检查，达不到要求的停票整改。人员变动要办理交接手续，并及时重新签订责任书。税控设备保管责任人原则上为×××籍居民；若是外地居民必须有当地居民担保。 5. 取得合法的增值税专用发票，按规定抵扣进项税额。需要认证的增值税专用发票，先认证后申报抵扣。 6. 防伪税控企业必须按规定及时抄税、报税，每月报税时间为次月增值税申报期截止日之前；逾期比照未按规定申报处理。 7. 防伪税控企业必须通过税控系统开具增值税专用发票。对使用非税控系统开具增值税专用发票的，国税机关按《中华人民共和国发票管理办法》进行处罚，对破坏、擅自改动、拆卸税控系统进行偷税的依法查处。 8. 防伪税控企业注销或取消税控资格时要及时完成当月的报税手续，否则保管责任人或担保人将承担发生的一切后果。 9. 违反增值税专用发票和税控设备使用管理规定，按《中华人民共和国税收征收管理法》和《中华人民共和国发票管理办法》有关规定处罚。 10. 增值税专用发票、税控设备如发生丢失、被盗，应在24小时之内向主管国税机关书面报告，并向公安机关报案，采取措施减少损失，接受国税机关的处理。 企业法人签字：____________　　身份证号码：____________ 企业财务负责人签字：____________　　身份证号码：____________ 税控设备保管人签字：____________　　身份证号码：____________ 税控设备担保人签字：____________　　身份证号码：____________

注：自行开票纳税人填写一式二份，共享机开票纳税人填写一式三份。

第五节　房地产开发企业专用发票的使用管理

试点地区增值税一般纳税人从事增值税应税行为（提供货物运输服务除外）统一使用增值税专用发票和增值税普通发票，一般纳税人提供货物运输服务统一使用货物运输业增值税专用发票和普通发票。

一般纳税人应通过增值税防伪税控系统（以下简称防伪税控系统）使用专用发票。使用，包括领购、开具、缴销、认证纸质专用发票及其相应的数据电文。

一、专用发票的开具

专用发票的开具范围和要求如下。

（一）专用发票的开具范围

一般纳税人销售货物或者提供应税劳务、销售服务、无形资产、不动产，应向购买方开具专用发票，并在增值税专用发票上分别注明销售额和销项税额。注意：属于下列情形之一的，不得开具增值税专用发票：

（1）向消费者销售应税项目；

（2）销售免税项目；

（3）销售报关出口的货物、在境外销售应税劳务；

（4）将货物用于非应税项目；

（5）将货物用于集体福利或个人消费；

（6）将货物无偿赠送他人；

（7）提供非应税劳务（应当征收增值税的除外）、转让无形资产或销售不动产。

向小规模纳税人销售应税项目，可以不开具专用发票。

（二）专用发票的开具要求

开票人在开具专用发票的应按下列要求开具：

（1）项目齐全，与实际交易相符。

（2）字迹清楚，不得压线、错格。

（3）发票联和抵扣联加盖财务专用章或者发票专用章。

（4）按照增值税纳税义务的发生时间开具。

对不符合上列要求的专用发票，购买方有权拒收。

税控系统开具的发票是顺号的，在打印实物发票之前必须将系统开具发票的号码与从税务机关购得的实物发票号码核对一致。

提醒您

一般纳税人销售货物或者提供应税劳务可汇总开具专用发票。汇总开具专用发票的，同时使用防伪税控系统开具《销售货物或者提供应税劳务清单》，并加盖财务专用章或者发票专用章。

二、发票作废

一般纳税人在开具专用发票当月，发生销货退回、开票有误等情形，收到退回的发票联、抵扣联符合作废条件的，按作废处理；开具专用发票时发现有误的，可即时作废。作废专用发票应同时具备下列三个条件：

（1）收到退回的发票联、抵扣联，时间未超过销售方开票当月。

（2）销售方未抄税并且未记账。

（3）购买方未认证或者认证结果为“纳税人识别号认证不符”“专用发票代码、号码认证不符”。

提醒您

作废专用发票必须在防伪税控系统中将相应的数据电文按“作废”处理，在纸质专用发票（含未打印的专用发票）各联次上注明“作废”字样，全联次留存。

三、开具红字增值税专用发票

开具红字增值税专用发票有以下几个方面的要求。

（一）开具红字增值税专用发票的申请

一般纳税人取得专用发票后，发生销货退回、开票有误等情形但不符合作废条件的，或者因销货部分退回及发生销售折让的，购买方应向主管税务机关填报“开具红字增值税专用发票申请单”（如表3-5）。

表3-5 开具红字增值税专用发票申请单

填开日期：____年____月____日　　　　No.

<table>
<tr><td rowspan="2">销售方</td><td>名称</td><td colspan="2"></td><td rowspan="2">购买方</td><td>名称</td><td></td></tr>
<tr><td>税务登记代码</td><td colspan="2"></td><td>税务登记代码</td><td></td></tr>
<tr><td rowspan="5">开具红字专用发票内容</td><td>货物（劳务）名称</td><td>数量</td><td>单价</td><td>金额</td><td>税率</td><td>税额</td></tr>
<tr><td></td><td></td><td></td><td></td><td></td><td></td></tr>
<tr><td></td><td></td><td></td><td></td><td></td><td></td></tr>
<tr><td></td><td></td><td></td><td></td><td></td><td></td></tr>
<tr><td>合计</td><td></td><td></td><td></td><td></td><td></td></tr>
<tr><td>说明</td><td colspan="6">一、购买方申请□
对应蓝字专用发票抵扣增值税销项税额情况：
1. 已抵扣□
2. 未抵扣□
（1）无法认证□
（2）纳税人识别号认证不符□
（3）增值税专用发票代码、号码认证不符□
（4）所购货物不属于增值税扣税项目范围□
对应蓝字专用发票密码区内打印的代码：____________
号码：____________
二、销售方申请□
（1）因开票有误购买方拒收的□
（2）因开票有误等原因尚未交付的□
对应蓝字专用发票密码区内打印的代码：____________
号码：____________
开具红字专用发票理由：</td></tr>
</table>

声明：我单位提供的《申请单》内容真实，否则将承担相关法律责任。

申请方经办人：　　　　联系电话：　　　　申请方名称（印章）：

注：本申请单一式两联：第一联，申请方留存；第二联，申请方所属主管税务机关留存。

（1）《申请单》所对应的蓝字专用发票应经税务机关认证。

经认证结果为“认证相符”并且已经抵扣增值税进项税额的，一般纳税人在填报《申请单》时不填写相对应的蓝字专用发票信息。

经认证结果为“纳税人识别号认证不符”“专用发票代码、号码认证不符”的，一般纳税人在填报《申请单》时应填写相对应的蓝字专用发票信息。

（2）《申请单》一式两联：第一联由购买方留存；第二联由购买方主管税务机关留存。

（3）《申请单》应加盖一般纳税人财务专用章。对于多份发票全额退货的必须一份发票填报一份《通知单》，不得合并填报。

（二）主管税务机关的审核

主管税务机关对一般纳税人填报的《申请单》进行审核后，出具“开具红字增值税专用发票通知单”（如表3-6）。《通知单》应与《申请单》一一对应。《通知单》一式三联：第一联由购买方主管税务机关留存；第二联由购买方送交销售方留存；第三联由购买方留存。

表3-6　开具红字增值税专用发票通知单

填开日期：　　年　　月　　日　　　　　　　　　　　　No.

<table>
<tr><td rowspan="2">销售方</td><td>名称</td><td colspan="2"></td><td rowspan="2">购买方</td><td>名称</td><td colspan="2"></td></tr>
<tr><td>税务登记代码</td><td colspan="2"></td><td>税务登记代码</td><td colspan="2"></td></tr>
<tr><td rowspan="5">开具红字专用发票内容</td><td>货物（劳务）名称</td><td>数量</td><td>单价</td><td>金额</td><td>税率</td><td>税额</td></tr>
<tr><td></td><td></td><td></td><td></td><td></td><td></td></tr>
<tr><td></td><td></td><td></td><td></td><td></td><td></td></tr>
<tr><td></td><td></td><td></td><td></td><td></td><td></td></tr>
<tr><td>合计</td><td></td><td></td><td></td><td></td><td></td></tr>
<tr><td>说明</td><td colspan="6">一、购买方申请□
对应蓝字专用发票抵扣增值税销项税额情况：
1. 需要作进项税额转出□
2. 不需要作进项税额转出□
（1）无法认证□</td></tr>
</table>

（续表）

说明	（2）纳税人识别号认证不符□ （3）增值税专用发票代码、号码认证不符□ （4）所购货物不属于增值税扣税项目范围□ 对应蓝字专用发票密码区内打印的代码：____________________ 号码：____________________ 二、销售方申请□ （1）因开票有误购买方拒收的□ （2）因开票有误等原因尚未交付的□ 对应蓝字专用发票密码区内打印的代码：____________________ 号码：____________________ 开具红字专用发票理由：

经办人：　　　　　　　　负责人：　　　　　　　　主管税务机关名称（印章）：

注：1. 本通知单一式三联：第一联，申请方主管税务机关留存；第二联，申请方送交对方留存；第三联，申请方留存。

2. 通知单应与申请单一一对应。

（三）购买方与销售方的处理方式

购买方与销售方的处理方式如图3-4所示。

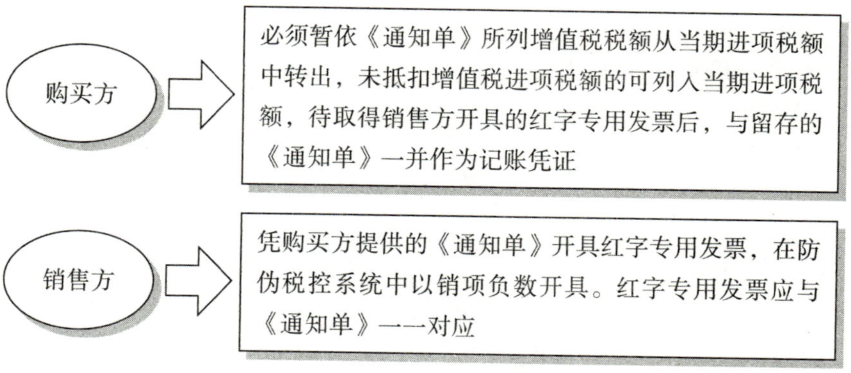

图3-4 购买方与销售方的处理方式

（四）不同情况的处理

《增值税专用发票使用规定》补充通知对增值税一般纳税人开具增值税专用发票后，发生销货退回、销售折让以及开票有误等需要开具红字专用发票的一些具体情形作了进一步说明，视不同情况分别按以下办法处理，如表3-7所示。

表3-7　不同情况下开具红字专用发票的处理要求

序号	情况区分	处理要求
1	因专用发票抵扣联、发票联均无法认证的	由购买方填报《开具红字增值税专用发票申请单》，并在《申请单》上填写具体原因以及相对应蓝字专用发票的信息，主管税务机关审核后出具《开具红字增值税专用发票通知单》。购买方不作进项税额转出处理
2	购买方所购货物不属于增值税扣税项目范围，取得的专用发票未经认证的	由购买方填报《申请单》，并在《申请单》上填写具体原因以及相对应蓝字专用发票的信息，主管税务机关审核后出具《通知单》。购买方不作进项税额转出处理
3	因开票有误购买方拒收专用发票的	销售方须在专用发票认证期限内向主管税务机关填报《申请单》，并在《申请单》上填写具体原因以及相对应蓝字专用发票的信息，同时提供由购买方出具的写明拒收理由、错误具体项目以及正确内容的书面材料，主管税务机关审核确认后出具《通知单》。销售方凭《通知单》开具红字专用发票
4	因开票有误等原因尚未将专用发票交付购买方的	销售方须在开具有误专用发票的次月内向主管税务机关填报《申请单》，并在《申请单》上填写具体原因以及相对应蓝字专用发票的信息，同时提供由销售方出具的写明具体理由、错误具体项目以及正确内容的书面材料，主管税务机关审核确认后出具《通知单》。销售方凭《通知单》开具红字专用发票
5	发生销货退回或销售折让的	除按照规定进行处理外，销售方还应在开具红字专用发票后将该笔业务的相应记账凭证复印件报送主管税务机关备案

相关链接

红字发票开具实操流程

红字发票开具的实操流程如图3-5所示。

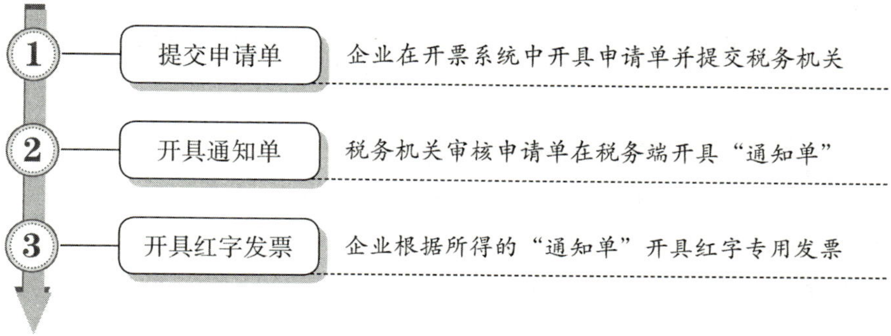

图3-5　红字发票开具实操流程

一、提交开具红字发票申请

1．纳税人在自己的发票开具系统中点击“红字发票申请单”菜单，按照原蓝字发票情况填写表格，保存后导出到电脑桌面上，同时打印两份（加盖公章）。

2．登录网上办税厅，然后点击“我的信息”栏目，在“我的办税事项”的“其他申报事项”中有“红字发票文件传送”。点击“红字发票文件上传”，点击“新建上传”后，点击“浏览”，从桌面选择您需要上传的红字增值税发票XML文件。然后点击“确认”。

二、办理开具红字发票通知单

纳税人申请完成后，携带以下资料至税务分局红字发票通知单开具窗口办理手续。

（一）购货申请

属购货方申请出具《开具红字增值税专用发票通知单》时，应提供以下资料：

（1）加盖公章的纸制申请单。

（2）涉及退货、索取折扣、折让的，应提供双方同意退货或折让的证明

（续上）

（双方公章确认）。

（3）进项税额转出的记账凭证复印件（加盖公章）。

（4）提交原蓝字发票抵扣联、发票联原件查验。

（二）销货方

属销货方申请出具《开具红字增值税专用发票通知单》时，应提供以下资料：

（1）加盖公章的纸制申请单。

（2）属于“开票有误，购买方拒收”情况的，需提供购买方出具的拒收发票证明（加盖购买方公章），写明：

①发票代码、号码及拒收理由。

②错误具体项目及正确内容。

③注明发票未认证未抵扣。

④购货方税号开错需提供购货方税务登记证副本复印件（加盖购方公章）。属于“开票有误，发票尚未交付”情况的，需自行出具书面情况说明，注明发票尚未交付（加盖公章）。

（3）提交原蓝字发票抵扣联、发票联原件查验。

三、开具红字专用发票

销货方纳税人取得税务机关出具的开具红字发票通知书后，可在自己的开票系统中开具负数发票，开具前纳税人需要在系统中录入红字发票通知书号码。

注：开具红字发票次月报税时需提供对应的红字发票通知单复印件。

四、丢失专用发票的处理

丢失专用发票的处理如下。

（一）空白专用发票的丢失、被盗

一般纳税人丢失、被盗增值税专用发票必须及时上报主管税务机关，在防伪税控系统做失控发票处理。

（二）已开具专用发票的丢失

一般纳税人若丢失了已开具的专用发票，应按表3-8所示来加以处理。

表3-8　丢失已开具专用发票的处理措施

<table>
<tr><th>序号</th><th>丢失联次</th><th colspan="2">具　体　说　明</th></tr>
<tr><td rowspan="2">1</td><td rowspan="2">丢失发票联和抵扣联</td><td>丢失前已认证相符的</td><td>购买方凭销售方提供的相应专用发票记账联复印件及销售方所在地主管税务机关出具的《丢失增值税专用发票已报税证明单》，经购买方主管税务机关审核同意后，可作为增值税进项税额的抵扣凭证</td></tr>
<tr><td>丢失前未认证的</td><td>购买方凭销售方提供的相应专用发票记账联复印件到主管税务机关进行认证，认证相符的凭该专用发票记账联复印件及销售方所在地主管税务机关出具的《丢失增值税专用发票已报税证明单》，经购买方主管税务机关审核同意后，可作为增值税进项税额的抵扣凭证</td></tr>
<tr><td rowspan="2">2</td><td rowspan="2">抵扣联</td><td>丢失前已认证相符的</td><td>可使用专用发票发票联复印件留存备查</td></tr>
<tr><td>丢失前未认证的</td><td>可使用专用发票的发票联到主管税务机关认证，专用发票发票联复印件留存备查</td></tr>
<tr><td>3</td><td>发票联</td><td colspan="2">可将专用发票抵扣联作为记账凭证，专用发票抵扣联复印件留存备查</td></tr>
</table>

提醒您

增值税一般纳税人丢失已开具的增值税专用发票，应在规定期限内办理，若超过认证期限，即使取得销方出具的“已抄报税证明单”和记账联复印件，也无法通过认证，不得作为核算进项税额的凭证，只能作为核算成本的记账凭证。

（三）丢失海关缴款书

如果增值税一般纳税人丢失海关缴款书，应在规定期限内凭报关地海关出具的相关已完税证明，向主管税务机关提出抵扣申请。主管税务机关受理申请后，应当进行审核，并将纳税人提供的海关缴款书电子数据纳入稽核系统进行比对。稽核比对无误后，方可允许计算进项税额抵扣。

提醒您

一般纳税人注销税务登记或者转为小规模纳税人，应将专用设备和结存未用的纸质专用发票送交主管税务机关。

相关链接

增值税专用发票的稽核比对

主管税务机关通过防伪税控报税系统采集纳税人开票存根联数据，通过防伪税控认证系统采集纳税人认证的抵扣联，一并上传到增值税稽核比对系统，系统通过抵扣联找存根联的方式进行查找比对。匹配不到相应存根联的抵扣联称为缺联票，说明销方企业未报税。这类抵扣联已抵扣的税款需要先做进项税额转出，同时主管税务机关通过系统发起协查，然后根据对方回复的核查结果确定是否允许抵扣。能匹配到相应存根联的抵扣联，系统则将抵扣联与存根联的发票数据信息进行比对。比对结果分为相符发票、不符发票、属于作废发票、属于失控和重号发票等，除相符发票外，其他类型比对结果的发票都要由主管税务机关通过系统发起协查，并根据销方税务机关回复的核查结果分别作出处理。

第六节　房地产开发企业“营改增”后不能抵扣的发票及补救办法

一、不能抵扣的发票

（一）票款不一致不能抵扣

国税发192号中规定：“购进货物或应税劳务支付货款、劳务费用的对象。纳税人购进货物或应税劳务，支付运输费用，所支付款项的对象，必须与开具抵扣凭证的销货单位、提供劳务的单位一致，才能够申报抵扣进项税额，否则不予抵扣。”

例如，某房地产开发企业从××钢料生产企业购进钢料一批，通过YY货运公司运输。如果从××钢料生产企业、YY货运公司取得了抵扣凭证，那么支付钢料款和运输费用的对象必须分别为××钢料生产企业、YY货运公司。如果两者不一致，凭证就无法抵扣。

（二）对开发票不能抵扣

所谓“对开发票”是指购货方在发生“销售退回”时，为了规避开红字发票的麻烦，由退货企业再开一份销售专用发票视同购进后又销售给了原生产企业的行为。

许多纳税人会认为，用发票对开这种方法解决“销货退回”问题只是把这批不符合质量要求的货物又“卖回”了销货方，并不造成购销双方的税款流失，因为退货方已将这张发票作了账务处理，也计提了销项税金，不存在少缴或逃缴税款问题；对于供货一方来说，也只是拿这张进项发票抵顶了原来应计提的销项税金，同样也不存在偷逃税款的问题。

一是用发票对开解决销货退回问题，其实质是将退货看作是对销货方的一种重新销售，法律并无禁止，不禁止即视为不违法；二是用发票对开形式解决销货退回问题，从操作目的上看购销双方并不存在偷逃税款的主观故意，从实质上看也不造成税款流失的客观结果。

然而，这种认识是错误的！

首先，在发生销售退回时，如果未按规定开具红字专用发票，实行对开发票有可能增加税收负担。

事实上，《增值税暂行条例实施细则》第十一条中有规定，企业如果发生销货退回行为，应按规定开具红字发票，如果不按规定开具红字发票，重开发票的增值税额将不得从销项税额中抵减，因此将会被重复计税，增加税收负担。

其次，“对开发票”将面临税务局的罚款。

纳税人如果未能按规定开具红字发票，税务机关在有足够证据的情况下，可责令限期改正，没收非法所得，可以并处10 000元以下的罚款。违反发票管理法规，如果导致其他单位或者个人未缴、少缴或者骗取税款的，税务机关还将没收非法所得，甚至处以未缴、少缴或者骗取的税款一倍以下的罚款。

再次，没有货物往来的发票对开可能被视为虚开发票。增值税专用发票对开，由于没有货物购销或者没有提供或接受应税劳务，符合“虚开增值税专用发票”的特征，极有可能被认定为虚开增值税专用发票，如果情节严重，还有可能被追究刑事责任。

最后，“对开”发票还会让企业多缴纳印花税而增加税收负担，或者因少缴纳企业所得税，而遭到税务稽查风险。

回销给售货方如果书立合同，需要缴纳印花税，按购销金额的3‱贴花，对比销货退回的正常处理，实在是增加了不必要的税收负担。

发票对开，虽然对增值税没有影响，却会影响企业所得税的计算。

所得税的计算中有许多费用扣除项目是以销售收入为基础。比如企业发生的与生产经营活动有关的业务招待费支出，按照发生额的60%扣除，但最高不得超过当年销售（营业）收入的0.5%，企业发生的符合条件的广告费和业务宣传费支出不超过当年销售（营业）收入15%的部分准予扣除。如果企业按虚增后的销售收入计算费用扣除，就会造成多扣除，少计应税所得的结果。因此会加大企业被税务稽查的风险。

（三）过渡期间三种发票不能抵扣

根据相关政策，对以下三种发票在过渡期间不能抵扣。

1．营改增前购买，税改后收到

营改增前签订的材料采购合同，已经履行合同，但建筑材料在营改增后才收到并用于营改增前未完工的项目，而且营改增后才付款给供应商而收到材料供应商开具的增值税专用发票。

2．营改增前购买，税改后付款

营改增前采购的材料已经用于营改增前已经完工的工程建设项目，营改增后才支付采购款，而收到供应商开具的增值税专用发票。

3．过渡期间的非工程采购

营改增之前采购的设备、劳保用品、办公用品并支付款项，但营改增后收到供应商开具的增值税专用发票。

以上三种情况可以用表格来更直观地理解，如表3-9所示。

表3-9　在过渡期间不能抵扣的发票

Casel	合同履行	收到材料	支付款项	收到抵扣的发票
营改增前	√			
营改增后		√	√	√
Case2	合同履行	收到材料	支付款项	收到抵扣的发票
营改增前	√	√		
营改增后			√	√
Case3	收到材料	支付款项	收到抵扣发票	
营改增前	√	√		
营改增后			√	

不难发现，以上三种情况尽管都在营改增后收到抵扣发票，但只要合同履行或收到材料在营改增之前，那么这些过渡期间的发票就不能抵扣。

（四）没有销售清单不能抵扣

没有供应商开具的销售清单而开具了“材料一批”、汇总运输发票、办公用品和劳动保护用品的发票不能抵扣。

国税发156号第十二条规定：一般纳税人销售货物或者提供应税劳务可汇总开具专用发票。汇总开具专用发票的，同时使用防伪税控系统开具《销售货物或者提供应税劳务清单》，并加盖财务专用章或者发票专用章。因此，若没有供应商开具销售清单的开具“材料一批”、汇总运输发票、办公用品和劳动保护用品的发票，不可以抵扣进项税金。也就是说，开具“材料一批”、汇总运输发票、办公用品和劳动保护用品的发票，如果想抵扣进项税金，就必须要有销售清单。

（五）集体福利或个人消费的专用发票不得抵扣

购进用于集体福利或个人消费的货物或者应税劳务以及随之发生的运输费、销售免税货物的运输费用，其进项税额不得从销项税额中抵扣，已申报抵扣的应作进项税额转出处理。但购进既用于增值税应税项目也用于集体福利或者个人消费的使用期限超过12个月的机械、机器、运输工具以及其他与生产经营有关的设备、工具、器具等固定资产，其进项税额允许抵扣。

大家都知道购进货物如果用于企业职工福利，专用发票是不能用来抵扣的，像企业购买的饮水机、饮用水、微波炉，若是为企业员工集体福利而买，就不能抵扣。

但同一种物品，如果规定的使用用途不同，凭证就有可能从不能抵扣变为可以抵扣：例如一家报社，如果它购买的电视机，安装在单位职工宿舍里，或者职工餐厅，那就是职工的一项福利，则不能抵扣。但如果它购买的电视机用在采访工作中，专门为体育新闻采访部门购买，便于体育记者收看球赛直播来写新闻稿，那就是为了它的新闻产品的生产，这就可以抵扣。

2014年“交通运输业和部分现代服务业”营改增以后，以企业名义购买的进口豪华轿车，只要是企业生产经营使用，进口的豪华轿车也可用于企业抵扣。

（六）非正常损失材料发票不得抵扣

发生非正常损失的材料和运输费用中含有的进项税金，例如，工地上被盗窃的钢材、水泥，由财税106号附件1：《营业税改征增值税试点实施办法》第十条第（二）项规定，非正常损失的购进货物及相关的加工修理修配劳务和交通运输业服务的进项税额不得从销项税额中抵扣。第（三）项规定：非正常损失的在产品、产成品所耗用的购进货物（不包括固定资产）、加工修理修配劳务或者交通运输业服务的进项税额不得从销项税额中抵扣。

（七）2009年前按2%征收的固定资产不能抵扣

销售2009年之前购置的固定资产按简易2%征收，这个2%不能作为进项税抵扣。这样的规定主要是因为2009年之前固定资产的增值税发票是不能抵扣的，要按发票总额计入固定资产成本。而现在固定资产是可以抵扣进项税的，为了减轻销售企业的纳税负担，就可以减按2%缴纳增值税。

（八）获得的增值税专用发票超过法定认证期限180天

如果企业已经取得了增值税专用发票，一定要记得在180日内到税务机关办理认证，根据《国家税务总局关于调整增值税扣税凭证抵扣期限有关问题的通知》（国税函〔2009〕第617号）第一条规定：增值税一般纳税人取得2010年1月1日以后开具的增值税专用发票、（货物运输增值税专用发票）和机动车销售统一发票，应在开具之日起180日内到税务机关办理认证，并在认证通过的次月申报期内，向主管税务机关申报抵扣进项税额。基于此规定，获得的增值税专用发票超过法定认证期限180天不可以抵扣进项税额。

（九）固定资产发生以下三种情况不能抵扣

纳税人已抵扣进项税额的固定资产发生以下三项所列情形的，应在当月按下列公式计算不得抵扣的进项税额：

不得抵扣的进项税额=固定资产净值×适用税率

（1）用于免征增值税项目、集体福利或者个人消费的购进货物或者应税劳务；

（2）非正常损失的购进货物及相关的应税劳务；

（3）非正常损失的在产品、产成品所耗用的购进货物或者应税劳务。

所称固定资产净值，是指纳税人按照财务会计制度计提折旧后计算的固定资产净值。

（十）与小规模纳税人相关的四种进项不允许抵扣

（1）增值税小规模纳税人购进货物取得的发票不允许抵扣进项税额。

（2）增值税一般纳税人在以小规模纳税人身份经营期（新开业申请增值税一般纳税人认定受理审批期间除外）购进的货物或者应税劳务取得的增值税发票，其进项税额不允许抵扣。

（3）增值税一般纳税人在认定批准的月份（新开业批准为增值税一般纳税人的除外）取得的增值税发票不允许抵扣进项税额。

（4）增值税一般纳税人从小规模纳税人购进货物或者应税劳务取得普通发票（购进农产品除外）不允许抵扣进项税额。

（十一）以下三种情况，票据无法通过有关部门认证的不能抵扣

（1）增值税一般纳税人购进货物或者应税劳务，取得增值税专用发票、海关进口增值税专用缴款书、农产品收购发票和农产品销售发票不符合法律、行政法规或国务院财政、税务主管部门有关规定的，其进项税额不允许从销项税额中抵扣。

（2）辅导期增值税一般纳税人取得的增值税专用发票抵扣联、海关进口增值税专用缴款书交叉稽核比对没有返回比对结果或比对不符时，其进项税额不允许抵扣。

（3）实行海关进口增值税专用缴款书“先比对后抵扣”管理办法的增值税一般纳税人取得进口增值税专用缴款书稽核比对不符的，其进项税额不允许抵扣。

虽然专用发票有无法认证、纳税人识别号不符以及发票代码、号码不符等情形之一的，其进项税额不允许抵扣。但购买方可要求销售方重新开具专用发票，重新认证通过后在规定时间内仍可申报抵扣。

（十二）以下五种减免税相关情况不能抵扣

（1）购进免税货物取得增值税抵扣凭证（向国有粮食企业购进免税粮食除外），其进项税额不允许抵扣。

（2）购进用于免征增值税项目的货物或者应税劳务以及随之发生的运输费、销售免税货物的运输费用，其进项税额不得从销项税额中抵扣，已申报抵扣的应作进项税额转出处理。但购进既用于增值税应税项目也用于免征增值税项目的使用期限超过12个月的机械、机器、运输工具以及其他与生产经营有关的设备、工具、器具等固定资产，其进项税额不允许抵扣。

（3）纳税人在免税期内购进用于免税项目的货物或者应税劳务所取得的增值税扣税凭证，一律不得抵扣。

（4）免税货物恢复征税后，收到该项货物免税期间的增值税抵扣凭证注明的进项税额不允许抵扣。

（5）进口货物减免的进口环节增值税税款以及与周边国家以易货贸易进口环节减征的增值税税款，不得作为进口货物的进项税额抵扣。

（十三）作废及停止抵扣期间的增值税发票不能抵扣

（1）取得作废增值税抵扣凭证，其进项税额不允许抵扣。

（2）纳税人在停止抵扣进项税额期间所购进货物或应税劳务的进项税额，不得结转到经批准准许抵扣进项税额时抵扣。

（3）增值税一般纳税人在停止抵扣进项税额期间发生的全部进项税额，包括在停止抵扣期间取得的进项税额、上期留抵税额，不得在恢复抵扣进项税额资格后进行抵扣。

（十四）未申请办理一般纳税人认定手续的不能抵扣

增值税纳税人年应税销售额超过小规模纳税人标准，未申请办理一般纳税人认定手续的，按销售额依照增值税税率计算应纳税额，不允许抵扣进项税额。

这里的增值税纳税人指年应税销售额超过小规模纳税人标准的其他个人、非企业性单位、不经常发生应税行为的企业除外；年应纳税销售额包括申报销售额、稽查查补销售额、纳税评估调整销售额和免税销售额。但稽查查补销售额和纳税评估调整销售额计入查补税款申报当月的销售额，不计入税款所属期销售额。

同时，增值税一般纳税人会计核算不健全，或者不能够提供准确税务资料的，按销售额依照增值税税率计算应纳税额，其取得的进项税额也不允许抵扣。

（十五）购进货物退回或折让收回的已支付增值税进项税额不能抵扣

增值税一般纳税人因购进货物退出或者折让而收回的已支付的增值税进项税额，应从发生购进货物退出或折让当期的进项税额中扣减。

（十六）增值税劳务划分不清的无法抵扣

一般纳税人兼营免税项目而无法划分不得抵扣的进项税额的，按下列公式计算不得抵扣的进项税额：

$$\text{不得抵扣的进项税额}=\frac{\text{当月无法划分的全部进项税额}\times\text{当月免税项目销售额}}{\text{当月全部销售额、营业额合计}}$$

二、无法抵扣发票的补救办法

当发现有些发票无法抵扣时，可采取图3-6所列的一些方法积极地进行补救：

方法一

专用发票“抵扣联”若无法认证的，其进项税额不允许抵扣，但可用“发票联”到主税务机关认证，将“发票联”复印件作为抵扣联留存备查

方法二

增值税一般纳税人将取得的专用发票“抵扣联”丢失的，其进项税额不允许抵扣。但如果丢失前已认证相符，可用“发票联”复印件作为“抵扣联”留存备查；如果丢失前未认证的，可用“发票联”到主管税务机关认证，将“发票联”复印件留存备查

方法三

增值税一般纳税人将取得的专用发票的“发票联”和“抵扣联”全部丢失的，其进项税额不允许抵扣。但在丢失前已认证相符的，购买方可凭销售方提供的相应”记账联”复印件及销售方所在地主管税务机关出具的《丢失增值税专用发票已报税证明单》，经购买方主管税务机关审核同意后，可作为增值税进项税额的抵扣凭证抵扣进项税；如果丢失前未认证的，购买方凭销售方提供的相应“记账联”复印件到主管税务机关进行认证，认证相符的凭“记账联”复印件及销售方所在地主管税务机关出具的《丢失增值税专用发票已报税证明单》，经购买方主管税务机关审核同意后，作为增值税进项税额的抵扣凭证抵扣进项税额

方法四

增值税一般纳税人丢失海关缴款书，其进项税额不允许抵扣。但可在自开具之日起180日内，凭报关地海关出具的相关已完税证明，向主管税务机关提出抵扣申请，经稽核比对无误后可作为进项税额进行抵扣

方法五

增值税一般纳税人取得失控专用发票，其进项税额不允许抵扣。但如果经税务机关按非正常户登记失控专用发票后，一般纳税人又向税务机关申请防伪税控报税的，其主管税务机关可以通过防伪税控报税子系统的逾期报税功能受理报税。经查属于销售方已申报并缴纳税款的，可由销售方主管税务机关出具书面证明，并通过协查系统回复购买方主管税务机关，该失控发票可作为购买方抵扣增值税进项税额的凭证抵扣进项税额

（续图）

方法六 → 经认证，专用发票有无法认证、纳税人识别号不符以及发票代码、号码不符等情形之一的，其进项税额不允许抵扣。但购买方可要求销售方重新开具专用发票，重新认证通过后在规定时间内申报抵扣

方法七 → 经认证，专用发票有重复认证、密文有误或纳税人识别号有误或专用发票所列密文解译后与明文不一致时，其发票暂不得作为增值税进项税额的抵扣凭证，待税务机关查明原因，核实无误后再申报抵扣

方法八 → 善意取得发票的抵扣。购货方与销售方存在真实的交易，销售方使用的是其所在省（自治区、直辖市和计划单列市）的专用发票，专用发票注明的销售方名称、印章、货物数量、金额及税额等全部内容与实际相符，且没有证据表明购货方知道销售方提供的专用发票是以非法手段获得的，对购货方不以偷税或者骗取出口退税论处

但应按有关规定不予抵扣进项税款或者不予出口退税；购货方已经抵扣的进项税款或者取得的出口退税，应依法追缴。

购货方能够重新从销售方取得防伪税控系统开出的合法、有效专用发票的，或者取得手工开出的合法、有效专用发票且取得了销售方所在地税务机关已经或者正在依法对销售方虚开专用发票行为进行查处证明的，购货方所在地税务机关应依法准予抵扣进项税款或者出口退税

如有证据表明购货方在进项税款得到抵扣或者获得出口退税前知道该专用发票是销售方以非法手段获得的，对购货方应按《国家税务总局关于纳税人取得虚开的增值税专用发票处理问题的通知》（国税发〔1997〕134号）和《国家税务总局关于〈国家税务总局关于纳税人取得虚开的增值税专用发票处理问题的通知〉的补充通知》（国税发〔2000〕182号）的规定处理

图3-6 无法抵扣发票的补救办法

附　营改增后发票管理与开具常见问题解答

营改增后发票管理与开具常见问题解答

一、营改增后国税发票常见问题解答

1. 2016年4月30日之前纳税人已领取地税机关印制的发票以及印有本单位名称的发票，可以使用到什么时候？

答：2016年5月1日起，地税机关不再向试点纳税人发放发票。2016年4月30日之前纳税人已领取地税机关印制的发票以及印有本单位名称的发票，可使用至2016年6月30日。国家税务总局公告2016年第23号第三条第七项所称“特殊情况”是指享受免征增值税政策的纳税人（如医院、博物馆等）使用的印有本单位名称的发票。初次在国税机关领用发票的纳税人，须缴销地税机关已发放的发票后，方可领用；凡在国税机关已领用发票的纳税人，地税机关已发放的发票一律缴销。

2. 营改增后，国税机关有哪些发票种类？

答：《国家税务总局关于全面推开营业税改征增值税试点有关税收征收管理事项的公告》（国家税务总局公告2016年第23号）已经明确，营改增纳税人可以使用的发票种类有：增值税专用发票、增值税普通发票、机动车销售统一发票、增值税电子普通发票、门票、过路（过桥）费发票、定额发票、客运发票、二手车销售统一发票以及国税机关发放的卷式普通发票。

营改增后，门票、过路（过桥）费发票属于予以保留的票种，自2016年5月1日起，由国税机关监制管理。原地税机关监制的上述两类发票，可以沿用至2016年6月30日。

3. 哪些营改增纳税人应推行增值税发票税控装置？

答：营改增纳税人推行增值税发票税控装置的范围是：增值税一般纳税人，以及销售货物、提供加工修理修配劳务月销售额超过3万元（按季纳税9万元），或者销售服务、无形资产月销售额超过3万元（按季纳税9万元）的小规模纳税人。

4．营改增纳税人由国税部门代开发票有哪些规定？

（1）不得由国税部门代开发票的情形有哪些？

答：增值税小规模纳税人销售其取得的不动产以及其他个人出租不动产由地税部门代开发票，国税部门不得代开。

（2）出租不动产相关政策规定有哪些？

答：①小规模企业和个体工商户对出租不动产业务申请代开增值税普通发票的，代开窗口需先审核纳税人是否具备自开票条件。

②个体工商户出租住房，申请代开增值税普通发票的，当月代开金额在3万元以下的，国税机关为其免税代开增值税普通发票；超过3万元的，按1.5%征收率代开发票并征收税款。

个体工商户出租住房，申请代开增值税专用发票的，按1.5%征收率预缴税款后代开发票。

③个体工商户出租非住房（如商铺、写字楼等），申请代开增值税普通发票的，当月代开金额在3万元以下的，国税机关为其免税代开增值税普通发票；超过3万元的，按5%征收率代开发票并征收税款。

个体工商户出租非住房，申请代开增值税专用发票的，按5%征收率预缴税款后代开发票。

④小规模企业出租不动产，申请代开增值税普通发票的，当月代开金额在3万元以下的，国税机关为其免税代开增值税普通发票；超过3万元的，按5%征收率代开发票并征收税款。

小规模企业出租不动产，申请代开增值税专用发票的，按5%征收率预缴税款后代开发票。

⑤对出租不动产申请代开发票的小规模企业和个体工商户，不属于《国家税务总局关于全面推开营业税改征增值税试点有关税收征收管理事项的公告》（国家税务总局公告2016年第23号）中第六条第（四）款规定的其他个人范畴。因此，不得使用平均分摊计算月租金的方式享受小微企业免征增值税优惠政策，仍然按照其一个申报期限内的收入额合计，确定是否享受免征政策。

⑥国税部门代开出租不动产业务，需要求申请代开人提交不动产产权证书，用于确定该不动产是否属于住房。

⑦国税部门为出租不动产的纳税人代开发票时，应在“货物或应税劳务、服务名称”栏注明不动产的租赁所属期，备注栏注明不动产的详细地址。

（3）跨县（市、区）提供建筑服务代开发票相关政策规定有哪些？

答：①小规模纳税人跨县（市、区）提供建筑服务，申请代开增值税专用发票的，以全部价款和价外费用扣除分包款的余额预缴税款后，可向建筑服务发生地主管国税机关按照其取得的全部价款和价外费用申请代开增值税专用发票。

②小规模纳税人跨县（市、区）提供建筑服务，不能自行开具增值税普通发

票申请代开的，申请代开差额前的累计金额不超过3万元（按季纳税9万元）的，免征税款。若超过，国税部门应按照扣除相应支付的分包款后的余额预缴税款后，以其取得的全部价款和价外费用为其代开增值税普通发票。

③纳税人跨县（市、区）提供建筑服务，向建筑服务发生地主管国税机关预缴税款时，应提交支付分包款的合法有效凭证，国税部门留存复印件备查。

④国税部门为提供建筑服务的纳税人代开发票时，应在发票的备注栏注明建筑服务发生地县（市、区）名称及项目名称。

（4）差额开票的相关规定有哪些？

答：①对符合《财政部、国家税务总局关于全面推开营业税改征增值税试点的通知》（财税〔2016〕36号）规定可以差额征税的纳税人，如不具备自开条件，国税部门可为其代开增值税普通发票。如纳税人要求代开增值税专用发票，应通过代开软件中差额征税开票功能仅就扣除后的部分代开专用发票。

②国税部门在差额代开发票时，需要求申请人提供扣除价款的有效凭证复印件留存备查。

③按照现行规定，适用增值税差额征收政策的增值税小规模纳税人，以差额前的销售额确定是否可以享受3万元（按季纳税9万元）以下免征增值税政策。

（5）不得由受托代开单位代开发票的情形有哪些？

①申请代开增值税专用发票；

②申请代开带有抵扣功能的增值税普通发票；

③申请代开货物、劳务和应税行为属于免税范围的增值税普通发票；

④申请代开金额超过10万元的增值税普通发票；

⑤办理了税务登记的纳税人临时申请代开增值税普通发票；

⑥跨县（市、区）提供建筑服务的纳税人申请代开增值税普通发票；

⑦提供不动产经营租赁服务的纳税人申请代开增值税普通发票；

⑧申请办理差额征税代开发票业务。

5. 房地产开发企业收取预收款如何开具发票？

答：按照有关规定，房地产开发企业采取预收款方式销售自行开发的房地产项目，应在收到预收款时按照3%的预征率预缴增值税。2016年5月1日以后，为保证不影响购房者正常业务办理，允许房地产开发企业在收到预收款时，向购房者开具增值税普通发票，待正式交易完成时，对预收款开具的增值税普通发票予以冲红，收回原发票，同时开具全额的增值税发票。

6. 房地产开发企业已缴纳营业税发票需补开增值税发票如何开具？

答：房地产开发企业销售自行开发的房地产项目，其2016年4月30日前收取并已向主管地税机关申报缴纳营业税的预收款，未开具营业税发票的，可以开具增值税普通发票，不得开具增值税专用发票。补开的增值税普通发票应在备注栏注明“补开营业税发票”。

二、发票开具常见问题解答

1. 开票系统可以开具哪类发票?

答：增值税专用发票、增值税普通发票、电子增值税普通发票、增值税普通发票（卷票）、机动车销售统一发票、收购发票。

2. 提前购票的企业，如安装时没有读入发票，5月1日后如何读入发票?

答：5月1日后先点击系统设置模块“系统设置”菜单下的“报税盘注册”功能对报税盘进行注册，才可以读入开具发票。

3. 开发票前，需要提前录入商品编码吗?

答：可以提前录入也可以在开票时手工输入。提前录入，填开发票时，“商品信息”可以从该商品编码库中选取。开票时手工输入，系统会提示对未赋税收分类编码的商品进行赋码。

4. 老用户升级后，新开具发票，原商品库里的商品编码是否必须添加税收分类编码?

答：必须添加税收分类编码。

5. 税收分类编码是要打印到票面上吗?

答：不打印到票面上，仅在添加商品行时要求商品必须带有税收分类编码。

6. 税收分类编码自带税收优惠政策，开票软件是会自动关联，还是都靠用户自己选择?

答：自动关联，但是是否享受优惠政策及享受的优惠项需要企业用户在商品编码编辑中手动选择。

7. 开票界面的购货方如何填写?

答：自动关联，但是是否享受优惠政策及享受的优惠项需要企业用户在商品编码编辑中手动选择。

8. 发票填开时，如购买方是个人，如何填写?

答：名称处填写个人姓名或“个人”字样，“纳税人识别号”栏处填写个人身份证号，“地址、电话”栏处正常填写，“银行账号”栏可以不填。

9. 发票填开时，如购买方是属机关、事业单位性质的，如何填写?

答：属机关、事业等单位性质的，可填写其9位组织机构代码证号，并在后补足6位“0”。

10. 增值税专用发票和普通发票的货物应税劳务、服务名称处可以填写几行商品?

答:商品行数最多可为8行。

11. 增值税普通发票可以开具哪些税率?

答:系统支持填开税率为17%、13%、11%、6%、5%、4%、3%、1.5%、0和“免税”的增值税普通发票,但企业应自觉根据当前的增值税政策填开发票,所选税率应符合国税局要求,以免造成开具的发票无效。

12. 增值税普通发票(卷票)项目处可以填写几行商品?

答:商品行数最多可为6行。

13. 发票作废后,可以取消吗?

答:点击“作废”按钮后,只有在弹出的对话框中选择“确认”才会真正作废,在执行此按钮后无法改变作废状态。

14. 本月21日点击了办税厅抄报,但到28日发现14日开出的发票错了需重开,问14日的错发票怎么处理?

答:已抄税的发票不能作废,只能开具负数发票冲红。

15. 某企业因工作需要将开票软件上的开票员设置了两个,一个张三,一个李四。问以张三开票员身份进系统开具的发票,可以以李四开票员身份进入系统作废吗?

答:对已开发票进行作废时,系统限定除“系统管理员”身份可以作废任何操作员开具的发票外,其他操作员身份必须遵守“谁开具,谁作废”的原则。

16. 纸质发票没有开具,但被洒上水了,如何处理?

答:当企业尚未使用的纸质发票遗失或损毁时,可利用未开发票作废功能将金税盘中相应的电子发票进行作废处理。

17. 非本月开具的增值税普通发票开错了,如何处理?

答:需开具红字增值税普通发票。先点击开一张“增值税普通发票”,然后点击“红字”按钮进行负数发票填开,填写负数发票对应的正数发票代码、号码。

18. 非本月开具的增值税专用发票开错了,如何处理?

答:处理时必须确保网络连通,处理方法如下:

①提交信息表:企业在开票系统中开具信息表并通过“上传”按钮提交税局审核。

②税务机关审核信息表,审核后变为“审核通过”,且显示信息表编号可供

开具红字专用发票。

③开具红字发票企业根据税局提供的信息表开具红字专用发票。

19. 如果某月不开发票，开票软件还需要每月清卡吗?

答：目前需要按月清卡。在联网的情况下，每月企业在初次启动税控发票开票软件时，系统自动检测金税盘状态，如果满足征期抄报税条件系统自动完成上报汇总即抄税并远程报税。并自动提示完成清卡操作。

20. 如何查看本月抄税是否成功?

答：点击报税处理—状态查询—增值税专用发票和增值税普通发票，看锁死日期是否为下月中旬。

第四章

房地产开发企业营改增后的会计核算

营改增后的企业其会计核算也有一定的变化，而《营业税改征增值税试点有关企业会计处理规定》则对营业税改增值税后的会计核算作出了具体的规定。

第一节　会计科目设置

一、营业税会计核算和增值税会计核算的区别

营业税的会计核算和增值税的会计核算有一定的区别，如表4-1所示。

表4-1　营业税会计核算和增值税会计核算的区别

序号	区别	营　业　税	增　值　税
1	会计科目设置不同	营业税会计核算在应交税费科目下只设一个二级科目：应交税费——应交营业税	增值税会计核算在应交税费科目下设有多个二级科目，同时还设有多个三级科目
2	会计处理分类不同	营业税会计处理按行业进行核算，包括：建筑业营业税的会计处理、房地产开发企业营业税的会计处理、金融企业营业税的会计处理、旅游及服务业营业税的会计处理、转让无形资产营业税的会计处理、销售不动产营业税的会计处理、租赁业务营业税的会计处理	增值税会计处理可以简单归纳成两大类：工业会计处理和商业会计处理
3	会计核算原则不同	营业税是价内税，通过“营业税金及附加”核算，“营业税金及附加”是损益类科目，直接计入当期损益，该项数据在利润表中“主营业务税金及附加”栏显示	增值税属于价外税，销售收入中不含销项税额，销售成本中也不含进项税额，缴纳的增值税当然也不能作为收入的抵减计入“利润表”中，因此，所有增值税的计算与缴纳，均与“利润表”无关，是在“资产负债表”中体现
4	会计核算的税收直观度不同	应交营业税科目下，借贷方的发生额和期末余额，直接体现出纳税人应交、已交、未交营业税的状态	增值税应交、已交、未交，却需要结合多个二级和三级科目分析才能清晰知道纳税人增值税实现、缴纳、欠交、留抵等状态

二、核算增值税需要设置的二级科目

核算增值税需要设置的二级科目为：根据国家相关法律、法规的规定，为准确反映增值税的发生、缴纳、待抵扣进项税额和检查调整情况，一般纳税人应在“应交税费”科目下设置“应交增值税”“未交增值税”“待抵扣进项税额”“增值税留抵税额”和“增值税检查调整”五个明细科目进行核算（如表4–2）。

表4–2 核算增值税需要设置的二级科目

序号	二级科目名称	具　体　说　明
1	应交增值税	“应交增值税”明细科目的借方发生额，反映企业购进货物或接受应税劳务支付的进项税额、实际已缴纳的增值税额和月终转出的当月应交未交的增值税额；贷方发生额，反映企业销售货物或提供应税劳务收取的销项税额、出口企业收到的出口退税以及进项税额转出数和转出多交增值税；期末借方余额反映企业尚未抵扣的增值税
2	未交增值税	“未交增值税”明细科目的借方发生额，反映企业月终转入的多交的增值税；贷方发生额，反映企业月终转入的当月发生的应交未交增值税；期末借方余额反映多交的增值税，贷方余额反映未交的增值税
3	待抵扣进项税额	“待抵扣进项税额”明细科目，核算一般纳税人按税法规定不符合抵扣条件，暂不予在本期申报抵扣的进项税额
4	增值税留抵税额	“增值税留抵税额”明细科目（财会〔2012〕13号文件新增加），核算原增值税一般纳税人截止到营业税改征增值税实施当月，不得从应税服务的销项税额中抵扣的应税货物及劳务的上期留抵税额
5	增值税检查调整	根据财政部　国家税务总局关于《增值税日常稽查办法的通知》国税发（〔1998〕第44号文件），增值税一般纳税人在税务机关对其增值税纳税情况进行检查后，凡涉及应交增值税账务调整的，应设立“应交税费——增值税检查调整”专门账户。凡检查后应调减账面进项税额或调增销项税额和进项税额转出的，借记有关科目，贷记“应交税费——增值税检查调整”；凡检查后应调增账面进项税额或调减销项税额和进项税额转出的，借记“应交税费——增值税检查调整”科目，贷记有关科目；全部调账事项入账后，应对该账户的余额进行处理，处理后，该账户无余额

三、核算增值税需要设置的三级科目

核算增值税需要设置的三级科目为：为了详细核算企业应缴纳增值税的计算和解缴、抵扣等情况，企业应在“应交增值税”明细科目下设置“进项税额”“已交税金”“减免税款”“出口抵减内销产品应纳税额”“转出未交增值税”“销项税额”“营改增抵减的销项税额”“出口退税”“进项税额转出”“转出多交增值税”等专栏（如表4-3）。

表4-3　“应交税费——应交增值税”三级科目的借贷

借	贷
（1）进项税额	（1）销项税额
（2）已交税金	（2）出口退税
（3）减免税款	（3）进项税额转出
（4）出口抵减内销产品应纳税额	（4）转出多交增值税
（5）营改增抵减的销项税额	
（6）转出未交增值税	
期末借方余额，反映尚未抵扣的进项税额	贷方无余额

核算增值税需要设置的三级科目情况说明如表4-4所示。

表4-4　核算增值税需要设置的三级科目情况说明

序号	三级科目名称	具　体　说　明
1	进项税额	记录企业购入货物或接受应税劳务而支付的、按规定准予从销项税额中抵扣的增值税额。企业购入货物或接受应税劳务支付的进项税额，用蓝字登记；退回所购货物应冲销的进项税额，用红字登记
2	已交税金	记录企业本月已缴纳的增值税额。企业本月已缴纳的增值税额用蓝字登记；退回本月多交的增值税额用红字登记
3	减免税款	记录企业按规定享受直接减免的增值税款或按规定抵减的增值税应纳税额

（续表）

序号	三级科目名称	具　体　说　明
4	出口抵减内销产品应纳税额	记录企业按规定的退税率计算的零税率应税服务的当期免抵税额
5	转出未交增值税	记录企业月终转出应交未交的增值税。月终，企业转出当月发生的应交未交的增值税额用蓝字登记
6	销项税额	记录企业销售货物或提供应税劳务应收取的增值税额。企业销售货物或提供应税劳务应收取的销项税额，用蓝字登记；退回销售货物应冲销的销项税额，用红字登记
7	营改增抵减的销项税额	这是财会〔2012〕13号《关于印发〈营业税改征增值税试点有关企业会计处理规定〉的通知》的新增专栏，核算一般纳税人提供应税服务，试点期间按照营业税改征增值税有关规定允许从销售额中扣除其支付给非试点纳税人的价款，按规定扣减销售额而减少的销项税额
8	出口退税	记录企业零税率应税服务按规定计算的当期免抵退税额或按规定直接计算的应收出口退税额；零税率应税服务办理退税后发生服务终止而补交已退的税款，用红字登记
9	进项税额转出	记录企业的购进货物、在产品、产成品等发生非正常损失以及其他原因而不应从销项税额中抵扣，按规定转出的进项税额
10	转出多交增值税	记录企业月终转出本月多交的增值税。月终，企业转出本月多交的增值税额用蓝字登记；收到退回本月多交的增值税额用红字登记

相关链接

增值税会计核算主要文件依据

增值税会计核算主要文件依据有：

（1）《财政部关于印发企业执行新税收条例有关会计处理规定的通知》（财会字〔1993〕第83号）。

（续上）

（2）《财政部关于对增值税会计处理有关问题补充规定的通知》（财会字〔1995〕22号）。

（3）《关于减免和返还流转税的会计处理规定的通知》（财会字〔1995〕6号）。

（4）《增值税日常稽查办法的通知》（国税发〔1998〕第44号）。

（5）《国家税务总局关于增值税一般纳税人用进项留抵税额抵减增值税欠税问题的通知》（国税发〔2004〕112号）。

（6）《国家税务总局关于印发<增值税一般纳税人纳税辅导期管理办法>的通知》（国税发〔2010〕40号）。

（7）《财政部关于印发<营业税改征增值税试点有关企业会计处理规定>的通知》（财会〔2012〕13号）。

以下比较在不同税制下的会计分录编制方法：

（1）“营改增”前，房地产开发企业出售不动产的会计分录为：

借：银行存款

　贷：主营业务收入

借：营业税金及附加——主营业务

　贷：应交税费——应交营业税

　　　　　　　——应交城市维护建设税

　　　　　　　——教育费附加

借：应交税费——应交营业税

　　　　　——应交城市维护建设税

　　　　　——应交教育费附加

　贷：银行存款

（2）“营改增”后，分为销售房产及购入货物及应税劳务两种情况。

①房地产开发企业出售不动产的会计分录为：

借：银行存款

　贷：主营业务收入

　　应交税费——应交增值税——销项税额

借：主营业务成本

　贷：存货

若是本期增值税销项税额大于本期增值税进项税额，则需要缴纳增值税。其会计分录为：

借：银行存款

　贷：应交税费——应交增值税

借：营业税金及附加——主营业务

　贷：应交税费——应交城市维护建设税

　　　　　　——教育费附加

借：应交税费——应交城市维护建设税

　　　　　——教育费附加

　贷：银行存款

②房地产开发企业购入货物及应税劳务的会计分录为：

借：固定资产/无形资产/存货

　　应交税费——应交增值税——进项税额

　贷：银行存款

实例1

某房地产开发公司准备开发一个居民小区，开发规划建造A居民楼10 000平方米和B居民楼15 000平方米。在此开发建设过程中，主要发生了下列有关业务：

①公司用银行存款支付土地征用及拆迁补偿费1 500万元、前期工程费111万元和基础设施费777万元。

②待土地全部开发完工后，公司按建筑面积比例计算并作结转土地的开发成本。

③将两栋居民楼的建筑安装工程发包给一家建筑公司施工，合同上标明的工程价款200万元，现工程完工验收后用银行存款支付其余款项。已知A、B居民楼的建筑安装预算成本分别为1 100万元、1 400万元，按建筑安装预算成本分配工程款。

④所有工程全部竣工计算并作结转完工的A、B居民楼的开发成本。

⑤出售B居民楼，出售价3 700元/平方米，收到款项存入银行。

该公司就以上业务进行如下账务处理。

（1）营业税制下的会计核算：

支付土地征用及拆迁补偿费：

借：开发成本　　15 000 000

　贷：银行存款　　15 000 000

支付前期工程费：

借：开发成本　　1 110 000

　贷：银行存款　　1 110 000

支付基础设施费：

借：开发成本　　7 770 000

　贷：银行存款　　7 770 000

按建筑面积计算并结转土地开发成本：

借：开发成本——房屋开发——A楼　　9 552 000

　　　　　　　　　　　　——B楼　　12 435 000

　贷：开发成本——土地开发　　21 987 000

将此建筑安装工程发包给施工单位：

借：开发成本——房屋开发——A楼　　9 768 000

　　　　　　　　　　　　——B楼　　12 432 000

　贷：应付账款　　22 200 000

工程完工验收后结算工程款：

借：应付账款　　22 200 000

　贷：预付账款　　12 000 000

　　　银行存款　　10 200 000

结算完工商住楼的开发成本：

借：开发产品——商品房——A楼　　19 320 000

　　　　　　　　　　——B楼　　26 760 000

　贷：开发成本——房屋开发——A楼　　19 320 000

　　　　　　　　　　　　　——B楼　　26 760 000

出售B商品楼：

借：银行存款　　55 500 000

　贷：主营业务收入　　55 500 000

借：主营业务成本 26 760 000
　贷：开发产品——商品房——B楼 26 760 000
　　应交税费——应交营业税 2 775 000
　　　——应交城建税 194 300
　　　——应交教育费附加 83 200

（2）增值税制下的会计核算：

支付土地征用及拆迁补偿费：

借：开发成本 15 000 000
　贷：银行存款 15 000 000

支付前期工程费：

借：开发成本 1 000 000
　应交税费——应交增值税——进项税额 110 000
　贷：银行存款 1 110 000

支付基础设施费：

借：开发成本 7 660 000
　应交税费——应交增值税——进项税额 110 000
　贷：银行存款 7 770 000

按建筑面积计算并结转土地开发成本：

借：开发成本——房屋开发——A楼 8 800 000
　　——B楼 11 200 000
　应交税费——应交增值税——进项税额 2 200 000
　贷：应付账款 22 200 000

工程完工验收后结算工程款：

借：应付账款 22 200 000
　贷：预付账款 12 000 000
　　银行存款 10 200 000

结算完工商住楼的开发成本：

借：开发产品——商品房——A楼 18 000 000
　　——B楼 25 000 000
　贷：开发成本——房屋开发——A楼 18 000 000
　　——B楼 25 000 000

出售B商住楼：

借：银行存款	55 500 000	
贷：主营业务收入		50 000 000
应交税费——应交增值税——销项税额		5 500 000
借：主营业务成本	25 000 000	
贷：开发产品——商品房——B楼		25 000 000

计提城建税、教育费附加：

借：营业税金及附加	242 000	
贷：应交税费——应交城建税		169 400
——应交教育费附加		72 600

由以上对比分录可以看出，“营改增”后，房地产开发企业在支付相关开发建设费用时要核算增值税进项税额，在取得收入时要核算增值税销项税额，在计提营业税金及附加时不用再核算应交营业税。

第二节　一般纳税人的会计核算

一、购进货物或接受应税劳务和服务的会计处理

（一）会计处理方法

一般纳税人国内采购的货物或接受的应税劳务和购买服务、无形资产、不动产的会计处理办法为：

（1）取得的增值税扣税凭证，按税法规定符合抵扣条件可在本期申报抵扣的进项税额，借记“应交税费——应交增值税——进项税额”科目。

（2）按应计入相关项目成本的金额，借记“材料采购”“商品采购”“原材料”“制造费用”“管理费用”“营业费用”“固定资产”“主营业务成本”“其他业务成本”等科目。

（3）按照应付或实际支付的金额，贷记“应付账款”“应付票据”“银行存款”等科目。

（4）购入货物发生的退货或购买服务、无形资产、不动产的应税行为中止，作相反的会计分录。

（二）取得增值税专用发票的核算

一般纳税人国内采购的货物或接受的应税劳务和购买服务、无形资产、不动产，取得增值税专用发票，按发票注明增值税税额进行核算。

实例2

2016年6月，某房地产开发企业A，委托B企业一项运输业务，取得B企业开具的增值税专用发票（B企业为一般纳税人），价款8万元，注明的增值税额为0.88万元。

A企业取得B企业增值税专用发票后的会计处理：

借：主营业务成本　　80 000

　　应交税费——应交增值税——进项税额　　8 800

　贷：应付账款——B公司　　88 800

实例3

2016年8月2日，C物流企业（一般纳税人）与M房地产开发有限公司（一般纳税人）签订合同，为其提供购进货物的运输服务，M公司于签订协议时全额支付现金6万元，且开具了增值税专用发票。8月8日，由于前往目的地的道路被冲毁，双方同意中止履行合同。M房地产公司将尚未认证的增值税专用发票退还给C企业，C企业返还运费。

（1）M房地产开发公司8月2日取得增值税专用发票的会计处理：

借：在途物资　　54 054.05

　　应交税费——应交增值税——进项税额　　5 945.95

　贷：现金　　60 000.00

（2）M房地产开发公司8月8日发生服务中止的会计处理：

借：银行存款　　60 000.00

　　在途物资　　−54 054.05

　　应交税费——应交增值税——进项税额　　−5 945.95

（三）购进农产品的会计核算

一般纳税人购进农产品，取得销售普通发票或开具农产品收购发票的，按农产品买价和13%的扣除率计算进项税额进行会计核算。

（四）接受境外单位或者个人销售服务、无形资产、不动产

一般纳税人进口货物或接受境外单位或者个人销售服务、无形资产、不动产的会计处理方法为：

（1）按照海关提供的海关进口增值税专用缴款书上注明的增值税额或中华人民共和国税收通用缴款书上注明的增值税额，借记“应交税费——应交增值税——进项税额”科目。

（2）按照进口货物或接受境外单位或者个人销售服务、无形资产、不动产应计入采购成本的金额，借记“材料采购”“商品采购”“原材料”“管理费用”“营业费用”“固定资产”等科目。

（3）按照应付或实际支付的金额，贷记“应付账款”“银行存款”等科目。

实例4

2016年6月，G房地产开发企业，从澳大利亚一公司购买塔式起重设备10台，价款500万元已于7月支付，缴纳进口环节的增值税85万元（税率17%），取得海关进口增值税专用缴款书。

相关会计处理为：

借：工程物资	5 000 000	
贷：预付账款		5 000 000
借：应交税费——应交增值税——进项税额	850 000	
贷：银行存款		850 000

实例5

2016年7月，M房地产开发企业，接受美国B公司地产项目销售策划服务，合同总价为18万元。当月计划完成，美国B公司境内无代理机构，M公司办理扣缴增值税手续，取得扣缴通用缴款书，并将扣税后的价款支付给B公司。书面合同、

付款证明和B公司的对账单齐全。

（1）扣缴增值税税款时的会计处理：

借：应交税费——应交增值税——进项税额　　10 188.68

　贷：银行存款　　10 188.68

（2）支付价款时的会计处理：

借：在建工程　　169 811.32

　贷：银行存款　　169 811.32

（五）接受交通运输业服务

接受交通运输业服务，取得铁路运输费用结算单据或者小规模纳税人代开的增值税专用发票上注明的运输费用金额和7%的扣除率计算的进项税额。

实例6

2016年6月，某房地产企业委托一个体运输户（小规模纳税人）运送购买的工程设备一套，支付费用500元，其中运费420元，上下搬运人工80元，取得运费发票。

借：固定资产——工程设备（运输）　　468.50

　　应交税费——应交增值税——进项税额　　31.50

　贷：现金　　500.00

（六）进项税额抵扣的会计处理

1. 不符合抵扣条件的

一般纳税人（辅导期）国内采购的货物或接受的应税劳务和购买服务、无形资产、不动产，已经取得的增值税扣税凭证，按税法规定不符合抵扣条件的：

（1）暂不予在本期申报抵扣的进项税额，借记“应交税费——待抵扣进项税额”科目。

（2）应计入采购成本的金额，借记“材料采购”“商品采购”“原材料”“制造费用”“管理费用”“营业费用”“固定资产”“主营业务成本”“其他业务成本”等科目。

（3）按照应付或实际支付的金额，贷记“应付账款”“应付票据”“银行存款”等科目。

（4）收到税务机关告知的稽核比对结果通知书及其明细清单后，按稽核比对结果通知书及其明细清单注明的稽核相符、允许抵扣的进项税额，借记“应交税费——应交增值税——进项税额”科目，贷记“应交税费——待抵扣进项税额”科目。

2．兼有增值税应税行为的原增值税一般纳税人

兼有增值税应税行为的原增值税一般纳税人，应在营业税改征增值税开始试点的当月月初将不得从应税行为的销项税额中抵扣的上期留抵税额，转入“增值税留抵税额”明细科目，借记“应交税费——增值税留抵税额”科目，贷记“应交税费——应交增值税——进项税额转出”科目。

待以后期间允许抵扣时，按允许抵扣的金额，借记“应交税费——应交增值税——进项税额”科目，贷记“应交税费——增值税留抵税额”科目。

（七）购进货物改变用途及非正常损失的会计处理

发生购进货物改变用途以及非正常损失等原因，按规定进项税额不得抵扣的，借记“其他业务成本”“在建工程”“应付福利费”“待处理财产损溢”等科目，贷记“应交税费——应交增值税——进项税额转出”科目。属于转作待处理财产损失的部分，应与非正常损失的购进货物、在产品、产成品成本一并处理。

实例7

某房地产开发企业于2016年6月30日盘点库存发现，由于管理不当，某建筑构件盘亏20件，经查属于被盗。该建筑构件账面成本6万元，其中耗用原材料成本4万元。责令管理人员赔偿1万元，保险公司赔偿2万元，经有关单位批准处理。该企业应作会计分录为：

（1）发现盘亏：

借：待处理财产损溢——待处理流动资产损溢	66 800	
贷：库存商品		60 000
应交税费——应交增值税——进项税额转出		6 800

（2）责任认定后取得保险款和责任赔偿：

借：银行存款（或其他应收款）　　30 000

　贷：待处理财产损溢——待处理流动资产损溢　　30 000

（3）批准处理：

借：营业外支出　　36 800

　贷：待处理财产损溢——待处理流动资产损溢　　36 800

二、销售无形资产及不动产的会计处理

（一）基本处理方法

一般纳税人销售无形资产及不动产，按照确认的收入和按规定收取的增值税额，借记“应收账款”“应收票据”“银行存款”等科目，按照规定收取的增值税额，贷记“应交税费——应交增值税——销项税额”科目，按确认的收入，贷记“主营业务收入”“其他业务收入”等科目。发生的应税行为中止或折让，作相反的会计分录。

实例8

2016年5月，A设备租赁公司出租给B房地产开发企业两台数控机床，收取半年租金20万元并开具发票，B公司使用两个月后发现其中一台机床的齿轮存在故障无法运转，要求A公司派人进行维修并退还B公司维修期间租金3万元，B公司至主管税务机关开具“红字增值税专用发票通知单”，A公司开具红字专用发票，退还已收租金3万元。

A公司提供有形动产租赁服务的税率为17%，应交税费为170 940.17元。

（1）A企业5月份取得租金收入的会计处理：

借：银行存款　　200 000.00

　贷：主营业务收入——设备出租　　170 940.17

　　应交税费——应交增值税——销项税额　　29 059.83

（2）A公司开具红字专用发票的会计处理：

借：银行存款　　300 000.00

　贷：主营业务收入——运输　　−256 410.26

　　应交税费——应交增值税——销项税额　　−43 589.74

（二）提供适用简易计税方法应税行为的会计处理

一般纳税人发生适用简易计税方法应税行为的，借记“现金”“银行存款”“应收账款”等科目，贷记“主营业务收入”“其他业务收入”等科目，贷记“应交税费——未交增值税”科目。

一般纳税人发生适用简易计税方法应税行为，发生《试点实施办法》第十一条所规定情形视同发生应税行为应缴纳的增值税额，借记“营业外支出”“应付利润”等科目，贷记“应交税费——未交增值税”科目。

实例9

假设某房地产开发企业下设一个物业公司，物业公司与该企业统一核算，2016年7月31日，本月取得物业服务收入80万元（含税销售额），其不含税销售额为：800 000÷1.03=776 699.03（元），应交增值税为：800 000−776 699.03=23 300.97（元）。该企业应作会计分录为：

借：银行存款	800 000.00
贷：其他业务收入	776 699.03
应交税费——未交增值税	23 300.97

（三）提供应税服务取得按规定的免征增值税收入的会计处理

纳税人提供应税服务取得按规定的免征增值税收入时，借记“银行存款”“应收账款”“应收票据”等科目，贷记“主营业务收入”“其他业务收入”等科目。

实例10

某企业2016年6月8日为另一企业提供专利技术使用权，取得转让收入30万元。该企业应作会计分录为：

借：银行存款	300 000
贷：其他业务收入	300 000

三、购入税控设备及发生技术维护费的会计处理

按税法有关规定，增值税一般纳税人初次购买增值税税控系统专用设备支付的费用以及缴纳的技术维护费允许在增值税应纳税额中全额抵减的，应在“应交税费——应交增值税”科目下增设“减免税款”专栏，用于记录该企业按规定抵减的增值税应纳税额。

（1）购入增值税税控系统专用设备的会计处理要求如图4-1所示。

要求一	企业购入增值税税控系统专用设备，按实际支付或应付的金额，借记“固定资产”科目，贷记“银行存款”“应付账款”等科目
要求二	按规定抵减的增值税应纳税额，借记“应交税费——应交增值税（减免税款）”科目，贷记“递延收益”科目
要求三	按期计提折旧，借记“管理费用”等科目，贷记“累计折旧”科目；同时，借记“递延收益”科目，贷记“管理费用”等科目

图4-1　购入增值税税控专用设备的会计处理要求

（2）发生技术维护费的处理要求如图4-2所示。

要求一	企业发生技术维护费，按实际支付或应付的金额，借记“管理费用”等科目，贷记“银行存款”等科目
要求二	按规定抵减的增值税应纳税额，借记“应交税费——应交增值税（减免税款）”科目，贷记“管理费用”等科目

图4-2　发生技术维护费的会计处理要求

实例11

某房地产开发企业为增值税一般纳税人，2016年5月初次购买增值税税控系统专用设备支付费用11 000元以及缴纳的技术维护费330元，并取得增值税专票。

（1）2016年5月，购买增值税税控系统专用设备和缴纳技术维护费时：

借：固定资产　　11 000

　　管理费用　　330

　贷：银行存款　　11 330

同时：

借：应交税费——应交增值税（减免税款）　　11 330

　贷：递延收益　　11 000

　　　管理费用　　330

（2）2016年6月，按期计提增值税税控系统专用设备折旧时：

借：管理费用　　1 000

　贷：累计折旧　　1 000

同时，

借：递延收益　　1 000

　贷：管理费用　　1 000

实例12

某房地产开发企业2016年12月发生技术维护费1 800元。其会计分录为：

借：管理费用　　1 800

　贷：银行存款　　1 800

抵减当期应缴纳的增值税额时，其会计分录为：

借：应交税费——应交增值税（减免税款）　　1 800

　贷：管理费用　　1 800

实例13

2016年5月，某房地产开发企业首次购入增值税税控系统设备，支付价款3 367元，同时支付当年增值税税控系统专用设备技术维护费456元。当月两项合计抵减当月增值税应纳税额3 823元。

（1）首次购入增值税税控系统专用设备：

借：固定资产——税控设备　　3 367

　贷：银行存款　　3 367

（2）发生防伪税控系统专用设备技术维护费：

借：管理费用　　456

　　贷：银行存款　　456

（3）抵减当月增值税应纳税额：

借：应交税费——应交增值税（减免税款）　　3 823

　　贷：管理费用　　456

　　　　递延收益　　3 367

（4）以后各月计提折旧时（按3年，残值10%举例）：

借：管理费用　　84.18

　　贷：累计折旧　　84.18

借：递延收益　　84.18

　　贷：管理费用　　84.18

四、享受限额扣减增值税优惠政策的会计处理

一般纳税人享受限额扣减增值税优惠政策的，按规定扣减的增值税额，借记“应交税费——未交增值税”科目，贷记“营业外收入——政府补助”科目。

实例14

某房地产开发企业当年新招用持“就业失业登记证”人员2人，与其签订1年以上期限劳动合同并依法缴纳社会保险费的，定额标准为每人每年4 000元，则会计处理为：

借：应交税费——未交增值税　　8 000

　　贷：营业外收入——政府补助　　8 000

五、可以视为一个纳税人合并纳税情形的会计处理

经财政部和国家税务总局批准可以视为一个纳税人合并纳税情形下的会计处理要求如表4-5所示。

表4-5　可以视为一个纳税人合并纳税情形下的会计处理要求

序号	情形	具　体　说　明
1	分公司、子公司	（1）分公司、子公司按照现行规定计算的在所在地缴纳的增值税，借记“其他应收款”“内部往来”等科目，贷记“应交税费——未交增值税”科目；上缴时，借记“应交税费——未交增值税”科目，贷记“银行存款”科目 （2）月初，分、子公司要将上月各自销售额（或营业额）、进项税额及应纳税额（包括增值税、营业税）通过传递单传至总部
2	公司总部	（1）公司总部收到各分公司、子公司的传递单后，按照传递单上注明的应纳税额，借记“应交税费——应交增值税（已交税金）”科目，贷记“其他应付款”“内部往来”等科目 （2）将全部收入汇总后计算销项税额，减除汇总的全部进项税额后形成总的增值税应纳税额，再将各分公司、子公司汇总的应纳税额（包括增值税、营业税）作为已交税金予以扣减后，形成总部的增值税应纳税额

六、增值税检查后的会计处理

根据国家税务总局关于《增值税日常稽查办法的通知》国税发〔1998〕第44号文件规定：

（1）增值税一般纳税人在税务机关对其增值税纳税情况进行检查后，凡涉及应交增值税账务调整的，应设立“应交税费——增值税检查调整”专门科目。

（2）凡检查后应调减账面进项税额或调增销项税额和进项税额转出的，借记有关科目，贷记“应交税费——增值税检查调整”科目。

（3）凡检查后应调增账面进项税额或调减销项税额和进项税额转出的，借记“应交税费——增值税检查调整”科目，贷记有关科目。

（4）全部调账事项入账后，应对该科目的余额进行处理，处理后，该科目无余额。

七、纳税人销售已使用固定资产应交增值税

纳税人销售已使用固定资产应交增值税的，其中小规模纳税人销售已使用

固定资产，及一般纳税人销售已使用固定资产按照适用税率征收增值税的，应交增值税的会计处理与销售其他货物的处理一样，即小规模纳税人应通过“应交税费——应交增值税”科目核算，一般纳税人应通过“应交税费——应交增值税——销项税额”科目核算。但若出售属于按简易办法征收增值税的已使用固定资产，其按简易办法计算的应交增值税，在会计处理上应将其直接记入“应交税费——未交增值税”科目，而不能记入“应交税费——应交增值税——销项税额”科目。

实例15

某房地产开发企业，2016年7月出售于2011年8月份购买的某设备（未抵扣设备进项税额），该设备原值40万元，已计提折旧10万元，售价28万元，适用17%的增值税税率。企业应作的会计分录为：

（1）出售设备转入清理：

借：固定资产清理	300 000	
累计折旧	100 000	
贷：固定资产		400 000

（2）收到出售设备价款：

借：银行存款	280 000	
贷：固定资产清理		280 000

（3）按4%征收率减半计算应交增值税额为4 616元：

借：固定资产清理	4 616	
贷：应交税费——未交增值税		4 616

（4）结转固定资产清理：

借：营业外支出	4 616	
贷：固定资产清理		4 616

八、适用差额征税的会计处理方法

（一）会计核算的基本要求

一般纳税人发生应税行为，试点期间按照营业税改征增值税有关规定允许从销售额中扣除其支付给非纳税人价款的，应在“应交税费——应交增值税”科目下增设“营改增抵减的销项税额”专栏，用于记录该企业因按规定扣减销售额而减少的销项税额；同时，“主营业务收入”“主营业务成本”等相关科目应按经营业务的种类进行明细核算。

提醒您

纳税人从全部价款和价外费用中扣除价款，应当取得符合法律、行政法规和国家税务总局有关规定的凭证。否则，不得扣除。上述凭证是指：

（1）支付给境内单位或者个人的款项，且该单位或者个人发生的行为属于增值税或营业税征收范围的，以该单位或者个人开具的发票为合法有效凭证。

（2）支付的行政事业性收费或者政府性基金，以开具的财政票据为合法有效凭证。

（3）支付给境外单位或者个人的款项，以该单位或者个人的签收单据为合法有效凭证，税务机关对签收单据有疑义的，可以要求其提供境外公证机构的确认证明。

（4）国家税务总局规定的其他凭证。

企业购买服务、无形资产、不动产时，按规定允许扣减销售额而减少的销项税额，借记“应交税费——应交增值税（营改增抵减的销项税额）”科目，按实际支付或应付的金额与上述增值税额的差额，借记“主营业务成本”等科目，按实际支付或应付的金额，贷记“银行存款”“应付账款”等科目。

对于期末一次性进行账务处理的企业，期末，按规定当期允许扣减销售额而减少的销项税额，借记“应交税费——应交增值税（营改增抵减的销项税额）”科目，贷记“主营业务成本”等科目。

（二）一般纳税人差额征税中销售额的计算

《交通运输业和部分现代服务业营业税改征增值税试点实施办法》第三十三条规定：“销售额，是指纳税人提供应税服务取得的全部价款和价外费用。”

上述全部价款和价外费用指不含税的全部价款和价外费用。

含税销售额=取得的全部含税价款和价外费用

$$\text{计税销售额}=\frac{\text{取得的全部含税价款和价外费用}-\text{支付给其他单位或个人的含税价款}}{1+\text{对应征税应税服务适用的增值税税率或征收率}}$$

一般纳税人提供应税服务差额征税计税销售额计算具体参考，如表4-6所示。

表4-6　一般纳税人提供应税服务差额征税计税销售额计算表

类型	提供的应税服务	销售额（含税）	支付给其他单位或个人的价款（含税）是否允许扣除		计税销售额
			支付给纳税人	支付给非试点纳税人	
		①	②	③	④
一般规定	除交通运输业和国际货运代理服务以外的其他应税服务	取得的全部价款和价外费用	不允许	允许（不包括已抵扣进项税额的货物、加工修理修配劳务的价款）	（①-③）÷100%+对应征税应税服务适用增值税税率）
一般规定	交通运输业服务	取得的全部价款和价外费用	不允许	允许（不包括已抵扣进项税额的货物、加工修理修配劳务的价款）	（①-③）÷100%+对应征税应税服务适用增值税税率或征收率）
特殊规定	国际货运代理服务	取得的全部价款和价外费用	允许（不包括取得增值税专用发票的价款）	允许（不包括已抵扣进项税额的货物、加工修理修配劳务的价款）	（①-②-③）÷（100%+对应征税应税服务适用增值税税率）

注：1. 计税销售额指纳税人提供应税服务，按照国家有关营业税政策规定差额征收营业税的，其取得的全部价款和价外费用（含税），扣除支付给非纳税人价款（含税）后换算成不含税的余额。

2. 纳税人指经国家批准营业税改征增值税试点地区（上海、北京、江苏等地区）内，按照财税〔2011〕111号附件1《交通运输业和部分现代服务业营业税改征增值税试点实施办法》缴纳增值税的纳税人。

3. 非纳税人指经国家批准营业税改征增值税试点地区（上海、北京、江苏等地区）内，不按照财税〔2011〕111号附件1《交通运输业和部分现代服务业营业税改征增值税试点实施办法》缴纳增值税的纳税人和非试点地区的纳税人。

提醒您

以下为当期扣除支付给其他单位或个人价款的规定：

（1）当期发生属于规定扣除项目支付给其他单位或个人的价款，除有形动产融资租赁外，可以全部计入当期允许扣除项目申报扣除。

当期允许扣除的支付给其他单位或个人的价款=上期转入本期允许扣除的支付给其他单位或个人的价款余额＋本期发生的允许扣除的支付给其他单位或个人的价款。

（2）当期允许扣除的支付给其他单位或个人的价款小于等于当期取得的全部含税价款和价外费用的，当期实际扣除的价款为当期允许扣除的支付给其他单位或个人的价款。

（3）当期允许扣除的支付给其他单位或个人的价款大于当期取得的全部含税价款和价外费用的，当期实际扣除的价款为当期取得的全部含税价款和价外费用。

不足扣除的支付给其他单位或个人的价款可以转到下期继续扣除。

（三）兼有多项差额征税应税服务的核算管理

1．政策规定

《营业税改征增值税试点有关事项的规定》纳税人销售货物、加工修理修配劳务、服务、无形资产或者不动产适用不同税率或者征收率的，应当分别核算适用不同税率或者征收率的销售额，未分别核算销售额的，按照以下方法适用税率或者征收率：

（1）兼有不同税率的销售货物、加工修理修配劳务、服务、无形资产或者不动产，从高适用税率。

（2）兼有不同征收率的销售货物、加工修理修配劳务、服务、无形资产或者不动产，从高适用征收率。

（3）兼有不同税率和征收率的销售货物、加工修理修配劳务、服务、无形资产或者不动产，从高适用税率。

2. 核算要求

根据上述规定及目前营业税差额征税的有关具体政策规定，纳税人兼有多项差额征税应税服务经营的，应根据适用的差额征税政策按具体应税服务项目、免税和免抵退税应税服务项目分别核算含税销售额、扣除项目金额和计税销售额。如：同时经营交通运输业服务、货物代理、融资租赁服务、适用免税应税服务和出口适用免抵退应税服务的纳税人，应对上述不同项目的应税服务分别核算含税销售额、扣除项目金额和计税销售额。

需分别核算的上述扣除项目金额包括：期初余额、本期发生额、本期可抵减金额、本期实际抵减金额和期末余额。

九、取得过渡性财政扶持资金的会计处理

（1）纳税人在新老税制转换期间因实际税负增加而向财税部门申请取得财政扶持资金的，期末有确凿证据表明企业能够符合财政扶持政策规定的相关条件且预计能够收到财政扶持资金时，按应收的金额，借记“其他应收款”等科目，贷记“营业外收入”科目。

（2）待实际收到财政扶持资金时，按实际收到的金额，借记“银行存款”等科目，贷记“其他应收款”等科目。

实例16

某房地产开发企业为增值税一般纳税人，在新老税制转换期间因实际税负增加而向财税部门申请取得财政扶持资金且符合财政扶持政策规定的相关条件，2016年5月申请财政扶持资金22万元，2016年7月9日取得财政扶持资金。企业应作会计分录为：

（1）2016年6月，预计能够收到财政扶持资金时：

借：其他应收款——政府补助　　220 000

　贷：营业外收入——政府补助　　220 000

（2）2016年7月9日，取得财政扶持资金时：

借：银行存款　　220 000

　贷：其他应收款——政府补助　　220 000

十、当月缴纳本月增值税的会计处理

当月缴纳本月增值税时，借记“应交税费——应交增值税（已交税金）”科目，贷记“银行存款”科目。

实例17

某房地产开发企业2016年6月虚开增值税专用发票被国税稽查部门查处，当月收到主管税务机关的《税务事项通知书》，告知对其实行纳税辅导期管理。6月3日，该企业当月第一次领购专用发票25份，17日已全部开具，取得营业额86 000元（含税）；18日，该公司再次到主管税务机关申领发票，按规定对前次已领购并开具的专用发票销售额预缴增值税。

预缴增值税税款的计算：

86 000÷（1+11%）×3%=2 324.32（元）

相关会计处理：

借：应交税费——应交增值税（已交税金）　　2 324.32

　贷：银行存款　　2 324.32

十一、月末的会计处理

月末的会计处理方法为：

（1）月末，一般纳税人应将当月发生的应交未交增值税额自“应交税费——应交增值税”科目转入“未交增值税”明细科目，借记“应交税费——应交增值税（转出未交增值税）”科目，贷记“应交税费——未交增值税”科目。

（2）将本月多交的增值税自“应交税费——应交增值税”科目转入“未交增值税”明细科目，借记“应交税费——未交增值税”科目，贷记“应交税费——应交增值税（转出多交增值税）”科目。

（3）一般纳税人的“应交税费——应交增值税”科目的期末借方余额，反映尚未抵扣的增值税。“应交税费——未交增值税”科目的期末借方余额，反映多交的增值税；贷方余额，反映未交的增值税。

（4）当月缴纳上月应交未交的增值税，借记“应交税费——未交增值税”科目，贷记“银行存款”科目。

（5）收到退回多交增值税税款时，借记“银行存款”科目，贷记“应交税费——未交增值税”科目。

第三节　营改增后小规模纳税人的会计核算

一、会计科目的设置

小规模纳税人应在“应交税费”科目下设置“应交增值税”明细科目，不需要再设置其他专栏。月末也无需计提和结转，增值税纳税义务是在收入确认时发生的，因此在账上确认收入时就应该确认增值税纳税义务。下月缴纳增值税后，借记“应交税费——应交增值税”科目即可。

销售时：

借：银行存款或应收账款

　贷：主营业务收入（销售额 ÷ 1.03）

　贷：应交税费——应交增值税（销售额 ÷ 1.03 × 0.03）

缴纳时：

借：应交税费——应交增值税

　贷：银行存款

二、会计账务的处理要求

（一）提供应税服务

小规模纳税人销售服务、无形资产、不动产，按确认的收入和按规定收取的增值税额，借记“应收账款”“应收票据”“银行存款”等科目，按规定收取的增值税额，贷记“应交税费——应交增值税”科目，按确认的收入，贷记“主营业务收入”“其他业务收入”等科目。

（二）享受限额扣减增值税优惠政策

小规模纳税人享受限额扣减增值税优惠政策的，按规定扣减的增值税额，借记“应交税费——应交增值税”科目，贷记“营业外收入——政府补助”科目。

（三）月份终了上交增值税

小规模纳税人月份终了上交增值税时，借记“应交税费——应交增值税”科目，贷记“银行存款”科目。

（四）收到退回多交的增值税

收到退回多交的增值税，作相反的会计分录，即：借记“银行存款”科目，贷记“应交税费——应交增值税”科目。

（五）财务报表处理

“应交税费——应交增值税”科目期末如为借方余额，应根据其流动性在资产负债表中的“其他流动资产”项目或“其他非流动资产”项目列示；如为贷方余额，应在资产负债表中的“应交税费”项目列示。

三、差额征税的账务处理

纳税人中的小规模纳税人提供交通运输业服务和国际货物运输代理服务，按照国家有关营业税政策规定差额征收营业税的，其支付给纳税人的价款，也允许从其取得的全部价款和价外费用中扣除。

（一）差额征税的会计处理

1．购买服务、无形资产、不动产时

小规模纳税人购买服务、无形资产、不动产时，按规定允许扣减销售额而减少的应交增值税，借记“应交税费——应交增值税”科目，按实际支付或应付的金额与上述增值税额的差额，借记“主营业务成本”等科目，按实际支付或应付的金额，贷记“银行存款”“应付账款”等科目。

借：应交税费——应交增值税

　　主营业务成本（等科目）

　贷：银行存款（或应付账款等科目）

2．期末一次性进行账务处理的企业

对于期末一次性进行账务处理的企业，期末，按规定当期允许扣减销售额而减少的应交增值税，借记“应交税费——应交增值税”科目，贷记“主营业务成本”等科目。

借：应交税费——应交增值税

　贷：主营业务成本（等科目）

（二）小规模纳税人差额征税计税销售额的计算

小规模纳税人差额征税计税销售额的计算公式为：

$$\text{计税销售额}=\frac{\text{取得的全部含税价款和价外费用}-\text{支付给其他单位或个人的含税价款}}{1+\text{征收率}}$$

提醒您

当纳税人在网上申报时发生无法进行差额申报或虽可以进行填写，但无法保存时，应首先检查该业务是否符合政策规定，如果符合，则检查是否已经到税务机关进行备案。

如果还没有备案，则马上到税务机关进行备案；如果已经备案，则与主管税务机关进行联系，可能税务机关因某种原因还没有进行系统信息维护，进行维护后即可申报。

四、税控设备和技术维护费用抵减的会计处理

增值税纳税人2016年5月1日（含5月1日当天）以后初次购买增值税税控系统专用设备（包括分开票机）支付的费用以及缴纳的技术维护费可凭购买增值税税控系统专用设备取得的增值税专用发票，在增值税应纳税额中全额抵减（抵减额为价税合计额），不足抵减的可结转下期继续抵减。

（一）购入符合抵减条件的增值税税控系统专用设备的处理

（1）企业初次购入符合抵减条件的增值税税控系统专用设备时，按实际支付或应付的金额：

借：固定资产

　贷：银行存款（应付账款等科目）

（2）按规定抵减的增值税应纳税额：

借：应交税费——应交增值税

　贷：递延收益

（3）按期计提折旧：

借：管理费用

　贷：累计折旧

同时，

借：递延收益

　贷：管理费用

（二）发生符合规定条件可抵减技术维护费的处理

（1）企业发生技术维护费，按实际支付或应付的金额：

借：管理费用

　贷：银行存款

（2）按规定抵减的增值税应纳税额：

借：应交税费——应交增值税

　贷：管理费用

提醒您

电脑、打印机、扫描仪等属于通用设备，不属于防伪税控系统的专用设备，不适用财税〔2012〕15号文件规定的可以抵扣的项目。不包括培训费、资料费等其他的附加费用。

第四节　关于老项目采用一般与简易计税方法会计分录对比

根据财税〔2016〕36号关于全面推开营业税改征增值税试点的通知，附件2（十）条规定：房地产开发企业中的一般纳税人销售房地产老项目，以及一般纳税人出租其2016年4月30日前取得的不动产，适用一般计税方法计税的，应以取得的全部价款和价外费用，按照3%的预征率在不动产所在地预缴税款后，向机构所在地主管税务机关进行纳税申报。

一、采用一般计税方法

房地产企业老项目采用一般计税方法的会计分录为：

（1）收到预收款时：

借：库存现金/银行存款

贷：预收账款（价税合计）

（2）企业预缴税款：

借：应交税费——未交增值税（按3%征收率在不动产所在地预缴，机构所在地申报）

——应交城市维护建设税

——应交教育费附加

——应交地方教育费附加

贷：银行存款

（3）支付建筑商工程款：

借：开发成本

应交税费——应交增值税——进项税额（取决于开票企业的纳税选择，3%税务局代开票或11%）

贷：银行存款/应付账款

（4）支付广告宣传费：

借：销售费用

应交税费——应交增值税——进项税额（取决于开票企业的规模，3%税务局代开票或6%）

贷：银行存款/应付账款

（5）工程完工：

借：开发产品

贷：开发成本

（6）确认收入实现和结转成本：

①借：预收账款

贷：主营业务收入（由于预收房款是价税合计，结转收入时必须用计算公式将销售额与增值税分离）

贷：应交税费——应交增值税——销项税额（根据全部销售额按照11%税率计算得出）

②借：主营业务成本

贷：开发产品

（7）结转当期销项税大于进项税时：

①借：应交税费——应交增值税（转出未交增值税）

贷：应交税费——未交增值税

②计算税金及其附征：

借：营业税金及附加

贷：应交税费——应交城市维护建设税

——应交教育费附加

——应交地方教育费附加

（8）假定当期应交税费——未交增值税科目账面余额为贷方，次月申报缴纳。

二、采用简易计税方法

根据附件2第（八）条第7款规定：房地产开发企业中的一般纳税人，销售自行开发的房地产老项目，可以选择适用简易计税方法按照5%的征收率计税。

本条第9款规定：房地产开发企业采取预收款方式销售所开发的房地产项目，在收到预收款时按照3%的预征率预缴增值税。

房地产企业老项目采用简易计税方法的会计分录为：

（1）收到预收款时：

借：库存现金/银行存款

贷：预收账款（价税合计）

（2）企业预缴税款：

借：应交税费——未交增值税（按3%征收率在不动产所在地缴纳，机构所在地申报）

——应交城市维护建设税

——应交教育费附加

——应交地方教育费附加

贷：银行存款

（3）支付建筑商工程款：

借：开发成本（因税额不可以在销项税额中抵扣，导致成本比一般计税方法多列支）

贷：银行存款/应付账款

（4）支付广告宣传费：

借：销售费用（因税额不可以在销项税额中抵扣，导致费用比一般计税方法多列支）

贷：银行存款/应付账款

（5）工程完工：

借：开发产品

贷：开发成本

（6）确认收入实现和结转成本：

①借：预收账款。

贷：主营业务收入

应交税费——未交增值税（根据全部销售额按照5%征收率计算得出）

②借：主营业务成本

贷：开发产品

（7）计算附征：

借：营业税金及附加

　贷：应交税费——应交城市维护建设税

　　　　　　——应交教育费附加

　　　　　　——应交地方教育费附加

在能够取得较多一般纳税人按照正常税率（而不是征收率）的专用发票的情况下，而且进项税额与销项税额差额较小时，实际增值税少于按照简易办法应缴纳的，在会计利润和所得税方面，一般方法计算的收入势必会少于简易方法，对企业所得税预缴毛利润方面以及当年费用扣除数额有很大影响。

第五章

营改增后房地产开发企业纳税筹划与风险控制

增值税专用发票仅限增值税一般纳税人使用（以“营改增”作为目前规模最大的结构性减税措施，其最大的特点就是减少重复纳税，促使社会形成更好的良性循环，有利于企业降低税负。而结构性减税并非是“只减不增”，而是“有增有减”，这就必然影响到企业的税负变动，因此房地产开发企业应注意防范可能出现的税务风险，同时还要努力做好税务筹划工作，以提升企业的经营管理水平。

第一节 营改增的纳税筹划要点

一、纳税人身份选择的税务筹划

根据纳税人经营规模及会计核算健全程度，增值税纳税人分为一般纳税人和小规模纳税人。计算增值税时，一般纳税人按照适用税率适用一般计税方法，小规模纳税人按照征收率适用简易计税方法，由于两者在增值税计税方法上存在差别，为方便进行税收筹划，纳税人应根据自身实际情况选择恰当的身份。

2016年5月1日起，实行营改增后，企业是选择继续按小规模纳税人纳税好呢？还是选择增值税一般纳税人纳税好呢？以下的提议供参考。

（一）达到规定标准的（除特殊情形外）应当登记为增值税一般纳税人

营改增后，是否需要向税务机关登记为一般纳税人，这是有明确的规定的：符合一般纳税人条件的纳税人应当向主管税务机关办理一般纳税人资格登记。应当登记而未登记、按照规定时限内未及时纠正的，则按增值税适用税率征税，并且不得抵扣进项税额。但符合规定情形的，达到标准的也不是一定要登记为一般纳税人，可以选择按一般纳税人纳税，也可以选择按小规模纳税人纳税，但都需要将选择结果向主管税务机关办理相关备案手续。

根据规定，增值税一般纳税人的标准是指连续12个月销售总额超过规定标准。具体标准是：从事货物生产或者提供应税劳务的纳税人，以及以从事货物生产或者提供应税劳务为主，并兼营货物批发或者零售的纳税人销售收入50万元，货物批发或者零售的纳税人经营销售收入80万元，应税服务收入500万元。

（二）小规模纳税人符合条件的可以登记为一般纳税人

年应税销售额没有超过一般纳税人标准的，只要会计核算健全能够提供准确税务资料的，符合相关规定要求的，也可以登记为增值税一般纳税人。

（三）选择纳税人类型的参考依据

1．税负率的参考依据

在考虑选择是否按增值税一般纳税人纳税时，主要需要考虑的是取得进项税额的比重有多大，也就是说，增值税税负率的高低。可以通过模拟税负率与征收率进行比较：如果税负率大于征收率，自然选择小规模纳税人比较划算；反之，如果税负率小于征收率，自然选择一般纳税人比较划算。

税负率=（销售额×税率－进项税额）÷销售额×100%

当然，如果需要更细致的测算，要同时考虑征收率和税负率对价税分离的不同影响，但相对来说这个影响比较小。

2．需要考虑自己的行业特点

如果属于餐饮娱乐等生活性服务行业，从增值税的安全性和属于终端性消费的角度看，许多经营项目即使消费者是增值税一般纳税人，开具的增值税专用发票有可能也不允许抵扣，也就是你开具的是否是增值税专用发票，对于消费者来说没有什么区别，那么只需要考虑税负率的比较就可以了。

3．需要考虑自己的客户对象

如果你的经营项目是属于增值税可以抵扣的范围，就需要考虑自己的经营市场的定位：如果你不准备做大，不想将产品销售给增值税一般纳税人，可以考虑选择小规模纳税人；如果你想要做大，做销售对象为增值税一般纳税人的生意，那么就需要选择一般纳税人；如果销售对象基本上都是增值税一般纳税人，并且属于可以抵扣的项目，营改增后客户势必要求取得增值税抵扣凭证，除非进行价格折让。

总之，营改增后，有部分企业达到标准、并且不符合选择小规模纳税人条件的，就需要及时向主管税务机关登记为一般纳税人，并且及时按照规定尽可能地取得合法有效的抵扣凭证。对于有选择权的企业，就需要进行认真的测算和市场定位的综合考虑，来决定是否选择一般纳税人。

二、业务流程再造

（一）组织架构调整

纳税人可以调整供应商、服务商的选择，全面考察分析供应商、服务商，优先考虑可以提供增值税合法抵扣凭证的上游供应商、服务商，加强对抵扣凭证的管理。

（二）加强集团内部定价及业务协作

集团内部各个子公司都是独立的纳税主体，在业务相互协作配合的过程中，如何定价影响各子公司的应纳增值税额，可以根据各子公司的当期进项情况具体确定定价策略。企业应根据节税效果选择最优的业务流程方案，对业务流程进行调整，通过召开部门会议，修改制度、合同等确定新的业务流程，并持续关注可能存在的税务及商业风险。

三、经营模式规划

重新规划业务模式，实现增值税税负转嫁的税务筹划。

（一）重新规划业务模式

“营改增”过程中，由于核算方式的改变，企业需要测算现有业务流程的税负变化，对于某些行业的企业，由于缺少可抵扣的进项税额，会有税负增加的风险。

为防范风险，企业有必要重新规划业务模式。例如，原来属于营业税纳税人的交通运输企业，适用3%的营业税税率。“营改增”试点启动之后，如被认定为增值税一般纳税人，其适用的税率将变为11%，名义税率增加了8个百分点。如果该企业未充分了解增值税的计算方法且不作任何税务规划，由此增加的税负可能全部由自己来消化，那么其税负将增加不少；反之，如果该企业能借改革之机，和汽车供应商及货运委托方进行谈判，适当调整采购成本和运费，利用增值税在各个环节均可以抵扣上一环节形成的进项税这一特点，适度地将增加的税负转嫁出去，那么企业的税负就会得到很好的削减，企业就能享受到增值税改革试点的成果，实现稳步发展。又如，企业可以通过定价政策的变化，来应对税改带来的影响，如将增值税税负部分转嫁给下游企业。同时，如果下游企业也属于增值税一般纳税人，由于购买试点服务产生的进项增值税可以抵扣，实际采购成本也会下降，因此双方都可以从中获益。

如房地产开发企业可以通过评估自产和外包的税收效应，积极改变商业模式。房地产开发企业向个人支付的拆迁支出（例如：补偿款）等无法取得增值税发票，可能无法获得增值税进项税额抵扣。在商业可行的前提下，工程、采购部门可通过专业的土地开发机构进行拆迁安置，取得增值税发票。但第三方机构可能会向企业转嫁全部或部分增值税，采购部门应对拆迁支出进行成本测算，控制第三方机构的增值税转嫁程度，作出对企业最有利的拆迁补偿安排。

（二）业务分拆

对于经营业态复杂的企业，可通过具体业务性质分析，进行业务分拆，适用较低税率，实现税负的降低。例如，北京某交通运输企业，营改增后，适用增值税税率为11%，由于进项税额不足，增值税税负增加明显。后来，请专业机构帮助分析其业务构成，进行分立重组，在降低增值税税负的同时，实现业务类型清晰化、财务核算更加规范，提高了企业效率。

四、在业务合同中的税收筹划

合同决定业务过程，也是税务风险的主要载体。合同的涉税审核与管理水平直接影响税负的高低。合同内容不同，税负高低将不同。在“营改增”后，企业要重新复核现有的业务合同，进行重新的设计和规划。比如，合同中对于服务价格的确定、折扣方式的运用、区分含税价与不含税价、价外费用方式的选择、结算方式的选择等，都可能对企业整体的税负产生影响。又如，对于部分经营业务性质的描述，在合同中正确表述享受较低税率的业务模式或者可以享受税收优惠政策的经营行为等，也会对企业的税负以及商业利益产生影响。

五、保证三证统一

三证指的是法律凭证、会计凭证和税务凭证。纳税人应注重法律凭证、会计凭证和税务凭证的相互印证，相互联系和相互支持。

（一）三证的内涵

1. 法律凭证：在降低企业税收成本中起根本性的作用

法律凭证是用来明确和规范有关当事人权利和义务法律关系的重要书面凭证或证据。主要体现为合同、协议、法院判决或裁定书等法律文书和其他各种证书。如土地使用权证书、股权转让协议书、资产转让（收购）协议、股权转让（收购）协议、采购合同、建筑合同等都是法律凭证。法律凭证，特别是经济合同的正确签订在降低企业的税收成本中起到根本性的作用，即为了降低企业的税收成本，有时需要给当地税务主管部门提供各种合同材料，有时必须通过合同的正确而巧妙的签订。

实例1

【案情介绍】

甲企业为销售建材而购买了一间临街旺铺，价值150万元，开发商承诺买商铺送契税和手续费。在签订合同时也约定，铺面的契税、印花税及买卖手续费均由开发商承担。按合同规定，企业付清了所有房款。但不久后，企业去办理房产证时，税务机关要求企业补缴契税6万元，印花税0.45万元，滞纳金5 000多元。企业以合同中约定由开发商包税为由拒绝缴纳税款。但最后企业被强行从银行划缴了税款和滞纳金，并被税务机关罚款。请分析甲企业必须承担税费的原因。

【涉税分析】

税法与合同法是各自独立的法律，税务机关在征收税款时是按照税法来执行的。在我国境内转让土地、房屋权属，承受的单位和个人为契税的纳税人。在本案例中，甲企业就是契税和印花税的纳税人，是缴纳这些税款的法律主体，而甲企业与开发商所签订的包税合同并不能转移甲企业的法律责任。因为开发商承诺的契税等税费，意思只是由开发商代企业缴纳，在法律上是允许的。但当开发商没有帮企业缴纳税款的时候，税务机关要找的是买房的甲企业而不是开发商。所以在签订经济合同时，不要以为对方包了税款就同时也包了法律责任，对方不缴税，延期缴纳税款和漏税的责任要由买方甲企业进行承担。

【规避多承担税费的合同签订技巧】

要规避甲企业承担开发商没有支付在经济合同中承诺的铺面的契税、印花税及买卖手续费，必须在签订经济合同时，拿着该份经济买卖合同到铺面所在地的主管税务局去进行备案，同时要及时督促开发商把其在经济合同中承诺的铺面的契税、印花税及买卖手续费缴纳完毕后，才付清铺面的购买价款。或者在经济合同中修改条款“铺面的契税、印花税及买卖手续费均由开发商承担，但是由甲企业代收代缴。”这样签订的合同，甲企业可以在支付开发商的购买价款时就可以把由开发商承担的铺面的契税、印花税及买卖手续费进行扣除，然后，甲企业去当地税务局缴纳铺面的契税、印花税及买卖手续费，凭有关的完税凭证到当地房管局去办理过户产权登记手续。

2．会计凭证

会计凭证是记录经济业务、明确经济责任、按一定格式编制的据以登记会计账簿的书面证明。用来记载经济业务的发生，明确经济责任，作为记账根据的书面证明。有原始凭证和记账凭证。前者是在经济业务最初发生之时即行填制的原始书面证明，如销货发票、款项收据等。后者是以原始凭证为依据，作为记入账簿内各个分类账户的书面证明，如收款凭证、付款凭证、转账凭证等。

3．税务凭证

税务凭证是一种在税法或税收政策性规章上明确相关经济责任的书面证据。税务凭证是法律凭证中的一种特殊性凭证，税务凭证一定是法律凭证，法律凭证不一定是税务凭证。如税务登记证书，税收行政处罚通知书等税务凭证，就是法律凭证，而各种发票，如增值税专用发票，各种服务类发票等税务凭证就不是法律凭证。

（二）三证的关系

法律凭证、会计凭证和税务凭证虽然在各自的内涵上存在一定的差异，但是相互间存在一定的联系。如税务凭证与会计凭证是有区别和联系的，两者的联系是，都明确相关经济责任的企业据以进行记账的书面证明。区别是两者的根据不同，会计凭证是依据中华人民共和国财政部颁发的各项会计政策、财经制度而进行财务核算的记账凭证；税务凭证是根据相关税法和中华人民共和国税务总局制定的各项税收政策而明确纳税义务的税收凭证。由于对同一项经济业务的核算和反映，会计准则或会计制度与税法上的规定是有一定差异的，正是如此，在税法上，需要对这种差异进行纳税调整，否则将会受到税务主管部门的惩罚而遭受一定的罚款损失。

在降低企业成本的实践当中，一定要保证法律凭证、会计凭证和税务凭证的三证统一，特别是法律凭证在降低企业成本中起关键性的首要的源头作用。同时，会计凭证和税务凭证上的数据必须与法律凭证中的数据始终保持一致，否则会面临成本增加的可能。

（三）“三证统一”是降低企业成本的根本方法

“三证统一”在企业降低成本中起着非常重要的作用，在众多降低成本的方法当中，“三证统一”是根基，是根源。下面从两个方面来理解“三证统一”是企业降低成本的根本方法。

1．法律凭证是决定企业成本的根源

企业的成本涉及企业的设计、研发、生产、管理、销售、售后服务等各价值链环节，每一环节都与企业的成本相关。要控制好每一环节的成本，必须把着力点放在有关合同、协议的签订和管理环节上，因为价格是合同和协议中的重要条款，合同和协议中的价格是构成企业相关成本的重要部分。如果合同中的价格已经确定，要通过降低价格来降低成本是不可能的，也是不现实的，否则，要负一定的民事法律赔偿责任。因此，在商品或材料采购、物流运输、提供服务等环节过程中，成本降低的关键点是价格谈判，价格一旦谈定就得在有关合同或协议中进行明确规定，只要合同和协议中对价格进行了确定，再来谈降低采购成本和运输物流成本是毫无意义的。如，某公司是专门从事家具生产的企业，假设采购生产家具的木料成本在生产成本的比例为40%，该企业在采购木料的过程中，往往通过集中采购制度来进行采购，所有采购价格包括运输成本都在采购合同中体现。如果要降低采购成本的话，根本的削减成本阶段是在采购环节与供应商的价格谈判阶段，只有与相关的多个供应商进行价格谈判，选择既能保证材料质量又能保证价格低廉的材料供应商供货，并在采购合同中明确谈定好的低价格，生产成本才能够真正得到降低。

2．“三证统一”是促降税收成本的根本之策

在明确法律凭证是降低企业成本的根源后，还要保证法律凭证、会计凭证和税务凭证的相互统一，成本降低才能落到实处。

（四）三证统一的核心思想

“三证统一”具体而言是指：

（1）合同与企业的账务处理相匹配。

（2）合同与企业的税务处理相匹配。

（3）合同与企业发票开具相匹配。

实例2

总承包合同中的开工保证金和履约保证金条款的税务处理和账务处理。

【案情介绍】

某房地产开发企业与乙建筑总承包企业签订的建筑合同中约定开工保证金条款：房地产开发企业在合同签订之后的2个工作日之内向建筑企业乙支付100万元开工保证金，该开工保证金将于以后冲减甲给乙的工程款。该房地产开发企业与丙建筑总承包企业签订的建筑合同中约定履约保证金条款：丙在合同签订之后的7个工作日之内必须向该房地产开发企业支付100万元的履约保证金。请问以上保证金条款应如何进行账务和税务处理？

【涉税分析】

根据合同保证金条款的约定来看，开工保证金是业主支付给建筑总承包方的预付款项，而履约保证金是建筑总承包企业支付给业主的保证金或押金。根据增值税纳税义务时间的规定，本案例中保证金的账务和税务处理如下：

第一，该房地产开发企业在合同签订之后的2个工作日之内向建筑企业乙支付100万元开工保证金的账务和税务处理如下：

该房地产开发企业的账务处理：

借：预付账款［收到业主开工保证金÷（1+11%）］

　　应交税费——应交增值税（进项税）［收到业主开工保证金÷（1+11%）×11%］

　贷：银行存款

乙的账务处理：

借：银行存款

　贷：预收账款［收到业主开工保证金÷（1+11%）］

　　　应交税费——应交增值税（销项税）［收到业主开工保证金÷（1+11%）×11%］

根据财税〔2016〕36号附件1：《营业税改征增值税试点实施办法》第四十一条第（二）项规定："纳税人提供建筑服务、租赁服务采取预收款方式的，其纳税义务发生时间为收到预收款的当天。"建筑总承包方乙收到该房地产开发企业支付的开工保证金就是预收账款，因此，建筑总承包方乙收到该房地产开发企业支付的开工保证金时，发生了增值税纳税义务时间，必须向业主——该房地产开发企开具增值税专用发票，如果乙不开具发票，则要做无票收入进行增值税销项税的申报。

第二，该房地产开发企业与丙建筑总承包企业签订的建筑合同中约定履约保证金条款：丙在合同签订之后的7个工作日之内必须向甲支付100万元的履约保证金的账务和税务处理。

该房地产开发企业的账务处理：

借：银行存款

贷：其他应付款——收到丙履约保证金

丙的账务处理：

借：其他应收款——支付甲履约保证金

贷：银行存款

建筑企业向甲支付履约保证金没有发生纳税义务时间，甲应向丙开收款收据。

六、保证“三流合一”

所谓的“三流合一”是指资金流（银行的收付款凭证）、票流（发票的开票人和收票人）和物流（劳务流）相互统一，具体而言是指不仅收款方、开票方和货物销售方或劳务提供方必须是同一个经济主体，而且付款方、货物采购方或劳务接受方必须是同一个经济主体。如果在经济交易过程中，不能保证资金流、票流和物流（劳务流）相互统一，则会出现票款不一致，涉嫌虚开发票，被税务部门稽查判定为虚列支出，虚开发票，承担一定的行政处罚甚至遭到刑事处罚的法律风险。

国家税务总局在税务稽查中一直非常重视发票的“三查”工作，即“查税必查票”“查账必查票”“查案必查票”。对检查发现的虚假发票，一律不得用于税前扣除、抵扣税款、办理出口退税（包括免、抵、退税）和财务报销、财务核算。当合同签订主体与实际收款主体不一致，造成增值税发票“三流不一致”，合同主体总包企业可能存在虚开增值税发票风险；不仅不可以在企业所得税前扣除和抵扣进项税额，而且将受到刑事处罚的法律风险。因此，在“以票控税”的中国，发票必须保证与真实交易行为的票款一致。票据开具必须与合同保持匹配，必须保证资金流、票流和物流（劳务流）相互统一。企业应重点注意存在居间人、混淆交易人、存在垫付款项、善意取得等情形下的发票法律风险；在发票的开具、认证、申报、领用存放等环节实行岗位分离制度，同时全面梳理增值税等涉税风险点，重点防范虚开增值税专用发票风险。

（一）无真实交易下开票的法律风险：虚开发票

在没有真实交易情况下的票款不一致，一定面临着税收和法律风险，如果被税务稽查部门查出，轻则处以补税、罚款和缴纳滞纳金；重则相关的主要负责人员将会承担一定的刑事处罚。企业在财税管控中必须杜绝和防范无真实交易情况下的开票行为，《中华人民共和国发票管理办法》第二十二条规定："任何单位和个人不得有下列虚开发票行为：1．为他人、为自己开具与实际经营业务情况不符的发票；2．让他人为自己开具与实际经营业务情况不符的发票；3．介绍他人开具与实际经营业务情况不符的发票。"基于此规定，没有真实交易行为下而进行的开票行为是虚开发票的行为。

国家税务总局在税务稽查中一直非常重视发票的"三查"活动，即"查税必查票""查账必查票""查案必查票"。对检查发现的虚假发票，一律不得用于税前扣除、抵扣税款、办理出口退税（包括免、抵、退税）和财务报销、财务核算。

第十一届全国人大常委会第十九次会议于2011年2月25日通过的《中华人民共和国刑法修正案（八）》，对刑法作出了以下三项重要修改和补充：一是取消了虚开增值税专用发票罪，用于骗取出口退税、抵扣税款发票罪，伪造、出售伪造的增值税专用发票罪的死刑。二是增加了虚开普通发票罪。刑法修正案（八）第三十三条规定，在刑法第二百零五条后增加一条，作为二百零五条之一："虚开本法第二百零五条规定以外的其他发票，情节严重的，处二年以下有期徒刑、拘役或者管制，并处罚金。单位犯前款罪的，对单位判处罚金，并对其直接负责的主管人员和其他直接责任人员，依照前款的规定处罚。"这一规定增加的罪名为"虚开普通发票罪"。三是增加了非法持有伪造的发票罪。刑法修正案（八）第三十五条规定，在刑法第二百一十条后增加一条，作为第二百一十条之一："明知是伪造的发票而持有，数量较大的，处二年以下有期徒刑、拘役或者管制，并处罚金；数量巨大的，处二年以上七年以下有期徒刑，并处罚金。单位犯前款罪的，对单位判处罚金，并对其直接负责的主管人员和其他直接责任人员，依照前款的规定处罚。"这一规定增加的罪名为"非法持有伪造的发票罪"。非法持有伪造的发票罪，是指明知是伪造的发票，而非法持有且数量较大的行为。

最高人民法院关于适用《全国人民代表大会常务委员会关于惩治虚开、伪造和非法出售增值税专用发票犯罪的决定》的若干问题的解释第一条规定：具有下列行为之一的，属于“虚开增值税专用发票”：1. 没有货物购销或者没有提供或接受应税劳务而为他人、为自己、让他人为自己、介绍他人开具增值税专用发票；2. 有货物购销或者提供或接受了应税劳务但为他人、为自己、让他人为自己、介绍他人开具数量或者金额不实的增值税专用发票；3. 进行了实际经营活动，但让他人为自己代开增值税专用发票。虚开税款数额1万元以上的或者虚开增值税专用发票致使国家税款被骗取5 000元以上的，应当依法定罪处罚。虚开税款数额10万元以上的，属于“虚开的税款数额较大”。

根据以上法律依据，企业没有真实交易而开票是典型的虚开发票行为，不仅索取的虚开发票不可以在企业所得税前扣除和抵扣进项税额，而且将承担受到刑事处罚的法律风险。因此，在“以票控税”的中国，发票必须保证与真实交易行为的票款一致。

实例3

某公司让他人为自己代开增值税专用发票的涉税分析

【案情介绍】

一般纳税人A房地产公司与B公司签订购买设备合同，B公司不具有一般纳税人资格，但其分公司C具有一般纳税人资格，于是B公司让分公司C开具增值税专用发票给A房地产公司，请分析三方存在的涉税风险。

【涉税风险分析】

根据《中华人民共和国发票管理办法》第十九条规定，销售商品、提供服务以及从事其他经营活动的单位和个人，对外发生经营业务收取款项，收款方应向付款方开具发票；特殊情况下由付款方向收款方开具发票。第二十二条第二款规定，任何单位和个人不得有下列虚开发票行为：（一）为他人、为自己开具与实际经营业务情况不符的发票；（二）让他人为自己开具与实际经营业务情况不符的发票；（三）介绍他人开具与实际经营业务情况不符的发票。《中华人民共和国发票管理办法》第三十七条第一款规定，违反本办法第二十二条第二款的规定虚开发票的，由税务机关没收违法所得；虚开金额在1万元以下的，可以并处5万元以下的罚款；虚开金额超过1万元的，并处5万元以上50万元以下的罚款；构成犯罪的，依法追究刑事责任。依据上述规定，分公司C没有销售货物，为他人开具与实际经营业务情况不符的发票，属于虚开发票行为，而销售方B公司让他人为自己开具与实际经营业务情况不符的发票，也属于虚开发票行为，都将会受到处罚。对A房地产公司来讲，根据《国家税务总局关于纳税人善意取得虚开的增值税专用发票处理问题的通知》（国税发〔2000〕187号）文件的规定，购货方与销售方存在真实的交易，销售方使用的是其所在省（自治区、直辖市和计划单列市）的专用发票，专用发票注明的销售方名称、印章、货物数量、金额及税额等全部内容与实际相符，且没有证据表明购货方知道销售方提供的专用发票是以非法手段获得的，对购货方不以偷税或者骗取出口退税论处。但应按有关法规不予抵扣进项税款或者不予出口退税；购货方已经抵扣的进项税款或者取得的出口退税，应依法追缴。如果C公司以B公司的名义开具专用发票，A房地产公司与B公司的交易是真实的，但税务机关会以A房地产公司应该知道B公司为小规模纳税人来证明A房地产公司知道销售方提供的专用发票是以非法手段获得的，从而定性为偷税或者骗取出口退税。即使不这样定性，对A房地产公司取得的专用发票也不予抵扣进项税款或者不予出口退税。

【规避税收风险的策略】

由销售方B公司开具发票。如果A房地产公司需要开具专用发票的，可根据《国家税务总局关于印发〈税务机关代开增值税专用发票管理办法（试行）〉的通知》（国税发〔2004〕153号）的第五条和第六条的规定开具专用发票。其中，该文件第五条规定，本办法所称增值税纳税人是指已办理税务登记的小规模纳税人（包括个体经营者）以及国家税务总局确定的其他可予代开增值税专用发票的纳税人。第六条规定，增值税纳税人发生增值税应税行为、需要开具专用发票时，可向其主管税务机关申请代开。从2009年1月1日以后，小规模纳税人无论工业还是商业，税率均调整为3%，B公司申请税务机关代开发票依然按小规模3%的税率征收增值税，但代开给增值税一般纳税人的发票可以按3%进行抵扣。因为只有具有一般纳税人资格的纳税人开具的发票才按17%的税率征税，取得方一般纳税人企业方可按17%抵扣进项税，因此，一般纳税人与小规模纳税人的税负是不同的，A房地产公司要根据自己的实际经营情况以及B公司的定价是否合算来决定是否在B公司购买此设备，但不能以虚开发票使三方受处罚作为代价取得专用发票。

（二）有真实交易下票款不一致的涉税风险

有真实交易下票款不一致的涉税风险：不能以企业所得税税前扣除和抵扣增值税进项税额。

国家对企业取得的发票在企业所得税税前扣除有严格的规定。《国家税务总局关于开展打击制售假发票和非法代开发票专项整治行动有关问题的通知》（国税发〔2008〕40号）文规定：对于不符合规定的发票和其他凭证，包括虚假发票和非法代开发票，均不得用于税前扣除、出口退税、抵扣税款。《国家税务总局关于印发进一步加强税收征管若干具体措施的通知》（国税发〔2009〕114号）规定：未按规定取得的合法有效凭据不得在税前扣除。根据该法律依据，企业在真实交易情况下票款不一致，所取得的发票进行入账进成本，因涉嫌发票虚开，是一种未按规定取得的合法有效凭据，不可在企业所得税前进行扣除。

《国家税务总局关于加强增值税征收管理若干问题的通知》（国税〔1995〕192号）第一条第（三）项规定："购进货物或应税劳务支付货款、劳务费用的对象。纳税人购进货物或应税劳务，支付运输费用，所支付款项的对象，必须与开具抵扣凭证的销货单位、提供劳务的单位一致，才能够申报抵扣进项税额，否则不予抵扣。"基于此规定，货物流、资金流、票流一致，在可控范围内可以安全抵扣，票面记载货物与实际入库货物必须相符，票面记载开票单位与实际收款单位必须一致，必须保证票款一致！

实例4

某房地产开发企业"三流不统一"的涉税风险分析

【案情介绍】

云南省某房地产开发企业与建筑装修公司签订包工包料合同，合同金额为1 000万元（不含增值税），材料费用为800万元（不含增值税），劳务费用为200万元（不含增值税）。该建筑装修公司向材料供应商采购材料，价款为800万元，为了节省税负，建筑装修公司通知房地产公司向材料供应商支付材料采购款800万元，材料供应商向房地产公司开具800万元的增值税专用发票，工程完工后，建筑装修公司与房地产公司进行工程结算，结算价为1 000万元，房地产开发企业支付建筑装修公司200万元劳务款，建筑装修公司开具增值税专用发票200万元（不含增值税）给房地产公司。房地产开发企业财务人员将材料供应商开具的800万元普通增值税发票和建筑装修公司开具的200万元增值税专用发票计入开发成本。结果在进行增值税抵扣时，税务部门不同意材料供应商开具房地产开发企业800万元的增值税专用发票在增值税销项税前扣除。请分析800万元的增值税专用发票为什么不能在增值税销项税前抵扣。

【涉税分析】

《国家税务总局关于加强增值税征收管理若干问题的通知》（国税发〔1995〕192号）第一条第（三）项规定："购进货物或应税劳务支付货款、劳务费用的对象。纳税人购进货物或应税劳务，支付运输费用，所支付款项的对象，必须与开具抵扣凭证的销货单位、提供劳务的单位一致，才能够申报抵扣进项税额，否则不予抵扣。"根据此规定，如果房地产开发企业与建筑装修公司签订包工包料合同，则装修公司必须对施工过程中所耗的建筑装修材料依法缴纳增值税。因此，本案例中的建筑装修公司与房地产开发企业签订包工包料合同，结算价为1 000万元，应该给房地产开发企业开具1 000万元的增值税专用发票。而案例中的房地产公司向材料供应商支付800万元货款与材料供应商向房地产开发企业开具800万元的增值税专用发票；建筑装修公司向房地产开发企业收取200万劳务款，开具200万元增值税专用发票，虽然满足票款一致，但与合同不匹配。因为房地产开发企业没有向材料供应商采购材料，即房地产开发企业与材料供应商没有签订材料采购合同，房地产开发企业是替建筑装修公司支付材料采购款的，材料是建筑装修公司采购的（建筑装修公司与材料供应商签订800万元的采购合同），800万元增值税专用发票理所当然应该由材料供应商开给建筑装修公司，建筑装修公司应该全额开票1 000万元增值税专用发票给房地产开发企业。所以房地产开发企业和建筑装修公司虽然票款一致，但不符合三流统一（房地产开发企业缺乏800万元的物流，建筑装修公司800万元的物流，缺乏800万元资金流和票流）。

【分析结论】

企业在经济交易活动中，票据开具必须与合同保持匹配，必须保证资金流、票流和物流（劳务流）相互统一。

实例5

某房地产开发企业指定分包方中票款不一致的涉税分析

【案情介绍】

某房地产开发企业与建筑企业乙签订总承包合同1 000万元，同时该房地产开发企业指定建筑企业乙与其属于同一法人代表的具有分包资质的建筑企业丙签订分包合同300万元，在工程款支付上，该房地产开发企业直接将分包工程款依次支付给丙公司，分包方将发票开具给总包乙企业，总包乙企业将发票开具给房地产开发企业。

【涉税分析】

该房地产开发企业收到建筑企业乙开具的1 000万元增值税发票，只支付700万元资金给建筑企业乙；房地产开发企业支付300万元资金给分包方丙，与建筑企业丙开具300万元增值税专用发票给总包方乙，出现了资金流、票流、劳物流不统一，和票款不一致的问题。总包乙和房地产企业甲不可以抵扣增值税进项税额。

【应对策略】

为了规避票款不一致和三流不统一导致不能抵扣增值税进项税额，必须在总承包合同的基础上，业主、总包和分包必须签订“业主指定分包方的三方分包协议”，合同中有三个当事人：业主、总承包方、分包指定方。指定分包协议中必须明确“业主支付”模式（业主是指定分包方工程款的直接支付义务人）具体如下：

①指定分包商应按经总承包商和业主确认的工程量金额，向总承包商开具工程款增值税专业用发票，总承包商则应向业主单独开具等额的并标明指定分包工程名称的工程款增值税专用发票。

②业主按总承包商向其开具的发票金额，在扣除照管费或管理费（如约定由指定分包商支付）后，将剩余款项直接支付给指定分包商。

③业主将扣减照管费（如约定由指定分包商支付）支付给总承包商。

七、三价统一原理

“三价统一”是指符合民法规定具有法律效力的合同或协议上注明的价格、

发票上填写的金额和结算价格都必须是相等的。实践中，发票上的金额是根据结算价而开具的。如果发票上的金额大于结算价，则一定是虚开发票；如果发票上的金额小于结算价，则企业有隐瞒收入之嫌疑。

例如，某公司工程造价约定为2.3亿元，最后的工程总结算金额只有1.3亿元，但开具发票总额为人民币2.3亿元，这样就虚增了1亿元成本。

同样，合同价与结算价一般都会不一样。因为经济交易活动中，存在各种客观因素，例如材料价格的市场波动、技术水平差异，企业管理水平的高低等，都会使结算价和合同价产生偏离。特别是在建筑工程领域，工程结算价超合同价的现象比较普遍，究其原因主要有五个方面：一是招标时人为降低招标控制价。如项目暂定价低于市场价计入招标控制价，结算时按签证价调整，导致结算价超出中标合同价；二是工程定位模糊或图纸设计深度不够，导致施工期间工程变更，为施工单位增加造价创造条件；三是目前建设市场竞争激烈，施工单位为了中标，多采用不平衡报价，中标后，为了利润的最大化，施工单位千方百计地变更施工内容，达到提高结算价的目的；四是一些现场监理的素质不高，在造价控制方面不作为，甚至被有经验的施工单位蒙蔽或直接与施工单位联手弄虚作假；五是近几年建设市场人工价格飞涨，材料价格波动大。

结算价超合同价现象也难以避免，为了保持合同价和结算价的统一，必须以最后的结算价为准，通过结算书或结算报告，并通过一定的法律手续，调整合同价，使合同价与结算价保持一致，然后以结算价开具发票，实现合同价、发票价和结算价相互统一。

实例6

某建筑企业"三价不统一"的涉税风险分析

【案情介绍】

某建筑公司与某房地产开发企业签订1亿元的建筑施工包工包料合同，其中建筑公司购买建筑材料6 000万元，建筑施工劳务为4 000万元。由于市场价格波动，建筑材料在施工过程中的价格飞涨，出现材料差价款200万元。同时应房地产开发企业的要求变更绿化工程设计，追加工程量200万元。另外，由于工程提前完工，按照合同约定，房地产公司应该给予建筑公司提前竣工奖100万元，使最后的工程结算价为1.05亿元。该建筑公司向房地产开发企业开具1.04亿元增值税专用发票，收到100万元提前竣工奖时，向房地产开发企业开具100万元收据。请分析本案例中的涉税风险。

【涉税风险分析】

《中华人民共和国增值税暂行条例实施细则》规定，价外费用，包括收取的手续费、补贴、基金、集资费、返还利润、奖励费、违约金、滞纳金、延期付款利息、赔偿金、代收款项、代垫款项、罚息及其他各种性质的价外收费。”

基于以上法律规定，建筑公司收到房地产开发企业100万元提前竣工奖和200万元的材料差价款是一种价外费用，必须依法缴纳增值税。而本实例中的建筑公司收到房地开发企业100万元的提前竣工奖，向房地产开发企业开具100万元收据，显然是一种漏税行为，即建筑公司漏了增值税的计税依据100万元。对于房地产开发企业而言，获得的100万元收据不可以在企业所得税前进行扣除。

通过以上法律手续，使合同价与结算价保持一致，即合同价从1亿元变为1.05亿元，于是建筑施工企业以结算价1.05亿元开具增值税专用发票给房地产开发企业，房地产开发企业给建筑施工企业支付1.05亿元的工程款，实现了合同价、发票价和结算价的“三价统一”。

关于合同价、发票价和结算价的相互统一问题，必须注意一个前提条件：合同上的价格是符合民法规定有效合同上载明的价格，而不是阴阳合同或黑白合同上注明的价格。

第二节　房地产开发企业营改增后节税与筹划

营改增以后，对于房地产开发企业来说主要的税种就是增值税、土地增值税和企业所得税。虽然营改增强调所有行业税负只减不增，但这是长期以及行业整体上的目标，房地产开发企业在应对时，还是应该注意防范风险，合理筹划，以期稳定税负进而降低税负。

一、简易征收老项目备案规划

作为“营改增”的过渡性安排，房地产一般纳税人企业销售或者出租房地产老项目，均可选择适用简易计税方法，按照5%征收率计税。增值税销项税款计算如下：销售额或租金÷（1+5%）×5%，不得抵扣进项税额。

（一）房地产开发企业新老项目的划分标准

对于可选择适用简易计税方法的房地产老项目，18号公告在36号文的基础上对其定义进行了调整，使其接近于建筑业的建筑工程老项目范围。调整后的房地产老项目如图5-1所示。

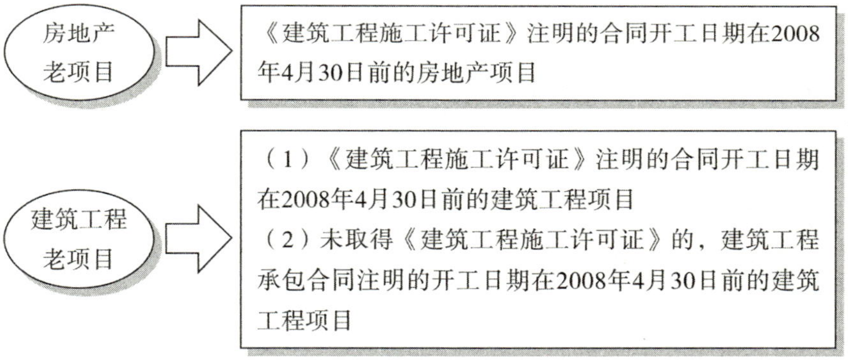

图5-1　调整后的房地产老项目

（二）房地产开发企业增值税计税方法的选择及涉税处理

房地产开发企业增值税计税方法的选择通常如图5-2所示。但对于老项目有节税筹划的空间。

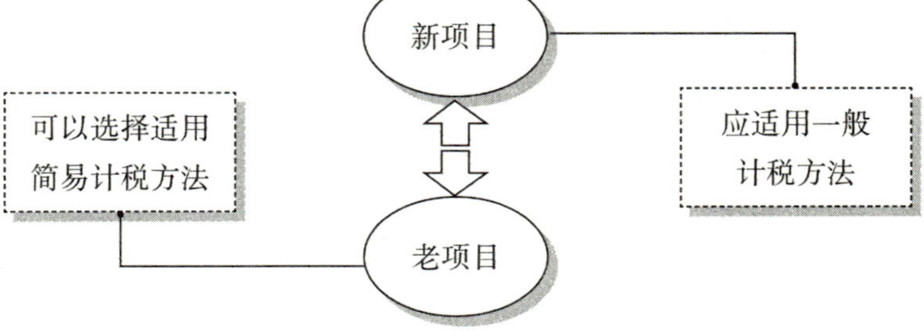

图5-2　房地产开发企业增值税计税方法的选择

（1）营改增前已经开发完毕的楼盘项目，但未销售完毕，营改增之后继续销售的老项目，选择适用简易计税方法，按照5%的征收率计税。

（2）营改增之前，房地产开发企业未与建筑企业签订建筑施工总承包合同、未办理《建筑工程施工许可证》，项目一直未动工，营改增后才签订建筑工程承包合同，办理《建筑工程施工许可证》致使工程正式动工的项目为新项目，只能选择增值税一般计税方法，按照11%税率计算缴纳增值税。

（3）营改增之前，房地产开发企业已经进行了项目的立项、报建、审批和规划等法律手续，且已经与建筑企业签订了建筑施工总承包合同，或者已经取得《建筑工程施工许可证》，项目已经动工，营改增后，继续开发的项目，是房地产老项目，增值税计税方法的选择分两种情况，具体内容如图5-3所示。

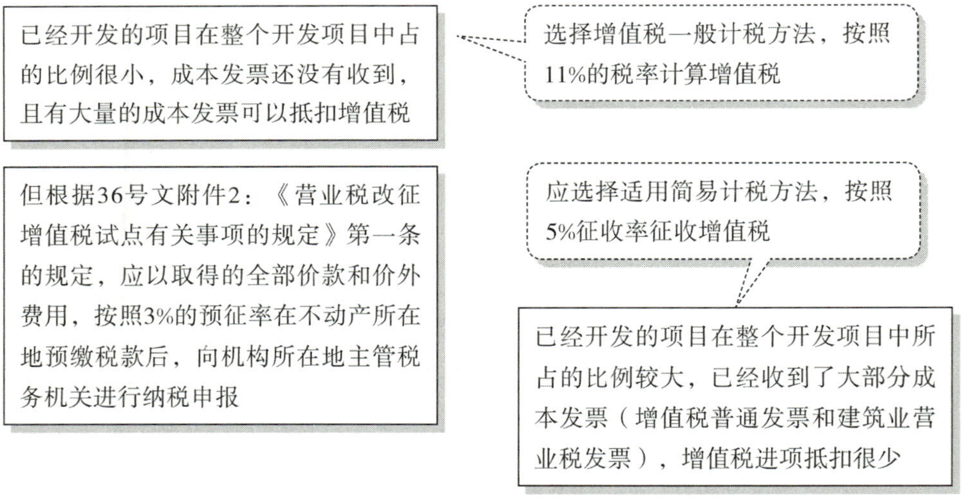

图5-3　增值税计税方法的选择

在考虑是否选择增值税一般计税方法时，主要需要关注的是取得进项抵扣的比重有多大。根据数据测算，房地产业、建筑业纳税人实际抵扣率高于72.73%时，宜选择一般纳税人身份；当纳税人实际抵扣率低于72.73%时，宜选择小规模纳税人身份。对于房地产开发企业而言，在贷款服务、拆迁费用等都无法抵扣的情形下，选择简易计税方法对于平衡企业税负而言更为稳妥。

房地产一般纳税人企业对于老项目选择适用简易计税方法，需要综合考虑以下因素：

（1）下游企业的进项抵扣需求、彼此间的议价能力。

（2）国税局的备案要求、手续及相应资料的准备。

（3）如果兼有新项目，会计核算需分开等。

提醒您

房地产一般纳税人企业需重点关注并谨慎做好选择简易计税方法的备案工作，否则备案不当非但享受不了老项目的优惠政策，还可能导致涉税风险。36号文明确规定了房地产新老项目的区分标准，因此，企业应对自己现有房地产项目进行审查，对合同内容进行修改，同时，完善相关备案手续。

二、土地成本及不动产进项抵扣规划

（一）土地成本扣除

36号文规定，房地产开发企业中的一般纳税人销售其开发的房地产项目（选择简易计税方法的房地产老项目除外），以取得的全部价款和价外费用，扣除受让土地时向政府部门支付的土地价款后的余额为销售额。18号公告对扣除内容进行了细化。房地产开发企业一般纳税人适用一般计税方法计税时，可以从全部价款和价外费用中扣除当期销售房地产项目对应的土地价款，以计算销售额。

计算公式为：

$$销售额=\frac{全部价款和价外费用-当期允许扣除的土地价款}{1+11\%}$$

$$当期允许扣除的土地价款=\frac{当期销售房地产项目建筑面积}{房地产项目可供销售建筑面积}\times 支付的土地价款$$

上述公式中：

当期销售房地产项目建筑面积，是指当期进行纳税申报的增值税销售额对应的建筑面积。

房地产项目可供销售建筑面积，是指房地产项目可以出售的总建筑面积，不包括销售房地产项目时未单独作价结算的配套公共设施的建筑面积。

但是，在具体的执行上，还有许多细节没有明确，比如，土地成本怎样扣除，是一次扣除还是分期扣除？分期扣除的标准是什么？什么情况下抵扣对企业最有利？诸如此类的问题有待进一步明确。房地产企业需要了解相关细则后，制定相应的销售策略，在此要注意的是，预收款时，土地价款不得扣除，应预缴税款=预收款÷（1+适用税率11%或征收率5%）×3%。

（二）不动产进项抵扣

15号公告关于不动产进行抵扣的规定，对36号文进行了修复性表述。首先，增值税一般纳税人2016年5月1日后取得并在会计制度上按固定资产核算的不动产，以及2016年5月1日后发生的不动产在建工程，其进项税额应按照有关规定分2年从销项税额中抵扣，第一年抵扣比例为60%，第二年抵扣比例为40%。这里将36号文取得的不动产在建工程修改为发生的不动产在建工程，强调自建不动产在建工程按照不动产在建工程抵扣，而不能按照取得不动产去抵扣。同时，15号公告也对取得的不动产重新作出解释，包括以直接购买、接受捐赠、接受投资入股以及抵债等各种形式取得的不动产，不再提及36号文所称的自建。

在节税筹划时要充分考虑抵扣时点。一般情况下，适用分2年抵扣政策的进项税额，60%的部分于取得扣税凭证当期可进行抵扣，剩余的40%部分计入待抵扣进项税额，于取得扣税凭证的当月起第13个月获得抵扣。

15号公告同时规定了以下特殊情形的抵扣时间处理，具体如图5-4所示。

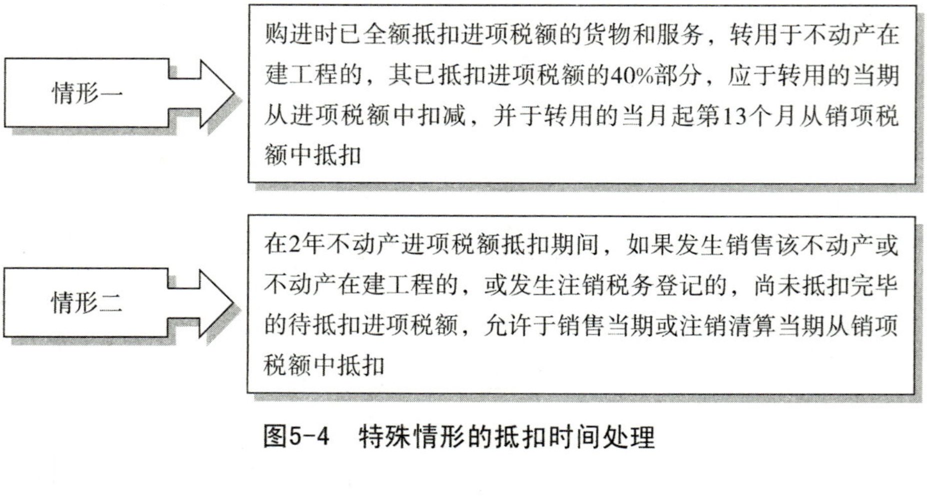

图5-4　特殊情形的抵扣时间处理

三、合同拟定与筹划

增值税具有环环抵扣的特点，营改增全面完成后，货物、劳务、服务都将纳入抵扣链条，产业的上下游环节更加紧密。价税分离、进项抵扣等新变化将对相关试点纳税人的商业谈判、定价策略一定会产生影响。试点纳税人应该利用税制特点，通过合理的商业安排和议价，促进自身业务发展，提高本环节的利润空间。

（一）必须加以分析的条款

在签订合同时，房地产开发企业需就签约主体、商品、服务性质、交易价款、纳税义务发生时间、价外费用、包税条款等事项进行明确。以下对其中几点进行具体分析。

1. 合同相对人的主体身份

明确合同相对人的主体身份，其是一般纳税人还是小规模纳税人必须写入合同，并要求合同相对人提供税务登记证件的复印件作为合同的附件。要明确合同相对人开具发票的类型、能否抵扣、开具日期、送达期限等内容，并就开具发票所造成的违约行为约定违约金、损失赔偿金。

2. 确定商品、服务的性质

房地产开发企业在销售商品房时，可能会同时提供精装修及部分家具、家电，此时将涉及兼营和混合销售问题。《通知》规定，纳税人兼营不同税率或征收率项目，应当分别核算销售额，未分别核算的，从高适用税率；一项销售行为涉及服务和货物为混合销售，从事货物的生产、商贸纳税人按照销售货物缴税，其他纳税人按照销售服务缴税。如何界定相互关联的经营行为是“兼营”还是“一项行为”36号文中并未明确规定。

纳税人出租商业不动产时，通常会同时伴随物业服务、建筑业服务、代售水电等货物、提供修理修配劳务等增值税应税项目。若适用兼营政策，纳税人需在合同约定不同税率项目的金额，清楚地根据交易的实质描述具体服务内容，避免与税务机关对不同税率服务的内容和金额产生争议，带来税务风险。

3. 交易价款的确定

首先，应对合同价格含税与否进行明确，明确价格和增值税额，由于增值税税率相对于营业税税率较高，如果不能向上下游相对方转嫁税负，房地产开发企业的税负将明显上升。同时应注意合同条款中的服务费、预收性质费用以及违约金、滞纳金、赔偿款等各类价外费用。

其次，根据36号文的规定（房地产开发企业采取预收款方式销售所开发的房地产项目，在收到预收款时按照3%的预征率预缴增值税），由于销售与成本时间不匹配，建议预售环节在合同中规定，按销售收入一定比例如3%进行预征，项目竣工后统一结算。

4．纳税义务发生时间的确定

纳税人销售、出租不动产，为发生应税行为并收讫销售款项或者取得索取销售款项凭据的当天；先开具发票的，为开具发票的当天。收讫销售款项，是指纳税人销售、出租不动产过程中或者完成后收到款项。取得索取销售款项凭据的当天，是指书面合同确定的付款日期；未签订书面合同或者书面合同未确定付款日期的，为不动产权属变更的当天。企业可以通过合同约定付款日期，从而推迟纳税义务发生时间。

（二）房地产开发企业合同中应着重关注的条款

根据36号文及相关公告的规定，房地产开发企业应着重关注合同中的以下条款，如表5-1所示。

表5-1　合同中应着重关注的条款

序号	条款	说　　明
1	开工日期	房地产开发企业中的一般纳税人，销售自行开发的房地产老项目，可以选择适用简易计税方法按照5%的征收率计税。房地产老项目，是指《建筑工程施工许可证》注明的合同开工日期在2016年4月30日前的房地产项目，或《建筑工程施工许可证》未注明合同开工日期或者未取得《建筑工程施工许可证》但建筑工程承包合同注明的开工日期在2016年4月30日前的建筑工程项目。企业需注意日期节点是合同开工日期
2	材料供应	房地产开发企业负责采购特殊材料、统配、部管材料及统配、部管的机电产品时，可以取得17%的进项抵扣，相较于11%的适用税率，可以获得一定的税率差

（续表）

序号	条款	说　　明
3	合法有效的增值税抵扣凭证	选择一般计税方法的房地产开发企业，可以通过进项抵扣降低税负。合法有效的增值税抵扣凭证分为增值税专用发票、海关进口增值税专用缴款书、农产品收购发票、农产品销售发票、完税凭证等。其中企业应重点关注增值税专用发票的管理问题，要严格管控增值税专用发票资质信息。增值税专用发票涉及抵扣环节，取得了增值税专用发票或者增值税发票不合规，都将对受票方造成法律和经济损失。营改增后可考虑将取得增值税发票作为一项合同义务列入合同的相关条款，同时考虑将增值税发票的取得和开具与收付款义务相关联。例如，明确仅在收到合规发票条件下，才有付款义务
4	视同销售	《增值税暂行条例实施细则》及36号文规定，无偿提供服务、无偿转让无形资产或者不动产（但用于公益事业或者以社会公众为对象的除外）应视同销售并按照相关计算方式缴纳增值税。实践中随着市场竞争的逐渐激烈和销售模式的不断创新，在出租不动产时经常会提供“免租期”或“装修期”。在判断上述行为是否为无偿提供服务时，不仅要考虑促销行为的口号或名目，更应分析其是否与有偿服务紧密关联，是否实质上是一种折扣行为。在合同条款中，应尽量避免出现“免租期”或“装修期”等用语。对于精装房送家电，应在合同中列明配送家电的对价，降低视同销售风险
5	退租、销售折让	如出现退租、销售折让等情形，可以通过开具红字专用发票的方式冲销销项税。为了在发生以上情况时能够顺利开票，应当在合同中明确承租方、购买方有义务协助企业开具红字增值税专用发票
6	跨期合同	对于跨越营改增过渡期的合同，根据合同执行的实际情况，提出相关的过渡建议，如对原合同未尽涉税事宜追加补充条款，或在正式实施营改增前按会计收入的核算进行部分结算和开票等

四、财务人员加强税收管控

“营改增”后房地产开发企业组织架构和成本管理等都将发生变化。财务人员要加强税收方面的管控。

（一）加强采购环节财税管理

1．采购过程要求票、货、款一致

纳税人购进货物或应税劳务，支付运输费用等，所支付款项的单位，必须与开具抵扣凭证的销售单位、提供劳务的单位一致，才能申报抵扣进项税额。（国税发〔1995〕192号）

要特别注意三方抵账协议的税收风险。

2．谨慎代购材料

代购货物行为，同时具备以下条件的，不征增值税，不同时具备以下条件的，无论会计制度法规如何核算，均征收增值税：

（1）受托方不垫付资金；

（2）销售方将发票开给委托方，并由受托方将该发票转交给委托方；

（3）受托方按销售方实际收取的销售额和增值税额与委托方结算货款，并另外收取手续费。（财税〔1994〕26号）

在此要特别注意垫资材料款有被征收增值税的风险。

（二）注重现金流管理

1．增值税义务发生纳税时间

纳税人取得销售款或取得索取销售款凭证的当天。先开发票的，为开具发票的当天。

收讫销售款项，是指纳税人提供应税服务过程中或者完成后收到款项。

取得索取销售款项凭据的当天，是指书面合同确定的付款日期的当天；未签订书面合同或者书面合同未确定付款日期的，为应税服务完成的当天。

2．难以利用账期融资

“营改增”后，房地产开发企业销售不动产开具发票，产生11%销项税，此时需有足够进项税抵扣，否则当期缴纳增值税压力较大。而上游材料供应商和建安企业开增值税专用发票通常要求及时付款，导致房地产企业难以利用账期融资。

3．税款缴纳波动较大

房地产开发企业普遍存在预付工程款、合同完成后一次性结算价款及大型项目采取按工程进度支付款项、竣工后清算等结算方式，可能存在工程前期投入多而收入少甚至无收入的情况，长时间内只有进项税没有销项税。进入销售期产生大量销项税，出现集中缴纳增值税情况，有较大资金压力。

财务人员应综合考虑，从企业整体角度出发，平衡销项税金和进项税金。因为进项税金在180日内均可抵扣。

（三）利润考核指标发生变化

营改增后利润考核指标也会发生如下变化。

（1）税负上升削减利润。税负可能上升，会减少利润。

（2）税制改革会影响财务报表数据。增值税是价外税，需进行价税分离，而后才能对收入进行确认。房地产开发企业收入按不含税价格进行确认的，相对于“营改增”前有减无增。同理可知，对能取得增值税专用发票成本而言，也会发生下降；如无法取得进项发票的，成本变化不大。综合上述因素，“营改增”后，房地产企业利润可能会减少。

对于以上变化，房地产开发企业应选择具有一般纳税人资质单位进行业务合作，核心目的是确保取得增值税专用发票，用于抵扣销项税金，降低企业税负，提高企业利润。对无法取得增值税专用发票的单位或个人：首先争取取得代开增值税专用发票（仅能抵扣3%）；其次对无法提供专用发票的单位或个人，通过重新议价方式进行合作，降低企业损失。

五、企业各部门做好“营改增”的衔接和准备

“营改增”将给企业组织架构、营销模式、集中采购、财务管理、税务管理、发票管理、信息系统等带来重要影响和挑战。

（一）财务部门起着承上启下重要作用

应熟悉增值税会计核算和税法规定，做好增值税专用发票管理，为公司应对税制改革建言献策。

（1）从专业角度出发，结合增值税特点和抵扣链条规律性，拿出具体措施，给予管理层合理化建议，指导基层具体开展工作。

（2）从本职工作出发，加强增值税业务学习，尽快掌握增值税基本知识，强化业务处理能力。

（3）建立内控制度，主要针对增值税发票管理。将增值税发票管理与业务流

程结合，解决好税制改革带来的资金周转问题，解决好税制改革带来的利润指标测算问题，还要解决每期缴纳增值税的税金平衡问题。

（二）管理部门负责宏观协调工作

（1）梳理现有合作单位，充分考虑与具有一般纳税人资格单位合作的重要性。对无法提供增值税专用发票的单位和个人，考虑如何议价合作。

（2）从领导层面支持财务部门提出的各项合理化建议，指导各级单位顺利完成税改。

（3）加强采购合同管理。增值税要求采购过程中票、款、货一致。即：纳税人购进货物或应税劳务，支付运输费用等，所支付款项的单位，必须与开具抵扣凭证的销售单位、提供劳务的单位一致，才能申报抵扣进项税额。营改增后，不允许继续签订三方抵账协议，不允许继续采取委托收款方式支付款项。

（三）各业务部门全力配合

税制改革导致业务部门直接影响公司整体税负，业务部门需在上级指导下，具体做好以下工作。

（1）配合财务部门出台的各项增值税内控措施。

（2）重点关注合同的签订，务必做到合同名称、单位名称与增值税发票名称一致；同时将增值税专用发票需求写入合同，规避纠纷。

（3）利用好“营改增”过渡期，尽量在营业税制下处理完已完工或部分完工的项目，将营业税发票取回或开出。

（4）“营改增”后，做好增值税发票的收集和传递工作，确保对取得增值税专用发票在规定期限内及时抵扣。

（四）及时修改相关合同

在不影响各类常用合同使用的前提下，结合税制改革的要求，对常用合同中涉税事项增设重要法律条款。同时对可能引发重大涉税风险的合同、甚至交易行为给予专业意见，对于不适宜继续签订的合同或者合同条款，建议取消。

缴纳营业税时，建筑合同以及各类劳务服务性合同项目上交的营业税和附加价内税，由建设单位承担，不影响建筑业企业的经济效益。改征增值税后，建筑企业投标书编制中，有关原材料、燃料、租赁费等成本为不含增值税金额。但在实际施工中，有多少成本、费用能够取得增值税进项发票，建筑企业在编制标书时很难准确预测，导致实际施工成本与标书成本出现偏差。而且标书中城建税、教育费附加等税金编制同样因为无法准确预测进一步扩大了上述的不一致。专业团队需要协助企业对施工方提供的施工报价予以核准，避免施工成本偏高。

（1）收集、分析建安、劳务服务性各类合同；

（2）测算合同中成本、费用组成中增值税进项发票获取可能的比例；

（3）统一对外交易合同名称，所有项目对外交易合同要统一以公司名称对外进行签订，便于公司对外开具的增值税发票与合同签订方一致；

（4）修改税制改革后的合同文本，建安合同要按照营改增规定确定税制改革后合理、公允的工程付费标准，甲方代扣的水、电、气等能源消耗支出要提供增值税专用发票。

（五）修订违约条款

增值税法将价外费用分为两大类：一是代收代垫性质的价外费用；二是具有收入性质的违约金、赔偿金等价外费用。无论属于何种价外费用，均需要作为收入缴纳11%的增值税，而且价外费用并没有对应的进项税金可以抵扣。简言之，价外费用的合同条款或者行为会产生高额税负，常用合同中的惩罚条款需要全面审阅和修订。

《增值税暂行条例实施细则》第十二条规定，价外费用是指价外向购买方收取的手续费、补贴、基金、集资费、返还利润、奖励费、违约金（延期付款利息）、包装费、包装物租金、储备费、优质费、运输装卸费、代收款项、代垫款项及其他各种性质的价外收费。

（六）清理营业税制下的有关事项

由于“营改增”后税负的增加，不及时清理前期的工作及前期的税金可能会因为政策的变化给企业带来涉税损失，所以，需要对目前尚未全部终结的项目进行梳理。主要从以下几个方面进行：

（1）建安项目已完工结算，由于款项未收回，票据未开出，所涉及的营业税尚未计提和缴纳。在营改增前予以计提和缴纳，同时和甲方沟通，能否先收回相当于税金的款项。

（2）建安项目涉及变更索赔，变更工程已开始施工或者已完工，但变更合同尚未签订的，及时补充签订合同。

（3）梳理未完工或者未开工的项目的开工许可证。特别注意已签订总包合同，但尚未办理开工许可证的项目，如果营改增后政策以开工许可证为结点，在营改增之前办理开工许可证会对企业更为有利。

六、税收优惠享受规划

（一）营改增过渡期税收优惠政策

房地产开发企业一般纳税人销售房地产老项目，可适用简易征收计税方法；房地产开发企业中的一般纳税人销售其开发的房地产项目（选择简易计税方法的房地产老项目除外），以取得的全部价款和价外费用，扣除受让土地时向政府部门支付的土地价款后的余额为销售额，沿用了原营业税差额征收的政策；还有针对房地产开发企业的不征收增值税项目、免征增值税项目、增值税即征即退、零税率等优惠政策；同时，对于跨期的业务的相关纳税义务也有具体规定。

（二）行业性或区域性税收优惠政策

基于国家鼓励高科技企业发展的政策，“四技”收入增值税免税，软件产品超过3%即征即退，高新技术企业所得税15%低税率，软件企业两免三减半等，对于大型集团而言，可以通过合并分立、架构搭建等筹划方式积极争取行业性或区域性税收优惠政策。比如，剥离研发功能，成立专业化公司。在进行节税筹划的同时，应着重关注隐性税收、非税成本及税务机关对合理商业目的的要求。

第六章

防伪税控系统及软件操作

增值税防伪税控系统是国家为加强增值税的征收管理，提高纳税人依法纳税的自觉性，及时发现和查处增值税偷、骗税行为而实施的国家金税工程的主要组成部分。企业开票、报税都要通过该系统来进行，所以，必须熟练地掌握操作流程与细节。

第一节 增值税税控系统的认知

税控系统是利用数字密码和电子存储技术，强化专用发票防伪功能，实现对增值税纳税人税源监控的计算机管理，税控系统主要包括防伪税控系统和货物运输业增值税专用发票税控系统。一般纳税人必须使用税控系统开具专用发票并按期向国税机关报送开票数据。

一、防伪税控系统工作原理

（一）防伪原理

纳税人使用增值税防伪税控开票子系统开具发票，利用系统提供的加密功能，将发票上几项要素经过加密形成一串防伪电子密文并自动打印在发票上。这样，由于任何两张发票票面数据不可能完全相同，即发票的票面数据具有唯一性，因此，任何发票数据加密所形成的密文，不可能用在其他发票上。

目前，增值税专用发票还实现了汉字防伪功能，即在不改变现有防伪税控系统密码体系前提下，实现了对汉字信息的加密，形成二维码形式的密文并自动打印在发票上。

（二）识伪原理

税务机关利用高速扫描仪将专用发票抵扣联上的密文和明文图像自动传入计算机，采用字符识别技术将图像转换成数据，或由企业自行采集专用发票抵扣联电子信息通过介质或网络传送至税务机关，然后由认证软件对密文进行解密还原，并与发票明文进行比对。若一致并符合抵扣条件的可以申报抵扣进项税额；否则为涉嫌违规发票，暂不得用于抵扣进项税额。利用识伪功能可以发现假发票和“阴阳”发票，加强了专用发票的管理和检查工作。

（三）票源控制

企业使用增值税防伪税控开票子系统开具专用发票前，须到税务部门购买发票，税务部门使用发票发售子系统将所购发票的电子信息写入企业的报税盘或税控IC卡中，所有发票的代码加号码都是唯一的。企业在开票子系统中将新购发票读入开票金税盘或金税卡后，就可以开具发票。开票子系统在开具发票时，自动从首张号码开始顺序使用发票，直至用完，若无新购发票，系统将自动关闭，不能继续开票。通过对发票代码、发票起始号和数量的控制，使纳税人难以使用伪造的增值税专用发票进行开票，进一步增强系统的安全性。同时，由于税务部门使用的发票发售子系统、报税子系统对企业发票的领、用、存情况都有详细记录，从而达到了控制票源的目的。

（四）税源控制

防伪税控系统采用微控制器和大容量半导体存储器构成“黑匣子”，控制发票的打印和税源。在开票子系统中每次打印发票时，发票票面主要要素以及发票的使用情况均记入金税盘或金税卡的税控“黑匣子”中，且“黑匣子”中的数据一旦写入，只能查看不能修改。每月申报期企业必须使用报税盘或税控IC卡进行抄税，并按时到税务机关进行报税，否则开票系统会自动锁死，不能进行开票等业务操作。因此，纳入防伪税控管理的企业，其开票信息税务机关可以准确地掌握，从而有效地控制了税源。

二、防伪税控系统的组成

（一）软件组成

防伪税控系统分为税务端和企业端两部分。目前共包括七个子系统和一个管理模块。其中：税务发行子系统、企业发行子系统、发票发售子系统、报税子系统、认证子系统、红字发票通知单管理系统和系统管理模块为税务机关使用；开票子系统为增值税一般纳税人使用。

1．管理模块——系统管理

系统管理是对使用防伪税控系统的各级税务机关及用户进行管理和权限分配的管理模块。

2．子系统

防伪税控系统的子系统如表6-1所示。

表6-1　防伪税控系统的子系统

序号	子系统	具　体　说　明
1	税务发行子系统	税务发行子系统是上级税务机关对下级税务机关的各子系统所使用的专用设备进行发行的计算机管理系统
2	企业发行子系统	企业发行子系统是税务机关对企业防伪税控开票子系统所使用的防伪税控专用设备进行发行和维护的计算机管理系统。税务机关运用企业发行子系统对企业开票子系统所用的专用设备进行发行。发行时纳税人的基本信息记录在发行数据库中，同时写入被发行纳税人的专用设备中
3	发票发售子系统	发票发售子系统是税务机关通过电子方式向防伪税控企业出售增值税专用发票的计算机管理系统。税务机关使用发票发售子系统向防伪税控企业发售增值税专用发票，在发售发票时将纳税人所购纸质发票的电子信息通过该子系统写入纳税人专用设备中。经税务机关核实的失控发票，通过发票发售子系统采集
4	报税子系统	报税子系统是审核、接收防伪税控企业报送的增值税专用发票存根联数据和增值税专用发票领购、开具、结存数据的计算机管理系统： （1）一般纳税人开具专用发票应在增值税纳税申报期内向主管税务机关报税 （2）税务机关在纳税申报期限内运用报税子系统审核并接收防伪税控企业报送的增值税专用发票存根联数据和增值税专用发票领购、开具、结存数据。纳税申报期结束后，主管税务机关运用报税子系统查询未报税的纳税人，督促其限期报税 （3）对纳税人因硬盘损坏、更换金税盘（卡）等原因无法报税或报税不完整的，纳税人应提供已开具未向税务机关报税的全部发票记账联原件或者复印件，由税务机关补采开票数据。税务机关需核实纳税人领购、开具以及结存的发票数据，确保不漏采。对纳税人抄税、报税不成功的，可以要求纳税人重新抄税和报税 （4）纳税人报税和纳税申报后，经“一窗式”比对逻辑关系相符的，报税子系统才能对报税盘或税控IC卡解锁

（续表）

序号	子系统	具　体　说　明
5	认证子系统	（1）认证子系统是对防伪税控系统开具的增值税专用发票进行解密识伪认证的计算机管理系统。它利用扫描仪采集增值税专用发票的密文和明文图像，运用识别技术将图像转换成电子数据，然后通过金税卡对发票密文进行解密，与发票的明文进行核对，达到判别发票真伪的目的。增值税专用发票存根联补录也通过认证子系统处理 （2）增值税一般纳税人取得的增值税专用发票，应在开具之日起180日内到税务机关办理认证，并在认证通过的次月申报期内，向主管税务机关申报抵扣进项税额。辅导期纳税人认证通过的增值税专用发票执行“先比对后抵扣”管理的规定
6	红字发票通知单管理系统	红字发票通知单管理系统是对红字增值税专用发票通知单进行管理的计算机管理系统 （1）购买方纳税人申请开具“通知单”的，纳税人在次月申报期内申报时，会判断该纳税人是否应作进项税额转出并进行相应“一窗式”比对 （2）销售方凭“通知单”开具红字专用发票，销售方主管税务机关在接收纳税人报税时对发票和“通知单”信息进行核销。对“通知单”管理中发现的异常信息，由税务机关进行核查处理
7	开票子系统	开票子系统是运用数据密码技术和电子信息存储技术，强化增值税专用发票的防伪功能，实现对增值税一般纳税人税源监控，用于纳税人开具增值税专用发票的计算机管理系统 （1）增值税专用发票的开具必须按照《增值税专用发票使用规定》的要求开具 （2）纳税人每月1日必须在防伪税控开票子系统进行抄税操作，否则开票子系统无法继续开票，纳税人也无法继续购票；已抄税的纳税人必须在纳税申报期内到税务机关进行报税，否则开票子系统会被锁死而无法开票，也不能购票

（续表）

序号	子系统	具　体　说　明
7	开票子系统	（3）代开发票岗位人员按照相关规定为本辖区的小规模纳税人及其他可予代开增值税专用发票的纳税人代开增值税专用发票。代开发票岗位在确认税款征收后，按照《代开增值税专用发票缴纳税款申报单》、完税凭证和增值税专用发票一一对应原则，为纳税人代开增值税专用发票

（二）硬件组成

增值税防伪税控系统的硬件主要由通用设备和专用设备组成。其中通用设备包括：计算机、打印机、扫描仪等；专用设备包括：金税盘、报税盘等。

相关链接

失控发票快速反应系统

失控发票快速反应系统是税务机关通过及时采集更新失控发票数据，通过认证发票数据与失控发票数据双向比对，及时发现失控发票，移交稽查部门处理，达到快速反应、防范不法分子利用失控发票骗取抵扣税款的目的。

失控发票是指防伪税控企业丢失被盗金税卡中未开具的专用发票以及被列为非正常户的防伪税控企业未向税务机关申报或未按规定缴纳税款的专用发票。

双向比对按以下方式进行：

（1）纳税人持增值税专用发票到税务机关认证或网上认证时，系统将认证数据与失控发票数据进行比对，属于失控发票的，系统将提示认证结果为“认证时失控发票”。

（2）通过新增的失控发票等数据与前期已认证相符的抵扣联数据自动比对，发现属于失控发票的抵扣联，系统将认证结果记录为“认证后失控发票”。

第二节　增值税专用发票税控系统操作

一、用户常见业务操作流程

（1）用户常见业务操作流程如图6-1所示。

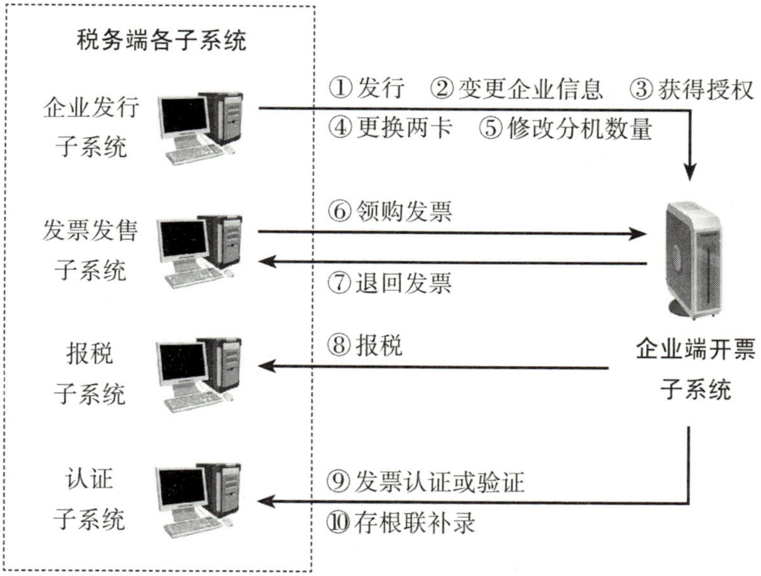

图6-1　用户常见业务操作流程

（2）用户常见业务操作流程说明如表6-2所示。

表6-2　用户常见业务操作流程说明

步骤	业务操作	流　程　说　明	应携带物品
①	发行	用户初次安装使用开票子系统，必须先到税务机关的“企业发行子系统”，由税务机关的操作人员对企业开票时使用的开票金税卡及税控IC卡进行初始发行	开票金税卡和税控IC卡

（续表）

步骤	业务操作	流　程　说　明	应携带物品
②	更改企业信息	如果企业的地址、电话、银行账号等信息发生了变化，需要修改时，应到税务机关的“企业发行子系统”中，由税务机关人员进行变更企业基本信息的操作	无
		如果企业的开票限额或月购票限量需要变更，应到税务机关的“企业发行子系统”中，由税务机关人员进行变更企业授权信息的操作	税控IC卡
		如果企业名称需要变更，可向税务机关提出申请，并到税务机关的“企业发行子系统”中，由税务机关人员进行更改企业名称的操作	开票金税卡和税控IC卡
③	获得授权	（1）如果开票子系统时钟不准确，需要修改企业开票金税卡时钟时，应先到税务机关的“企业发行子系统”中获得修改时钟的授权，才能在开票子系统中修改金税卡时钟 （2）如果企业在开票子系统中的最大开票限额需要改变，可向税务机关提出申请，到税务机关的“企业发行子系统”中获得改变后的开票限额授权	税控IC卡
④	更换两卡	如果企业的开票金税卡或税控IC卡发生了损坏，需要更换时，应到税务机关的“企业发行子系统”，由税务机关人员进行更换	金税卡损坏需带开票金税卡和税控IC卡；IC卡损坏需带税控IC卡
⑤	修改开票数量	如果企业的开票量有变化，需要增加或减少开票数量时，应到税务机关的“企业发行子系统”，由税务机关人员进行增加或减少开票数量的操作	主机税控IC卡
⑥	领购发票	企业需要领购发票时，应到税务机关的“发票发售子系统”中购买所需种类的发票	主机税控IC卡
⑦	退回发票	企业需要将某种发票退回税务机关时，应到税务机关的“发票发售子系统”退回发票	主机税控IC卡

（续表）

步骤	业务操作	流　程　说　明	应携带物品
⑧	报税	每月的抄税期，企业应在开票子系统中及时抄税，并持抄有税额的税控IC卡到“报税子系统”进行报税。在非抄税期可以根据需要随时抄税，并持抄有税额的税控IC卡到“报税子系统”进行随时报税	抄税后的税控IC卡和打印的各种销项报表（报表可根据当地实际要求提供）
⑨	发票认证或验证	购方企业所取得的专用发票抵扣联必须先经过认证，认证通过后才能给予抵扣。企业对所取得的普通发票可以自愿进行发票验证。这些操作应到税务机关的“认证子系统”中进行	所取得的专用发票抵扣联和普通发票购货方记账联
⑩	存根联补录	如果企业的开票金税卡与硬盘同时发生损坏，可以采用存根联补录的方法，同样可以正常报税	需要补录的发票存根联

二、开票子系统基本操作流程

开票子系统基本操作流程如图6-2所示。

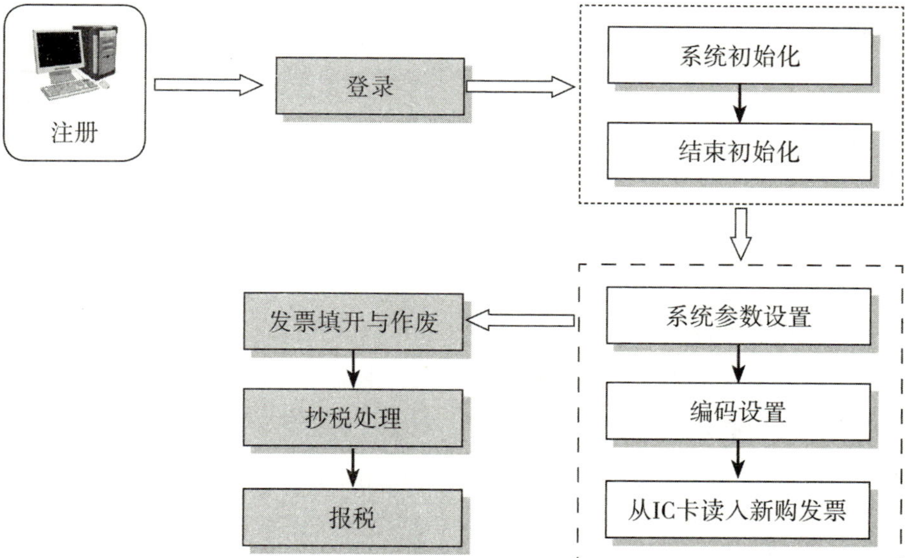

图6-2　开票子系统基本操作流程

流程说明

企业使用开票子系统的整体操作流程，包含了初次安装使用和日常常规使用的情况，而相关操作的具体流程将在接下来的内容中详细列出：

图中 内的“注册”，只有当企业需要注册成除默认的防伪税控开票功能以外的其他版本时，才需要执行；

图中 内的步骤只有在企业“初次安装后”第一次使用时才涉及，正常使用后，这些步骤就不需要再执行了；

图中 内的步骤是当所控制的信息发生变更后才需要做的操作，例如，企业税务信息发生改变、客户或商品信息需要增删、税控IC卡中有新购发票等；

图中 内的步骤是企业在日常使用中应进行的操作。

三、开票前的准备工作

（一）初次安装后的准备工作

如果企业在初次安装后第一次使用开票子系统，则应按图6-3所示流程的步骤进行各项操作。

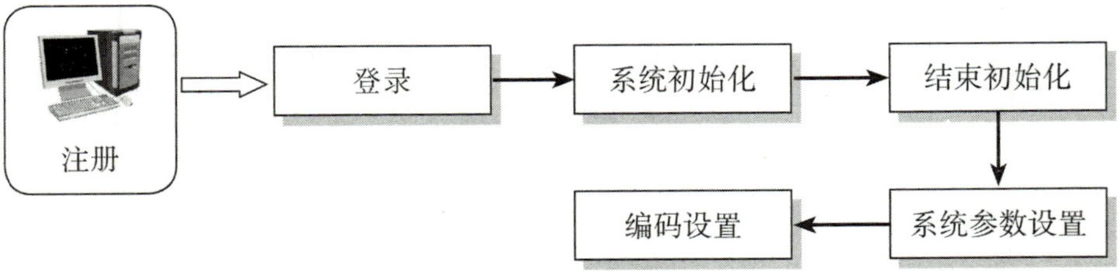

图6-3　初次安装后的操作流程

企业使用基本的防伪开票功能时，在初次安装使用前不需要进行系统注册，只有当企业使用其他版本，例如组件接口或文本接口时，才需要进行注册。企业登录进入系统后必须先进行“初始化”，初始化后必须要“结束初始化”，只有这样才能进入正常业务处理状态，并且保证使用中数据的正确性；初始化的全部工作完成后，还应利用“系统参数设置”菜单来登记本企业的税务信息，这些信息将作为开票时的销货方信息打印在发票上，所以应认真填写；为保证以后方便、顺利、快捷地开具发票，事先要建立好相应的编码库，重点是客户编码和商品编码的建立。

提醒您

初始化操作在初次安装使用时必须进行，一旦企业已经正常使用一段时间后就无需再做，否则，会造成数据丢失；在系统参数设置中登记企业税务信息的操作一般也只是在初次登录时进行，正常使用后如果本企业税务信息不发生变更就无需再登记。

（二）日常使用中的准备工作

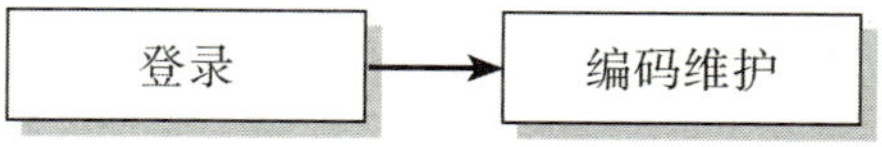

图6-4　日常使用中的准备工作

如果企业已经正常使用开票子系统，则只需按照图6-4所示流程的步骤进行准备工作。日常使用中企业只需“登录”进入系统，然后根据编码数据是否发生变更决定是否对编码数据进行维护。

四、发票填开操作

（一）购买并读入发票

企业首先持本企业的税控IC卡到税务机关的“发票发售子系统”中购买所需种类的发票；购得发票后，企业必须将新购发票卷及时读入企业开票金税卡中，以备使用。

（二）开具正数专用发票

开票子系统支持开具专用发票和普通发票两种发票，下面以开具专用发票为例讲解填开步骤，普通发票的填开方法与此相同。

1. 开具常规正数专用发票

开具常规正数专用发票的操作步骤如下。

第一步：选择“发票管理”→“发票开具管理”→“发票填开”→“专用发票填开”菜单。

第二步：按系统提示进行发票号码确认。

第三步：进入“增值税专用发票填开”界面，如图6-5所示。

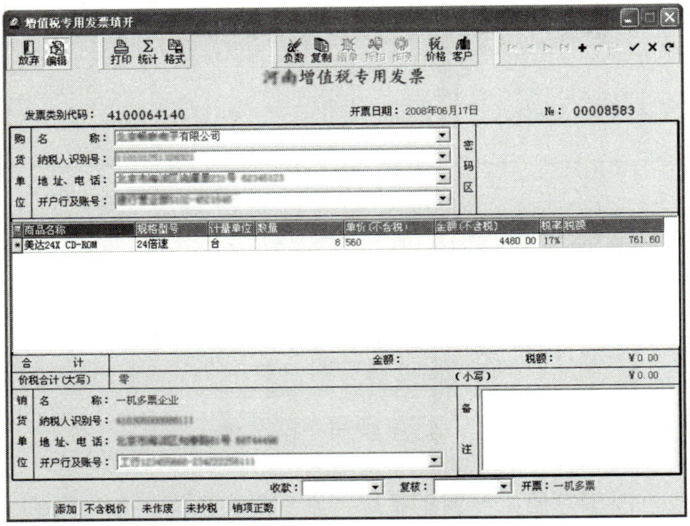

图6-5 “增值税专用发票填开”界面

第四步：填写购货方信息。

第五步：填写商品信息。

第六步：打印发票。

2. 开具带销货清单的专用发票

开具带销货清单的专用发票的操作步骤如下。

第一步：选择“发票管理”→“发票开具管理”→“发票填开”→“专用发票填开”菜单。

第二步：按系统提示进行发票号码确认。

第三步：进入“增值税专用发票填开”界面。

第四步：填写购货方信息。

第五步：点击【清单】按钮。

第六步：进入“销货清单填开”界面，如图6-6所示。

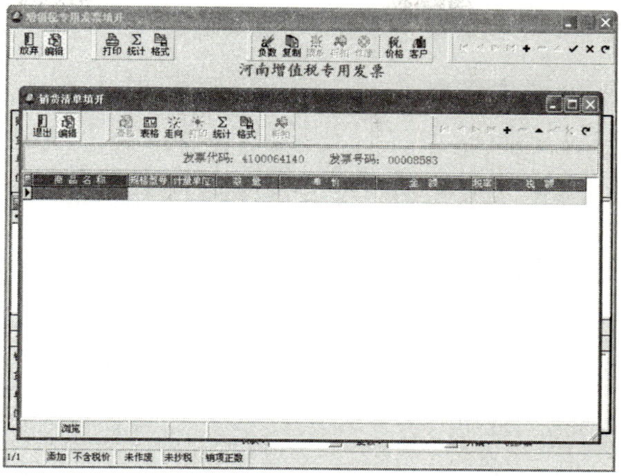

图6-6 “销货清单填开”界面

第七步：填写各条商品信息。

第八步：点击【退出】按钮，返回发票界面。

第九步：打印发票。

第十步：在“已开发票查询”中打印销货清单。

3．开具带折扣的专用发票

开具带折扣的专用发票的操作步骤如下：

第一步：选择“发票管理”→“发票开具管理”→“发票填开”→“专用发票填开”菜单。

第二步：在“发票填开”或“销货清单填开”界面中，选择相应商品行。

第三步：设置“折扣行数”“折扣率”或“折扣金额”，如图6–7所示。

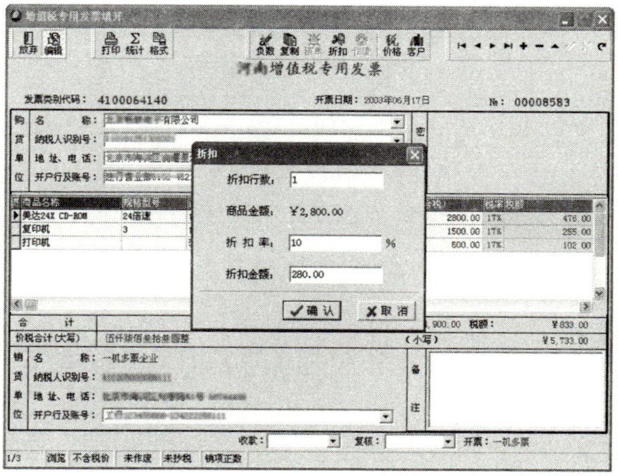

图6-7 设置“折扣行数”“折扣率”或“折扣金额”

第四步：打印发票（销货清单请在“已开发票查询”中打印）。

（三）开具负数专用发票

1. 开具流程

企业需要开具红字专用发票时，应先向税务机关提交申请单，税务机关审核并开具通知单后，企业方可开具红字专用发票。根据实际业务需要,可以分为购买方申请开具和销售方申请开具两种情况，其处理流程不同，具体如下。

（1）购买方申请开具。

当出现以下情况时，应由购买方申请开具红字专用发票：

①购买方获得的专用发票认证相符且已进行了抵扣，之后因发生销货退回或销售折让需要作进项税额转出。

②购买方获得专用发票后因以下问题无法抵扣时：

· 专用发票抵扣联、发票联均无法认证；

· 专用发票认证结果为纳税人识别号认证不符；

· 专用发票认证结果为专用发票代码、号码认证不符；

· 所购货物不属于增值税扣税项目范围。

购买方申请开具红字专用发票的具体流程如图6-8所示。

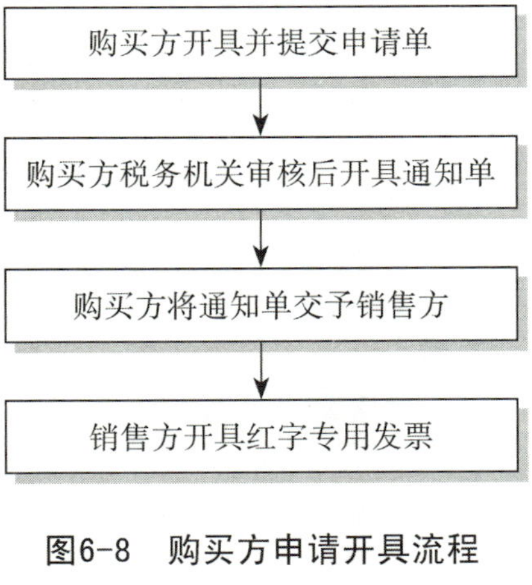

图6-8 购买方申请开具流程

（2）销售方申请开具。

当出现以下情况时，应由销售方申请开具红字专用发票：

①因开票有误购买方拒收；

②因开票有误等原因尚未交付。

销售方申请开具红字专用发票的具体流程如图6-9所示。

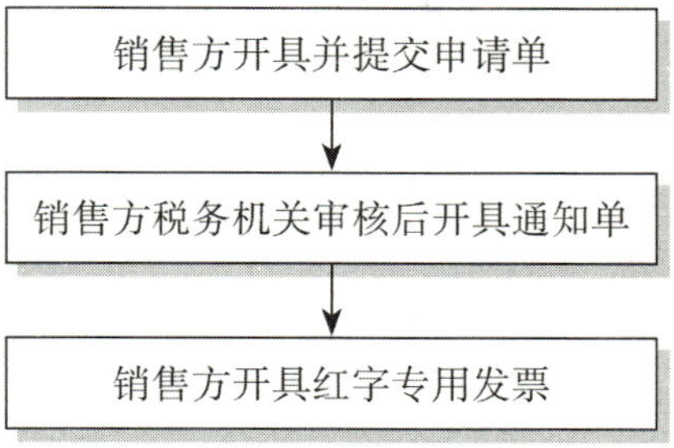

图6-9　销售方申请开具流程

2. 开具方法

负数专用发票填开的操作步骤如下。

第一步：选择“发票管理”→“发票开具管理”→“发票填开”→“专用发票填开”菜单。

第二步：按系统提示进行发票号码确认。

第三步：进入“专用发票填开”界面。

第四步：点击【负数】按钮。

第五步：选择“直接开具”功能。

第六步：按要求填写对应的通知单编号，确认窗口，如图6-10所示。

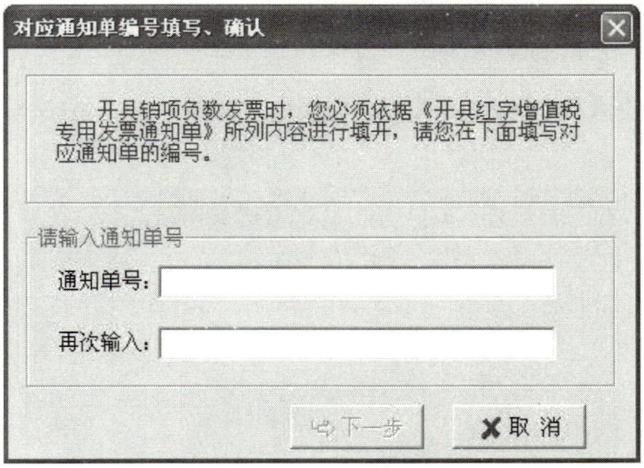

图6-10　对应通知单编号填写、确认

第七步：按要求填写相应正数发票代码、号码。

第八步：系统弹出相应正数发票代码、号码及相关信息确认窗口，如图6-11所示。

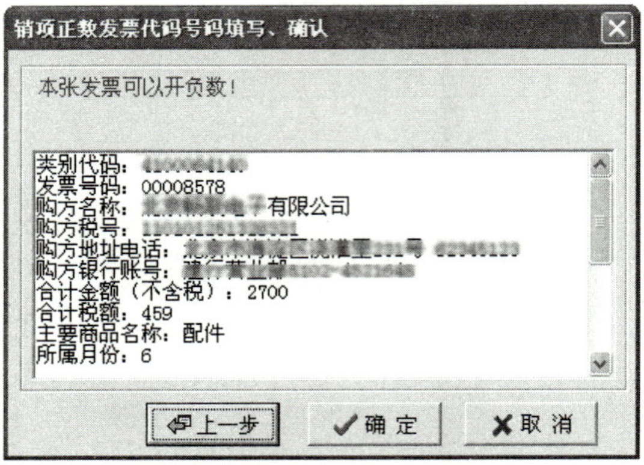

图6-11　正数发票代码、号码及相关信息确认窗口

第九步：系统自动生成相应的负数发票（若所填正数发票代码和号码已不在当前发票库，则系统进入负数发票填写界面，企业需手工填写负数发票票面信息）。

第十步：打印发票。

（四）开具负数普通发票

负数普通发票填开的操作步骤如下。

第一步：选择“发票管理”→“发票开具管理”→“发票填开”→“普通发票填开”菜单。

第二步：按系统提示进行发票号码确认。

第三步：进入“普通发票填开”界面。

第四步：点击【负数】按钮。

第五步：按要求填写相应正数发票代码、号码两遍，两次输入必须一致，如图6-12所示。

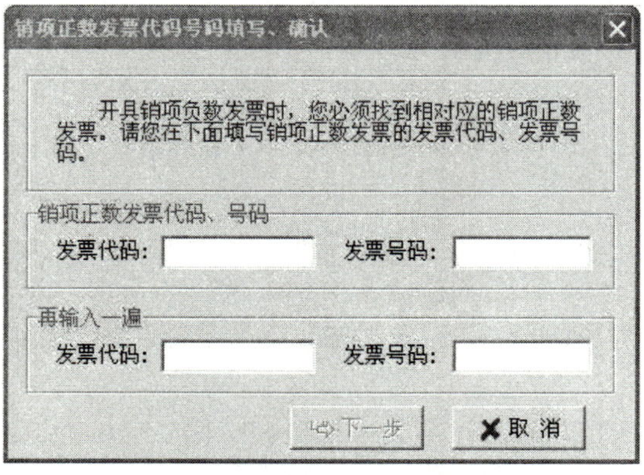

图6-12　填写相应正数发票代码、号码

第六步：系统弹出相应正数发票代码、号码及相关信息确认窗口，如图6-13所示。

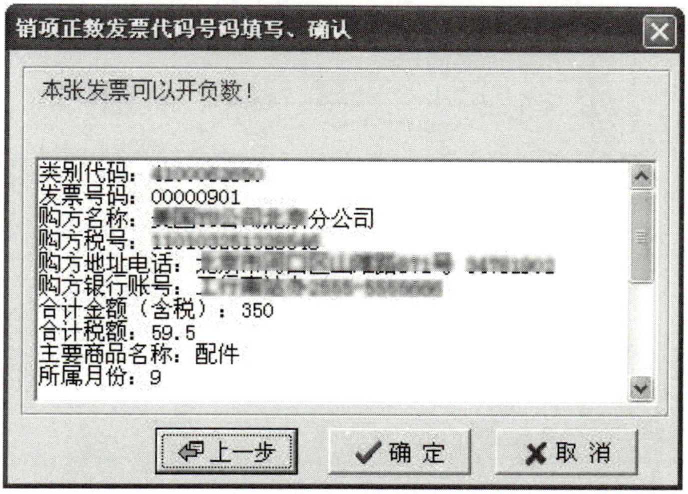

图6-13　相应正数发票代码、号码及相关信息确认窗口

第七步：系统自动生成相应的负数发票（若所填正数发票代码和号码已不在当前发票库，则系统进入负数发票填写界面，企业需手工填写负数发票票面信息）。

第八步：打印发票。

（五）作废发票

1．已开发票作废

已开发票作废的操作步骤如下。

第一步：选择“发票管理”→“发票开具管理”→“已开发票作废”菜单。

第二步：选中欲作废的发票号码。

第三步：点击【作废】按钮。

第四步：系统弹出“作废确认”提示框，确认是否真要作废发票，如图6-14所示。

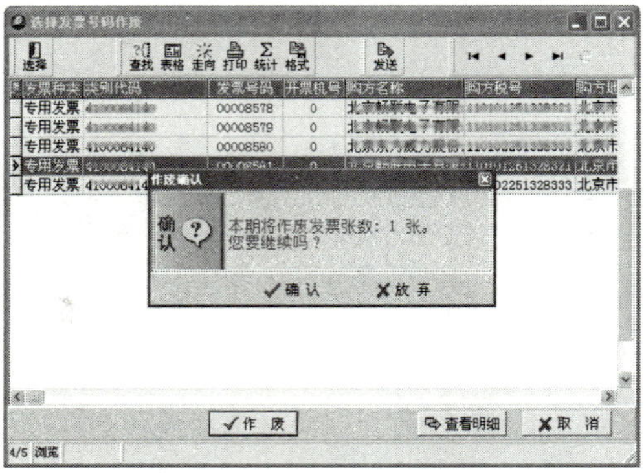

图6-14 “作废确认”窗口

第五步：点击【确认】按钮，已开发票作废成功。

2．未开发票作废

未开发票作废的操作步骤如下。

第一步：根据要作废的发票种类选择“发票管理”→“发票开具管理”→“未开发票作废”下相应的子菜单。

第二步：系统自动调出“未开发票作废号码确认”提示框，如图6-15所示。

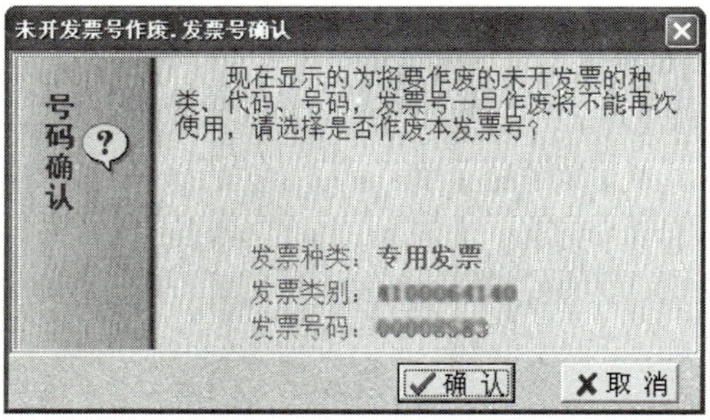

图6-15 “未开发票作废号码确认”提示框

第三步：点击【确认】按钮，未开发票作废成功。

五、抄报税操作

（一）企业抄报税流程

企业抄报税流程如图6-16所示。

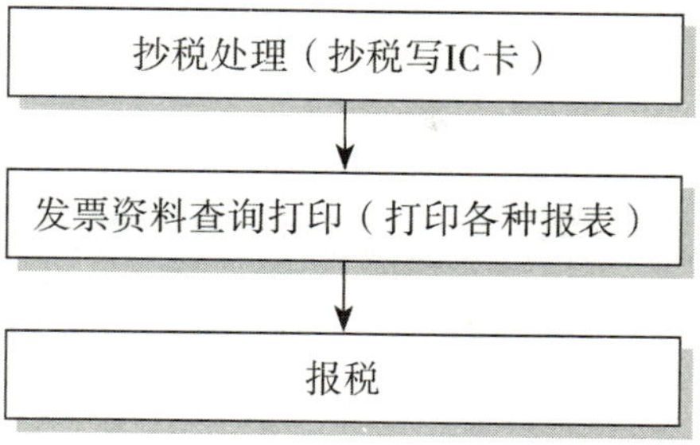

图6-16　企业抄报税流程

（二）征期抄税

抄征期税的操作步骤如下。

第一步：选择“报税处理”→“抄报税管理”→“抄税处理”菜单，系统自动更新发票领用存月报表。

第二步：系统弹出“请选择抄税期”对话框，选择“本期资料”，如图6-17所示。

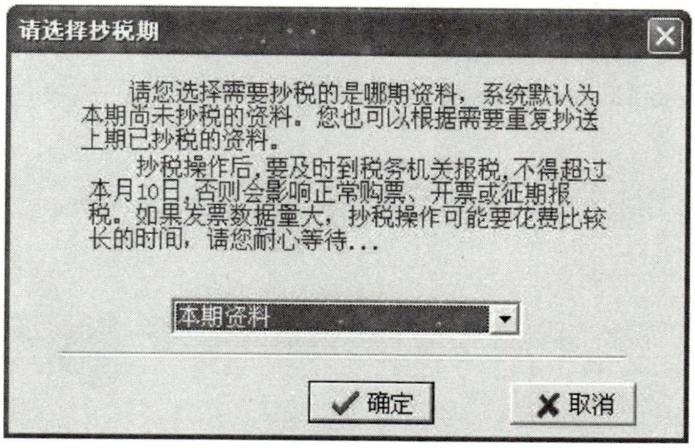

图6-17　“请选择抄税期”对话框

第三步：插入本机税控IC卡，点击【确定】按钮。

第四步：正常抄税成功。

（三）非征期抄税

非征期抄税的操作步骤如下。

第一步：选择“报税处理”→“抄报税管理”→“抄税处理”菜单，系统自动更新发票领用存月报表。

第二步：系统弹出“请选择抄税期”对话框，选择“本期资料”，如图6-18所示。

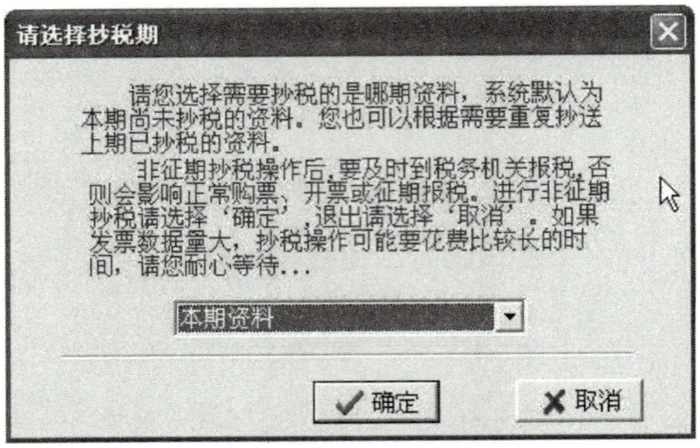

图6-18 “请选择抄税期”对话框

第三步：插入本机税控IC卡，点击【确定】按钮。

第四步：正常抄税成功。

（四）重复抄旧税

主要功能：企业抄税后尚未报税时，若发生了税控IC卡损坏或丢失，可以更换新的税控IC卡重新执行“抄税处理”，抄出报税信息，再报税。抄非征期旧税的操作步骤如下。

第一步：选择“报税处理”→“抄报税管理”→“抄税处理”菜单，系统自动更新发票领用存月报表。

第二步：系统弹出“请选择抄税期”对话框，选择“上期资料”，如图6-19所示。

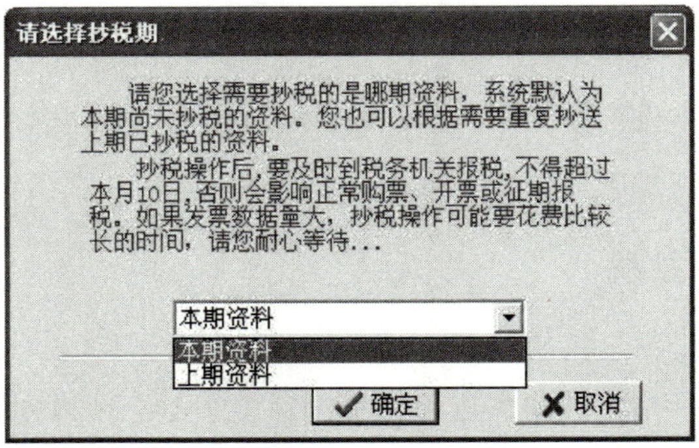

图6-19 “请选择抄税期”对话框

第三步：插入本机税控IC卡，点击【确定】按钮。

第四步：抄上期旧税成功。

（五）金税卡状态查询

企业可以查询金税卡和税控IC卡的当前状态，例如是否已到抄税期、是否已到锁死期、是否还有可用发票等重要信息，建议企业经常查看。金税卡状态查询的操作步骤为：

第一步：选择“报税处理”→“金税卡管理”→“金税卡状态查询”菜单，如图6-20所示。

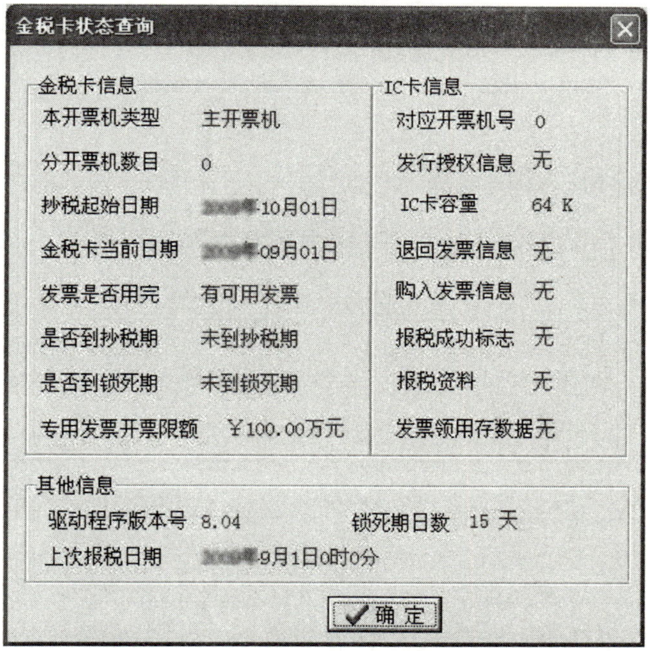

图6-20 “金税卡状态查询”菜单

第二步：系统给出详细的金税卡、税控IC卡状态信息。

六、主分机结构

（一）主分机购票及读入流程

主分机购票及读入流程如图6-21所示。

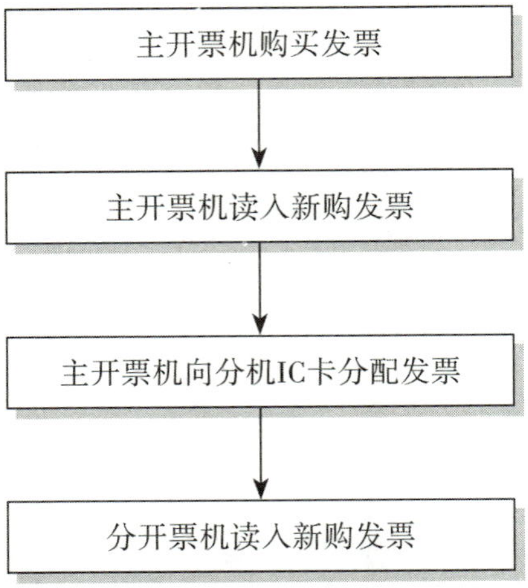

图6-21　主分机购票及读入流程

（二）主分机抄报税流程

分开票机抄报税流程及主开票机抄报税流程如图6-22所示。

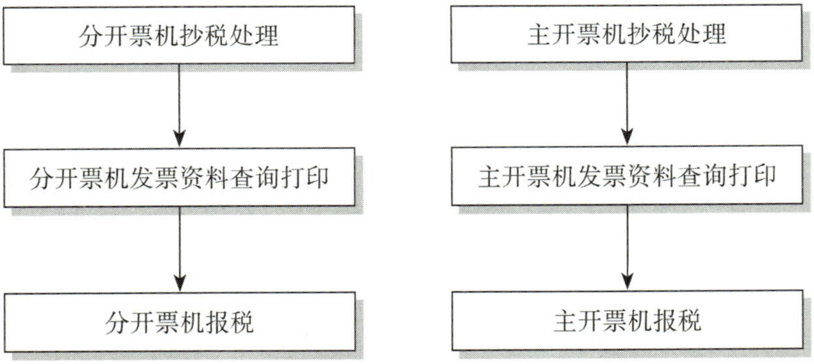

图6-22　分开票机抄报税流程　主开票机抄报税流程

提醒您

对于主分机结构的企业，主开票机、分开票机分别独立抄税，随后应该持本企业所有开票机抄税后的税控IC卡进行报税。

第三节　网上抄报税系统操作

一、使用前配置

（一）申请注册码并导入系统

网上抄报税系统的使用需要使用注册码。纳税人应到所属税务机关申请注册码文件，导入系统中。每台防伪税控机对应一个注册码。如果安装网上抄报企业端的电脑没有金税卡，则不用导入注册码。注册码有效期为1年，逾期后需要纳税人到所属税务机关部门申请或者直接通过“操作四”联机更新注册码获取新的注册码导入方可继续使用。

（二）启动系统

双击“国税局网上抄报税系统”软件。

（三）登录系统

登录界面出现后（如图6-23所示），分别填写纳税人识别号、税控机号、密码（首次密码由税局以文件形式提供，用记事本程序打开即可见），登录系统。

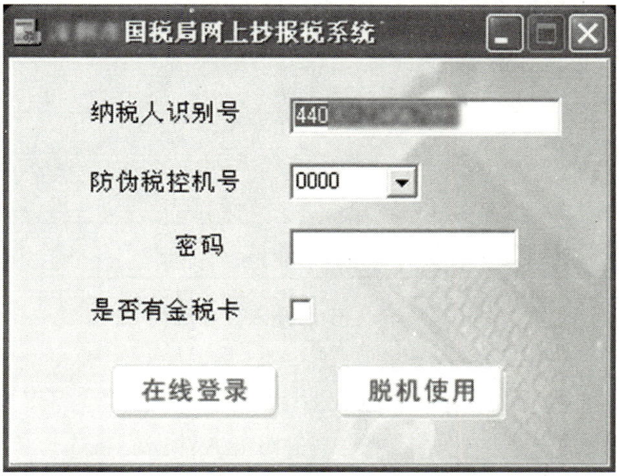

图6-23　登录界面

登录界面出现后，如图6-24所示。

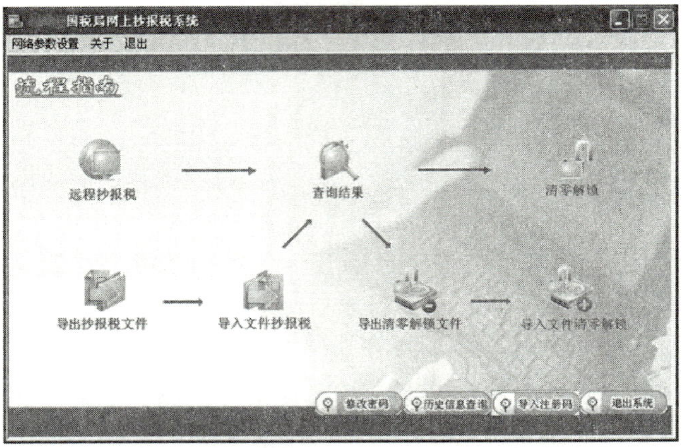

图6-24 登录系统

（四）导入注册码

点击右下角【导入注册码】图标，如图6-25所示。

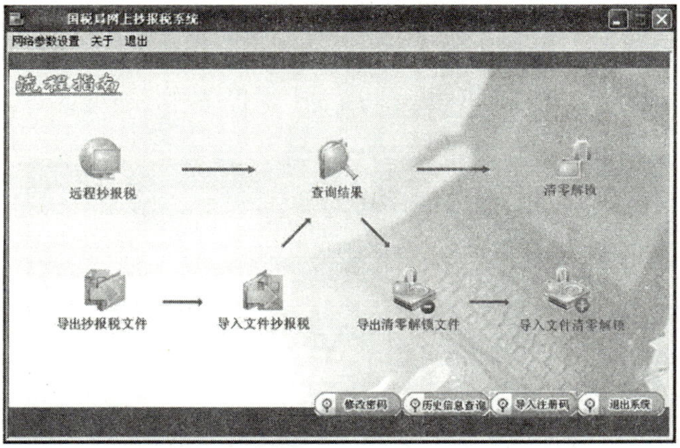

图6-25 点击【导入注册码】

系统会弹出导入注册码文件窗口，如图6-26所示，选择由税务机关获取的注册码文件，点击【确定】按钮，系统就会进行导入注册码操作。

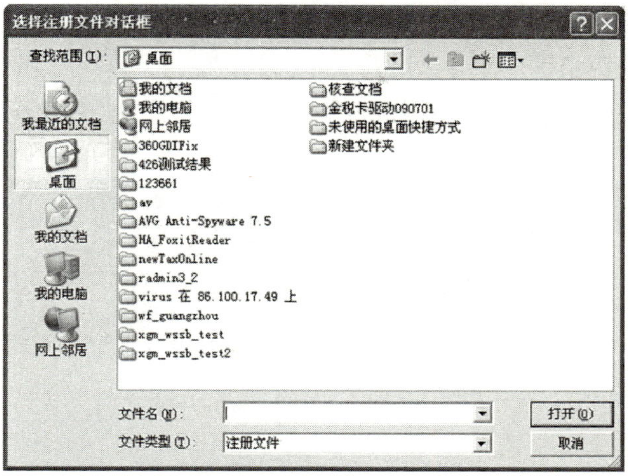

图6-26　导入注册码文件窗口

注册码导入成功后，系统会返回信息，如图6-27所示。

图6-27　注册码导入成功

完成注册码导入后，退出系统，即完成使用前配置。重新登录即可进行网上抄报税操作。

二、在线抄报税

（一）启动系统

双击桌面上的网上抄报税快捷方式。

（二）登录系统

登录界面出现后，分别填写纳税人识别号、税控机号、密码（首次密码由税局以文件形式提供，用记事本程序打开即可见），在是否有金税卡选项打钩，并确保IC卡在读卡器内，点击【在线登录】按钮，登录系统。

由于纳税人登录系统需要读取及校验IC卡内信息，需要一定时间，所以一定要耐心等候。

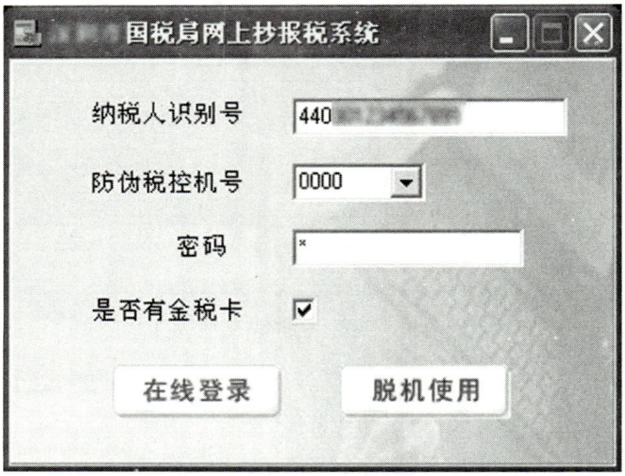

图6-28　登录界面

登录界面出现后，如图6-29所示。

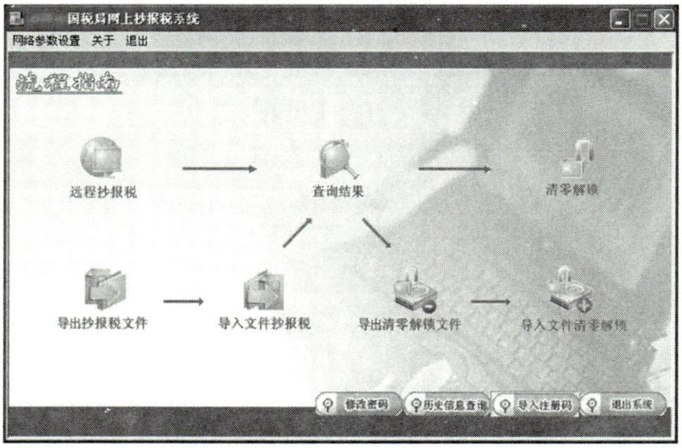

图6-29　登录系统

（三）远程抄报税

点击【远程抄报税】按钮，如图6-30所示，在其左上方突出显示部分“远程抄报税”。

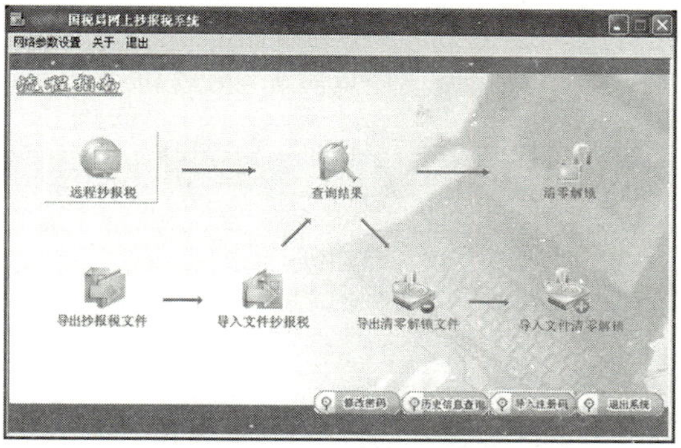

图6-30　点击【远程抄报税】

系统会再次读取IC卡内信息，并上传到税局服务器端。上传成功后，会显示成功信息，如图6-31所示。

图6-31　成功信息

（四）抄报税结果查询

远程报税成功后，纳税人选择查询结果功能，点击如图6-32所示的中央图标【查询结果】按钮。

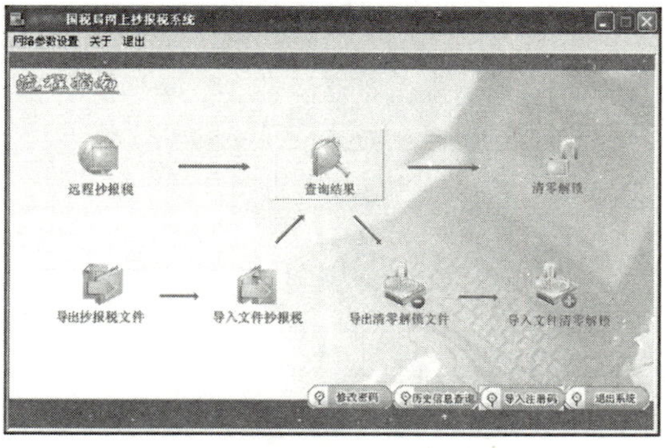

图6-32　点击【查询结果】

1. 抄报税结果

抄报税结果包括基本信息和发票信息，如图6-33所示。

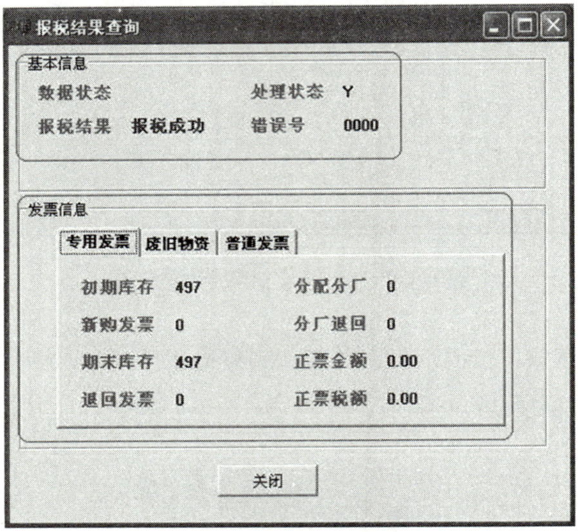

图6-33 抄报税结果

基本信息内显示此次报税数据状态、处理状态、抄报税结果和错误号，如图6-34所示。

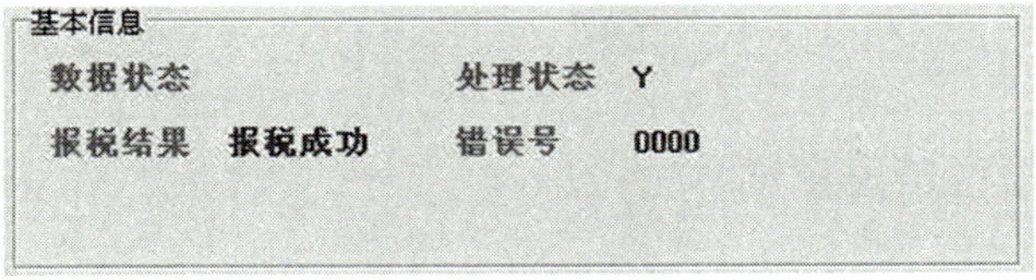

图6-34 基本信息

发票信息主要包括各类发票的报税信息，如图6-35至图6-37所示。

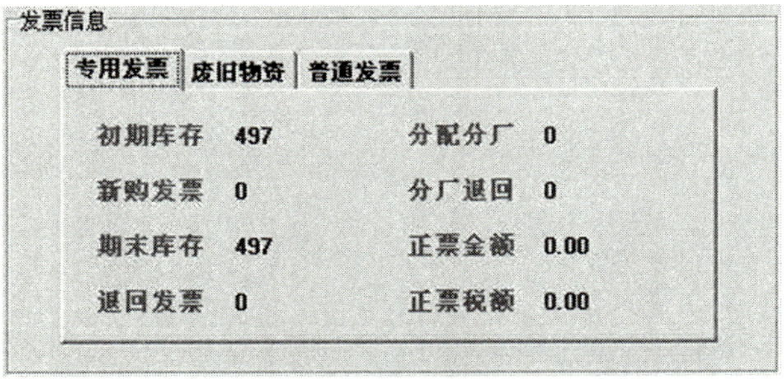

图6-35 专用发票

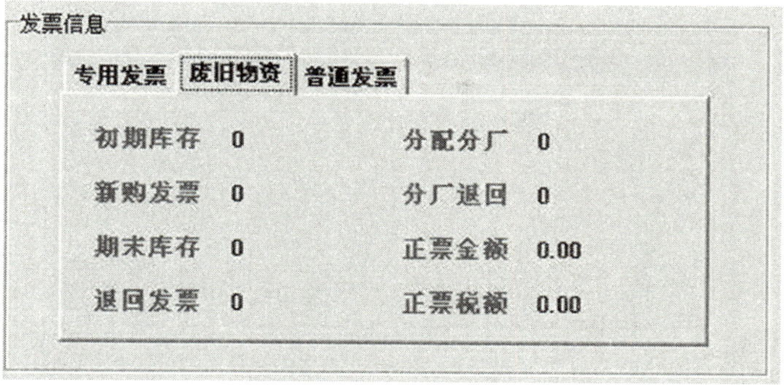

图6-36　废旧物资

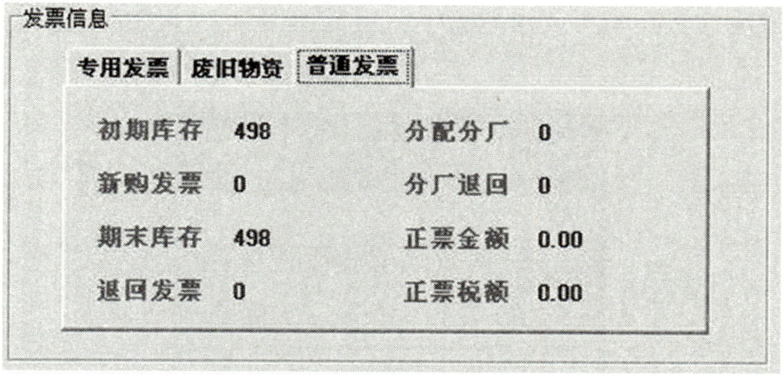

图6-37　普通发票

2．抄报税结果征期与非征期区别

（1）征期内：当处理状态为“Y”时，代表已经抄报税成功。抄报税结果如果是“报税成功”，纳税人即可以通过清零解锁操作对IC卡进行清零解锁。抄报税结果如果是“未进行一窗式比对”，纳税人可以继续开票，但是不能清零解锁，直到申报扣款成功后才能通过清零解锁操作对IC卡进行清零解锁。

（2）非征期：当处理状态为“Y”时，代表已经抄报税成功，纳税人即可以通过清零解锁操作对IC卡进行清零解锁。

（五）清零解锁

当抄报税结果为“抄报税成功”，即表示可以清零解锁，纳税人可以点击清零解锁功能，点击如图6-38所示的右侧【清零解锁】图标。主分机要全部进行报税后，才能清零解锁。

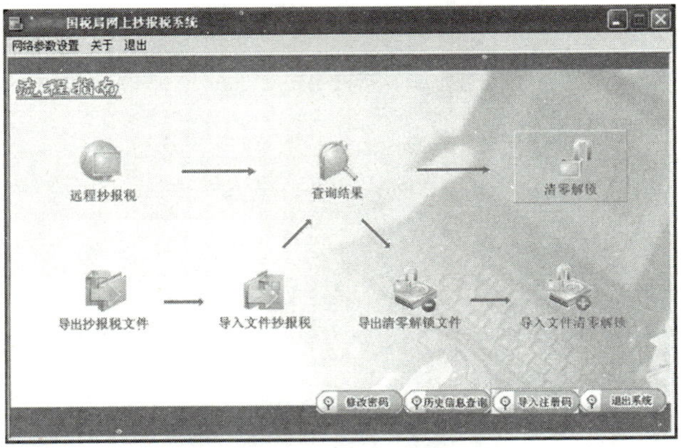

图6-38　点击【清零解锁】

清零解锁成功后，系统会返回清零解锁成功信息，如图6-39所示。

图6-39　清零解锁成功

（六）退出

操作完成以后，点击【确定】按钮便可退出系统菜单栏。

三、脱机抄报税

（一）进入系统（有金税卡的电脑上）

启动系统，在登录界面出现后（如图6-40所示），分别填写纳税人识别号、税控机号；密码不需要填写，在是否有金税卡选项中打钩，并确保IC卡在读卡器内，点击【脱机使用】按钮，登录系统。

由于纳税人登录系统需要读取校验IC卡内信息，需要一定时间，纳税人一定要耐心等候。

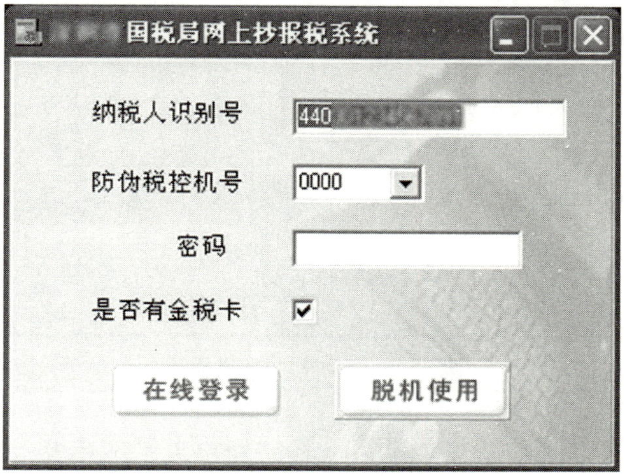

图6-40　登录界面

（二）导出抄报税文件

登录界面出现后，如图6-41所示。

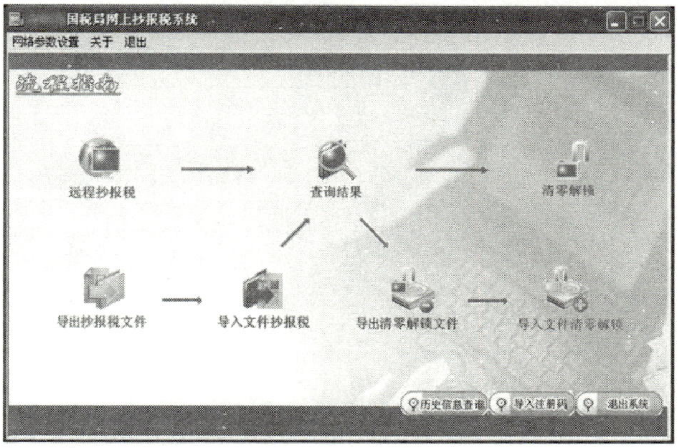

图6-41　登录系统

然后点击【导出抄报税文件】图标，系统会读取金税卡信息，读取完毕以后，会弹出窗口保存抄报税文件，如图6-42所示。

图6-42　保存抄报税文件

（三）更换电脑重新登录系统（移动到可上网的电脑）

纳税人选择一台可以上网的并且已安装本系统的电脑上重新登录系统，在登录界面出现后，分别填写纳税人识别号、税控机号、密码（首次密码由税局以文件形式提供，用记事本程序打开即可见），在“是否有金税卡”选项中取消打钩，点击【在线登录】按钮，登录系统，如图6-43所示。

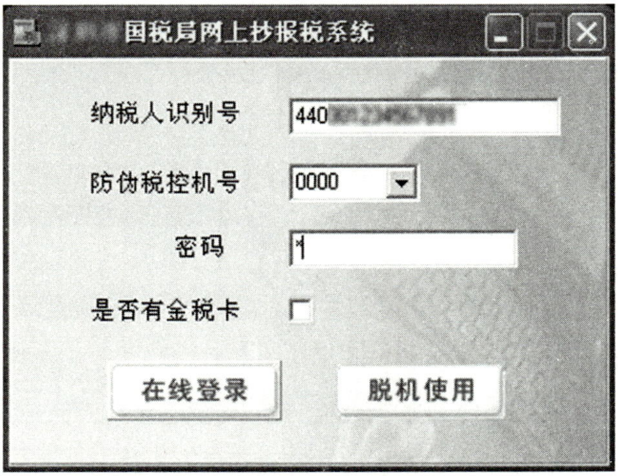

图6-43　登录界面

（四）导入文件抄报税

点击【导入文件抄报税】图标，如图6-44所示。

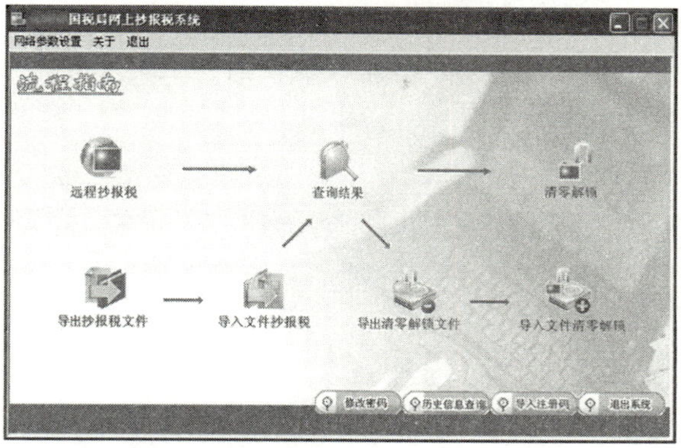

图6-44　点击【导入文件抄报税】图标

系统会弹出窗口要求纳税人选择导入的抄报税文件，如图6-45所示。

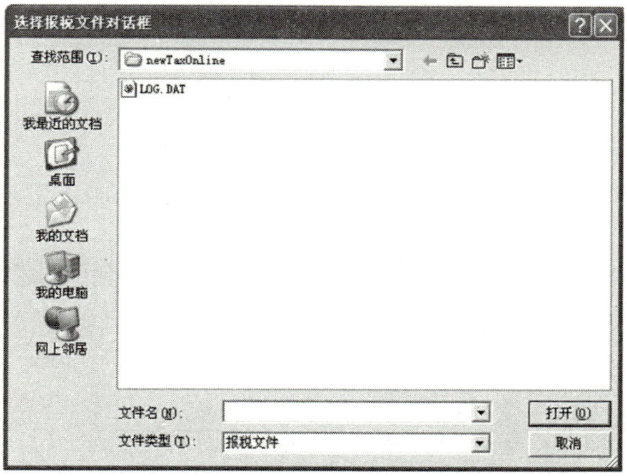

图6-45　选择导入的抄报税文件

选择操作上图所示导出的文件，点击【确定】按钮，系统会开始抄报税，并上传到税局服务器端。上传成功后，系统会显示成功信息，如图6-46所示。

图6-46　成功信息

（五）导出清零解锁文件

先进行抄报税结果查询，确认抄报税成功后，点击【导出清零解锁文件】图标，运行清零解锁操作功能，如图6-47所示。

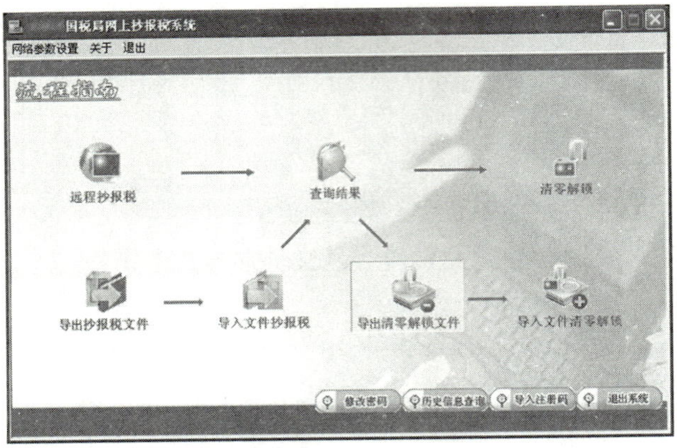

图6-47　点击【导出清零解锁文件】图标

系统会弹出保存窗口，如图6-48所示。

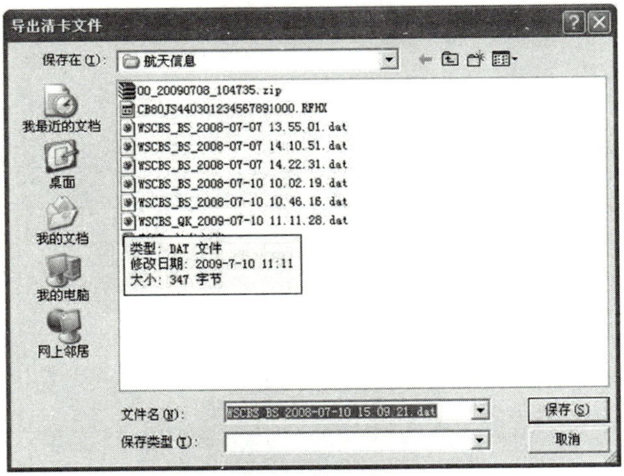

图6-48　保存窗口

（六）导入清零解锁文件（有金税卡的电脑上）

纳税人更换电脑，回到操作“导出抄报税文件”的电脑上，在系统里点击【导入清零解锁文件】图标，如图6-49所示。

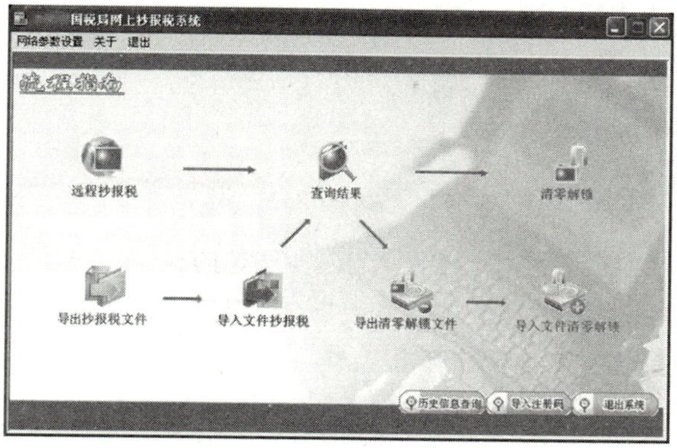

图6-49　点击【导入清零解锁文件】

系统会弹出导入清零解锁文件窗口，如图6-50所示，选择操作上一步骤“导出的清零解锁文件”，点击【确定】按钮，系统就会进行清零解锁操作。

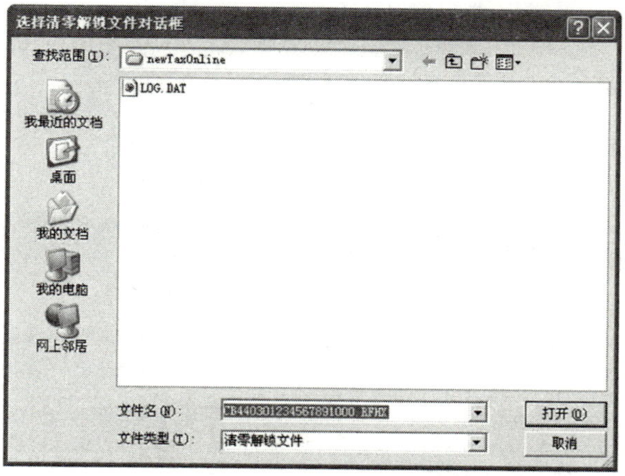

图6-50　清零解锁操作

清零解锁成功后，系统会返回信息，如图6-51所示。

图6-51　系统返回信息

四、网上申报

（一）网上申报操作流程

1. 网上抄税操作

纳税人先进入网上抄税系统，完成抄税操作。

2. 发票信息采集、填写申报表及申报发送

启动网上申报软件，按原有申报操作流程，先进行发票信息采集，完成后新建报表并进行填写。点击【发送报表】按钮发送申报数据。

（二）各种申报反馈处理

数据上传后服务器会对申报的数据进行处理并反馈处理结果。将有以下几种反馈情况。

1. 进项比对不通过的情况

这种情况属于纳税人申报的进项发票数据与其实际认证通过的不符，如图6-52所示的类似提示。纳税人应该对采集的进项发票数据进行检查，更正并更新报表后再次进行申报发送即可。

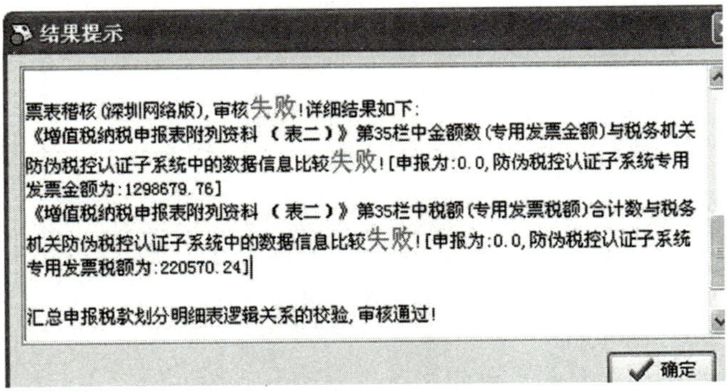

图6-52　结果提示

2. 进项比对通过但未进行网上抄税操作

这一情况是纳税人事先并未进行网上抄税操作，而直接在网上申报并且进项发票数据已经稽核通过时反馈的结果，如图6-53所示。此时纳税人需要到网上抄税系统里进行网上抄税。成功后在网上申报软件中再次发送报表，服务器将进行销项发票信息稽核。

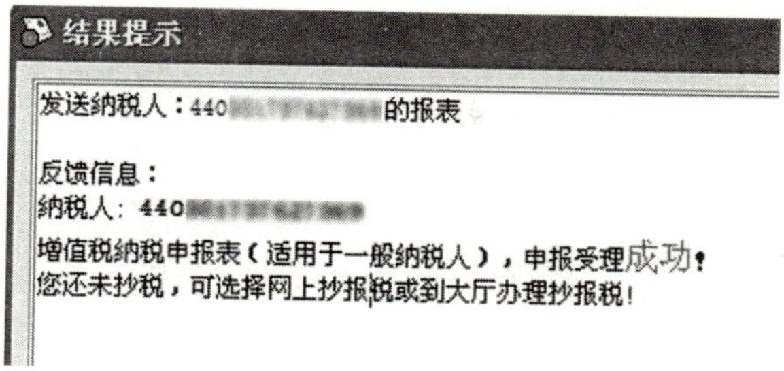

图6-53 结果提示

3．销项发票数据稽核不通过

这一情况是由于纳税人申报的销项发票数据与其网上抄税的数据稽核不通过，反馈如图6-54所示。纳税人需要到所属税务机关大厅前台的异常岗进行处理。如果确实是由纳税人自己疏忽而录入错误，可以申请作废重新申报。

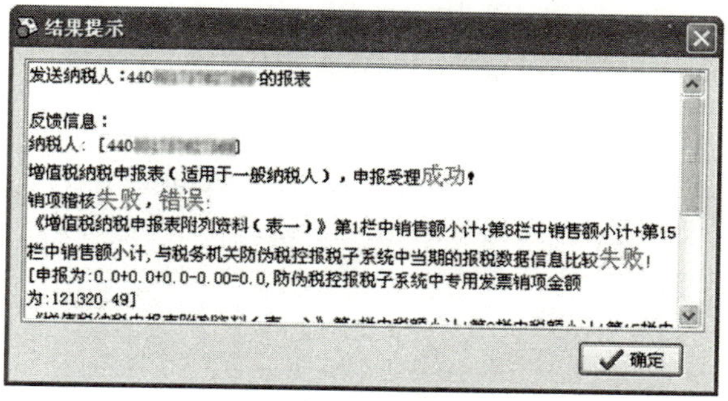

图6-54 结果提示

4．申报成功但扣款不成功

这一情况是由于纳税人账户余额不足或因其他异常原因导致扣款失败，此时在网上申报菜单栏的【发送报表】按钮，旁边会出现【扣款请求】按钮，如图6-55所示，纳税人可点击该按钮发起扣款请求再次扣款。

图6-55 扣款

5．申报处理成功

申报反馈提示申报处理成功，纳税人即可在网上申报软件中打印所申报的报表，在申报的当月将报表交税务机关即可。

五、联机更新注册码

（一）登录需要更新注册码的税控机

纳税人选择一台可以上网的并且已安装本系统的电脑上重新登录系统，在登录界面出现后，分别填写纳税人识别号、税控机号、密码（首次密码由税务局以文件形式提供，用记事本程序打开即可见），在是否有金税卡选项中取消打钩，点击【在线登录】按钮，登录系统，如图6–56所示。

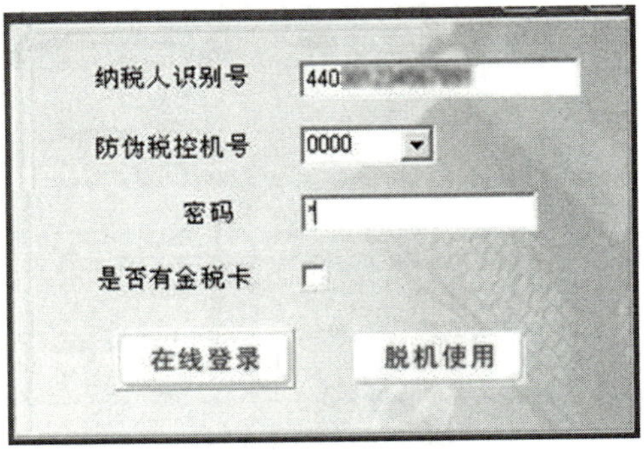

图6-56　登录系统

（二）下载注册码

点击系统管理，点击【下载注册码】选项，如图6–57所示。

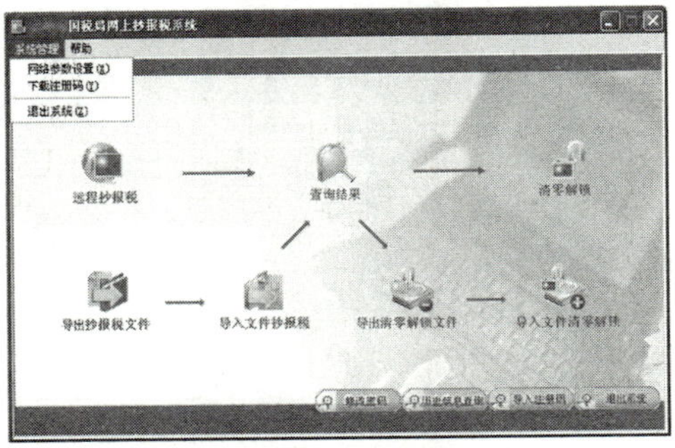

图6-57　点击【下载注册码】

系统会通过网络获取最新的注册码，提示纳税人保存，如图6–58所示。

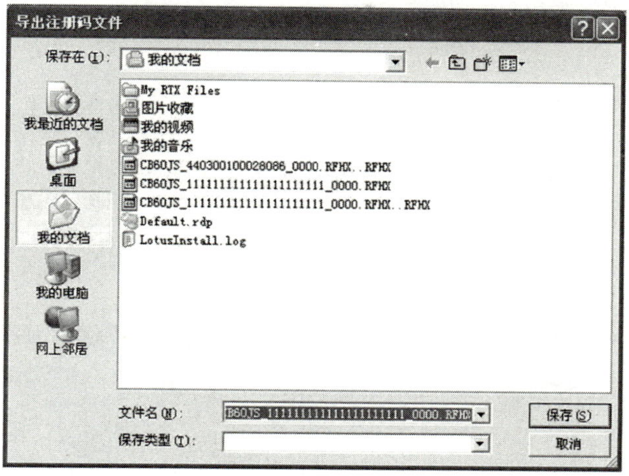

图6-58　导出注册码文件

如果该税控机没有新的注册码文件,系统会提示没有注册码不允许下载，如图6–59所示。

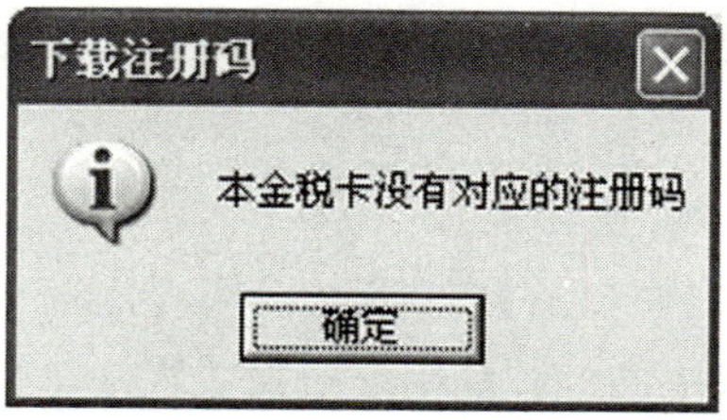

图6-59　没有注册码不允许下载

如果该税控机已经导出过注册码文件，系统会提示纳税人已经下载了最新的注册码文件，是否需要重新下载，如图6–60所示。

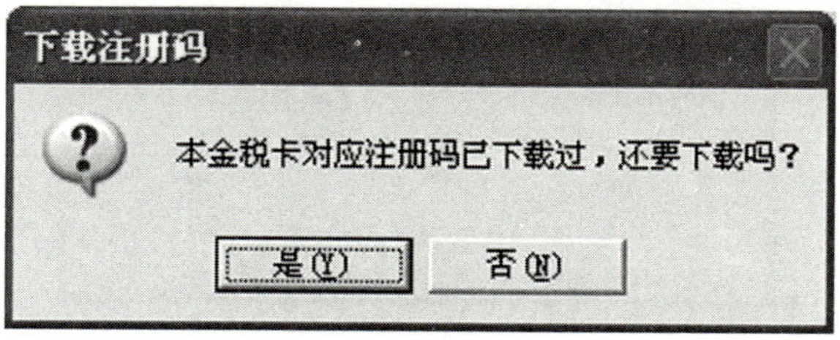

图6-60　是否需要重新下载

当下载完成后，纳税人可以通过再次登录系统，进行导入注册码操作即可完成注册码更新操作。

六、密码与配置的更改

（一）更改密码

登录系统后，点击图6-61所示中下方【修改密码】的图标。

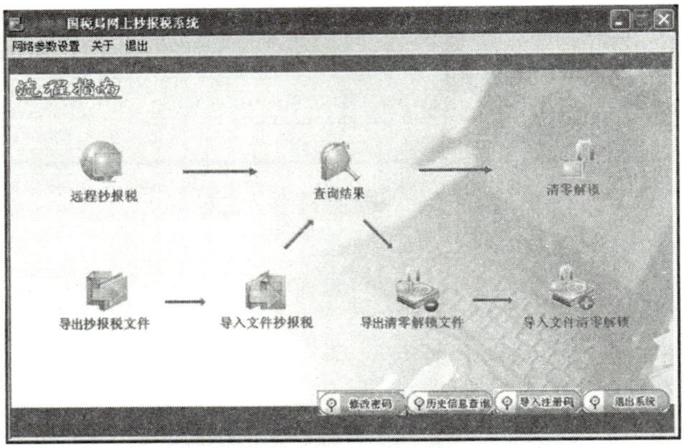

图6-61　点击【修改密码】

系统会弹出修改密码窗口，在这里可以填写当前密码、新密码和重复新密码，填写完毕点击【提交】图标，如图6-62所示。

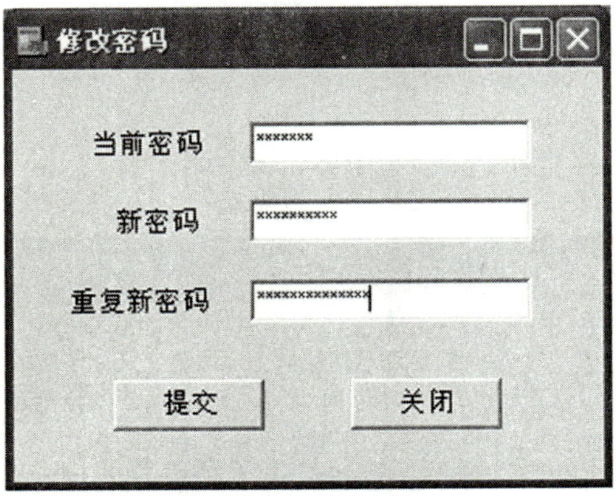

图6-62　点击【提交】

修改成功后，系统会弹出提示框，如图6-63所示，按【确定】图标即可。

图6-63　修改密码成功

（二）更改配置

如果税务机关要求更改网络配置，在登录系统后点击菜单栏“系统管理”下“网络参数配置”，如图6-64所示。

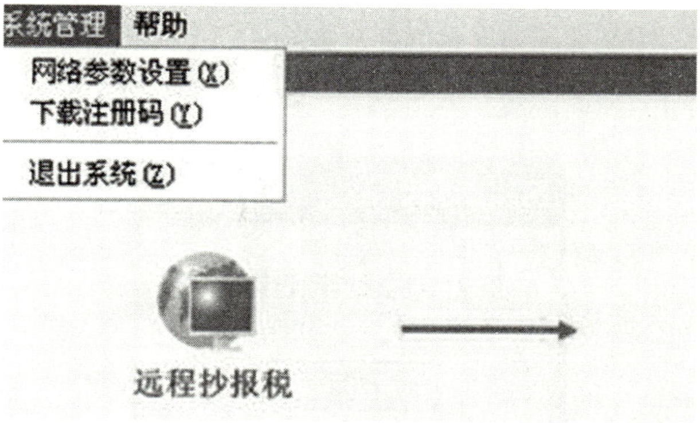

图6-64　网络参数配置

如果不使用代理服务器,则不需要更改，如图6-65所示。

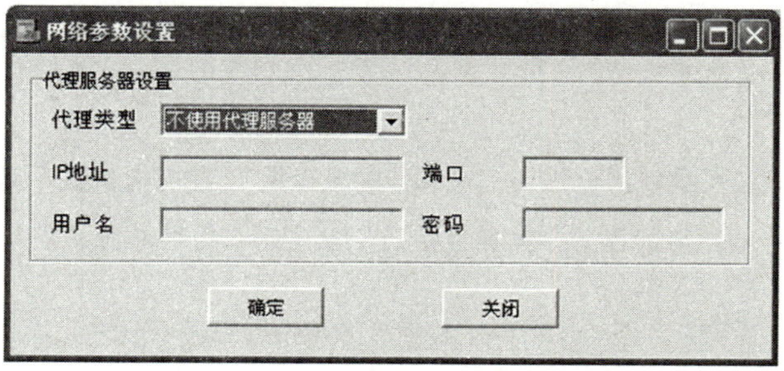

图6-65　不使用代理服务器

如果需要代理服务器，则填写相应的内容，如图6-66所示。

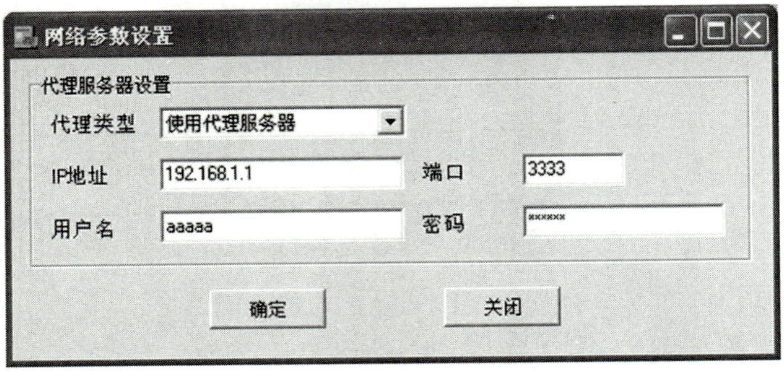

图6-66　使用代理服务器

更改完成后，系统会返回提示信息，如图6-67所示。

图6-67　设置成功

提醒您

如果在系统使用过程中，出现“网络错误”“抄报税失败”或“清零解锁失败”，可以重试，如果重试后仍然失败，就要与国税局打电话联系。

附1　增值税一般纳税人网上报税方式备案表

增值税一般纳税人网上报税方式备案表

填表时间：______年____月____日

<table>
<tr><td>纳税人名称</td><td colspan="3"></td></tr>
<tr><td>纳税人识别号</td><td></td><td>纳税编码</td><td></td></tr>
<tr><td>地址</td><td></td><td>联系电话</td><td></td></tr>
<tr><td colspan="4">本单位自愿申请使用市增值税一般纳税人网上报税系统，从______年____月开始启用，并承诺遵守网上申报系统的各项管理规定。

经办人：　　　　　　企业（章）：

______年____月____日</td></tr>
<tr><td colspan="4">备案情况：

（业务受理章）

经办人：　　　　　　______年____月____日</td></tr>
<tr><td>注册码发放记录</td><td>已发放□　未发放□</td><td colspan="2">纳税人签字：</td></tr>
</table>

注：本表一式一份，由办税服务厅留存。

附2　注销增值税一般纳税人网上报税方式登记表

注销增值税一般纳税人网上报税方式登记表

填表时间：______年____月____日

纳税人名称			
纳税人识别号		纳税编码	
地址		联系电话	
注销网上报税方式时间		年　　月	
申请注销原因 □1. 注销税务登记 □2. 要求终止 经办人：　　企业（章）： ______年____月____日			
注销情况： （业务受理章） 经办人：　　______年____月____日			

注：本表一式一份，由办税服务厅留存。

第四节　增值税专用发票网上认证操作

增值税专用发票网上认证的业务范围包括由纳税人自行录入或扫描识别输入发票的抵扣联（防伪税控开票子系统开具的增值税专用发票抵扣联）票面信息，网上认证系统将生成的电子数据经过一定的常规校验保证数据相对准确，而后压缩加密，通过网络传送到税务机关的防伪税控认证子系统（航天金税），由防伪税控认证子系统完成解密、认证。事后纳税人再通过查询认证结果。

目前网上采集增值税专用发票抵扣联票面信息方式主要有两种：在线人工认证方式、在线扫描认证方式。

图6-68是增值税专用发票网上认证操作流程：

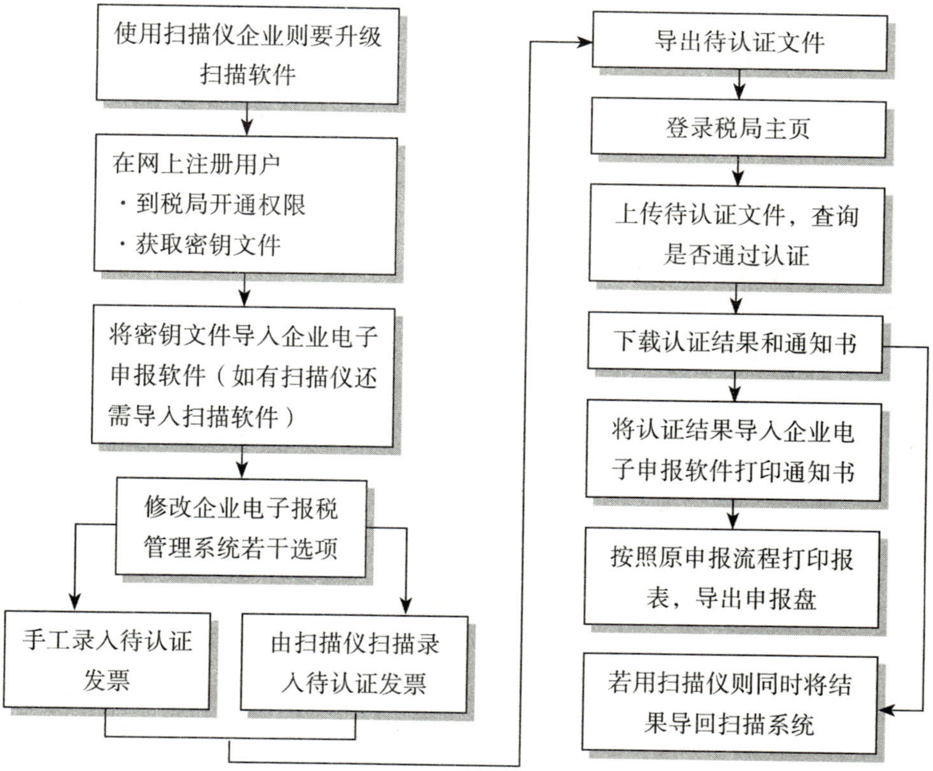

图6-68　增值税专用发票网上认证操作流程

以下以福建省增值税网上认证系统为例来讲解具体的操作要求。如图6-69为福建省某地增值税网上认证的主界面。

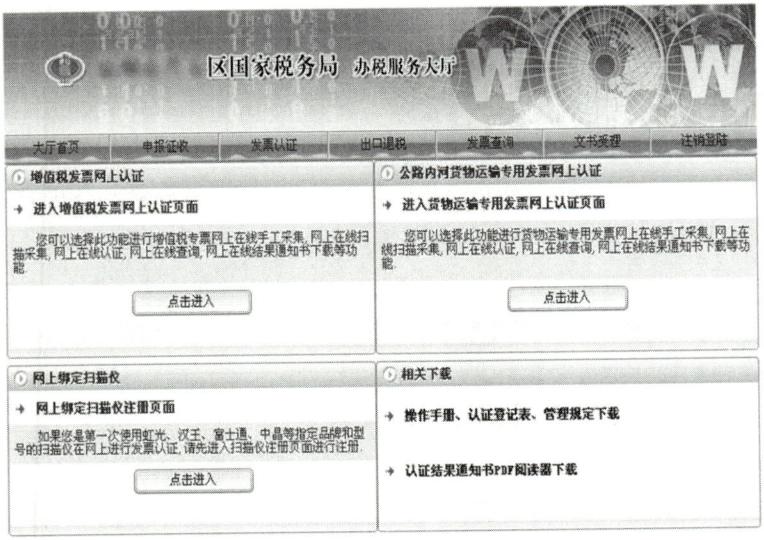

图6-69　增值税专用发票网上认证操作流程

一、认证前的准备工作

登录当地国税网站—>网上办税—>办税指南—>下载中心—>表单证书—>增值税进项抵扣凭证网上认证登记表，下载《增值税进项抵扣凭证网上认证登记表》。按照要求如实填表，签字加盖公章后携带税务登记证副本、办税人身份证复印件，到主管税务机关办税服务厅办理网上认证的确认登记。把取得的密钥文件上传后就可以进行发票认证了。

导入密钥具体操作步骤如下。

第一步：找到进入增值税发票网上认证页面，点击【点击进入】按钮，如图6-70所示。

第二步：找到在线采集认证栏目，点击下面的【导入文件】按钮，如图6-71所示。

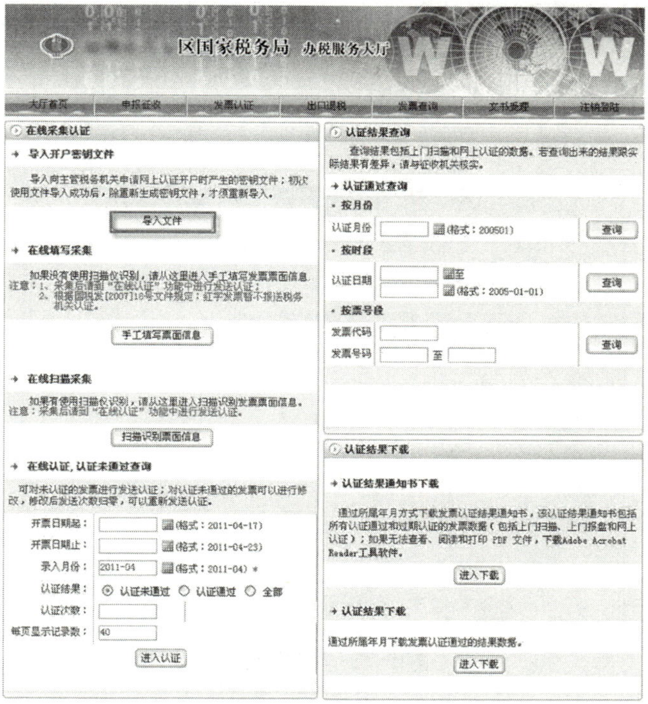

图6-70　办税服务大厅

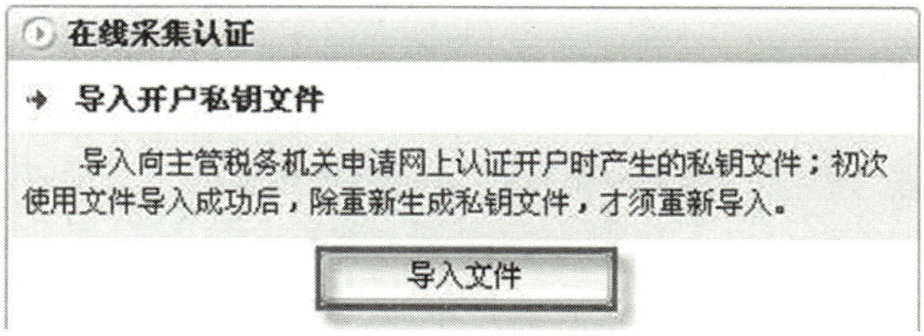

图6-71　点击【导入文件】

第三步：点击【浏览】按钮，如图6-72所示。

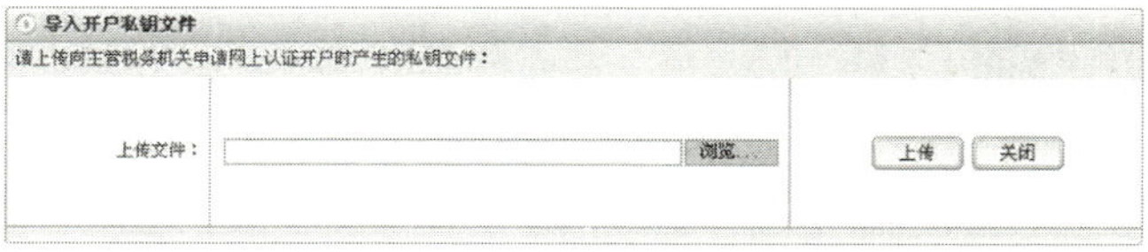

图6-72　点击【浏览】

第四步：系统弹出“选择文件”对话框。在对话框中选中需要上传的文件（文件后缀为*. DAT格式，该文件经过私钥加密而成），然后点击【打开】按钮。

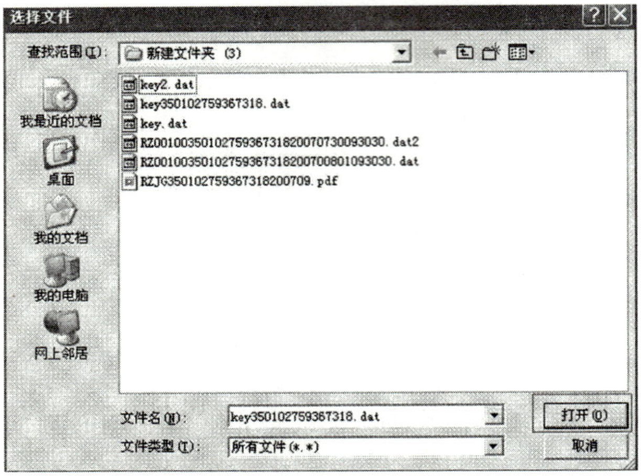

图6-73　选择文件

图6-74　上传文件

第五步：点击【上传】按钮，出现上传纳税人密钥成功后，点击【关闭】图标。

图6-75　上传纳税人密钥成功

二、采集票面信息

（一）在线人工采集

纳税人根据票面信息，包括发票号码、开票日期、84/108位密码、金额、税额和销货单位纳税人识别号等，逐张逐项录入对应票据格式中，并提交后台自动认证。这种方式一般适用于每月需要认证的进项抵扣凭证较少的纳税人。

第一步：在线采集认证栏目，点击【手工填写票面信息】按钮进入。

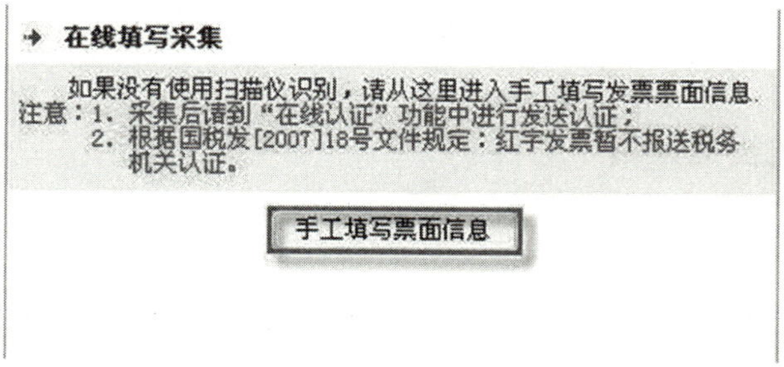

图6-76　点击【手工填写票面信息】

第二步：纳税人根据发票填写发票票面信息，包括发票号码、开票日期、84/108位密码、金额、税额和销货单位纳税人识别号。输入完毕，点击【保存】按钮，保存当前的发票，如图6-77所示。

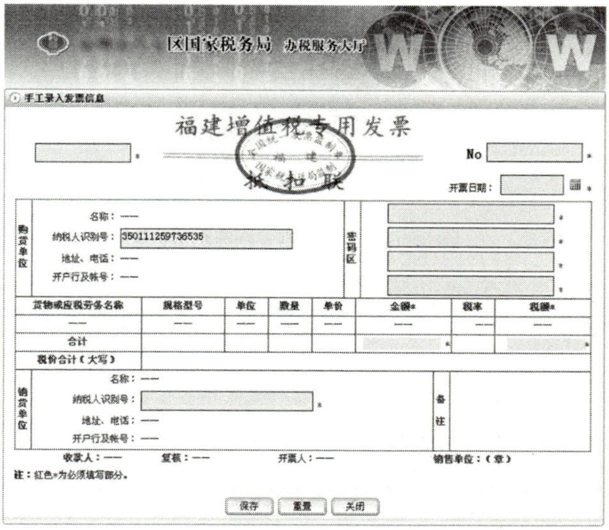

图6-77　保存当前发票

第三步：如果还有发票要输入，点击【下一张】按钮，输入下一张发票的票面信息，否则点击【关闭】图标。

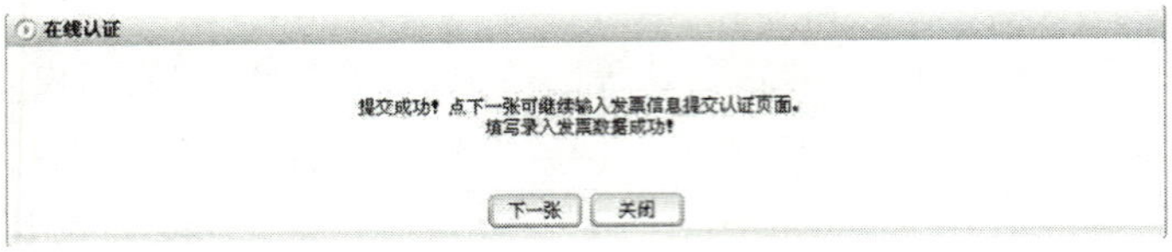

图6-78　点击【下一张】或【关闭】

（二）在线扫描采集

纳税人可自主选择已经绑定的扫描仪品牌及型号，将发票票面上需采集的票面信息通过扫描把图像转化成数据格式，并提交后台认证。

1. 注册扫描仪的步骤

纳税人在进行发票扫描采集之前，必须先进行扫描仪的注册。具体的操作步骤为：

第一步：成功登录网上认证系统，点击【扫描仪注册】进入扫描仪注册页面，如图6-79所示。

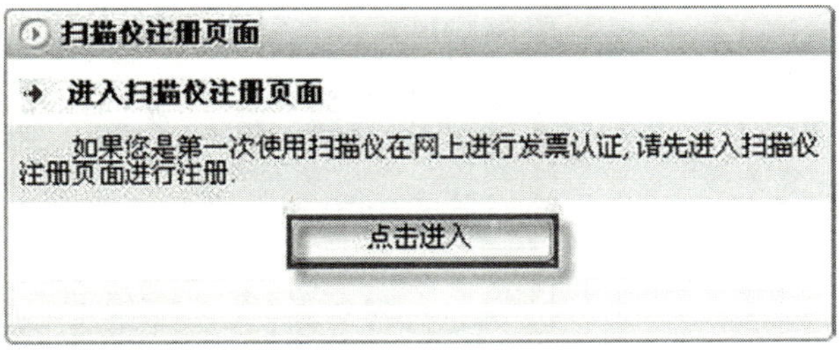

图6-79　扫描仪注册页面

第二步：按【点击进入】键，进入信息填写页面，如图6-80所示。

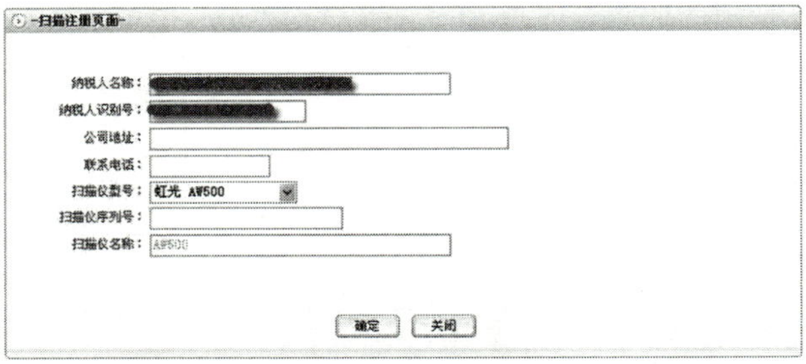

图6-80　信息填写页面

第三步：填写信息完毕，点击【确定】按钮即可。注意：此处的扫描仪型号必须选择正确，否则会出现扫描异常。

2．在线扫描采集

第一步：在增值税发票模块中，点击【扫描识别票面信息】按钮进入，如图6-81所示。

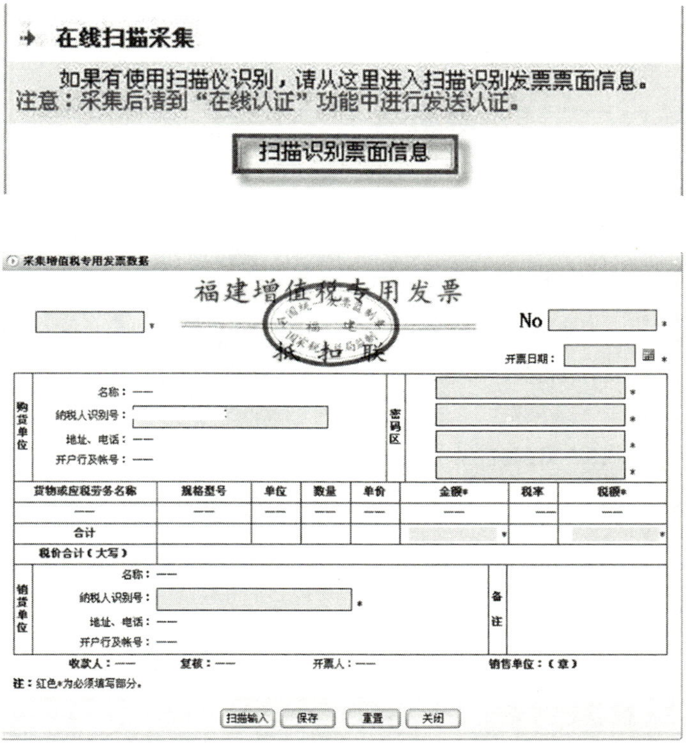

图6-81　在线扫描采集

第二步：扫描输入完成，系统自动保存发票数据，如有红字或错字提醒，请核对数据，确实有误，直接进行数据修改，修改完成点击【保存】按钮。

提醒您

通过上述任意方式保存完发票后，必须到在线认证模块发送认证。

三、在线认证

（一）发送认证

第一步：在“在线认证”里可以根据发票的开票起止日期和录入的月份，查找到相应的发票。同时也可以通过选中不同的条件：⊙认证未通过 ○认证通过 ○全部，来获取相应的发票信息。输入相应的条件，点击【进入认证】按钮，如图6-82所示。

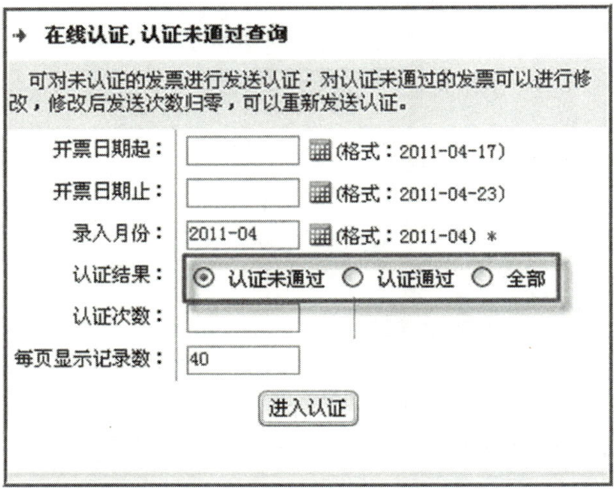

图6-82　点击【进入认证】

第二步：查到录入的发票，如图6-83所示。

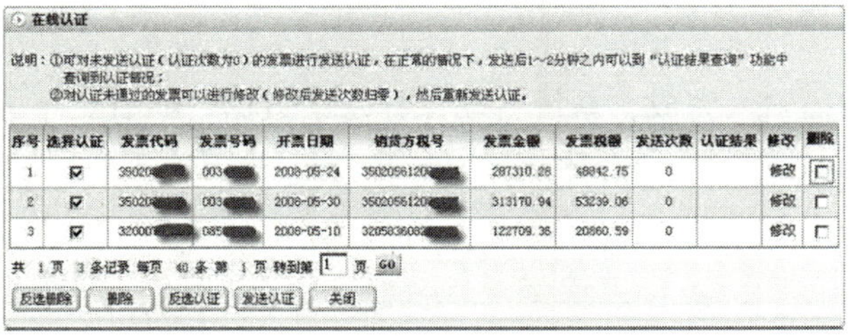

图6-83　查到录入的发票

第三步：选中要认证的发票，在要发送认证的发票记录前打“√”，如图6-84所示。

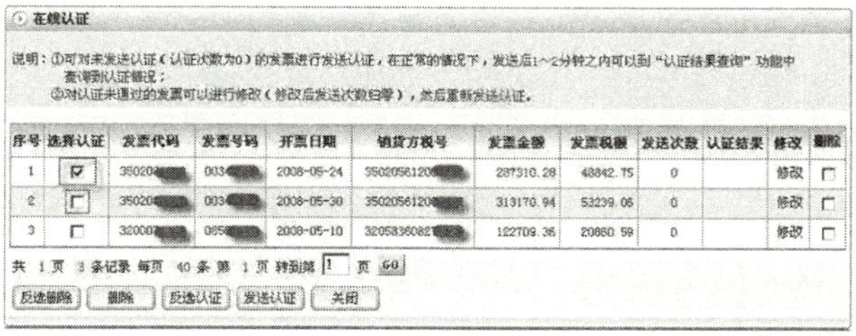

图6-84　选中要认证的发票

第四步：点击【反选认证】按钮，就可以全部选中，如图6-85所示。

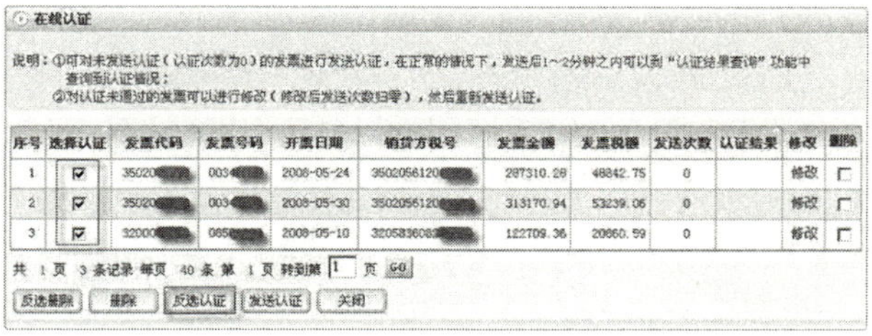

图6-85　点击【反选认证】

第五步：确定数据正确的情况下，请点击【发送认证】，如图6-86所示。

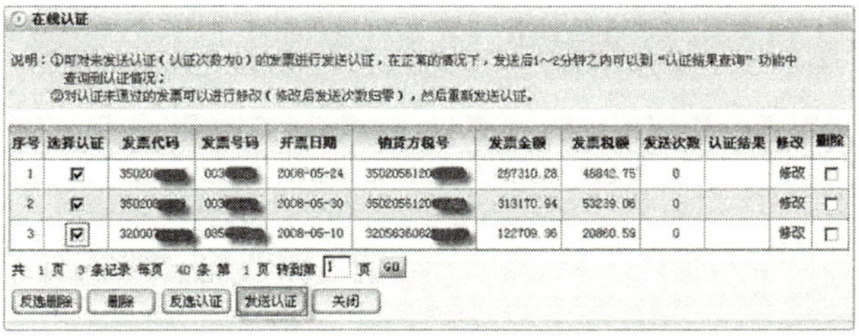

图6-86　点击【发送认证】

第六步：当确定要发送认证时，点击【确定】按钮；否则，点击【取消】按钮。

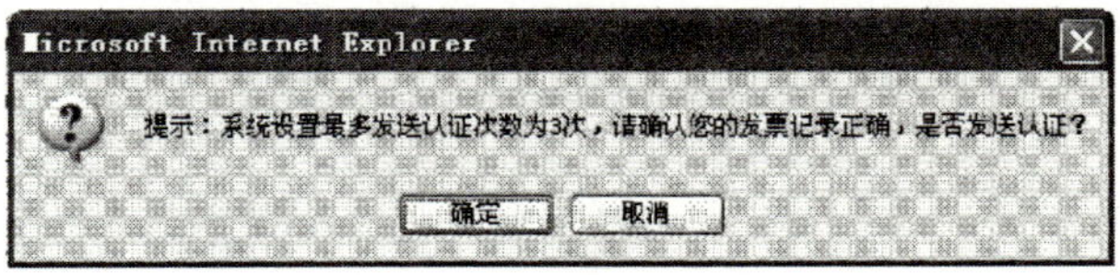

图6-87　确认是否要发送认证

（二）如何修改票面信息

发送认证都未通过认证时（如图6-88所示），就无法再发送认证了，必须对待认证的发票进行修正后，才能再次发送认证。

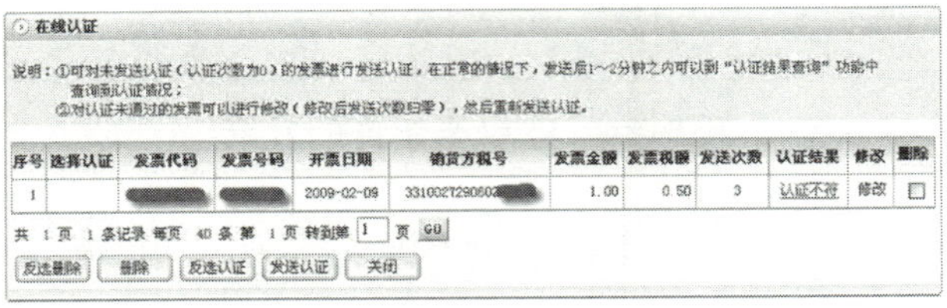

图6-88　未通过认证

第一步：纳税人需要核对录入的发票信息，点击【修改】按钮，如图6-89所示。

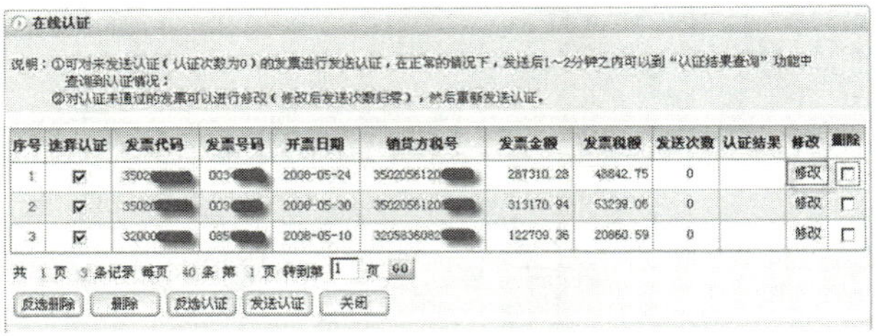

图6-89　点击【修改】

第二步：出现以下界面时（如图6-90），把数据修改后，再点击【保存】按钮。

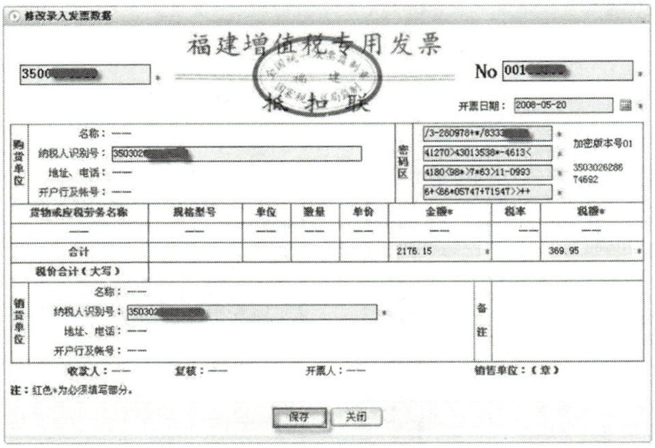

图6-90　点击【保存】

第三步：点击【关闭】按钮。

图6-91　点击【关闭】

（三）如何删除发票

（1）纳税人也可以自行删除发票（认证通过的，不能删除），在右边删除栏下面选择要删除的发票，打钩，如图6-92所示。

图6-92　删除发票

（2）点击下面的【反选删除】按钮，就会把删除栏全部选中，如图6-93所示。

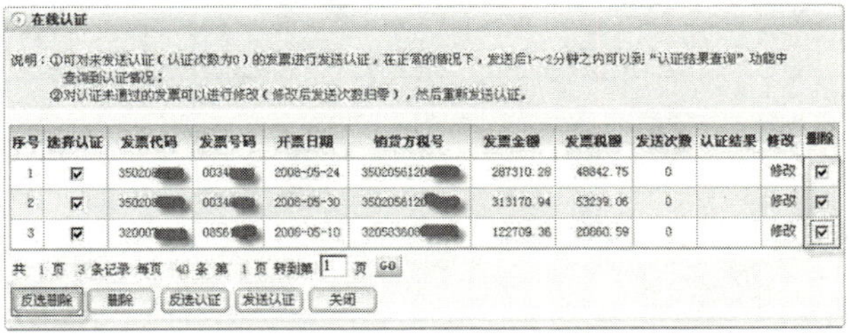

图6-93　【反选删除】

（3）点击【删除】按钮，如图6-94所示。

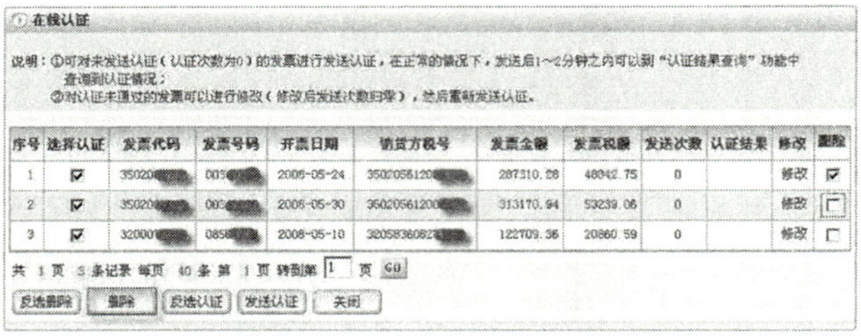

图6-94　点击【删除】

（4）会出现对话框，请确认您要删除选择的发票记录？如果是，就点【确定】按钮；如果不是，就点击【取消】铵钮，如图6-95所示。

图6-95　确认删除选择的发票记录

（5）出现以下“成功删除发票记录！”说明你删除成功，如图6-96所示。

图6-96　成功删除发票记录

提醒您

已认证通过的发票不能删除。

（四）认证结果信息说明

认证结果一般有如表6-3所示几种情况。

表6-3　认证结果信息说明

序号	认证结果	信　息　说　明
1	认证相符	也就是说通过认证
2	认证不符	对于此类发票，纳税人要详细检查发票票面的信息，包括“发票代码”“发票号码”“开票日期”“84位密码”“金额”“税额”和“购货单位及销货单位的纳税人识别号”是否填写正确
3	重复认证	表示该发票以前月份已认证过
4	密文有误	是指打印在增值税专用发票抵扣联票面上的84位密码清晰可辨且识别或录入正确无误，但系统无法解密
5	无法认证	是指打印在增值税专用发票抵扣联票面上的84位密码或票面上的“发票代码”“发票号码”“开票日期”“购货方纳税人识别号”“销货方纳税人识别号”“金额”“税额”等7项数据有一项或多项由于污损、褶皱、揉搓等原因无法辨认，导致系统不能产生认证结果

对于核对票面信息完全一致后仍无法认证通过的，可以参考以下处理方法：

（1）属于“无法认证”“纳税人识别号认证不符合发票代码号码，认证不符（指密文和明文相比较，发票代码或号码不符）”的发票，税务机关应将发票原件退还纳税人，纳税人可要求销方重新开具。

（2）属于“密文有误”和“认证不符（不包括纳税人识别号认证不符合，发票代码号码认证不符）”的发票，移交稽查部门处理。

四、认证结果查询

（一）按月份查询（认证通过）

按月查询只能查询认证通过的数据（包括上门扫描、上门报盘和网上认证）。

（1）在所属年月的输入框中输入你要查询的年月或者按后面的日期选择按钮通过出现下面的窗体来选择要查询的年月。

（2）选择好要查询的年月后，按提交则自动填入所选年月，如图6–97所示。

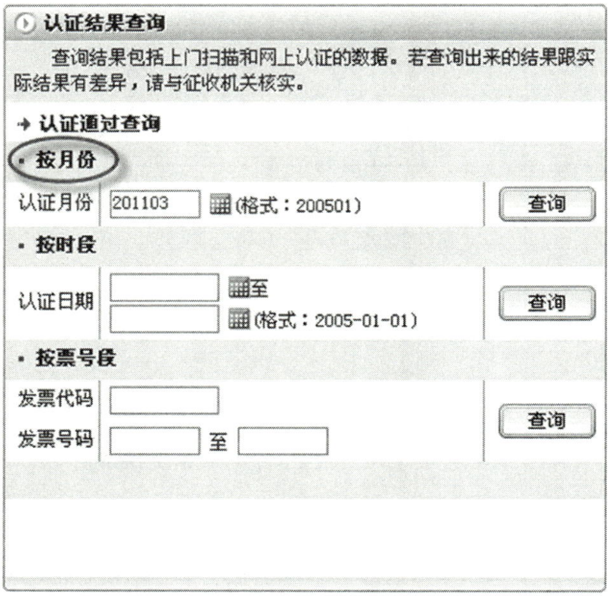

图6-97　按月份查询

（3）再按上图的【查询】按钮，则出现如图6-98所示的页面。

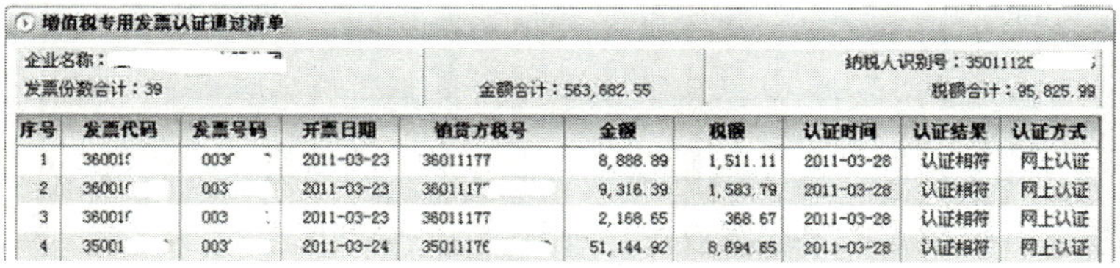

增值税专用发票认证通过清单

企业名称：　　纳税人识别号：3501112
发票份数合计：39　　金额合计：563,682.55　　税额合计：95,825.99

序号	发票代码	发票号码	开票日期	销货方税号	金额	税额	认证时间	认证结果	认证方式
1	36001	003	2011-03-23	36011177	8,888.89	1,511.11	2011-03-28	认证相符	网上认证
2	36001	003	2011-03-23	3601117	9,316.39	1,583.79	2011-03-28	认证相符	网上认证
3	36001	003	2011-03-23	36011177	2,168.65	368.67	2011-03-28	认证相符	网上认证
4	35001	003	2011-03-24	3501117	51,144.92	8,694.65	2011-03-28	认证相符	网上认证

图6-98　增值税专用发票认证通过清单

（4）按【关闭】按钮则关闭当前页面。

（5）按【打印】按钮则可打印当前数据。

（6）如果没有查询到数据，则没有记录显示出来。

（二）按时段查询（认证通过）

按时段查询只能查询认证通过的数据（包括上门扫描、上门报盘和网上认证）。

在认证日期起始输入框中输入你要查询的起始日期，在结束日期输入框中输入你要查询的结束日期。也可通过后边的日期选择按钮▦来选择起止日期。

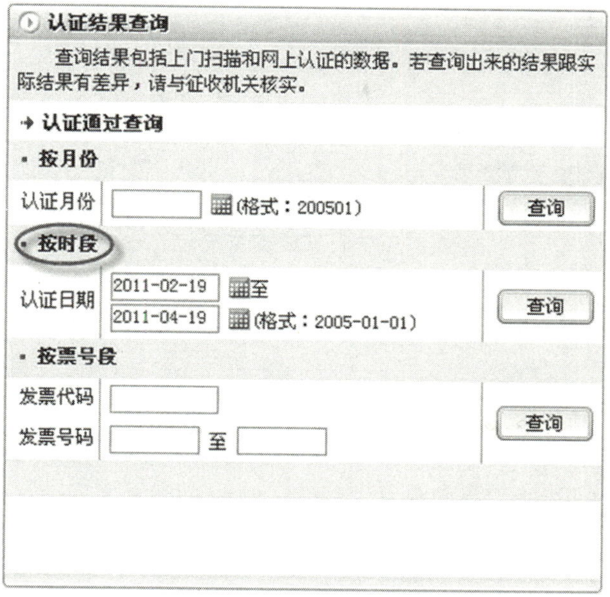

图6-99　按时段查询

按后面的【查询】按钮，则出现如图6-100所示的页面。

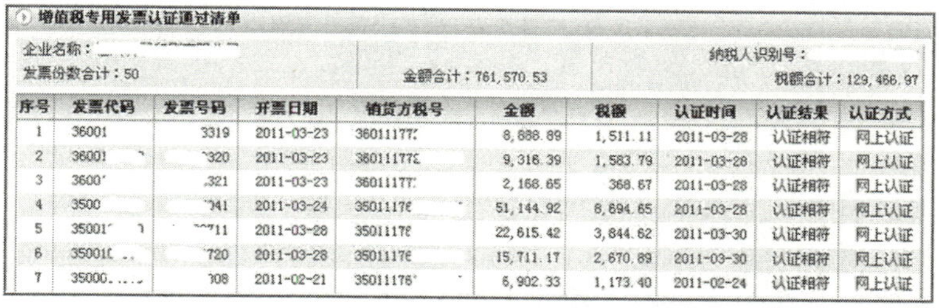
增值税专用发票认证通过清单

企业名称：　　纳税人识别号：

发票份数合计：50　　金额合计：761,570.53　　税额合计：129,466.97

序号	发票代码	发票号码	开票日期	销货方税号	金额	税额	认证时间	认证结果	认证方式
1	36001	3319	2011-03-23	36011177	8,888.89	1,511.11	2011-03-28	认证相符	网上认证
2	36001	320	2011-03-23	36011177	9,316.39	1,583.79	2011-03-28	认证相符	网上认证
3	3600	321	2011-03-23	36011177	2,168.65	368.67	2011-03-28	认证相符	网上认证
4	3500	41	2011-03-24	3501117	51,144.92	8,694.65	2011-03-28	认证相符	网上认证
5	35001	711	2011-03-28	3501117	22,615.42	3,844.62	2011-03-30	认证相符	网上认证
6	35001	720	2011-03-28	3501117	15,711.17	2,670.89	2011-03-30	认证相符	网上认证
7	35000	08	2011-02-21	3501117	6,902.33	1,173.40	2011-02-24	认证相符	网上认证

图6-100　增值税专用发票认证通过清单

按【关闭】按钮则关闭当前页面。

按【打印】按钮则可打印当前数据。

如果没有查询到数据，则没有记录显示出来。

（三）按票号段查询（认证通过）

按票号段查询只能查询认证通过的数据（包括上门扫描、上门报盘和网上认证）。

在发票代码输入框中输入你要查询的发票代码，在发票号码起止输入框中输入你要查询的起止发票号码。

按后面的【查询】按钮，则出现如图6-101所示的页面。

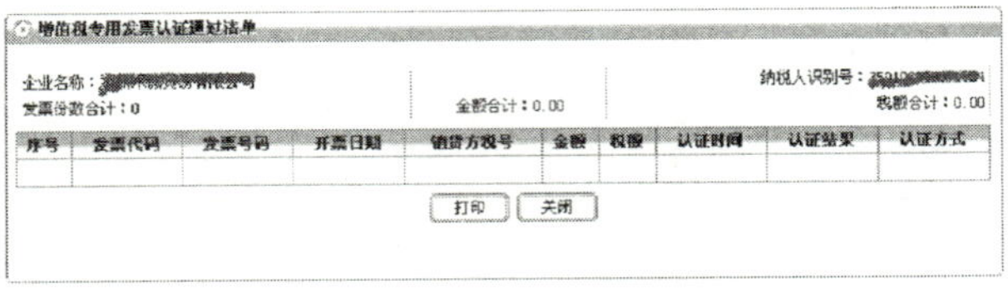

图6-101　增值税专用发票认证通过清单

按【关闭】按钮则关闭当前页面。

按【打印】按钮则可打印当前数据。

如果没有查询到数据，则没有记录显示出来。

五、认证结果下载

（一）认证结果通知书下载

用户可按所属年月下载认证结果通知书，该认证结果通知书包括指定月份所有认证通过和过期认证的发票数据（包括上门扫描、上门报盘和网上认证）。打开认证结果通知书界面，如图6-102所示，在此之前，电脑上须安装PDF阅读器。

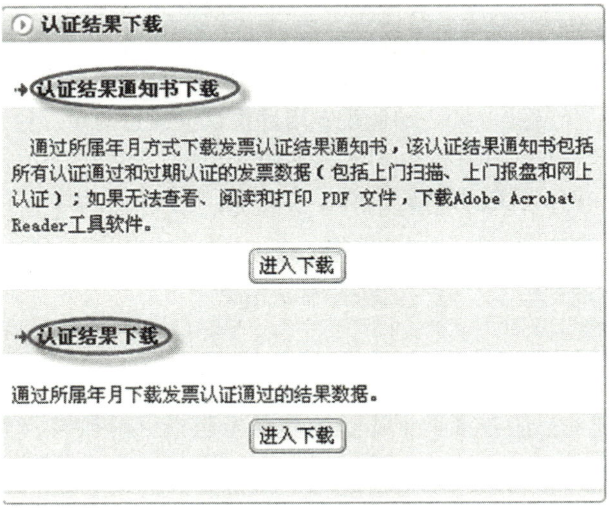

图6-102　认证结果下载界面

（1）点击认证结果通知书下载区的【进入下载】按钮。进入如图6-103所示的页面。

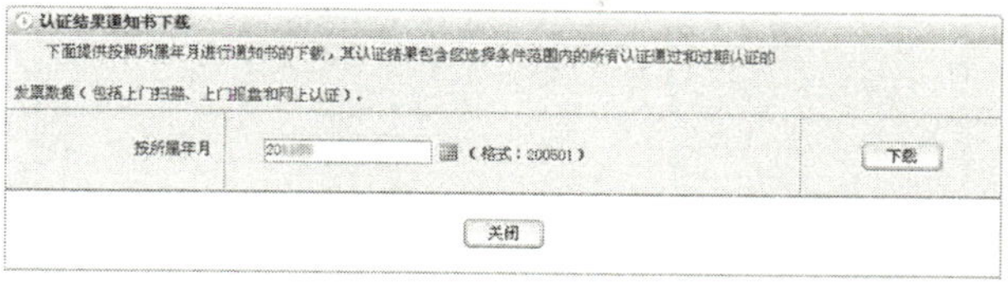

图6-103　认证结果通知书下载

（2）输入所属年月，例如（201103）按【下载】按钮. 出现如图6-104所示的提示窗口。

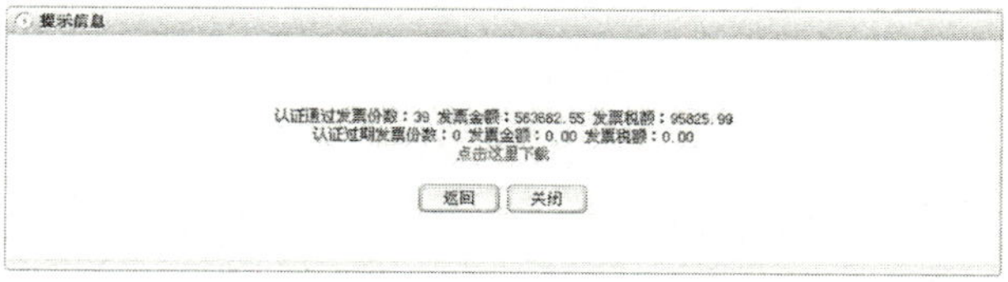

图6-104　提示信息

（3）点击【点击这里下载】链接，出现图6-105所示的文件下载提示。

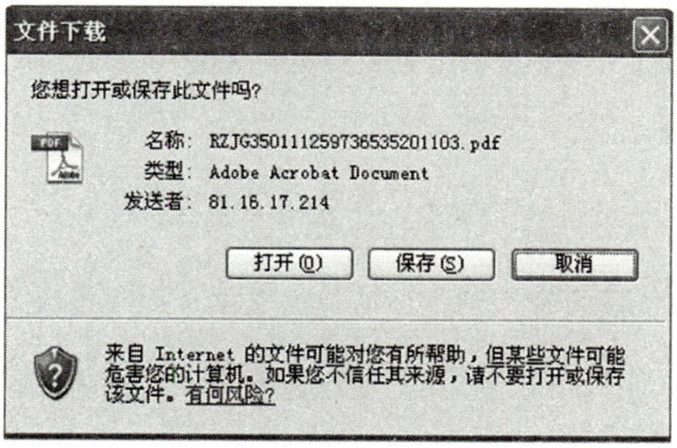

图6-105　文件下载

（4）按【保存】按钮，则出现如图6-106所示的保存信息窗口，选择文件夹后就可以保存下载的文件。按【取消】按钮，则不下载。

图6-106　保存文件

（5）按【打开】按钮，则出现如图6-107所示。

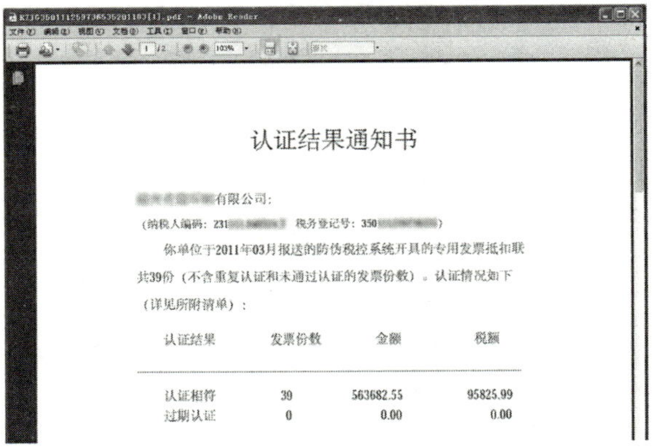

图6-107　认证结果通知书

注意：如果系统没有查询到认证通过的数据，则系统会弹出如图6-108所示的提示信息。

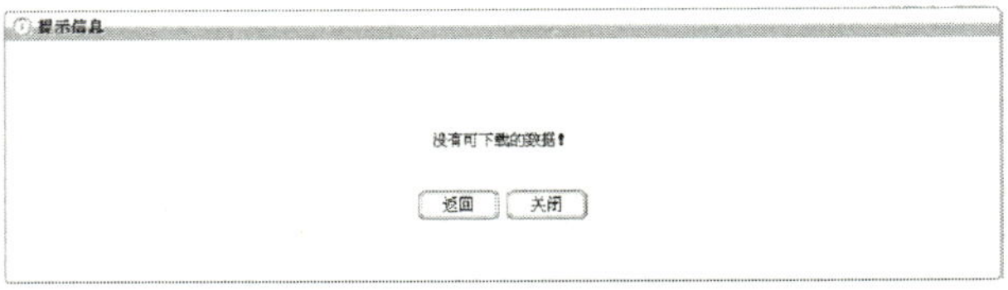

图6-108　没有可下载的数据

（二）认证结果下载

纳税人可按所属年月下载发票认证通过的结果数据（如图6-109所示）。下载文件导入增值税发票电子申报软件中可进行后续处理。

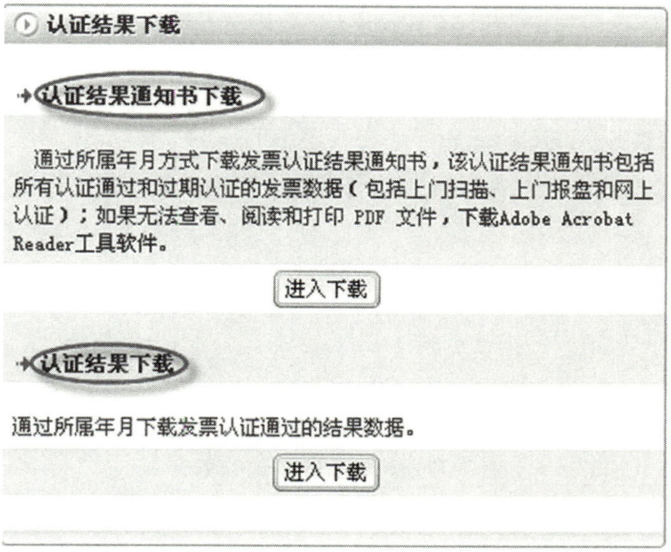

图6-109　认证结果下载

（1）点击认证结果下载区的【进入下载】按钮。出现如图6-110页面。

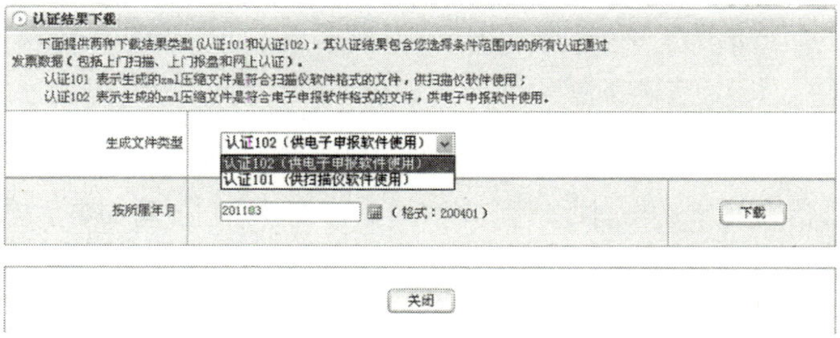

图6-110　点击【下载】

（2）在“所属年月”输入框中要下载年月的认证通过结果数据，例如：输入201303则可下载2013年03月份的数据。按【下载】按钮，则出现如图6-111所示的提示信息框。

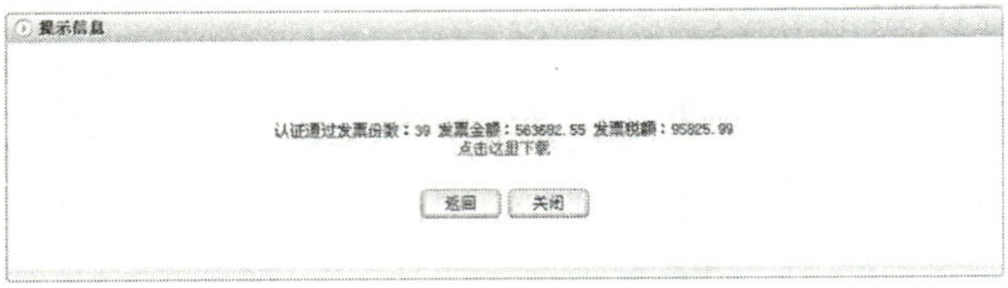

图6-111　点击【点击这里下载】

（3）点击【点击这里下载】链接，可将认证结果以zip文件格式下载保存在本机（用户可将该zip文件导入电子申报系统中）。

注意：如果系统没有查询到认证通过结果数据，系统则会弹出如图6-112所示的提示框。

图6-112　没有可下载的数据

提醒您

每次认证完成后，必须下载认证结果，将认证结果导回电子申报软件，如有使用扫描仪的也必须同时将结果导回扫描软件。因为电子申报系统和扫描系统能够识别哪些发票已认证成功，在下次认证时，就不会将已经认证的发票再重复导出。

下载回来的认证结果为*.zip文件，导回扫描系统时（使用扫描仪的用户），扫描系统会自动识别ZIP文件，不需要解压；导回电子申报系统时，必须将ZIP文件进行解压，用解压出来的*.xml文件进行导入。

附录

附录一

营业税改征增值税试点实施办法

第一章 纳税人和扣缴义务人

第一条 在中华人民共和国境内（以下称境内）销售服务、无形资产或者不动产（以下称应税行为）的单位和个人，为增值税纳税人，应当按照本办法缴纳增值税，不缴纳营业税。

单位，是指企业、行政单位、事业单位、军事单位、社会团体及其他单位。

个人，是指个体工商户和其他个人。

第二条 单位以承包、承租、挂靠方式经营的，承包人、承租人、挂靠人（以下统称承包人）以发包人、出租人、被挂靠人（以下统称发包人）名义对外经营并由发包人承担相关法律责任的，以该发包人为纳税人。否则，以承包人为纳税人。

第三条 纳税人分为一般纳税人和小规模纳税人。

应税行为的年应征增值税销售额（以下称应税销售额）超过财政部和国家税务总局规定标准的纳税人为一般纳税人，未超过规定标准的纳税人为小规模纳税人。

年应税销售额超过规定标准的其他个人不属于一般纳税人。年应税销售额超过规定标准但不经常发生应税行为的单位和个体工商户可选择按照小规模纳税人纳税。

第四条 年应税销售额未超过规定标准的纳税人，会计核算健全，能够提供准确税务资料的，可以向主管税务机关办理一般纳税人资格登记，成为一般纳税人。

会计核算健全，是指能够按照国家统一的会计制度规定设置账簿，根据合法、有效凭证核算。

第五条 符合一般纳税人条件的纳税人应当向主管税务机关办理一般纳税人资格登记。具体登记办法由国家税务总局制定。

除国家税务总局另有规定外，一经登记为一般纳税人后，不得转为小规模纳税人。

第六条 中华人民共和国境外（以下称境外）单位或者个人在境内发生应税

行为，在境内未设有经营机构的，以购买方为增值税扣缴义务人。财政部和国家税务总局另有规定的除外。

第七条　两个或者两个以上的纳税人，经财政部和国家税务总局批准可以视为一个纳税人合并纳税。具体办法由财政部和国家税务总局另行制定。

第八条　纳税人应当按照国家统一的会计制度进行增值税会计核算。

第二章　征税范围

第九条　应税行为的具体范围，按照本办法所附的《销售服务、无形资产、不动产注释》执行。

第十条　销售服务、无形资产或者不动产，是指有偿提供服务、有偿转让无形资产或者不动产，但属于下列非经营活动的情形除外：

（一）行政单位收取的同时满足以下条件的政府性基金或者行政事业性收费。

1. 由国务院或者财政部批准设立的政府性基金，由国务院或者省级人民政府及其财政、价格主管部门批准设立的行政事业性收费；

2. 收取时开具省级以上（含省级）财政部门监（印）制的财政票据；

3. 所收款项全额上缴财政。

（二）单位或者个体工商户聘用的员工为本单位或者雇主提供取得工资的服务。

（三）单位或者个体工商户为聘用的员工提供服务。

（四）财政部和国家税务总局规定的其他情形。

第十一条　有偿，是指取得货币、货物或者其他经济利益。

第十二条　在境内销售服务、无形资产或者不动产，是指：

（一）服务（租赁不动产除外）或者无形资产（自然资源使用权除外）的销售方或者购买方在境内；

（二）所销售或者租赁的不动产在境内；

（三）所销售自然资源使用权的自然资源在境内；

（四）财政部和国家税务总局规定的其他情形。

第十三条　下列情形不属于在境内销售服务或者无形资产：

（一）境外单位或者个人向境内单位或者个人销售完全在境外发生的服务。

（二）境外单位或者个人向境内单位或者个人销售完全在境外使用的无形

资产。

（三）境外单位或者个人向境内单位或者个人出租完全在境外使用的有形动产。

（四）财政部和国家税务总局规定的其他情形。

第十四条 下列情形视同销售服务、无形资产或者不动产：

（一）单位或者个体工商户向其他单位或者个人无偿提供服务，但用于公益事业或者以社会公众为对象的除外。

（二）单位或者个人向其他单位或者个人无偿转让无形资产或者不动产，但用于公益事业或者以社会公众为对象的除外。

（三）财政部和国家税务总局规定的其他情形。

第三章 税率和征收率

第十五条 增值税税率：

（一）纳税人发生应税行为，除本条第（二）项、第（三）项、第（四）项规定外，税率为6%。

（二）提供交通运输、邮政、基础电信、建筑、不动产租赁服务，销售不动产，转让土地使用权，税率为11%。

（三）提供有形动产租赁服务，税率为17%。

（四）境内单位和个人发生的跨境应税行为，税率为零。具体范围由财政部和国家税务总局另行规定。

第十六条 增值税征收率为3%，财政部和国家税务总局另有规定的除外。

第四章 应纳税额的计算

第一节 一般性规定

第十七条 增值税的计税方法，包括一般计税方法和简易计税方法。

第十八条 一般纳税人发生应税行为适用一般计税方法计税。

一般纳税人发生财政部和国家税务总局规定的特定应税行为，可以选择适用简易计税方法计税，但一经选择，36个月内不得变更。

第十九条 小规模纳税人发生应税行为适用简易计税方法计税。

第二十条 境外单位或者个人在境内发生应税行为，在境内未设有经营机构的，扣缴义务人按照下列公式计算应扣缴税额：

应扣缴税额=购买方支付的价款÷（1+税率）×税率

第二节　一般计税方法

第二十一条　一般计税方法的应纳税额，是指当期销项税额抵扣当期进项税额后的余额。应纳税额计算公式：

应纳税额=当期销项税额－当期进项税额

当期销项税额小于当期进项税额不足抵扣时，其不足部分可以结转下期继续抵扣。

第二十二条　销项税额，是指纳税人发生应税行为按照销售额和增值税税率计算并收取的增值税额。销项税额计算公式：

销项税额=销售额×税率

第二十三条　一般计税方法的销售额不包括销项税额，纳税人采用销售额和销项税额合并定价方法的，按照下列公式计算销售额：

销售额=含税销售额÷（1+税率）

第二十四条　进项税额，是指纳税人购进货物、加工修理修配劳务、服务、无形资产或者不动产，支付或者负担的增值税额。

第二十五条　下列进项税额准予从销项税额中抵扣：

（一）从销售方取得的增值税专用发票（含税控机动车销售统一发票，下同）上注明的增值税额。

（二）从海关取得的海关进口增值税专用缴款书上注明的增值税额。

（三）购进农产品，除取得增值税专用发票或者海关进口增值税专用缴款书外，按照农产品收购发票或者销售发票上注明的农产品买价和13%的扣除率计算的进项税额。计算公式为：

进项税额=买价×扣除率

买价，是指纳税人购进农产品在农产品收购发票或者销售发票上注明的价款和按照规定缴纳的烟叶税。

购进农产品，按照《农产品增值税进项税额核定扣除试点实施办法》抵扣进项税额的除外。

（四）从境外单位或者个人购进服务、无形资产或者不动产，自税务机关或者扣缴义务人取得的解缴税款的完税凭证上注明的增值税额。

第二十六条　纳税人取得的增值税扣税凭证不符合法律、行政法规或者国家税务总局有关规定的，其进项税额不得从销项税额中抵扣。

增值税扣税凭证，是指增值税专用发票、海关进口增值税专用缴款书、农产品收购发票、农产品销售发票和完税凭证。

纳税人凭完税凭证抵扣进项税额的，应当具备书面合同、付款证明和境外单位的对账单或者发票。资料不全的，其进项税额不得从销项税额中抵扣。

第二十七条 下列项目的进项税额不得从销项税额中抵扣：

（一）用于简易计税方法计税项目、免征增值税项目、集体福利或者个人消费的购进货物、加工修理修配劳务、服务、无形资产和不动产。其中涉及的固定资产、无形资产、不动产，仅指专用于上述项目的固定资产、无形资产（不包括其他权益性无形资产）、不动产。

纳税人的交际应酬消费属于个人消费。

（二）非正常损失的购进货物，以及相关的加工修理修配劳务和交通运输服务。

（三）非正常损失的在产品、产成品所耗用的购进货物（不包括固定资产）、加工修理修配劳务和交通运输服务。

（四）非正常损失的不动产，以及该不动产所耗用的购进货物、设计服务和建筑服务。

（五）非正常损失的不动产在建工程所耗用的购进货物、设计服务和建筑服务。

纳税人新建、改建、扩建、修缮、装饰不动产，均属于不动产在建工程。

（六）购进的旅客运输服务、贷款服务、餐饮服务、居民日常服务和娱乐服务。

（七）财政部和国家税务总局规定的其他情形。

本条第（四）项、第（五）项所称货物，是指构成不动产实体的材料和设备，包括建筑装饰材料和给排水、采暖、卫生、通风、照明、通讯、煤气、消防、中央空调、电梯、电气、智能化楼宇设备及配套设施。

第二十八条 不动产、无形资产的具体范围，按照本办法所附的《销售服务、无形资产或者不动产注释》执行。

固定资产，是指使用期限超过12个月的机器、机械、运输工具以及其他与生产经营有关的设备、工具、器具等有形动产。

非正常损失，是指因管理不善造成货物被盗、丢失、霉烂变质，以及因违反法律法规造成货物或者不动产被依法没收、销毁、拆除的情形。

第二十九条　适用一般计税方法的纳税人，兼营简易计税方法计税项目、免征增值税项目而无法划分不得抵扣的进项税额，按照下列公式计算不得抵扣的进项税额：

不得抵扣的进项税额=当期无法划分的全部进项税额

×（当期简易计税方法计税项目销售额

+免征增值税项目销售额）÷当期全部销售额

主管税务机关可以按照上述公式依据年度数据对不得抵扣的进项税额进行清算。

第三十条　已抵扣进项税额的购进货物（不含固定资产）、劳务、服务，发生本办法第二十七条规定情形（简易计税方法计税项目、免征增值税项目除外）的，应当将该进项税额从当期进项税额中扣减；无法确定该进项税额的，按照当期实际成本计算应扣减的进项税额。

第三十一条　已抵扣进项税额的固定资产、无形资产或者不动产，发生本办法第二十七条规定情形的，按照下列公式计算不得抵扣的进项税额：

不得抵扣的进项税额=固定资产、无形资产或者不动产净值×适用税率

固定资产、无形资产或者不动产净值，是指纳税人根据财务会计制度计提折旧或摊销后的余额。

第三十二条　纳税人适用一般计税方法计税的，因销售折让、中止或者退回而退还给购买方的增值税额，应当从当期的销项税额中扣减；因销售折让、中止或者退回而收回的增值税额，应当从当期的进项税额中扣减。

第三十三条　有下列情形之一者，应当按照销售额和增值税税率计算应纳税额，不得抵扣进项税额，也不得使用增值税专用发票：

（一）一般纳税人会计核算不健全，或者不能够提供准确税务资料的。

（二）应当办理一般纳税人资格登记而未办理的。

第三节　简易计税方法

第三十四条　简易计税方法的应纳税额，是指按照销售额和增值税征收率计算的增值税额，不得抵扣进项税额。应纳税额计算公式：

应纳税额=销售额×征收率

第三十五条　简易计税方法的销售额不包括其应纳税额，纳税人采用销售额和应纳税额合并定价方法的，按照下列公式计算销售额：

销售额=含税销售额÷（1+征收率）

第三十六条 纳税人适用简易计税方法计税的，因销售折让、中止或者退回而退还给购买方的销售额，应当从当期销售额中扣减。扣减当期销售额后仍有余额造成多缴的税款，可以从以后的应纳税额中扣减。

第四节 销售额的确定

第三十七条 销售额，是指纳税人发生应税行为取得的全部价款和价外费用，财政部和国家税务总局另有规定的除外。

价外费用，是指价外收取的各种性质的收费，但不包括以下项目：

（一）代为收取并符合本办法第十条规定的政府性基金或者行政事业性收费。

（二）以委托方名义开具发票代委托方收取的款项。

第三十八条 销售额以人民币计算。

纳税人按照人民币以外的货币结算销售额的，应当折合成人民币计算，折合率可以选择销售额发生的当天或者当月1日的人民币汇率中间价。纳税人应当在事先确定采用何种折合率，确定后12个月内不得变更。

第三十九条 纳税人兼营销售货物、劳务、服务、无形资产或者不动产，适用不同税率或者征收率的，应当分别核算适用不同税率或者征收率的销售额；未分别核算的，从高适用税率。

第四十条 一项销售行为如果既涉及服务又涉及货物，为混合销售。从事货物的生产、批发或者零售的单位和个体工商户的混合销售行为，按照销售货物缴纳增值税；其他单位和个体工商户的混合销售行为，按照销售服务缴纳增值税。

本条所称从事货物的生产、批发或者零售的单位和个体工商户，包括以从事货物的生产、批发或者零售为主，并兼营销售服务的单位和个体工商户在内。

第四十一条 纳税人兼营免税、减税项目的，应当分别核算免税、减税项目的销售额；未分别核算的，不得免税、减税。

第四十二条 纳税人发生应税行为，开具增值税专用发票后，发生开票有误或者销售折让、中止、退回等情形的，应当按照国家税务总局的规定开具红字增值税专用发票；未按照规定开具红字增值税专用发票的，不得按照本办法第三十二条和第三十六条的规定扣减销项税额或者销售额。

第四十三条 纳税人发生应税行为，将价款和折扣额在同一张发票上分别注明的，以折扣后的价款为销售额；未在同一张发票上分别注明的，以价款为销售额，不得扣减折扣额。

第四十四条　纳税人发生应税行为价格明显偏低或者偏高且不具有合理商业目的的，或者发生本办法第十四条所列行为而无销售额的，主管税务机关有权按照下列顺序确定销售额：

（一）按照纳税人最近时期销售同类服务、无形资产或者不动产的平均价格确定。

（二）按照其他纳税人最近时期销售同类服务、无形资产或者不动产的平均价格确定。

（三）按照组成计税价格确定。组成计税价格的公式为：

组成计税价格=成本×（1+成本利润率）

成本利润率由国家税务总局确定。

不具有合理商业目的，是指以谋取税收利益为主要目的，通过人为安排，减少、免除、推迟缴纳增值税税款，或者增加退还增值税税款。

第五章　纳税义务、扣缴义务发生时间和纳税地点

第四十五条　增值税纳税义务、扣缴义务发生时间为：

（一）纳税人发生应税行为并收讫销售款项或者取得索取销售款项凭据的当天；先开具发票的，为开具发票的当天。

收讫销售款项，是指纳税人销售服务、无形资产、不动产过程中或者完成后收到款项。

取得索取销售款项凭据的当天，是指书面合同确定的付款日期；未签订书面合同或者书面合同未确定付款日期的，为服务、无形资产转让完成的当天或者不动产权属变更的当天。

（二）纳税人提供建筑服务、租赁服务采取预收款方式的，其纳税义务发生时间为收到预收款的当天。

（三）纳税人从事金融商品转让的，为金融商品所有权转移的当天。

（四）纳税人发生本办法第十四条规定情形的，其纳税义务发生时间为服务、无形资产转让完成的当天或者不动产权属变更的当天。

（五）增值税扣缴义务发生时间为纳税人增值税纳税义务发生的当天。

第四十六条　增值税纳税地点为：

（一）固定业户应当向其机构所在地或者居住地主管税务机关申报纳税。总

机构和分支机构不在同一县（市）的，应当分别向各自所在地的主管税务机关申报纳税；经财政部和国家税务总局或者其授权的财政和税务机关批准，可以由总机构汇总向总机构所在地的主管税务机关申报纳税。

（二）非固定业户应当向应税行为发生地主管税务机关申报纳税；未申报纳税的，由其机构所在地或者居住地主管税务机关补征税款。

（三）其他个人提供建筑服务，销售或者租赁不动产，转让自然资源使用权，应向建筑服务发生地、不动产所在地、自然资源所在地主管税务机关申报纳税。

（四）扣缴义务人应当向其机构所在地或者居住地主管税务机关申报缴纳扣缴的税款。

第四十七条 增值税的纳税期限分别为1日、3日、5日、10日、15日、1个月或者1个季度。纳税人的具体纳税期限，由主管税务机关根据纳税人应纳税额的大小分别核定。以1个季度为纳税期限的规定适用于小规模纳税人、银行、财务公司、信托投资公司、信用社，以及财政部和国家税务总局规定的其他纳税人。不能按照固定期限纳税的，可以按次纳税。

纳税人以1个月或者1个季度为一个纳税期的，自期满之日起15日内申报纳税；以1日、3日、5日、10日或者15日为一个纳税期的，自期满之日起5日内预缴税款，于次月1日起15日内申报纳税并结清上月应纳税款。

扣缴义务人解缴税款的期限，按照前两款规定执行。

第六章　税收减免的处理

第四十八条 纳税人发生应税行为适用免税、减税规定的，可以放弃免税、减税，依照本办法的规定缴纳增值税。放弃免税、减税后，36个月内不得再申请免税、减税。

纳税人发生应税行为同时适用免税和零税率规定的，纳税人可以选择适用免税或者零税率。

第四十九条 个人发生应税行为的销售额未达到增值税起征点的，免征增值税；达到起征点的，全额计算缴纳增值税。

增值税起征点不适用于登记为一般纳税人的个体工商户。

第五十条 增值税起征点幅度如下：

（一）按期纳税的，为月销售额5 000 ~ 20 000元（含本数）。

（二）按次纳税的，为每次（日）销售额300～500元（含本数）。

起征点的调整由财政部和国家税务总局规定。省、自治区、直辖市财政厅（局）和国家税务局应当在规定的幅度内，根据实际情况确定本地区适用的起征点，并报财政部和国家税务总局备案。

对增值税小规模纳税人中月销售额未达到2万元的企业或非企业性单位，免征增值税。2017年12月31日前，对月销售额2万元（含本数）至3万元的增值税小规模纳税人，免征增值税。

第七章　征收管理

第五十一条　营业税改征的增值税，由国家税务局负责征收。纳税人销售取得的不动产和其他个人出租不动产的增值税，国家税务局暂委托地方税务局代为征收。

第五十二条　纳税人发生适用零税率的应税行为，应当按期向主管税务机关申报办理退（免）税，具体办法由财政部和国家税务总局制定。

第五十三条　纳税人发生应税行为，应当向索取增值税专用发票的购买方开具增值税专用发票，并在增值税专用发票上分别注明销售额和销项税额。

属于下列情形之一的，不得开具增值税专用发票：

（一）向消费者个人销售服务、无形资产或者不动产。

（二）适用免征增值税规定的应税行为。

第五十四条　小规模纳税人发生应税行为，购买方索取增值税专用发票的，可以向主管税务机关申请代开。

第五十五条　纳税人增值税的征收管理，按照本办法和《中华人民共和国税收征收管理法》及现行增值税征收管理有关规定执行。

附：销售服务、无形资产、不动产注释

附：

销售服务、无形资产、不动产注释

一、销售服务

销售服务，是指提供交通运输服务、邮政服务、电信服务、建筑服务、金融服务、现代服务、生活服务。

（一）交通运输服务。

交通运输服务，是指利用运输工具将货物或者旅客送达目的地，使其空间位置得到转移的业务活动。包括陆路运输服务、水路运输服务、航空运输服务和管道运输服务。

1. 陆路运输服务。

陆路运输服务，是指通过陆路（地上或者地下）运送货物或者旅客的运输业务活动，包括铁路运输服务和其他陆路运输服务。

（1）铁路运输服务，是指通过铁路运送货物或者旅客的运输业务活动。

（2）其他陆路运输服务，是指铁路运输以外的陆路运输业务活动。包括公路运输、缆车运输、索道运输、地铁运输、城市轻轨运输等。

出租车公司向使用本公司自有出租车的出租车司机收取的管理费用，按照陆路运输服务缴纳增值税。

2. 水路运输服务。

水路运输服务，是指通过江、河、湖、川等天然、人工水道或者海洋航道运送货物或者旅客的运输业务活动。

水路运输的程租、期租业务，属于水路运输服务。

程租业务，是指运输企业为租船人完成某一特定航次的运输任务并收取租赁费的业务。

期租业务，是指运输企业将配备有操作人员的船舶承租给他人使用一定期限，承租期内听候承租方调遣，不论是否经营，均按天向承租方收取租赁费，发生的固定费用均由船东负担的业务。

3. 航空运输服务。

航空运输服务，是指通过空中航线运送货物或者旅客的运输业务活动。

航空运输的湿租业务，属于航空运输服务。

湿租业务，是指航空运输企业将配备有机组人员的飞机承租给他人使用一定期限，承租期内听候承租方调遣，不论是否经营，均按一定标准向承租方收取租赁费，发生的固定费用均由承租方承担的业务。

航天运输服务，按照航空运输服务缴纳增值税。

航天运输服务，是指利用火箭等载体将卫星、空间探测器等空间飞行器发射到空间轨道的业务活动。

4. 管道运输服务。

管道运输服务，是指通过管道设施输送气体、液体、固体物质的运输业务活动。

无运输工具承运业务，按照交通运输服务缴纳增值税。

无运输工具承运业务，是指经营者以承运人身份与托运人签订运输服务合同，收取运费并承担承运人责任，然后委托实际承运人完成运输服务的经营活动。

（二）邮政服务。

邮政服务，是指中国邮政集团公司及其所属邮政企业提供邮件寄递、邮政汇兑和机要通信等邮政基本服务的业务活动。包括邮政普遍服务、邮政特殊服务和其他邮政服务。

1. 邮政普遍服务。

邮政普遍服务，是指函件、包裹等邮件寄递，以及邮票发行、报刊发行和邮政汇兑等业务活动。

函件，是指信函、印刷品、邮资封片卡、无名址函件和邮政小包等。

包裹，是指按照封装上的名址递送给特定个人或者单位的独立封装的物品，其重量不超过五十千克，任何一边的尺寸不超过一百五十厘米，长、宽、高合计不超过三百厘米。

2. 邮政特殊服务。

邮政特殊服务，是指义务兵平常信函、机要通信、盲人读物和革命烈士遗物的寄递等业务活动。

3. 其他邮政服务。

其他邮政服务，是指邮册等邮品销售、邮政代理等业务活动。

（三）电信服务。

电信服务，是指利用有线、无线的电磁系统或者光电系统等各种通信网络资源，提供语音通话服务，传送、发射、接收或者应用图像、短信等电子数据和信息的业务活动。包括基础电信服务和增值电信服务。

1. 基础电信服务。

基础电信服务，是指利用固网、移动网、卫星、互联网，提供语音通话服务的业务活动，以及出租或者出售带宽、波长等网络元素的业务活动。

2. 增值电信服务。

增值电信服务，是指利用固网、移动网、卫星、互联网、有线电视网络，提供短信和彩信服务、电子数据和信息的传输及应用服务、互联网接入服务等业务活动。

卫星电视信号落地转接服务，按照增值电信服务缴纳增值税。

（四）建筑服务。

建筑服务，是指各类建筑物、构筑物及其附属设施的建造、修缮、装饰，线路、管道、设备、设施等的安装以及其他工程作业的业务活动。包括工程服务、安装服务、修缮服务、装饰服务和其他建筑服务。

1. 工程服务。

工程服务，是指新建、改建各种建筑物、构筑物的工程作业，包括与建筑物相连的各种设备或者支柱、操作平台的安装或者装设工程作业，以及各种窑炉和金属结构工程作业。

2. 安装服务。

安装服务，是指生产设备、动力设备、起重设备、运输设备、传动设备、医疗实验设备以及其他各种设备、设施的装配、安置工程作业，包括与被安装设备相连的工作台、梯子、栏杆的装设工程作业，以及被安装设备的绝缘、防腐、保温、油漆等工程作业。

固定电话、有线电视、宽带、水、电、燃气、暖气等经营者向用户收取的安装费、初装费、开户费、扩容费以及类似收费，按照安装服务缴纳增值税。

3. 修缮服务。

修缮服务，是指对建筑物、构筑物进行修补、加固、养护、改善，使之恢复原来的使用价值或者延长其使用期限的工程作业。

4. 装饰服务。

装饰服务，是指对建筑物、构筑物进行修饰装修，使之美观或者具有特定用途的工程作业。

5. 其他建筑服务。

其他建筑服务，是指上列工程作业之外的各种工程作业服务，如钻井（打井）、拆除建筑物或者构筑物、平整土地、园林绿化、疏浚（不包括航道疏浚）、建筑物平移、搭脚手架、爆破、矿山穿孔、表面附着物（包括岩层、土层、沙层等）剥离和清理等工程作业。

（五）金融服务。

金融服务，是指经营金融保险的业务活动。包括贷款服务、直接收费金融服务、保险服务和金融商品转让。

1. 贷款服务。

贷款，是指将资金贷与他人使用而取得利息收入的业务活动。

各种占用、拆借资金取得的收入，包括金融商品持有期间（含到期）利息（保本收益、报酬、资金占用费、补偿金等）收入、信用卡透支利息收入、买入返售金融商品利息收入、融资融券收取的利息收入，以及融资性售后回租、押汇、罚息、票据贴现、转贷等业务取得的利息及利息性质的收入，按照贷款服务缴纳增值税。

融资性售后回租，是指承租方以融资为目的，将资产出售给从事融资性售后回租业务的企业后，从事融资性售后回租业务的企业将该资产出租给承租方的业务活动。

以货币资金投资收取的固定利润或者保底利润，按照贷款服务缴纳增值税。

2. 直接收费金融服务。

直接收费金融服务，是指为货币资金融通及其他金融业务提供相关服务并且收取费用的业务活动。包括提供货币兑换、账户管理、电子银行、信用卡、信用证、财务担保、资产管理、信托管理、基金管理、金融交易场所（平台）管理、资金结算、资金清算、金融支付等服务。

3. 保险服务。

保险服务，是指投保人根据合同约定，向保险人支付保险费，保险人对于合同约定的可能发生的事故因其发生所造成的财产损失承担赔偿保险金责任，或者当被保险人死亡、伤残、疾病或者达到合同约定的年龄、期限等条件时承担给付保险金责任的商业保险行为。包括人身保险服务和财产保险服务。

人身保险服务，是指以人的寿命和身体为保险标的的保险业务活动。

财产保险服务，是指以财产及其有关利益为保险标的的保险业务活动。

4. 金融商品转让。

金融商品转让，是指转让外汇、有价证券、非货物期货和其他金融商品所有权的业务活动。

其他金融商品转让包括基金、信托、理财产品等各类资产管理产品和各种金融衍生品的转让。

（六）现代服务。

现代服务，是指围绕制造业、文化产业、现代物流产业等提供技术性、知识性服务的业务活动。包括研发和技术服务、信息技术服务、文化创意服务、物流辅助服务、租赁服务、鉴证咨询服务、广播影视服务、商务辅助服务和其他现代服务。

1. 研发和技术服务。

研发和技术服务，包括研发服务、合同能源管理服务、工程勘察勘探服务、专业技术服务。

（1）研发服务，也称技术开发服务，是指就新技术、新产品、新工艺或者新材料及其系统进行研究与试验开发的业务活动。

（2）合同能源管理服务，是指节能服务公司与用能单位以契约形式约定节能目标，节能服务公司提供必要的服务，用能单位以节能效果支付节能服务公司投入及其合理报酬的业务活动。

（3）工程勘察勘探服务，是指在采矿、工程施工前后，对地形、地质构造、地下资源蕴藏情况进行实地调查的业务活动。

（4）专业技术服务，是指气象服务、地震服务、海洋服务、测绘服务、城市规划、环境与生态监测服务等专项技术服务。

2. 信息技术服务。

信息技术服务，是指利用计算机、通信网络等技术对信息进行生产、收集、处理、加工、存储、运输、检索和利用，并提供信息服务的业务活动。包括软件服务、电路设计及测试服务、信息系统服务、业务流程管理服务和信息系统增值服务。

（1）软件服务，是指提供软件开发服务、软件维护服务、软件测试服务的业务活动。

（2）电路设计及测试服务，是指提供集成电路和电子电路产品设计、测试及相关技术支持服务的业务活动。

（3）信息系统服务，是指提供信息系统集成、网络管理、网站内容维护、桌面管理与维护、信息系统应用、基础信息技术管理平台整合、信息技术基础设施管理、数据中心、托管中心、信息安全服务、在线杀毒、虚拟主机等业务活动。包括网站对非自有的网络游戏提供的网络运营服务。

（4）业务流程管理服务，是指依托信息技术提供的人力资源管理、财务经济管理、审计管理、税务管理、物流信息管理、经营信息管理和呼叫中心等服务的活动。

（5）信息系统增值服务，是指利用信息系统资源为用户附加提供的信息技术服务。包括数据处理、分析和整合、数据库管理、数据备份、数据存储、容灾服务、电子商务平台等。

3. 文化创意服务。

文化创意服务，包括设计服务、知识产权服务、广告服务和会议展览服务。

（1）设计服务，是指把计划、规划、设想通过文字、语言、图画、声音、视觉等形式传递出来的业务活动。包括工业设计、内部管理设计、业务运作设计、供应链设计、造型设计、服装设计、环境设计、平面设计、包装设计、动漫设计、网游设计、展示设计、网站设计、机械设计、工程设计、广告设计、创意策划、文印晒图等。

（2）知识产权服务，是指处理知识产权事务的业务活动。包括对专利、商标、著作权、软件、集成电路布图设计的登记、鉴定、评估、认证、检索服务。

（3）广告服务，是指利用图书、报纸、杂志、广播、电视、电影、幻灯、路牌、招贴、橱窗、霓虹灯、灯箱、互联网等各种形式为客户的商品、经营服务项目、文体节目或者通告、声明等委托事项进行宣传和提供相关服务的业务活动。包括广告代理和广告的发布、播映、宣传、展示等。

（4）会议展览服务，是指为商品流通、促销、展示、经贸洽谈、民间交流、企业沟通、国际往来等举办或者组织安排的各类展览和会议的业务活动。

4. 物流辅助服务。

物流辅助服务，包括航空服务、港口码头服务、货运客运场站服务、打捞救助服务、装卸搬运服务、仓储服务和收派服务。

（1）航空服务，包括航空地面服务和通用航空服务。

航空地面服务，是指航空公司、飞机场、民航管理局、航站等向在境内航行或者在境内机场停留的境内外飞机或者其他飞行器提供的导航等劳务性地面服务的业务活动。包括旅客安全检查服务、停机坪管理服务、机场候机厅管理服务、飞机清洗消毒服务、空中飞行管理服务、飞机起降服务、飞行通讯服务、地面信号服务、飞机安全服务、飞机跑道管理服务、空中交通管理服务等。

通用航空服务，是指为专业工作提供飞行服务的业务活动，包括航空摄影、航空培训、航空测量、航空勘探、航空护林、航空吊挂播洒、航空降雨、航空气象探测、航空海洋监测、航空科学实验等。

（2）港口码头服务，是指港务船舶调度服务、船舶通讯服务、航道管理服务、航道疏浚服务、灯塔管理服务、航标管理服务、船舶引航服务、理货服务、系解缆服务、停泊和移泊服务、海上船舶溢油清除服务、水上交通管理服务、船只专业清洗消毒检测服务和防止船只漏油服务等为船只提供服务的业务活动。

港口设施经营人收取的港口设施保安费按照港口码头服务缴纳增值税。

（3）货运客运场站服务，是指货运客运场站提供货物配载服务、运输组织服务、中转换乘服务、车辆调度服务、票务服务、货物打包整理、铁路线路使用服务、加挂铁路客车服务、铁路行包专列发送服务、铁路到达和中转服务、铁路车辆编解服务、车辆挂运服务、铁路接触网服务、铁路机车牵引服务等业务活动。

（4）打捞救助服务，是指提供船舶人员救助、船舶财产救助、水上救助和沉船沉物打捞服务的业务活动。

（5）装卸搬运服务，是指使用装卸搬运工具或者人力、畜力将货物在运输工具之间、装卸现场之间或者运输工具与装卸现场之间进行装卸和搬运的业务活动。

（6）仓储服务，是指利用仓库、货场或者其他场所代客贮放、保管货物的业务活动。

（7）收派服务，是指接受寄件人委托，在承诺的时限内完成函件和包裹的收件、分拣、派送服务的业务活动。

收件服务，是指从寄件人收取函件和包裹，并运送到服务提供方同城的集散中心的业务活动。

分拣服务，是指服务提供方在其集散中心对函件和包裹进行归类、分发的业务活动。

派送服务，是指服务提供方从其集散中心将函件和包裹送达同城的收件人的业务活动。

5. 租赁服务。

租赁服务，包括融资租赁服务和经营租赁服务。

（1）融资租赁服务，是指具有融资性质和所有权转移特点的租赁活动。即出租人根据承租人所要求的规格、型号、性能等条件购入有形动产或者不动产租赁给承租人，合同期内租赁物所有权属于出租人，承租人只拥有使用权，合同期满付清租金后，承租人有权按照残值购入租赁物，以拥有其所有权。不论出租人是否将租赁物销售给承租人，均属于融资租赁。

按照标的物的不同，融资租赁服务可分为有形动产融资租赁服务和不动产融资租赁服务。

融资性售后回租不按照本税目缴纳增值税。

（2）经营租赁服务，是指在约定时间内将有形动产或者不动产转让他人使用且租赁物所有权不变更的业务活动。

按照标的物的不同，经营租赁服务可分为有形动产经营租赁服务和不动产经营租赁服务。

将建筑物、构筑物等不动产或者飞机、车辆等有形动产的广告位出租给其他单位或者个人用于发布广告，按照经营租赁服务缴纳增值税。

车辆停放服务、道路通行服务（包括过路费、过桥费、过闸费）等按照不动产经营租赁服务缴纳增值税。

水路运输的光租业务、航空运输的干租业务，属于经营租赁。

光租业务，是指运输企业将船舶在约定的时间内出租给他人使用，不配备操作人员，不承担运输过程中发生的各项费用，只收取固定租赁费的业务活动。

干租业务，是指航空运输企业将飞机在约定的时间内出租给他人使用，不配备机组人员，不承担运输过程中发生的各项费用，只收取固定租赁费的业务活动。

6. 鉴证咨询服务。

鉴证咨询服务，包括认证服务、鉴证服务和咨询服务。

（1）认证服务，是指具有专业资质的单位利用检测、检验、计量等技术，证明产品、服务、管理体系符合相关技术规范、相关技术规范的强制性要求或者标准的业务活动。

（2）鉴证服务，是指具有专业资质的单位受托对相关事项进行鉴证，发表具有证明力的意见的业务活动。包括会计鉴证、税务鉴证、法律鉴证、职业技能鉴定、工程造价鉴证、工程监理、资产评估、环境评估、房地产土地评估、建筑图纸审核、医疗事故鉴定等。

（3）咨询服务，是指提供信息、建议、策划、顾问等服务的活动。包括金融、软件、技术、财务、税收、法律、内部管理、业务运作、流程管理、健康等方面的咨询。

翻译服务和市场调查服务按照咨询服务缴纳增值税。

7. 广播影视服务。

广播影视服务，包括广播影视节目（作品）的制作服务、发行服务和播映（含放映，下同）服务。

（1）广播影视节目（作品）制作服务，是指进行专题（特别节目）、专栏、综艺、体育、动画片、广播剧、电视剧、电影等广播影视节目和作品制作的服务。具体包括与广播影视节目和作品相关的策划、采编、拍摄、录音、音视频文字图片素材制作、场景布置、后期的剪辑、翻译（编译）、字幕制作、片头、片尾、片花制作、特效制作、影片修复、编目和确权等业务活动。

（2）广播影视节目（作品）发行服务，是指以分账、买断、委托等方式，向影院、电台、电视台、网站等单位和个人发行广播影视节目（作品）以及转让体育赛事等活动的报道及播映权的业务活动。

（3）广播影视节目（作品）播映服务，是指在影院、剧院、录像厅及其他场所播映广播影视节目（作品），以及通过电台、电视台、卫星通信、互联网、有线电视等无线或者有线装置播映广播影视节目（作品）的业务活动。

8. 商务辅助服务。

商务辅助服务，包括企业管理服务、经纪代理服务、人力资源服务、安全保护服务。

（1）企业管理服务，是指提供总部管理、投资与资产管理、市场管理、物业管理、日常综合管理等服务的业务活动。

（2）经纪代理服务，是指各类经纪、中介、代理服务。包括金融代理、知识产权代理、货物运输代理、代理报关、法律代理、房地产中介、职业中介、婚姻中介、代理记账、拍卖等。

货物运输代理服务，是指接受货物收货人、发货人、船舶所有人、船舶承租人或者船舶经营人的委托，以委托人的名义，为委托人办理货物运输、装卸、仓储和船舶进出港口、引航、靠泊等相关手续的业务活动。

代理报关服务，是指接受进出口货物的收、发货人委托，代为办理报关手续的业务活动。

（3）人力资源服务，是指提供公共就业、劳务派遣、人才委托招聘、劳动力外包等服务的业务活动。

（4）安全保护服务，是指提供保护人身安全和财产安全，维护社会治安等的业务活动。包括场所住宅保安、特种保安、安全系统监控以及其他安保服务。

9. 其他现代服务。

其他现代服务，是指除研发和技术服务、信息技术服务、文化创意服务、物流辅助服务、租赁服务、鉴证咨询服务、广播影视服务和商务辅助服务以外的现代服务。

（七）生活服务。

生活服务，是指为满足城乡居民日常生活需求提供的各类服务活动。包括文化体育服务、教育医疗服务、旅游娱乐服务、餐饮住宿服务、居民日常服务和其他生活服务。

1. 文化体育服务。

文化体育服务，包括文化服务和体育服务。

（1）文化服务，是指为满足社会公众文化生活需求提供的各种服务。包括：文艺创作、文艺表演、文化比赛，图书馆的图书和资料借阅，档案馆的档案管理，文物及非物质遗产保护，组织举办宗教活动、科技活动、文化活动，提供游览场所。

（2）体育服务，是指组织举办体育比赛、体育表演、体育活动，以及提供体育训练、体育指导、体育管理的业务活动。

2. 教育医疗服务。

教育医疗服务，包括教育服务和医疗服务。

（1）教育服务，是指提供学历教育服务、非学历教育服务、教育辅助服务的业务活动。

学历教育服务，是指根据教育行政管理部门确定或者认可的招生和教学计划组织教学，并颁发相应学历证书的业务活动。包括初等教育、初级中等教育、高级中等教育、高等教育等。

非学历教育服务，包括学前教育、各类培训、演讲、讲座、报告会等。

教育辅助服务，包括教育测评、考试、招生等服务。

（2）医疗服务，是指提供医学检查、诊断、治疗、康复、预防、保健、接生、计划生育、防疫服务等方面的服务，以及与这些服务有关的提供药品、医用材料器具、救护车、病房住宿和伙食的业务。

3. 旅游娱乐服务。

旅游娱乐服务，包括旅游服务和娱乐服务。

（1）旅游服务，是指根据旅游者的要求，组织安排交通、游览、住宿、餐饮、购物、文娱、商务等服务的业务活动。

（2）娱乐服务，是指为娱乐活动同时提供场所和服务的业务。

具体包括：歌厅、舞厅、夜总会、酒吧、台球、高尔夫球、保龄球、游艺

（包括射击、狩猎、跑马、游戏机、蹦极、卡丁车、热气球、动力伞、射箭、飞镖）。

4. 餐饮住宿服务。

餐饮住宿服务，包括餐饮服务和住宿服务。

（1）餐饮服务，是指通过同时提供饮食和饮食场所的方式为消费者提供饮食消费服务的业务活动。

（2）住宿服务，是指提供住宿场所及配套服务等的活动。包括宾馆、旅馆、旅社、度假村和其他经营性住宿场所提供的住宿服务。

5. 居民日常服务。

居民日常服务，是指主要为满足居民个人及其家庭日常生活需求提供的服务，包括市容市政管理、家政、婚庆、养老、殡葬、照料和护理、救助救济、美容美发、按摩、桑拿、氧吧、足疗、沐浴、洗染、摄影扩印等服务。

6. 其他生活服务。

其他生活服务，是指除文化体育服务、教育医疗服务、旅游娱乐服务、餐饮住宿服务和居民日常服务之外的生活服务。

二、销售无形资产

销售无形资产，是指转让无形资产所有权或者使用权的业务活动。无形资产，是指不具实物形态，但能带来经济利益的资产，包括技术、商标、著作权、商誉、自然资源使用权和其他权益性无形资产。

技术，包括专利技术和非专利技术。

自然资源使用权，包括土地使用权、海域使用权、探矿权、采矿权、取水权和其他自然资源使用权。

其他权益性无形资产，包括基础设施资产经营权、公共事业特许权、配额、经营权（包括特许经营权、连锁经营权、其他经营权）、经销权、分销权、代理权、会员权、席位权、网络游戏虚拟道具、域名、名称权、肖像权、冠名权、转会费等。

三、销售不动产

销售不动产，是指转让不动产所有权的业务活动。不动产，是指不能移动或者移动后会引起性质、形状改变的财产，包括建筑物、构筑物等。

建筑物，包括住宅、商业营业用房、办公楼等可供居住、工作或者进行其他活动的建造物。

构筑物，包括道路、桥梁、隧道、水坝等建造物。

转让建筑物有限产权或者永久使用权的，转让在建的建筑物或者构筑物所有权的，以及在转让建筑物或者构筑物时一并转让其所占土地的使用权的，按照销售不动产缴纳增值税。

附录二

营业税改征增值税试点有关事项的规定

一、营改增试点期间，试点纳税人［指按照《营业税改征增值税试点实施办法》（以下称《试点实施办法》）缴纳增值税的纳税人］有关政策

（一）兼营。

试点纳税人销售货物、加工修理修配劳务、服务、无形资产或者不动产适用不同税率或者征收率的，应当分别核算适用不同税率或者征收率的销售额，未分别核算销售额的，按照以下方法适用税率或者征收率：

1. 兼有不同税率的销售货物、加工修理修配劳务、服务、无形资产或者不动产，从高适用税率。

2. 兼有不同征收率的销售货物、加工修理修配劳务、服务、无形资产或者不动产，从高适用征收率。

3. 兼有不同税率和征收率的销售货物、加工修理修配劳务、服务、无形资产或者不动产，从高适用税率。

（二）不征收增值税项目。

1. 根据国家指令无偿提供的铁路运输服务、航空运输服务，属于《试点实施办法》第十四条规定的用于公益事业的服务。

2. 存款利息。

3. 被保险人获得的保险赔付。

4. 房地产主管部门或者其指定机构、公积金管理中心、开发企业以及物业管理单位代收的住宅专项维修资金。

5. 在资产重组过程中，通过合并、分立、出售、置换等方式，将全部或者部分实物资产以及与其相关联的债权、负债和劳动力一并转让给其他单位和个人，

其中涉及的不动产、土地使用权转让行为。

（三）销售额。

1. 贷款服务，以提供贷款服务取得的全部利息及利息性质的收入为销售额。

2. 直接收费金融服务，以提供直接收费金融服务收取的手续费、佣金、酬金、管理费、服务费、经手费、开户费、过户费、结算费、转托管费等各类费用为销售额。

3. 金融商品转让，按照卖出价扣除买入价后的余额为销售额。

转让金融商品出现的正负差，按盈亏相抵后的余额为销售额。若相抵后出现负差，可结转下一纳税期与下期转让金融商品销售额相抵，但年末时仍出现负差的，不得转入下一个会计年度。

金融商品的买入价，可以选择按照加权平均法或者移动加权平均法进行核算，选择后36个月内不得变更。

金融商品转让，不得开具增值税专用发票。

4. 经纪代理服务，以取得的全部价款和价外费用，扣除向委托方收取并代为支付的政府性基金或者行政事业性收费后的余额为销售额。向委托方收取的政府性基金或者行政事业性收费，不得开具增值税专用发票。

5. 融资租赁和融资性售后回租业务。

（1）经人民银行、银监会或者商务部批准从事融资租赁业务的试点纳税人，提供融资租赁服务，以取得的全部价款和价外费用，扣除支付的借款利息（包括外汇借款和人民币借款利息）、发行债券利息和车辆购置税后的余额为销售额。

（2）经人民银行、银监会或者商务部批准从事融资租赁业务的试点纳税人，提供融资性售后回租服务，以取得的全部价款和价外费用（不含本金），扣除对外支付的借款利息（包括外汇借款和人民币借款利息）、发行债券利息后的余额作为销售额。

（3）试点纳税人根据2016年4月30日前签订的有形动产融资性售后回租合同，在合同到期前提供的有形动产融资性售后回租服务，可继续按照有形动产融资租赁服务缴纳增值税。

继续按照有形动产融资租赁服务缴纳增值税的试点纳税人，经人民银行、银监会或者商务部批准从事融资租赁业务的，根据2016年4月30日前签订的有形动产融资性售后回租合同，在合同到期前提供的有形动产融资性售后回租服务，可以选择以下方法之一计算销售额：

①以向承租方收取的全部价款和价外费用，扣除向承租方收取的价款本金，以及对外支付的借款利息（包括外汇借款和人民币借款利息）、发行债券利息后的余额为销售额。

纳税人提供有形动产融资性售后回租服务，计算当期销售额时可以扣除的价款本金，为书面合同约定的当期应当收取的本金。无书面合同或者书面合同没有约定的，为当期实际收取的本金。

试点纳税人提供有形动产融资性售后回租服务，向承租方收取的有形动产价款本金，不得开具增值税专用发票，可以开具普通发票。

②以向承租方收取的全部价款和价外费用，扣除支付的借款利息（包括外汇借款和人民币借款利息）、发行债券利息后的余额为销售额。

（4）经商务部授权的省级商务主管部门和国家经济技术开发区批准的从事融资租赁业务的试点纳税人，2016年5月1日后实收资本达到1.7亿元的，从达到标准的当月起按照上述第（1）、（2）、（3）点规定执行；2016年5月1日后实收资本未达到1.7亿元但注册资本达到1.7亿元的，在2016年7月31日前仍可按照上述第（1）、（2）、（3）点规定执行，2016年8月1日后开展的融资租赁业务和融资性售后回租业务不得按照上述第（1）、（2）、（3）点规定执行。

6. 航空运输企业的销售额，不包括代收的机场建设费和代售其他航空运输企业客票而代收转付的价款。

7. 试点纳税人中的一般纳税人（以下称一般纳税人）提供客运场站服务，以其取得的全部价款和价外费用，扣除支付给承运方运费后的余额为销售额。

8. 试点纳税人提供旅游服务，可以选择以取得的全部价款和价外费用，扣除向旅游服务购买方收取并支付给其他单位或者个人的住宿费、餐饮费、交通费、签证费、门票费和支付给其他接团旅游企业的旅游费用后的余额为销售额。

选择上述办法计算销售额的试点纳税人，向旅游服务购买方收取并支付的上述费用，不得开具增值税专用发票，可以开具普通发票。

9. 试点纳税人提供建筑服务适用简易计税方法的，以取得的全部价款和价外费用扣除支付的分包款后的余额为销售额。

10. 房地产开发企业中的一般纳税人销售其开发的房地产项目（选择简易计税方法的房地产老项目除外），以取得的全部价款和价外费用，扣除受让土地时向政府部门支付的土地价款后的余额为销售额。

房地产老项目，是指《建筑工程施工许可证》注明的合同开工日期在2016年

4月30日前的房地产项目。

11. 试点纳税人按照上述4～10款的规定从全部价款和价外费用中扣除的价款，应当取得符合法律、行政法规和国家税务总局规定的有效凭证。否则，不得扣除。

上述凭证是指：

（1）支付给境内单位或者个人的款项，以发票为合法有效凭证。

（2）支付给境外单位或者个人的款项，以该单位或者个人的签收单据为合法有效凭证，税务机关对签收单据有疑议的，可以要求其提供境外公证机构的确认证明。

（3）缴纳的税款，以完税凭证为合法有效凭证。

（4）扣除的政府性基金、行政事业性收费或者向政府支付的土地价款，以省级以上（含省级）财政部门监（印）制的财政票据为合法有效凭证。

（5）国家税务总局规定的其他凭证。

纳税人取得的上述凭证属于增值税扣税凭证的，其进项税额不得从销项税额中抵扣。

（四）进项税额。

1. 适用一般计税方法的试点纳税人，2016年5月1日后取得并在会计制度上按固定资产核算的不动产或者2016年5月1日后取得的不动产在建工程，其进项税额应自取得之日起分2年从销项税额中抵扣，第一年抵扣比例为60%，第二年抵扣比例为40%。

取得不动产，包括以直接购买、接受捐赠、接受投资入股、自建以及抵债等各种形式取得不动产，不包括房地产开发企业自行开发的房地产项目。

融资租入的不动产以及在施工现场修建的临时建筑物、构筑物，其进项税额不适用上述分2年抵扣的规定。

2. 按照《试点实施办法》第二十七条第（一）项规定不得抵扣且未抵扣进项税额的固定资产、无形资产、不动产，发生用途改变，用于允许抵扣进项税额的应税项目，可在用途改变的次月按照下列公式计算可以抵扣的进项税额：

可以抵扣的进项税额=固定资产、无形资产、不动产净值÷（1+适用税率）×适用税率

上述可以抵扣的进项税额应取得合法有效的增值税扣税凭证。

3. 纳税人接受贷款服务向贷款方支付的与该笔贷款直接相关的投融资顾问

费、手续费、咨询费等费用，其进项税额不得从销项税额中抵扣。

（五）一般纳税人资格登记。

《试点实施办法》第三条规定的年应税销售额标准为500万元（含本数）。财政部和国家税务总局可以对年应税销售额标准进行调整。

（六）计税方法。

一般纳税人发生下列应税行为可以选择适用简易计税方法计税：

1. 公共交通运输服务。

公共交通运输服务，包括轮客渡、公交客运、地铁、城市轻轨、出租车、长途客运、班车。

班车，是指按固定路线、固定时间运营并在固定站点停靠的运送旅客的陆路运输服务。

2. 经认定的动漫企业为开发动漫产品提供的动漫脚本编撰、形象设计、背景设计、动画设计、分镜、动画制作、摄制、描线、上色、画面合成、配音、配乐、音效合成、剪辑、字幕制作、压缩转码（面向网络动漫、手机动漫格式适配）服务，以及在境内转让动漫版权（包括动漫品牌、形象或者内容的授权及再授权）。

动漫企业和自主开发、生产动漫产品的认定标准和认定程序，按照《文化部　财政部　国家税务总局关于印发〈动漫企业认定管理办法（试行）〉的通知》（文市发〔2008〕51号）的规定执行。

3. 电影放映服务、仓储服务、装卸搬运服务、收派服务和文化体育服务。

4. 以纳入营改增试点之日前取得的有形动产为标的物提供的经营租赁服务。

5. 在纳入营改增试点之日前签订的尚未执行完毕的有形动产租赁合同。

（七）建筑服务。

1. 一般纳税人以清包工方式提供的建筑服务，可以选择适用简易计税方法计税。

以清包工方式提供建筑服务，是指施工方不采购建筑工程所需的材料或只采购辅助材料，并收取人工费、管理费或者其他费用的建筑服务。

2. 一般纳税人为甲供工程提供的建筑服务，可以选择适用简易计税方法计税。

甲供工程，是指全部或部分设备、材料、动力由工程发包方自行采购的建筑工程。

3. 一般纳税人为建筑工程老项目提供的建筑服务，可以选择适用简易计税方法计税。

建筑工程老项目，是指：

（1）《建筑工程施工许可证》注明的合同开工日期在2016年4月30日前的建筑工程项目；

（2）未取得《建筑工程施工许可证》的，建筑工程承包合同注明的开工日期在2016年4月30日前的建筑工程项目。

4. 一般纳税人跨县（市）提供建筑服务，适用一般计税方法计税的，应以取得的全部价款和价外费用为销售额计算应纳税额。纳税人应以取得的全部价款和价外费用扣除支付的分包款后的余额，按照2%的预征率在建筑服务发生地预缴税款后，向机构所在地主管税务机关进行纳税申报。

5. 一般纳税人跨县（市）提供建筑服务，选择适用简易计税方法计税的，应以取得的全部价款和价外费用扣除支付的分包款后的余额为销售额，按照3%的征收率计算应纳税额。纳税人应按照上述计税方法在建筑服务发生地预缴税款后，向机构所在地主管税务机关进行纳税申报。

6. 试点纳税人中的小规模纳税人（以下称小规模纳税人）跨县（市）提供建筑服务，应以取得的全部价款和价外费用扣除支付的分包款后的余额为销售额，按照3%的征收率计算应纳税额。纳税人应按照上述计税方法在建筑服务发生地预缴税款后，向机构所在地主管税务机关进行纳税申报。

（八）销售不动产。

1. 一般纳税人销售其2016年4月30日前取得（不含自建）的不动产，可以选择适用简易计税方法，以取得的全部价款和价外费用减去该项不动产购置原价或者取得不动产时的作价后的余额为销售额，按照5%的征收率计算应纳税额。纳税人应按照上述计税方法在不动产所在地预缴税款后，向机构所在地主管税务机关进行纳税申报。

2. 一般纳税人销售其2016年4月30日前自建的不动产，可以选择适用简易计税方法，以取得的全部价款和价外费用为销售额，按照5%的征收率计算应纳税额。纳税人应按照上述计税方法在不动产所在地预缴税款后，向机构所在地主管税务机关进行纳税申报。

3. 一般纳税人销售其2016年5月1日后取得（不含自建）的不动产，应适用一般计税方法，以取得的全部价款和价外费用为销售额计算应纳税额。纳税人应以取得的全部价款和价外费用减去该项不动产购置原价或者取得不动产时的作价后的余额，按照5%的预征率在不动产所在地预缴税款后，向机构所在地主管税务机关进行纳税申报。

4. 一般纳税人销售其2016年5月1日后自建的不动产，应适用一般计税方法，以取得的全部价款和价外费用为销售额计算应纳税额。纳税人应以取得的全部价款和价外费用，按照5%的预征率在不动产所在地预缴税款后，向机构所在地主管税务机关进行纳税申报。

5. 小规模纳税人销售其取得（不含自建）的不动产（不含个体工商户销售购买的住房和其他个人销售不动产），应以取得的全部价款和价外费用减去该项不动产购置原价或者取得不动产时的作价后的余额为销售额，按照5%的征收率计算应纳税额。纳税人应按照上述计税方法在不动产所在地预缴税款后，向机构所在地主管税务机关进行纳税申报。

6. 小规模纳税人销售其自建的不动产，应以取得的全部价款和价外费用为销售额，按照5%的征收率计算应纳税额。纳税人应按照上述计税方法在不动产所在地预缴税款后，向机构所在地主管税务机关进行纳税申报。

7. 房地产开发企业中的一般纳税人，销售自行开发的房地产老项目，可以选择适用简易计税方法按照5%的征收率计税。

8. 房地产开发企业中的小规模纳税人，销售自行开发的房地产项目，按照5%的征收率计税。

9. 房地产开发企业采取预收款方式销售所开发的房地产项目，在收到预收款时按照3%的预征率预缴增值税。

10. 个体工商户销售购买的住房，应按照附件3《营业税改征增值税试点过渡政策的规定》第五条的规定征免增值税。纳税人应按照上述计税方法在不动产所在地预缴税款后，向机构所在地主管税务机关进行纳税申报。

11. 其他个人销售其取得（不含自建）的不动产（不含其购买的住房），应以取得的全部价款和价外费用减去该项不动产购置原价或者取得不动产时的作价后的余额为销售额，按照5%的征收率计算应纳税额。

（九）不动产经营租赁服务。

1. 一般纳税人出租其2016年4月30日前取得的不动产，可以选择适用简易计税方法，按照5%的征收率计算应纳税额。纳税人出租其2016年4月30日前取得的与机构所在地不在同一县（市）的不动产，应按照上述计税方法在不动产所在地预缴税款后，向机构所在地主管税务机关进行纳税申报。

2. 公路经营企业中的一般纳税人收取试点前开工的高速公路的车辆通行费，可以选择适用简易计税方法，减按3%的征收率计算应纳税额。

试点前开工的高速公路，是指相关施工许可证明上注明的合同开工日期在2016年4月30日前的高速公路。

3. 一般纳税人出租其2016年5月1日后取得的、与机构所在地不在同一县（市）的不动产，应按照3%的预征率在不动产所在地预缴税款后，向机构所在地主管税务机关进行纳税申报。

4. 小规模纳税人出租其取得的不动产（不含个人出租住房），应按照5%的征收率计算应纳税额。纳税人出租与机构所在地不在同一县（市）的不动产，应按照上述计税方法在不动产所在地预缴税款后，向机构所在地主管税务机关进行纳税申报。

5. 其他个人出租其取得的不动产（不含住房），应按照5%的征收率计算应纳税额。

6. 个人出租住房，应按照5%的征收率减按1.5%计算应纳税额。

（十）一般纳税人销售其2016年4月30日前取得的不动产（不含自建），适用一般计税方法计税的，以取得的全部价款和价外费用为销售额计算应纳税额。上述纳税人应以取得的全部价款和价外费用减去该项不动产购置原价或者取得不动产时的作价后的余额，按照5%的预征率在不动产所在地预缴税款后，向机构所在地主管税务机关进行纳税申报。

房地产开发企业中的一般纳税人销售房地产老项目，以及一般纳税人出租其2016年4月30日前取得的不动产，适用一般计税方法计税的，应以取得的全部价款和价外费用，按照3%的预征率在不动产所在地预缴税款后，向机构所在地主管税务机关进行纳税申报。

一般纳税人销售其2016年4月30日前自建的不动产，适用一般计税方法计税的，应以取得的全部价款和价外费用为销售额计算应纳税额。纳税人应以取得的全部价款和价外费用，按照5%的预征率在不动产所在地预缴税款后，向机构所在地主管税务机关进行纳税申报。

（十一）一般纳税人跨省（自治区、直辖市或者计划单列市）提供建筑服务或者销售、出租取得的与机构所在地不在同一省（自治区、直辖市或者计划单列市）的不动产，在机构所在地申报纳税时，计算的应纳税额小于已预缴税额，且差额较大的，由国家税务总局通知建筑服务发生地或者不动产所在地省级税务机关，在一定时期内暂停预缴增值税。

（十二）纳税地点。

属于固定业户的试点纳税人，总分支机构不在同一县（市），但在同一省（自治区、直辖市、计划单列市）范围内的，经省（自治区、直辖市、计划单列市）财政厅（局）和国家税务局批准，可以由总机构汇总向总机构所在地的主管税务机关申报缴纳增值税。

（十三）试点前发生的业务。

1. 试点纳税人发生应税行为，按照国家有关营业税政策规定差额征收营业税的，因取得的全部价款和价外费用不足以抵减允许扣除项目金额，截至纳入营改增试点之日前尚未扣除的部分，不得在计算试点纳税人增值税应税销售额时抵减，应当向原主管地税机关申请退还营业税。

2. 试点纳税人发生应税行为，在纳入营改增试点之日前已缴纳营业税，营改增试点后因发生退款减除营业额的，应当向原主管地税机关申请退还已缴纳的营业税。

3. 试点纳税人纳入营改增试点之日前发生的应税行为，因税收检查等原因需要补缴税款的，应按照营业税政策规定补缴营业税。

（十四）销售使用过的固定资产。

一般纳税人销售自己使用过的、纳入营改增试点之日前取得的固定资产，按照现行旧货相关增值税政策执行。

使用过的固定资产，是指纳税人符合《试点实施办法》第二十八条规定并根据财务会计制度已经计提折旧的固定资产。

（十五）扣缴增值税适用税率。

境内的购买方为境外单位和个人扣缴增值税的，按照适用税率扣缴增值税。

（十六）其他规定。

1. 试点纳税人销售电信服务时，附带赠送用户识别卡、电信终端等货物或者电信服务的，应将其取得的全部价款和价外费用进行分别核算，按各自适用的税率计算缴纳增值税。

2. 油气田企业发生应税行为，适用《试点实施办法》规定的增值税税率，不再适用《财政部　国家税务总局关于印发〈油气田企业增值税管理办法〉的通知》（财税〔2009〕8号）规定的增值税税率。

二、原增值税纳税人［指按照《中华人民共和国增值税暂行条例》（国务院令第538号）（以下称《增值税暂行条例》）缴纳增值税的纳税人］有关政策。

（一）进项税额。

1. 原增值税一般纳税人购进服务、无形资产或者不动产，取得的增值税专用发票上注明的增值税额为进项税额，准予从销项税额中抵扣。

2016年5月1日后取得并在会计制度上按固定资产核算的不动产或者2016年5月1日后取得的不动产在建工程，其进项税额应自取得之日起分2年从销项税额中抵扣，第一年抵扣比例为60%，第二年抵扣比例为40%。

融资租入的不动产以及在施工现场修建的临时建筑物、构筑物，其进项税额不适用上述分2年抵扣的规定。

2. 原增值税一般纳税人自用的应征消费税的摩托车、汽车、游艇，其进项税额准予从销项税额中抵扣。

3. 原增值税一般纳税人从境外单位或者个人购进服务、无形资产或者不动产，按照规定应当扣缴增值税的，准予从销项税额中抵扣的进项税额为自税务机关或者扣缴义务人取得的解缴税款的完税凭证上注明的增值税额。

纳税人凭完税凭证抵扣进项税额的，应当具备书面合同、付款证明和境外单位的对账单或者发票。资料不全的，其进项税额不得从销项税额中抵扣。

4. 原增值税一般纳税人购进货物或者接受加工修理修配劳务，用于《销售服务、无形资产或者不动产注释》所列项目的，不属于《增值税暂行条例》第十条所称的用于非增值税应税项目，其进项税额准予从销项税额中抵扣。

5. 原增值税一般纳税人购进服务、无形资产或者不动产，下列项目的进项税额不得从销项税额中抵扣：

（1）用于简易计税方法计税项目、免征增值税项目、集体福利或者个人消费。其中涉及的无形资产、不动产，仅指专用于上述项目的无形资产（不包括其他权益性无形资产）、不动产。

纳税人的交际应酬消费属于个人消费。

（2）非正常损失的购进货物，以及相关的加工修理修配劳务和交通运输服务。

（3）非正常损失的在产品、产成品所耗用的购进货物（不包括固定资产）、加工修理修配劳务和交通运输服务。

（4）非正常损失的不动产，以及该不动产所耗用的购进货物、设计服务和建筑服务。

（5）非正常损失的不动产在建工程所耗用的购进货物、设计服务和建筑服务。

纳税人新建、改建、扩建、修缮、装饰不动产，均属于不动产在建工程。

（6）购进的旅客运输服务、贷款服务、餐饮服务、居民日常服务和娱乐服务。

（7）财政部和国家税务总局规定的其他情形。

上述第（4）点、第（5）点所称货物，是指构成不动产实体的材料和设备，包括建筑装饰材料和给排水、采暖、卫生、通风、照明、通讯、煤气、消防、中央空调、电梯、电气、智能化楼宇设备及配套设施。

纳税人接受贷款服务向贷款方支付的与该笔贷款直接相关的投融资顾问费、手续费、咨询费等费用，其进项税额不得从销项税额中抵扣。

6. 已抵扣进项税额的购进服务，发生上述第5点规定情形（简易计税方法计税项目、免征增值税项目除外）的，应当将该进项税额从当期进项税额中扣减；无法确定该进项税额的，按照当期实际成本计算应扣减的进项税额。

7. 已抵扣进项税额的无形资产或者不动产，发生上述第5点规定情形的，按照下列公式计算不得抵扣的进项税额：

不得抵扣的进项税额=无形资产或者不动产净值×适用税率

8. 按照《增值税暂行条例》第十条和上述第5点不得抵扣且未抵扣进项税额的固定资产、无形资产、不动产，发生用途改变，用于允许抵扣进项税额的应税项目，可在用途改变的次月按照下列公式，依据合法有效的增值税扣税凭证，计算可以抵扣的进项税额：

可以抵扣的进项税额=固定资产、无形资产、不动产净值÷（1+适用税率）×适用税率

上述可以抵扣的进项税额应取得合法有效的增值税扣税凭证。

（二）增值税期末留抵税额。

原增值税一般纳税人兼有销售服务、无形资产或者不动产的，截止到纳入营改增试点之日前的增值税期末留抵税额，不得从销售服务、无形资产或者不动产的销项税额中抵扣。

（三）混合销售。

一项销售行为如果既涉及货物又涉及服务，为混合销售。从事货物的生产、

批发或者零售的单位和个体工商户的混合销售行为，按照销售货物缴纳增值税；其他单位和个体工商户的混合销售行为，按照销售服务缴纳增值税。

上述从事货物的生产、批发或者零售的单位和个体工商户，包括以从事货物的生产、批发或者零售为主，并兼营销售服务的单位和个体工商户在内。

附录三

营业税改征增值税试点过渡政策的规定

一、下列项目免征增值税

（一）托儿所、幼儿园提供的保育和教育服务。

托儿所、幼儿园，是指经县级以上教育部门审批成立、取得办园许可证的实施0～6岁学前教育的机构，包括公办和民办的托儿所、幼儿园、学前班、幼儿班、保育院、幼儿院。

公办托儿所、幼儿园免征增值税的收入是指，在省级财政部门和价格主管部门审核报省级人民政府批准的收费标准以内收取的教育费、保育费。

民办托儿所、幼儿园免征增值税的收入是指，在报经当地有关部门备案并公示的收费标准范围内收取的教育费、保育费。

超过规定收费标准的收费，以开办实验班、特色班和兴趣班等为由另外收取的费用以及与幼儿入园挂钩的赞助费、支教费等超过规定范围的收入，不属于免征增值税的收入。

（二）养老机构提供的养老服务。

养老机构，是指依照民政部《养老机构设立许可办法》（民政部令第48号）设立并依法办理登记的为老年人提供集中居住和照料服务的各类养老机构；养老服务，是指上述养老机构按照民政部《养老机构管理办法》（民政部令第49号）的规定，为收住的老年人提供的生活照料、康复护理、精神慰藉、文化娱乐等服务。

（三）残疾人福利机构提供的育养服务。

（四）婚姻介绍服务。

（五）殡葬服务。

殡葬服务，是指收费标准由各地价格主管部门会同有关部门核定，或者实行政府指导价管理的遗体接运（含抬尸、消毒）、遗体整容、遗体防腐、存放（含冷藏）、火化、骨灰寄存、吊唁设施设备租赁、墓穴租赁及管理等服务。

（六）残疾人员本人为社会提供的服务。

（七）医疗机构提供的医疗服务。

医疗机构，是指依据国务院《医疗机构管理条例》（国务院令第149号）及卫生部《医疗机构管理条例实施细则》（卫生部令第35号）的规定，经登记取得《医疗机构执业许可证》的机构，以及军队、武警部队各级各类医疗机构。具体包括：各级各类医院、门诊部（所）、社区卫生服务中心（站）、急救中心（站）、城乡卫生院、护理院（所）、疗养院、临床检验中心，各级政府及有关部门举办的卫生防疫站（疾病控制中心）、各种专科疾病防治站（所），各级政府举办的妇幼保健所（站）、母婴保健机构、儿童保健机构，各级政府举办的血站（血液中心）等医疗机构。

本项所称的医疗服务，是指医疗机构按照不高于地（市）级以上价格主管部门会同同级卫生主管部门及其他相关部门制定的医疗服务指导价格（包括政府指导价和按照规定由供需双方协商确定的价格等）为就医者提供《全国医疗服务价格项目规范》所列的各项服务，以及医疗机构向社会提供卫生防疫、卫生检疫的服务。

（八）从事学历教育的学校提供的教育服务。

1. 学历教育，是指受教育者经过国家教育考试或者国家规定的其他入学方式，进入国家有关部门批准的学校或者其他教育机构学习，获得国家承认的学历证书的教育形式。具体包括：

（1）初等教育：普通小学、成人小学。

（2）初级中等教育：普通初中、职业初中、成人初中。

（3）高级中等教育：普通高中、成人高中和中等职业学校（包括普通中专、成人中专、职业高中、技工学校）。

（4）高等教育：普通本专科、成人本专科、网络本专科、研究生（博士、硕士）、高等教育自学考试、高等教育学历文凭考试。

2. 从事学历教育的学校，是指：

（1）普通学校。

（2）经地（市）级以上人民政府或者同级政府的教育行政部门批准成立、国家承认其学员学历的各类学校。

（3）经省级及以上人力资源社会保障行政部门批准成立的技工学校、高级技工学校。

（4）经省级人民政府批准成立的技师学院。

上述学校均包括符合规定的从事学历教育的民办学校，但不包括职业培训机构等国家不承认学历的教育机构。

3. 提供教育服务免征增值税的收入，是指对列入规定招生计划的在籍学生提供学历教育服务取得的收入，具体包括：经有关部门审核批准并按规定标准收取的学费、住宿费、课本费、作业本费、考试报名费收入，以及学校食堂提供餐饮服务取得的伙食费收入。除此之外的收入，包括学校以各种名义收取的赞助费、择校费等，不属于免征增值税的范围。

学校食堂是指依照《学校食堂与学生集体用餐卫生管理规定》（教育部令第14号）管理的学校食堂。

（九）学生勤工俭学提供的服务。

（十）农业机耕、排灌、病虫害防治、植物保护、农牧保险以及相关技术培训业务，家禽、牲畜、水生动物的配种和疾病防治。

农业机耕，是指在农业、林业、牧业中使用农业机械进行耕作（包括耕耘、种植、收割、脱粒、植物保护等）的业务；排灌，是指对农田进行灌溉或者排涝的业务；病虫害防治，是指从事农业、林业、牧业、渔业的病虫害测报和防治的业务；农牧保险，是指为种植业、养殖业、牧业种植和饲养的动植物提供保险的业务；相关技术培训，是指与农业机耕、排灌、病虫害防治、植物保护业务相关以及为使农民获得农牧保险知识的技术培训业务；家禽、牲畜、水生动物的配种和疾病防治业务的免税范围，包括与该项服务有关的提供药品和医疗用具的业务。

（十一）纪念馆、博物馆、文化馆、文物保护单位管理机构、美术馆、展览馆、书画院、图书馆在自己的场所提供文化体育服务取得的第一道门票收入。

（十二）寺院、宫观、清真寺和教堂举办文化、宗教活动的门票收入。

（十三）行政单位之外的其他单位收取的符合《试点实施办法》第十条规定条件的政府性基金和行政事业性收费。

（十四）个人转让著作权。

（十五）个人销售自建自用住房。

（十六）2018年12月31日前，公共租赁住房经营管理单位出租公共租赁住房。

公共租赁住房，是指纳入省、自治区、直辖市、计划单列市人民政府及新疆生产建设兵团批准的公共租赁住房发展规划和年度计划，并按照《关于加快发展公共租赁住房的指导意见》（建保〔2010〕87号）和市、县人民政府制定的具体管理办法进行管理的公共租赁住房。

（十七）台湾航运公司、航空公司从事海峡两岸海上直航、空中直航业务在大陆取得的运输收入。

台湾航运公司，是指取得交通运输部颁发的“台湾海峡两岸间水路运输许可证”且该许可证上注明的公司登记地址在台湾的航运公司。

台湾航空公司，是指取得中国民用航空局颁发的“经营许可”或者依据《海峡两岸空运协议》和《海峡两岸空运补充协议》规定，批准经营两岸旅客、货物和邮件不定期（包机）运输业务，且公司登记地址在台湾的航空公司。

（十八）纳税人提供的直接或者间接国际货物运输代理服务。

1. 纳税人提供直接或者间接国际货物运输代理服务，向委托方收取的全部国际货物运输代理服务收入，以及向国际运输承运人支付的国际运输费用，必须通过金融机构进行结算。

2. 纳税人为大陆与香港、澳门、台湾地区之间的货物运输提供的货物运输代理服务参照国际货物运输代理服务有关规定执行。

3. 委托方索取发票的，纳税人应当就国际货物运输代理服务收入向委托方全额开具增值税普通发票。

（十九）以下利息收入。

1. 2016年12月31日前，金融机构农户小额贷款。

小额贷款，是指单笔且该农户贷款余额总额在10万元（含本数）以下的贷款。

所称农户，是指长期（1年以上）居住在乡镇（不包括城关镇）行政管理区域内的住户，还包括长期居住在城关镇所辖行政村范围内的住户和户口不在本地而在本地居住1年以上的住户，国有农场的职工和农村个体工商户。位于乡镇（不包括城关镇）行政管理区域内和在城关镇所辖行政村范围内的国有经济的机关、团体、学校、企事业单位的集体户；有本地户口，但举家外出谋生1年以上的住户，无论是否保留承包耕地均不属于农户。农户以户为统计单位，既可以从事农业生产经营，也可以从事非农业生产经营。农户贷款的判定应以贷款发放时的承贷主体是否属于农户为准。

2. 国家助学贷款。

3. 国债、地方政府债。

4. 人民银行对金融机构的贷款。

5. 住房公积金管理中心用住房公积金在指定的委托银行发放的个人住房贷款。

6. 外汇管理部门在从事国家外汇储备经营过程中，委托金融机构发放的外汇贷款。

7. 统借统还业务中，企业集团或企业集团中的核心企业以及集团所属财务公司按不高于支付给金融机构的借款利率水平或者支付的债券票面利率水平，向企业集团或者集团内下属单位收取的利息。

统借方向资金使用单位收取的利息，高于支付给金融机构借款利率水平或者支付的债券票面利率水平的，应全额缴纳增值税。

统借统还业务，是指：

（1）企业集团或者企业集团中的核心企业向金融机构借款或对外发行债券取得资金后，将所借资金分拨给下属单位（包括独立核算单位和非独立核算单位，下同），并向下属单位收取用于归还金融机构或债券购买方本息的业务。

（2）企业集团向金融机构借款或对外发行债券取得资金后，由集团所属财务公司与企业集团或者集团内下属单位签订统借统还贷款合同并分拨资金，并向企业集团或者集团内下属单位收取本息，再转付企业集团，由企业集团统一归还金融机构或债券购买方的业务。

（二十）被撤销金融机构以货物、不动产、无形资产、有价证券、票据等财产清偿债务。

被撤销金融机构，是指经人民银行、银监会依法决定撤销的金融机构及其分设于各地的分支机构，包括被依法撤销的商业银行、信托投资公司、财务公司、金融租赁公司、城市信用社和农村信用社。除另有规定外，被撤销金融机构所属、附属企业，不享受被撤销金融机构增值税免税政策。

（二十一）保险公司开办的1年期以上人身保险产品取得的保费收入。

1年期以上人身保险，是指保险期间为1年期及以上返还本利的人寿保险、养老年金保险，以及保险期间为1年期及以上的健康保险。

人寿保险，是指以人的寿命为保险标的的人身保险。

养老年金保险，是指以养老保障为目的，以被保险人生存为给付保险金条件，并按约定的时间间隔分期给付生存保险金的人身保险。养老年金保险应当同时符合下列条件：

1. 保险合同约定给付被保险人生存保险金的年龄不得小于国家规定的退休年龄。

2. 相邻两次给付的时间间隔不得超过1年。

健康保险，是指以因健康原因导致损失为给付保险金条件的人身保险。

上述免税政策实行备案管理，具体备案管理办法按照《国家税务总局关于1年期以上返还性人身保险产品免征营业税审批事项取消后有关管理问题的公告》（国家税务总局公告2015年第65号）规定执行。

（二十二）下列金融商品转让收入。

1. 合格境外投资者（QFII）委托境内公司在我国从事证券买卖业务。

2. 香港市场投资者（包括单位和个人）通过沪港通买卖上海证券交易所上市A股。

3. 对香港市场投资者（包括单位和个人）通过基金互认买卖内地基金份额。

4. 证券投资基金（封闭式证券投资基金，开放式证券投资基金）管理人运用基金买卖股票、债券。

5. 个人从事金融商品转让业务。

（二十三）金融同业往来利息收入。

1. 金融机构与人民银行所发生的资金往来业务。包括人民银行对一般金融机构贷款，以及人民银行对商业银行的再贴现等。

2. 银行联行往来业务。同一银行系统内部不同行、处之间所发生的资金账务往来业务。

3. 金融机构间的资金往来业务。是指经人民银行批准，进入全国银行间同业拆借市场的金融机构之间通过全国统一的同业拆借网络进行的短期（1年以下含1年）无担保资金融通行为。

4. 金融机构之间开展的转贴现业务。

金融机构是指：

（1）银行：包括人民银行、商业银行、政策性银行。

（2）信用合作社。

（3）证券公司。

（4）金融租赁公司、证券基金管理公司、财务公司、信托投资公司、证券投资基金。

（5）保险公司。

（6）其他经人民银行、银监会、证监会、保监会批准成立且经营金融保险业务的机构等。

（二十四）同时符合下列条件的担保机构从事中小企业信用担保或者再担保业务取得的收入（不含信用评级、咨询、培训等收入）3年内免征增值税：

1. 已取得监管部门颁发的融资性担保机构经营许可证，依法登记注册为企（事）业法人，实收资本超过2 000万元。

2. 平均年担保费率不超过银行同期贷款基准利率的50%。平均年担保费率=本期担保费收入÷（期初担保余额+本期增加担保金额）×100%。

3. 连续合规经营2年以上，资金主要用于担保业务，具备健全的内部管理制度和为中小企业提供担保的能力，经营业绩突出，对受保项目具有完善的事前评估、事中监控、事后追偿与处置机制。

4. 为中小企业提供的累计担保贷款额占其两年累计担保业务总额的80%以上，单笔800万元以下的累计担保贷款额占其累计担保业务总额的50%以上。

5. 对单个受保企业提供的担保余额不超过担保机构实收资本总额的10%，且平均单笔担保责任金额最多不超过3 000万元人民币。

6. 担保责任余额不低于其净资产的3倍，且代偿率不超过2%。

担保机构免征增值税政策采取备案管理方式。符合条件的担保机构应到所在地县（市）主管税务机关和同级中小企业管理部门履行规定的备案手续，自完成备案手续之日起，享受3年免征增值税政策。3年免税期满后，符合条件的担保机构可按规定程序办理备案手续后继续享受该项政策。

具体备案管理办法按照《国家税务总局关于中小企业信用担保机构免征营业税审批事项取消后有关管理问题的公告》（国家税务总局公告2015年第69号）规定执行，其中税务机关的备案管理部门统一调整为县（市）级国家税务局。

（二十五）国家商品储备管理单位及其直属企业承担商品储备任务，从中央或者地方财政取得的利息补贴收入和价差补贴收入。

国家商品储备管理单位及其直属企业，是指接受中央、省、市、县四级政府有关部门（或者政府指定管理单位）委托，承担粮（含大豆）、食用油、棉、糖、肉、盐（限于中央储备）等6种商品储备任务，并按有关政策收储、销售上述6种储备商品，取得财政储备经费或者补贴的商品储备企业。利息补贴收入，是指国家商品储备管理单位及其直属企业因承担上述商品储备任务从金融机构贷款，并从中央或者地方财政取得的用于偿还贷款利息的贴息收入。价差补贴收入包括销售价差补贴收入和轮换价差补贴收入。销售价差补贴收入，是指按照中央或者地方政府指令销售上述储备商品时，由于销售收入小于库存成本而从中央或者地方财政获得的全额价差补贴收入。轮换价差补贴收入，是指根据要求定期组织政策性储备商品轮换而从中央或者地方财政取得的商品新陈品质价差补贴收入。

（二十六）纳税人提供技术转让、技术开发和与之相关的技术咨询、技术服务。

1. 技术转让、技术开发，是指《销售服务、无形资产、不动产注释》中“转让技术”、“研发服务”范围内的业务活动。技术咨询，是指就特定技术项目提供可行性论证、技术预测、专题技术调查、分析评价报告等业务活动。

与技术转让、技术开发相关的技术咨询、技术服务，是指转让方（或者受托方）根据技术转让或者开发合同的规定，为帮助受让方（或者委托方）掌握所转让（或者委托开发）的技术，而提供的技术咨询、技术服务业务，且这部分技术咨询、技术服务的价款与技术转让或者技术开发的价款应当在同一张发票上开具。

2. 备案程序。试点纳税人申请免征增值税时，须持技术转让、开发的书面合同，到纳税人所在地省级科技主管部门进行认定，并持有关的书面合同和科技主管部门审核意见证明文件报主管税务机关备查。

（二十七）同时符合下列条件的合同能源管理服务：

1. 节能服务公司实施合同能源管理项目相关技术，应当符合国家质量监督检验检疫总局和国家标准化管理委员会发布的《合同能源管理技术通则》（GB/T 24915—2010）规定的技术要求。

2. 节能服务公司与用能企业签订节能效益分享型合同，其合同格式和内容，符合《中华人民共和国合同法》和《合同能源管理技术通则》（GB/T 24915—2010）等规定。

（二十八）2017年12月31日前，科普单位的门票收入，以及县级及以上党政部门和科协开展科普活动的门票收入。

科普单位，是指科技馆、自然博物馆，对公众开放的天文馆（站、台）、气象台（站）、地震台（站），以及高等院校、科研机构对公众开放的科普基地。

科普活动，是指利用各种传媒以浅显的、让公众易于理解、接受和参与的方式，向普通大众介绍自然科学和社会科学知识，推广科学技术的应用，倡导科学方法，传播科学思想，弘扬科学精神的活动。

（二十九）政府举办的从事学历教育的高等、中等和初等学校（不含下属单位），举办进修班、培训班取得的全部归该学校所有的收入。

全部归该学校所有，是指举办进修班、培训班取得的全部收入进入该学校统一账户，并纳入预算全额上缴财政专户管理，同时由该学校对有关票据进行统一管理和开具。

举办进修班、培训班取得的收入进入该学校下属部门自行开设账户的，不予免征增值税。

（三十）政府举办的职业学校设立的主要为在校学生提供实习场所、并由学校出资自办、由学校负责经营管理、经营收入归学校所有的企业，从事《销售服务、无形资产或者不动产注释》中“现代服务”（不含融资租赁服务、广告服务和其他现代服务）、“生活服务”（不含文化体育服务、其他生活服务和桑拿、氧吧）业务活动取得的收入。

（三十一）家政服务企业由员工制家政服务员提供家政服务取得的收入。

家政服务企业，是指在企业营业执照的规定经营范围中包括家政服务内容的企业。

员工制家政服务员，是指同时符合下列3个条件的家政服务员：

1. 依法与家政服务企业签订半年及半年以上的劳动合同或者服务协议，且在该企业实际上岗工作。

2. 家政服务企业为其按月足额缴纳了企业所在地人民政府根据国家政策规定的基本养老保险、基本医疗保险、工伤保险、失业保险等社会保险。对已享受新型农村养老保险和新型农村合作医疗等社会保险或者下岗职工原单位继续为其缴纳社会保险的家政服务员，如果本人书面提出不再缴纳企业所在地人民政府根据国家政策规定的相应的社会保险，并出具其所在乡镇或者原单位开具的已缴纳相关保险的证明，可视同家政服务企业已为其按月足额缴纳了相应的社会保险。

3. 家政服务企业通过金融机构向其实际支付不低于企业所在地适用的经省级人民政府批准的最低工资标准的工资。

（三十二）福利彩票、体育彩票的发行收入。

（三十三）军队空余房产租赁收入。

（三十四）为了配合国家住房制度改革，企业、行政事业单位按房改成本价、标准价出售住房取得的收入。

（三十五）将土地使用权转让给农业生产者用于农业生产。

（三十六）涉及家庭财产分割的个人无偿转让不动产、土地使用权。

家庭财产分割，包括下列情形：离婚财产分割；无偿赠予配偶、父母、子女、祖父母、外祖父母、孙子女、外孙子女、兄弟姐妹；无偿赠予对其承担直接抚养或者赡养义务的抚养人或者赡养人；房屋产权所有人死亡，法定继承人、遗嘱继承人或者受遗赠人依法取得房屋产权。

（三十七）土地所有者出让土地使用权和土地使用者将土地使用权归还给土地所有者。

（三十八）县级以上地方人民政府或自然资源行政主管部门出让、转让或收回自然资源使用权（不含土地使用权）。

（三十九）随军家属就业。

1. 为安置随军家属就业而新开办的企业，自领取税务登记证之日起，其提供的应税服务3年内免征增值税。

享受税收优惠政策的企业，随军家属必须占企业总人数的60%（含）以上，并有军（含）以上政治和后勤机关出具的证明。

2. 从事个体经营的随军家属，自办理税务登记事项之日起，其提供的应税服务3年内免征增值税。

随军家属必须有师以上政治机关出具的可以表明其身份的证明。

按照上述规定，每一名随军家属可以享受一次免税政策。

（四十）军队转业干部就业。

1. 从事个体经营的军队转业干部，自领取税务登记证之日起，其提供的应税服务3年内免征增值税。

2. 为安置自主择业的军队转业干部就业而新开办的企业，凡安置自主择业的军队转业干部占企业总人数60%（含）以上的，自领取税务登记证之日起，其提供的应税服务3年内免征增值税。

享受上述优惠政策的自主择业的军队转业干部必须持有师以上部队颁发的转业证件。

二、增值税即征即退

（一）一般纳税人提供管道运输服务，对其增值税实际税负超过3%的部分实行增值税即征即退政策。

（二）经人民银行、银监会或者商务部批准从事融资租赁业务的试点纳税人中的一般纳税人，提供有形动产融资租赁服务和有形动产融资性售后回租服务，对其增值税实际税负超过3%的部分实行增值税即征即退政策。商务部授权的省级商务主管部门和国家经济技术开发区批准的从事融资租赁业务和融资性售后回租业务的试点纳税人中的一般纳税人，2016年5月1日后实收资本达到1.7亿元的，从达到标准的当月起按照上述规定执行；2016年5月1日后实收资本未达到1.7亿元但注册资本达到1.7亿元的，在2016年7月31日前仍可按照上述规定执行，2016年8月1日后开展的有形动产融资租赁业务和有形动产融资性售后回租业务不得按照上述规定执行。

（三）本规定所称增值税实际税负，是指纳税人当期提供应税服务实际缴纳的增值税额占纳税人当期提供应税服务取得的全部价款和价外费用的比例。

三、扣减增值税规定

（一）退役士兵创业就业。

1. 对自主就业退役士兵从事个体经营的，在3年内按每户每年8 000元为限额依次扣减其当年实际应缴纳的增值税、城市维护建设税、教育费附加、地方教育费附加和个人所得税。限额标准最高可上浮20%，各省、自治区、直辖市人民政府可根据本地区实际情况在此幅度内确定具体限额标准，并报财政部和国家税务总局备案。

纳税人年度应缴纳税款小于上述扣减限额的，以其实际缴纳的税款为限；大于上述扣减限额的，应以上述扣减限额为限。纳税人的实际经营期不足1年的，应当以实际月份换算其减免税限额。换算公式为：减免税限额=年度减免税限额÷12×实际经营月数。

纳税人在享受税收优惠政策的当月，持《中国人民解放军义务兵退出现役证》或《中国人民解放军士官退出现役证》以及税务机关要求的相关材料向主管税务机关备案。

2. 对商贸企业、服务型企业、劳动就业服务企业中的加工型企业和街道社区具有加工性质的小型企业实体，在新增加的岗位中，当年新招用自主就业退役士兵，与其签订1年以上期限劳动合同并依法缴纳社会保险费的，在3年内按实际招用人数予以定额依次扣减增值税、城市维护建设税、教育费附加、地方教育费附加和企业所得税优惠。定额标准为每人每年4 000元，最高可上浮50%，各省、自治区、直辖市人民政府可根据本地区实际情况在此幅度内确定具体定额标准，并报财政部和国家税务总局备案。

本条所称服务型企业是指从事《销售服务、无形资产、不动产注释》中“不动产租赁服务”、“商务辅助服务”（不含货物运输代理和代理报关服务）、“生活服务”（不含文化体育服务）范围内业务活动的企业以及按照《民办非企业单位登记管理暂行条例》（国务院令第251号）登记成立的民办非企业单位。

纳税人按企业招用人数和签订的劳动合同时间核定企业减免税总额，在核定减免税总额内每月依次扣减增值税、城市维护建设税、教育费附加和地方教育费附加。纳税人实际应缴纳的增值税、城市维护建设税、教育费附加和地方教育费附加小于核定减免税总额的，以实际应缴纳的增值税、城市维护建设税、教育费附加和地方教育费附加为限；实际应缴纳的增值税、城市维护建设税、教育费附加和地方教育费附加大于核定减免税总额的，以核定减免税总额为限。

纳税年度终了，如果企业实际减免的增值税、城市维护建设税、教育费附加和地方教育费附加小于核定的减免税总额，企业在企业所得税汇算清缴时扣减企业所得税。当年扣减不足的，不再结转以后年度扣减。

计算公式为：企业减免税总额=∑每名自主就业退役士兵本年度在本企业工作月份÷12×定额标准。

企业自招用自主就业退役士兵的次月起享受税收优惠政策，并于享受税收优惠政策的当月，持下列材料向主管税务机关备案：

（1）新招用自主就业退役士兵的《中国人民解放军义务兵退出现役证》或《中国人民解放军士官退出现役证》。

（2）企业与新招用自主就业退役士兵签订的劳动合同（副本），企业为职工缴纳的社会保险费记录。

（3）自主就业退役士兵本年度在企业工作时间表。

（4）主管税务机关要求的其他相关材料。

3. 上述所称自主就业退役士兵是指依照《退役士兵安置条例》（国务院、中央军委令第608号）的规定退出现役并按自主就业方式安置的退役士兵。

4. 上述税收优惠政策的执行期限为2016年5月1日至2016年12月31日，纳税人在2016年12月31日未享受满3年的，可继续享受至3年期满为止。

按照《财政部　国家税务总局　民政部关于调整完善扶持自主就业退役士兵

创业就业有关税收政策的通知》（财税〔2014〕42号）规定享受营业税优惠政策的纳税人，自2016年5月1日起按照上述规定享受增值税优惠政策，在2016年12月31日未享受满3年的，可继续享受至3年期满为止。

《财政部　国家税务总局关于将铁路运输和邮政业纳入营业税改征增值税试点的通知》（财税〔2013〕106号）附件3第一条第（十二）项城镇退役士兵就业免征增值税政策，自2014年7月1日起停止执行。在2014年6月30日未享受满3年的，可继续享受至3年期满为止。

（二）重点群体创业就业。

1. 对持《就业创业证》（注明“自主创业税收政策”或“毕业年度内自主创业税收政策”）或2015年1月27日前取得的《就业失业登记证》（注明“自主创业税收政策”或附着《高校毕业生自主创业证》）的人员从事个体经营的，在3年内按每户每年8 000元为限额依次扣减其当年实际应缴纳的增值税、城市维护建设税、教育费附加、地方教育费附加和个人所得税。限额标准最高可上浮20%，各省、自治区、直辖市人民政府可根据本地区实际情况在此幅度内确定具体限额标准，并报财政部和国家税务总局备案。

纳税人年度应缴纳税款小于上述扣减限额的，以其实际缴纳的税款为限；大于上述扣减限额的，应以上述扣减限额为限。

上述人员是指：

（1）在人力资源社会保障部门公共就业服务机构登记失业半年以上的人员。

（2）零就业家庭、享受城市居民最低生活保障家庭劳动年龄内的登记失业人员。

（3）毕业年度内高校毕业生。高校毕业生是指实施高等学历教育的普通高等学校、成人高等学校毕业的学生；毕业年度是指毕业所在自然年，即1月1日至12月31日。

2. 对商贸企业、服务型企业、劳动就业服务企业中的加工型企业和街道社区具有加工性质的小型企业实体，在新增加的岗位中，当年新招用在人力资源社会保障部门公共就业服务机构登记失业半年以上且持《就业创业证》或2015年1月27日前取得的《就业失业登记证》（注明“企业吸纳税收政策”）人员，与其签订1年以上期限劳动合同并依法缴纳社会保险费的，在3年内按实际招用人数予以定额依次扣减增值税、城市维护建设税、教育费附加、地方教育费附加和企业所得税优惠。定额标准为每人每年4 000元，最高可上浮30%，各省、自治区、直辖市人民政府可根据本地区实际情况在此幅度内确定具体定额标准，并报财政部和国家税务总局备案。

按上述标准计算的税收扣减额应在企业当年实际应缴纳的增值税、城市维护建设税、教育费附加、地方教育费附加和企业所得税税额中扣减，当年扣减不足的，不得结转下年使用。

本条所称服务型企业是指从事《销售服务、无形资产、不动产注释》中“不动产租赁服务”、“商务辅助服务”（不含货物运输代理和代理报关服务）、“生活服务”（不含文化体育服务）范围内业务活动的企业以及按照《民办非企业单位登记管理暂行条例》（国务院令第251号）登记成立的民办非企业单位。

3. 享受上述优惠政策的人员按以下规定申领《就业创业证》：

（1）按照《就业服务与就业管理规定》（劳动和社会保障部令第28号）第六十三条的规定，在法定劳动年龄内，有劳动能力，有就业要求，处于无业状态的城镇常住人员，在公共就业服务机构进行失业登记，申领《就业创业证》。其中，农村进城务工人员和其他非本地户籍人员在常住地稳定就业满6个月的，失业后可以在常住地登记。

（2）零就业家庭凭社区出具的证明，城镇低保家庭凭低保证明，在公共就业服务机构登记失业，申领《就业创业证》。

（3）毕业年度内高校毕业生在校期间凭学生证向公共就业服务机构按规定申领《就业创业证》，或委托所在高校就业指导中心向公共就业服务机构按规定代为其申领《就业创业证》；毕业年度内高校毕业生离校后直接向公共就业服务机构按规定申领《就业创业证》。

（4）上述人员申领相关凭证后，由就业和创业地人力资源社会保障部门对人员范围、就业失业状态、已享受政策情况进行核实，在《就业创业证》上注明“自主创业税收政策”、“毕业年度内自主创业税收政策”或“企业吸纳税收政策”字样，同时符合自主创业和企业吸纳税收政策条件的，可同时加注；主管税务机关在《就业创业证》上加盖戳记，注明减免税所属时间。

4. 上述税收优惠政策的执行期限为2016年5月1日至2016年12月31日，纳税人在2016年12月31日未享受满3年的，可继续享受至3年期满为止。

按照《财政部　国家税务总局　人力资源社会保障部关于继续实施支持和促进重点群体创业就业有关税收政策的通知》（财税〔2014〕39号）规定享受营业税优惠政策的纳税人，自2016年5月1日起按照上述规定享受增值税优惠政策，在

2016年12月31日未享受满3年的，可继续享受至3年期满为止。

《财政部　国家税务总局关于将铁路运输和邮政业纳入营业税改征增值税试点的通知》（财税〔2013〕106号）附件3第一条第（十三）项失业人员就业增值税优惠政策，自2014年1月1日起停止执行。在2013年12月31日未享受满3年的，可继续享受至3年期满为止。

四、金融企业发放贷款后，自结息日起90天内发生的应收未收利息按现行规定缴纳增值税，自结息日起90天后发生的应收未收利息暂不缴纳增值税，待实际收到利息时按规定缴纳增值税。

上述所称金融企业，是指银行（包括国有、集体、股份制、合资、外资银行以及其他所有制形式的银行）、城市信用社、农村信用社、信托投资公司、财务公司。

五、个人将购买不足2年的住房对外销售的，按照5%的征收率全额缴纳增值税；个人将购买2年以上（含2年）的住房对外销售的，免征增值税。上述政策适用于北京市、上海市、广州市和深圳市之外的地区。

个人将购买不足2年的住房对外销售的，按照5%的征收率全额缴纳增值税；个人将购买2年以上（含2年）的非普通住房对外销售的，以销售收入减去购买住房价款后的差额按照5%的征收率缴纳增值税；个人将购买2年以上（含2年）的普通住房对外销售的，免征增值税。上述政策仅适用于北京市、上海市、广州市和深圳市。

办理免税的具体程序、购买房屋的时间、开具发票、非购买形式取得住房行为及其他相关税收管理规定，按照《国务院办公厅转发建设部等部门关于做好稳定住房价格工作意见的通知》（国办发〔2005〕26号）、《国家税务总局　财政部　建设部关于加强房地产税收管理的通知》（国税发〔2005〕89号）和《国家税务总局关于房地产税收政策执行中几个具体问题的通知》（国税发〔2005〕172号）的有关规定执行。

六、上述增值税优惠政策除已规定期限的项目和第五条政策外，其他均在营改增试点期间执行。如果试点纳税人在纳入营改增试点之日前已经按照有关政策规定享受了营业税税收优惠，在剩余税收优惠政策期限内，按照本规定享受有关增值税优惠。

附录四

纳税人转让不动产增值税征收管理暂行办法

第一条　根据《财政部　国家税务总局关于全面推开营业税改征增值税试点的通知》（财税〔2016〕36号）及现行增值税有关规定，制定本办法。

第二条　纳税人转让其取得的不动产，适用本办法。

本办法所称取得的不动产，包括以直接购买、接受捐赠、接受投资入股、自建以及抵债等各种形式取得的不动产。

房地产开发企业销售自行开发的房地产项目不适用本办法。

第三条　一般纳税人转让其取得的不动产，按照以下规定缴纳增值税：

（一）一般纳税人转让其2016年4月30日前取得（不含自建）的不动产，可以选择适用简易计税方法计税，以取得的全部价款和价外费用扣除不动产购置原价或者取得不动产时的作价后的余额为销售额，按照5%的征收率计算应纳税额。纳税人应按照上述计税方法向不动产所在地主管地税机关预缴税款，向机构所在地主管国税机关申报纳税。

（二）一般纳税人转让其2016年4月30日前自建的不动产，可以选择适用简易计税方法计税，以取得的全部价款和价外费用为销售额，按照5%的征收率计算应纳税额。纳税人应按照上述计税方法向不动产所在地主管地税机关预缴税款，向机构所在地主管国税机关申报纳税。

（三）一般纳税人转让其2016年4月30日前取得（不含自建）的不动产，选择适用一般计税方法计税的，以取得的全部价款和价外费用为销售额计算应纳税额。纳税人应以取得的全部价款和价外费用扣除不动产购置原价或者取得不动产时的作价后的余额，按照5%的预征率向不动产所在地主管地税机关预缴税款，向机构所在地主管国税机关申报纳税。

（四）一般纳税人转让其2016年4月30日前自建的不动产，选择适用一般计税方法计税的，以取得的全部价款和价外费用为销售额计算应纳税额。纳税人应以取得的全部价款和价外费用，按照5%的预征率向不动产所在地主管地税机关预缴税款，向机构所在地主管国税机关申报纳税。

（五）一般纳税人转让其2016年5月1日后取得（不含自建）的不动产，适用一般计税方法，以取得的全部价款和价外费用为销售额计算应纳税额。纳税人应以取得的全部价款和价外费用扣除不动产购置原价或者取得不动产时的作价后的余额，按照5%的预征率向不动产所在地主管地税机关预缴税款，向机构所在地主管国税机关申报纳税。

（六）一般纳税人转让其2016年5月1日后自建的不动产，适用一般计税方法，以取得的全部价款和价外费用为销售额计算应纳税额。纳税人应以取得的全部价款和价外费用，按照5%的预征率向不动产所在地主管地税机关预缴税款，向机构所在地主管国税机关申报纳税。

第四条 小规模纳税人转让其取得的不动产，除个人转让其购买的住房外，按照以下规定缴纳增值税：

（一）小规模纳税人转让其取得（不含自建）的不动产，以取得的全部价款和价外费用扣除不动产购置原价或者取得不动产时的作价后的余额为销售额，按照5%的征收率计算应纳税额。

（二）小规模纳税人转让其自建的不动产，以取得的全部价款和价外费用为销售额，按照5%的征收率计算应纳税额。

除其他个人之外的小规模纳税人，应按照本条规定的计税方法向不动产所在地主管地税机关预缴税款，向机构所在地主管国税机关申报纳税；其他个人按照本条规定的计税方法向不动产所在地主管地税机关申报纳税。

第五条 个人转让其购买的住房，按照以下规定缴纳增值税：

（一）个人转让其购买的住房，按照有关规定全额缴纳增值税的，以取得的全部价款和价外费用为销售额，按照5%的征收率计算应纳税额。

（二）个人转让其购买的住房，按照有关规定差额缴纳增值税的，以取得的全部价款和价外费用扣除购买住房价款后的余额为销售额，按照5%的征收率计算应纳税额。

个体工商户应按照本条规定的计税方法向住房所在地主管地税机关预缴税款，向机构所在地主管国税机关申报纳税；其他个人应按照本条规定的计税方法向住房所在地主管地税机关申报纳税。

第六条 其他个人以外的纳税人转让其取得的不动产，区分以下情形计算应向不动产所在地主管地税机关预缴的税款：

（一）以转让不动产取得的全部价款和价外费用作为预缴税款计算依据的，计算公式为：

应预缴税款=全部价款和价外费用÷（1＋5%）×5%

（二）以转让不动产取得的全部价款和价外费用扣除不动产购置原价或者取

得不动产时的作价后的余额作为预缴税款计算依据的，计算公式为：

应预缴税款=（全部价款和价外费用－不动产购置原价或者取得不动产时的作价）÷（1＋5%）×5%

第七条　其他个人转让其取得的不动产，按照本办法第六条规定的计算方法计算应纳税额并向不动产所在地主管地税机关申报纳税。

第八条　纳税人按规定从取得的全部价款和价外费用中扣除不动产购置原价或者取得不动产时的作价的，应当取得符合法律、行政法规和国家税务总局规定的合法有效凭证。否则，不得扣除。

上述凭证是指：

（一）税务部门监制的发票。

（二）法院判决书、裁定书、调解书，以及仲裁裁决书、公证债权文书。

（三）国家税务总局规定的其他凭证。

第九条　纳税人转让其取得的不动产，向不动产所在地主管地税机关预缴的增值税税款，可以在当期增值税应纳税额中抵减，抵减不完的，结转下期继续抵减。

纳税人以预缴税款抵减应纳税额，应以完税凭证作为合法有效凭证。

第十条　小规模纳税人转让其取得的不动产，不能自行开具增值税发票的，可向不动产所在地主管地税机关申请代开。

第十一条　纳税人向其他个人转让其取得的不动产，不得开具或申请代开增值税专用发票。

第十二条　纳税人转让不动产，按照本办法规定应向不动产所在地主管地税机关预缴税款而自应当预缴之月起超过6个月没有预缴税款的，由机构所在地主管国税机关按照《中华人民共和国税收征收管理法》及相关规定进行处理。

纳税人转让不动产，未按照本办法规定缴纳税款的，由主管税务机关按照《中华人民共和国税收征收管理法》及相关规定进行处理。

附录五

纳税人提供不动产经营租赁服务增值税征收管理暂行办法

第一条　根据《财政部　国家税务总局关于全面推开营业税改征增值税试点

的通知》（财税〔2016〕36号）及现行增值税有关规定，制定本办法。

第二条 纳税人以经营租赁方式出租其取得的不动产（以下简称出租不动产），适用本办法。

取得的不动产，包括以直接购买、接受捐赠、接受投资入股、自建以及抵债等各种形式取得的不动产。

纳税人提供道路通行服务不适用本办法。

第三条 一般纳税人出租不动产，按照以下规定缴纳增值税：

（一）一般纳税人出租其2016年4月30日前取得的不动产，可以选择适用简易计税方法，按照5%的征收率计算应纳税额。

不动产所在地与机构所在地不在同一县（市、区）的，纳税人应按照上述计税方法向不动产所在地主管国税机关预缴税款，向机构所在地主管国税机关申报纳税。

不动产所在地与机构所在地在同一县（市、区）的，纳税人向机构所在地主管国税机关申报纳税。

（二）一般纳税人出租其2016年5月1日后取得的不动产，适用一般计税方法计税。

不动产所在地与机构所在地不在同一县（市、区）的，纳税人应按照3%的预征率向不动产所在地主管国税机关预缴税款，向机构所在地主管国税机关申报纳税。

不动产所在地与机构所在地在同一县（市、区）的，纳税人应向机构所在地主管国税机关申报纳税。

一般纳税人出租其2016年4月30日前取得的不动产适用一般计税方法计税的，按照上述规定执行。

第四条 小规模纳税人出租不动产，按照以下规定缴纳增值税：

（一）单位和个体工商户出租不动产（不含个体工商户出租住房），按照5%的征收率计算应纳税额。个体工商户出租住房，按照5%的征收率减按1.5%计算应纳税额。

不动产所在地与机构所在地不在同一县（市、区）的，纳税人应按照上述计税方法向不动产所在地主管国税机关预缴税款，向机构所在地主管国税机关申报纳税。

不动产所在地与机构所在地在同一县（市、区）的，纳税人应向机构所在地主管国税机关申报纳税。

（二）其他个人出租不动产（不含住房），按照5%的征收率计算应纳税额，向不动产所在地主管地税机关申报纳税。其他个人出租住房，按照5%的征收率减按1.5%计算应纳税额，向不动产所在地主管地税机关申报纳税。

第五条　纳税人出租的不动产所在地与其机构所在地在同一直辖市或计划单列市但不在同一县（市、区）的，由直辖市或计划单列市国家税务局决定是否在不动产所在地预缴税款。

第六条　纳税人出租不动产，按照本办法规定需要预缴税款的，应在取得租金的次月纳税申报期或不动产所在地主管国税机关核定的纳税期限预缴税款。

第七条　预缴税款的计算。

（一）纳税人出租不动产适用一般计税方法计税的，按照以下公式计算应预缴税款：

应预缴税款=含税销售额÷（1+11%）×3%

（二）纳税人出租不动产适用简易计税方法计税的，除个人出租住房外，按照以下公式计算应预缴税款：

应预缴税款=含税销售额÷（1+5%）×5%

（三）个体工商户出租住房，按照以下公式计算应预缴税款：

应预缴税款=含税销售额÷（1+5%）×1.5%

第八条　其他个人出租不动产，按照以下公式计算应纳税款：

（一）出租住房：

应纳税款=含税销售额÷（1+5%）×1.5%

（二）出租非住房：

应纳税款=含税销售额÷（1+5%）×5%

第九条　单位和个体工商户出租不动产，按照本办法规定向不动产所在地主管国税机关预缴税款时，应填写《增值税预缴税款表》。

第十条　单位和个体工商户出租不动产，向不动产所在地主管国税机关预缴的增值税款，可以在当期增值税应纳税额中抵减，抵减不完的，结转下期继续抵减。

纳税人以预缴税款抵减应纳税额，应以完税凭证作为合法有效凭证。

第十一条　小规模纳税人中的单位和个体工商户出租不动产，不能自行开具增值税发票的，可向不动产所在地主管国税机关申请代开增值税发票。

其他个人出租不动产，可向不动产所在地主管地税机关申请代开增值税发票。

第十二条 纳税人向其他个人出租不动产，不得开具或申请代开增值税专用发票。

第十三条 纳税人出租不动产，按照本办法规定应向不动产所在地主管国税机关预缴税款而自应当预缴之月起超过6个月没有预缴税款的，由机构所在地主管国税机关按照《中华人民共和国税收征收管理法》及相关规定进行处理。

纳税人出租不动产，未按照本办法规定缴纳税款的，由主管税务机关按照《中华人民共和国税收征收管理法》及相关规定进行处理。

附录六

房地产开发企业销售自行开发的房地产项目增值税征收管理暂行办法

第一章 适用范围

第一条 根据《财政部 国家税务总局关于全面推开营业税改征增值税试点的通知》（财税〔2016〕36号）及现行增值税有关规定，制定本办法。

第二条 房地产开发企业销售自行开发的房地产项目，适用本办法。

自行开发，是指在依法取得土地使用权的土地上进行基础设施和房屋建设。

第三条 房地产开发企业以接盘等形式购入未完工的房地产项目继续开发后，以自己的名义立项销售的，属于本办法规定的销售自行开发的房地产项目。

第二章 一般纳税人征收管理

第一节 销售额

第四条 房地产开发企业中的一般纳税人（以下简称一般纳税人）销售自行开发的房地产项目，适用一般计税方法计税，按照取得的全部价款和价外费用，扣除当期销售房地产项目对应的土地价款后的余额计算销售额。销售额的计算公式如下：

销售额=（全部价款和价外费用－当期允许扣除的土地价款）÷（1＋11%）

第五条　当期允许扣除的土地价款按照以下公式计算：

当期允许扣除的土地价款=（当期销售房地产项目建筑面积÷房地产项目可供销售建筑面积）×支付的土地价款

当期销售房地产项目建筑面积，是指当期进行纳税申报的增值税销售额对应的建筑面积。

房地产项目可供销售建筑面积，是指房地产项目可以出售的总建筑面积，不包括销售房地产项目时未单独作价结算的配套公共设施的建筑面积。

支付的土地价款，是指向政府、土地管理部门或受政府委托收取土地价款的单位直接支付的土地价款。

第六条　在计算销售额时从全部价款和价外费用中扣除土地价款，应当取得省级以上（含省级）财政部门监（印）制的财政票据。

第七条　一般纳税人应建立台账登记土地价款的扣除情况，扣除的土地价款不得超过纳税人实际支付的土地价款。

第八条　一般纳税人销售自行开发的房地产老项目，可以选择适用简易计税方法按照5%的征收率计税。一经选择简易计税方法计税的，36个月内不得变更为一般计税方法计税。

房地产老项目，是指：

（一）《建筑工程施工许可证》注明的合同开工日期在2016年4月30日前的房地产项目；

（二）《建筑工程施工许可证》未注明合同开工日期或者未取得《建筑工程施工许可证》但建筑工程承包合同注明的开工日期在2016年4月30日前的建筑工程项目。

第九条　一般纳税人销售自行开发的房地产老项目适用简易计税方法计税的，以取得的全部价款和价外费用为销售额，不得扣除对应的土地价款。

第二节　预缴税款

第十条　一般纳税人采取预收款方式销售自行开发的房地产项目，应在收到预收款时按照3%的预征率预缴增值税。

第十一条　应预缴税款按照以下公式计算：

应预缴税款=预收款÷（1+适用税率或征收率）×3%

适用一般计税方法计税的，按照11%的适用税率计算；适用简易计税方法计税的，按照5%的征收率计算。

第十二条 一般纳税人应在取得预收款的次月纳税申报期向主管国税机关预缴税款。

第三节 进 项 税 额

第十三条 一般纳税人销售自行开发的房地产项目，兼有一般计税方法计税、简易计税方法计税、免征增值税的房地产项目而无法划分不得抵扣的进项税额的，应以《建筑工程施工许可证》注明的"建设规模"为依据进行划分。

不得抵扣的进项税额=当期无法划分的全部进项税额×（简易计税、免税房地产项目建设规模÷房地产项目总建设规模）

第四节 纳 税 申 报

第十四条 一般纳税人销售自行开发的房地产项目适用一般计税方法计税的，应按照《营业税改征增值税试点实施办法》（财税〔2016〕36号文件印发，以下简称《试点实施办法》）第四十五条规定的纳税义务发生时间，以当期销售额和11%的适用税率计算当期应纳税额，抵减已预缴税款后，向主管国税机关申报纳税。未抵减完的预缴税款可以结转下期继续抵减。

第十五条 一般纳税人销售自行开发的房地产项目适用简易计税方法计税的，应按照《试点实施办法》第四十五条规定的纳税义务发生时间，以当期销售额和5%的征收率计算当期应纳税额，抵减已预缴税款后，向主管国税机关申报纳税。未抵减完的预缴税款可以结转下期继续抵减。

第五节 发 票 开 具

第十六条 一般纳税人销售自行开发的房地产项目，自行开具增值税发票。

第十七条 一般纳税人销售自行开发的房地产项目，其2016年4月30日前收取并已向主管地税机关申报缴纳营业税的预收款，未开具营业税发票的，可以开具增值税普通发票，不得开具增值税专用发票。

第十八条 一般纳税人向其他个人销售自行开发的房地产项目，不得开具增值税专用发票。

第三章 小规模纳税人征收管理

第一节 预 缴 税 款

第十九条 房地产开发企业中的小规模纳税人（以下简称小规模纳税人）采取

预收款方式销售自行开发的房地产项目，应在收到预收款时按照3%的预征率预缴增值税。

第二十条　应预缴税款按照以下公式计算：

应预缴税款=预收款÷（1+5%）×3%

第二十一条　小规模纳税人应在取得预收款的次月纳税申报期或主管国税机关核定的纳税期限向主管国税机关预缴税款。

第二节　纳 税 申 报

第二十二条　小规模纳税人销售自行开发的房地产项目，应按照《试点实施办法》第四十五条规定的纳税义务发生时间，以当期销售额和5%的征收率计算当期应纳税额，抵减已预缴税款后，向主管国税机关申报纳税。未抵减完的预缴税款可以结转下期继续抵减。

第三节　发 票 开 具

第二十三条　小规模纳税人销售自行开发的房地产项目，自行开具增值税普通发票。购买方需要增值税专用发票的，小规模纳税人向主管国税机关申请代开。

第二十四条　小规模纳税人销售自行开发的房地产项目，其2016年4月30日前收取并已向主管地税机关申报缴纳营业税的预收款，未开具营业税发票的，可以开具增值税普通发票，不得申请代开增值税专用发票。

第二十五条　小规模纳税人向其他个人销售自行开发的房地产项目，不得申请代开增值税专用发票。

第四章　其 他 事 项

第二十六条　房地产开发企业销售自行开发的房地产项目，按照本办法规定预缴税款时，应填报《增值税预缴税款表》。

第二十七条　房地产开发企业以预缴税款抵减应纳税额，应以完税凭证作为合法有效凭证。

第二十八条　房地产开发企业销售自行开发的房地产项目，未按本办法规定预缴或缴纳税款的，由主管国税机关按照《中华人民共和国税收征收管理法》及相关规定进行处理。

附录七

纳税人跨县（市、区）提供建筑服务增值税征收管理暂行办法

第一条 根据《财政部 国家税务总局关于全面推开营业税改征增值税试点的通知》（财税〔2016〕36号）及现行增值税有关规定，制定本办法。

第二条 本办法所称跨县（市、区）提供建筑服务，是指单位和个体工商户（以下简称纳税人）在其机构所在地以外的县（市、区）提供建筑服务。

纳税人在同一直辖市、计划单列市范围内跨县（市、区）提供建筑服务的，由直辖市、计划单列市国家税务局决定是否适用本办法。

其他个人跨县（市、区）提供建筑服务，不适用本办法。

第三条 纳税人跨县（市、区）提供建筑服务，应按照财税〔2016〕36号文件规定的纳税义务发生时间和计税方法，向建筑服务发生地主管国税机关预缴税款，向机构所在地主管国税机关申报纳税。

《建筑工程施工许可证》未注明合同开工日期，但建筑工程承包合同注明的开工日期在2016年4月30日前的建筑工程项目，属于财税〔2016〕36号文件规定的可以选择简易计税方法计税的建筑工程老项目。

第四条 纳税人跨县（市、区）提供建筑服务，按照以下规定预缴税款：

（一）一般纳税人跨县（市、区）提供建筑服务，适用一般计税方法计税的，以取得的全部价款和价外费用扣除支付的分包款后的余额，按照2%的预征率计算应预缴税款。

（二）一般纳税人跨县（市、区）提供建筑服务，选择适用简易计税方法计税的，以取得的全部价款和价外费用扣除支付的分包款后的余额，按照3%的征收率计算应预缴税款。

（三）小规模纳税人跨县（市、区）提供建筑服务，以取得的全部价款和价外费用扣除支付的分包款后的余额，按照3%的征收率计算应预缴税款。

第五条 纳税人跨县（市、区）提供建筑服务，按照以下公式计算应预缴税款：

（一）适用一般计税方法计税的，应预缴税款=（全部价款和价外费用－支付的分包款）÷（1＋11%）×2%。

（二）适用简易计税方法计税的，应预缴税款=（全部价款和价外费用－支

付的分包款）÷（1＋3%）×3%。

纳税人取得的全部价款和价外费用扣除支付的分包款后的余额为负数的，可结转下次预缴税款时继续扣除。

纳税人应按照工程项目分别计算应预缴税款，分别预缴。

第六条　纳税人按照上述规定从取得的全部价款和价外费用中扣除支付的分包款，应当取得符合法律、行政法规和国家税务总局规定的合法有效凭证，否则不得扣除。

上述凭证是指：

（一）从分包方取得的2016年4月30日前开具的建筑业营业税发票。

上述建筑业营业税发票在2016年6月30日前可作为预缴税款的扣除凭证。

（二）从分包方取得的2016年5月1日后开具的，备注栏注明建筑服务发生地所在县（市、区）、项目名称的增值税发票。

（三）国家税务总局规定的其他凭证。

第七条　纳税人跨县（市、区）提供建筑服务，在向建筑服务发生地主管国税机关预缴税款时，需提交以下资料：

（一）《增值税预缴税款表》；

（二）与发包方签订的建筑合同原件及复印件；

（三）与分包方签订的分包合同原件及复印件；

（四）从分包方取得的发票原件及复印件。

第八条　纳税人跨县（市、区）提供建筑服务，向建筑服务发生地主管国税机关预缴的增值税税款，可以在当期增值税应纳税额中抵减，抵减不完的，结转下期继续抵减。

纳税人以预缴税款抵减应纳税额，应以完税凭证作为合法有效凭证。

第九条　小规模纳税人跨县（市、区）提供建筑服务，不能自行开具增值税发票的，可向建筑服务发生地主管国税机关按照其取得的全部价款和价外费用申请代开增值税发票。

第十条　对跨县（市、区）提供的建筑服务，纳税人应自行建立预缴税款台账，区分不同县（市、区）和项目逐笔登记全部收入、支付的分包款、已扣除的分包款、扣除分包款的发票号码、已预缴税款以及预缴税款的完税凭证号码等相关内容，留存备查。

第十一条　纳税人跨县（市、区）提供建筑服务预缴税款时间，按照财税

〔2016〕36号文件规定的纳税义务发生时间和纳税期限执行。

第十二条 纳税人跨县（市、区）提供建筑服务，按照本办法应向建筑服务发生地主管国税机关预缴税款而自应当预缴之月起超过6个月没有预缴税款的，由机构所在地主管国税机关按照《中华人民共和国税收征收管理法》及相关规定进行处理。

纳税人跨县（市、区）提供建筑服务，未按照本办法缴纳税款的，由机构所在地主管国税机关按照《中华人民共和国税收征收管理法》及相关规定进行处理。

附录八

关于营业税改征增值税委托地税机关代征税款和代开增值税发票的公告

国家税务总局公告2016年第19号

根据《中华人民共和国税收征收管理法》、《财政部　国家税务总局关于全面推开营业税改征增值税试点的通知》（财税〔2016〕36号）和《国家税务总局关于加强国家税务局、地方税务局互相委托代征税收的通知》（税总发〔2015〕155号）等有关规定，税务总局决定，营业税改征增值税后由地税机关继续受理纳税人销售其取得的不动产和其他个人出租不动产的申报缴税和代开增值税发票业务，以方便纳税人办税。

本公告自2016年5月1日起施行。

特此公告。

国家税务总局

2016年3月31日

附录九

不动产进项税额分期抵扣暂行办法

国家税务总局关于发布

《不动产进项税额分期抵扣暂行办法》的公告

国家税务总局制定了《不动产进项税额分期抵扣暂行办法》，现予以公布，自2016年5月1日起施行。

特此公告。

国家税务总局

2016年3月31日

第一条　根据《财政部　国家税务总局关于全面推开营业税改征增值税试点的通知》（财税〔2016〕36号）及现行增值税有关规定，制定本办法。

第二条　增值税一般纳税人（以下称纳税人）2016年5月1日后取得并在会计制度上按固定资产核算的不动产，以及2016年5月1日后发生的不动产在建工程，其进项税额应按照本办法有关规定分2年从销项税额中抵扣，第一年抵扣比例为60%，第二年抵扣比例为40%。

取得的不动产，包括以直接购买、接受捐赠、接受投资入股以及抵债等各种形式取得的不动产。

纳税人新建、改建、扩建、修缮、装饰不动产，属于不动产在建工程。

房地产开发企业自行开发的房地产项目，融资租入的不动产，以及在施工现场修建的临时建筑物、构筑物，其进项税额不适用上述分2年抵扣的规定。

第三条　纳税人2016年5月1日后购进货物和设计服务、建筑服务，用于新建不动产，或者用于改建、扩建、修缮、装饰不动产并增加不动产原值超过50%的，其进项税额依照本办法有关规定分2年从销项税额中抵扣。

不动产原值,是指取得不动产时的购置原价或作价。

上述分2年从销项税额中抵扣的购进货物，是指构成不动产实体的材料和设备，包括建筑装饰材料和给排水、采暖、卫生、通风、照明、通讯、煤气、消防、中央空调、电梯、电气、智能化楼宇设备及配套设施。

第四条 纳税人按照本办法规定从销项税额中抵扣进项税额，应取得2016年5月1日后开具的合法有效的增值税扣税凭证。

上述进项税额中，60%的部分于取得扣税凭证的当期从销项税额中抵扣；40%的部分为待抵扣进项税额，于取得扣税凭证的当月起第13个月从销项税额中抵扣。

第五条 购进时已全额抵扣进项税额的货物和服务，转用于不动产在建工程的，其已抵扣进项税额的40%部分，应于转用的当期从进项税额中扣减，计入待抵扣进项税额，并于转用的当月起第13个月从销项税额中抵扣。

第六条 纳税人销售其取得的不动产或者不动产在建工程时，尚未抵扣完毕的待抵扣进项税额，允许于销售的当期从销项税额中抵扣。

第七条 已抵扣进项税额的不动产，发生非正常损失，或者改变用途，专用于简易计税方法计税项目、免征增值税项目、集体福利或者个人消费的，按照下列公式计算不得抵扣的进项税额：

不得抵扣的进项税额=（已抵扣进项税额＋待抵扣进项税额）×不动产净值率

不动产净值率=（不动产净值÷不动产原值）×100%

不得抵扣的进项税额小于或等于该不动产已抵扣进项税额的，应于该不动产改变用途的当期，将不得抵扣的进项税额从进项税额中扣减。

不得抵扣的进项税额大于该不动产已抵扣进项税额的，应于该不动产改变用途的当期，将已抵扣进项税额从进项税额中扣减，并从该不动产待抵扣进项税额中扣减不得抵扣进项税额与已抵扣进项税额的差额。

第八条 不动产在建工程发生非正常损失的，其所耗用的购进货物、设计服务和建筑服务已抵扣的进项税额应于当期全部转出；其待抵扣进项税额不得抵扣。

第九条 按照规定不得抵扣进项税额的不动产，发生用途改变，用于允许抵扣进项税额项目的，按照下列公式在改变用途的次月计算可抵扣进项税额。

可抵扣进项税额=增值税扣税凭证注明或计算的进项税额×不动产净值率

依照本条规定计算的可抵扣进项税额，应取得2016年5月1日后开具的合法有效的增值税扣税凭证。

按照本条规定计算的可抵扣进项税额，60%的部分于改变用途的次月从销项税额中抵扣，40%的部分为待抵扣进项税额，于改变用途的次月起第13个月从销项税额中抵扣。

第十条　纳税人注销税务登记时，其尚未抵扣完毕的待抵扣进项税额于注销清算的当期从销项税额中抵扣。

第十一条　待抵扣进项税额记入“应交税金——待抵扣进项税额”科目核算，并于可抵扣当期转入“应交税金——应交增值税（进项税额）”科目。

对不同的不动产和不动产在建工程，纳税人应分别核算其待抵扣进项税额。

第十二条　纳税人分期抵扣不动产的进项税额，应据实填报增值税纳税申报表附列资料。

第十三条　纳税人应建立不动产和不动产在建工程台账，分别记录并归集不动产和不动产在建工程的成本、费用、扣税凭证及进项税额抵扣情况，留存备查。

用于简易计税方法计税项目、免征增值税项目、集体福利或者个人消费的不动产和不动产在建工程，也应在纳税人建立的台账中记录。

第十四条　纳税人未按照本办法有关规定抵扣不动产和不动产在建工程进项税额的，主管税务机关应按照《中华人民共和国税收征收管理法》及有关规定进行处理。

附录十

营业税改征增值税试点有关企业会计处理规定

根据“财政部、国家税务总局关于印发《营业税改征增值税试点方案》的通知”（财税〔2011〕110号）等相关规定，现就营业税改征增值税试点有关企业会计处理规定如下：

一、试点纳税人差额征税的会计处理

（一）一般纳税人的会计处理

一般纳税人提供应税服务，试点期间按照营业税改征增值税有关规定允许从销售额中扣除其支付给非试点纳税人价款的，应在“应交税费——应交增值税”科目下增设“营改增抵减的销项税额”专栏，用于记录该企业因按规定扣减销售额而减少的销项税额；同时，“主营业务收入”、“主营业务成本”等相关科目应按经营业务的种类进行明细核算。

企业接受应税服务时，按规定允许扣减销售额而减少的销项税额，借记“应交税费——应交增值税（营改增抵减的销项税额）”科目，按实际支付或应付的金额与上述增值税额的差额，借记“主营业务成本”等科目，按实际支付或应付的金额，贷记“银行存款”、“应付账款”等科目。

对于期末一次性进行账务处理的企业，期末，按规定当期允许扣减销售额而减少的销项税额，借记“应交税费——应交增值税（营改增抵减的销项税额）”科目，贷记“主营业务成本”等科目。

（二）小规模纳税人的会计处理

小规模纳税人提供应税服务，试点期间按照营业税改征增值税有关规定允许从销售额中扣除其支付给非试点纳税人价款的，按规定扣减销售额而减少的应交增值税应直接冲减“应交税费——应交增值税”科目。

企业接受应税服务时，按规定允许扣减销售额而减少的应交增值税，借记“应交税费——应交增值税”科目，按实际支付或应付的金额与上述增值税额的差额，借记“主营业务成本”等科目，按实际支付或应付的金额，贷记“银行存款”、“应付账款”等科目。

对于期末一次性进行账务处理的企业，期末，按规定当期允许扣减销售额而减少的应交增值税，借记“应交税费——应交增值税”科目，贷记“主营业务成本”等科目。

二、增值税期末留抵税额的会计处理

试点地区兼有应税服务的原增值税一般纳税人，截止到开始试点当月月初的增值税留抵税额按照营业税改征增值税有关规定不得从应税服务的销项税额中抵扣的，应在“应交税费”科目下增设“增值税留抵税额”明细科目。

开始试点当月月初，企业应按不得从应税服务的销项税额中抵扣的增值税留抵税额，借记“应交税费——增值税留抵税额”科目，贷记“应交税费——应交增值税（进项税额转出）”科目。待以后期间允许抵扣时，按允许抵扣的金额，借记“应交税费——应交增值税（进项税额）”科目，贷记“应交税费——增值税留抵税额”科目。

“应交税费——增值税留抵税额”科目期末余额应根据其流动性在资产负债表中的“其他流动资产”项目或“其他非流动资产”项目列示。

三、取得过渡性财政扶持资金的会计处理

试点纳税人在新老税制转换期间因实际税负增加而向财税部门申请取得财政

扶持资金的，期末有确凿证据表明企业能够符合财政扶持政策规定的相关条件且预计能够收到财政扶持资金时，按应收的金额，借记“其他应收款”等科目，贷记“营业外收入”科目。待实际收到财政扶持资金时，按实际收到的金额，借记“银行存款”等科目，贷记“其他应收款”等科目。

四、增值税税控系统专用设备和技术维护费用抵减增值税额的会计处理

（一）增值税一般纳税人的会计处理

按税法有关规定，增值税一般纳税人初次购买增值税税控系统专用设备支付的费用以及缴纳的技术维护费允许在增值税应纳税额中全额抵减的，应在“应交税费——应交增值税”科目下增设“减免税款”专栏，用于记录该企业按规定抵减的增值税应纳税额。

企业购入增值税税控系统专用设备，按实际支付或应付的金额，借记“固定资产”科目，贷记“银行存款”、“应付账款”等科目。按规定抵减的增值税应纳税额，借记“应交税费——应交增值税（减免税款）”科目，贷记“递延收益”科目。按期计提折旧，借记“管理费用”等科目，贷记“累计折旧”科目；同时，借记“递延收益”科目，贷记“管理费用”等科目。

企业发生技术维护费，按实际支付或应付的金额，借记“管理费用”等科目，贷记“银行存款”等科目。按规定抵减的增值税应纳税额，借记“应交税费——应交增值税（减免税款）”科目，贷记“管理费用”等科目。

（二）小规模纳税人的会计处理

按税法有关规定，小规模纳税人初次购买增值税税控系统专用设备支付的费用以及缴纳的技术维护费允许在增值税应纳税额中全额抵减的，按规定抵减的增值税应纳税额应直接冲减“应交税费——应交增值税”科目。

企业购入增值税税控系统专用设备，按实际支付或应付的金额，借记“固定资产”科目，贷记“银行存款”、“应付账款”等科目。按规定抵减的增值税应纳税额，借记“应交税费——应交增值税”科目，贷记“递延收益”科目。按期计提折旧，借记“管理费用”等科目，贷记“累计折旧”科目；同时，借记“递延收益”科目，贷记“管理费用”等科目。

企业发生技术维护费，按实际支付或应付的金额，借记“管理费用”等科目，贷记“银行存款”等科目。按规定抵减的增值税应纳税额，借记“应交税费——应交增值税”科目，贷记“管理费用”等科目。

“应交税费——应交增值税”科目期末如为借方余额，应根据其流动性在资

产负债表中的“其他流动资产”项目或“其他非流动资产”项目列示；如为贷方余额，应在资产负债表中的“应交税费”项目列示。